KB200351

여호수아

어떻게 설교할 것인가

두란노 HOW주석 시리즈 06

여호수아 어떻게 설교할 것인가

엮은이 | 목회와신학 편집부

펴낸곳 | 두란노아카데미
등록번호 | 제302-2007-00008호
주소 | 서울시 용산구 서빙고로 65길 38 두란노빌딩

편집부 | 02-2078-3484   academy@duranno.com http://www.duranno.com
영업부 | 02-2078-3333   FAX 080-749-3705
초판1쇄발행 | 2009. 5. 20.   8쇄 발행 | 2021. 12. 13

ISBN 978-89-6491-056-6   04230
ISBN 978-89-6491-045-0   04230(세트)

책값은 뒤표지에 있습니다.

두란노아카데미는 두란노의 '목회 전문' 브랜드입니다.

여호수아
어떻게 설교할 것인가

• 목회와신학 편집부 엮음 •

두란노 **HOW** 주석

HOW
COMMENTARY
SERIES
06

두란노아카데미

설교는 목회의 생명줄입니다

설교는 목회의 생명줄입니다. 교회 공동체를 향한 하나님의 음성입니다. 그래서 목회자는 설교에 목숨을 겁니다. 하나님의 말씀을 가감 없이 전하기 위해 최선을 다합니다.

이번에 출간한 「두란노 HOW주석 시리즈」는 한국 교회의 강단을 섬기는 마음으로 설교자를 위해 준비했습니다. 「목회와신학」의 별책부록 「그말씀」에 연재해온 것을 많은 목회자들의 요청으로 출간한 것입니다. 특별히 2007년부터는 표지를 새롭게 하고 내용을 더 알차게 보완하는 등 시리즈의 질적 향상을 추구하였습니다. 독자 여러분의 끊임없는 관심과 격려를 부탁드립니다.

「두란노 HOW주석 시리즈」는 성경 본문에 대한 주해를 기본 바탕으로 하면서도, 설교에 결정적으로 중요한 '적용'이라는 포인트를 놓치지 않았습니다. 또한 성경의 권위를 철저히 신뢰하는 복음주의적 관점을 견지하고자 노력했습니다. 또한 성경 각 권이 해당 분야를 전공한 탁월한 국내 신학자들에 의해 집필되었습니다.

학문적 차원의 주석서와는 차별되며, 현학적인 토론을 비껴가면서도 고밀도의 본문 연구와 해석이 전제된 실제적인 적용을 중요시하였습니다.

이 점에서는 목회자뿐만 아니라 성경공부를 인도하는 평신도 지도자들에게도 매우 귀중한 지침서가 될 것입니다.

오늘날 교회에게 주어진 사명은 땅 끝까지 이르러 예수 그리스도의 복음을 전파하는 것입니다. 사도행전적 바로 그 교회를 통해 새롭게 사도행전 29장을 써나가는 것입니다. 이 시리즈를 통해 설교자의 영성이 살아나고, 한국 교회의 강단에 선포되는 말씀 위에 성령의 기름부으심이 넘치기를 바랍니다. 이 땅에 말씀의 부흥과 치유의 역사가 일어나고, 설교의 능력이 회복되어 교회의 권세와 영광이 드러나기를 기도합니다.

바쁜 가운데서도 성의를 다하여 집필에 동참해 주시고, 이번 시리즈 출간에 동의해 주신 모든 집필자들에게 이 자리를 빌어 감사의 뜻을 전합니다.

두란노서원 원장

contents

발간사

I. 배경연구

II. 본문연구

I. 배경 연구

01

여호수아서의 신학적 주제

오경과 연관된 여호수아서

구약의 첫 다섯 권을 하나의 통일된 단위로 볼 수 있는가 하는 문제는 19세기 이후부터 항상 어려운 과제였다. 신명기까지의 다섯 권을 하나의 저작으로 유지하려는 전통적 또는 수정된 견해(五經, Pentateuch, S. Mowinkel)는 물론 있어 왔다. 그러나 앞의 네 책의 통일성만을 인정하고 신명기를 후반에 나오는 역사서의 서론으로 간주하는 태도(四經, Tetrateuch, M. Noth)도 있었다. 정반대로 신명기는 실제적으로 여호수아서에서 완성되므로 여섯 권의 책을 하나의 단위로 보려는 견해(六經, Hexateuch, J. Wellhausen, G. Von Rad)도 있었다. 사경이나 육경의 견해가 있다는 사실로도 우리가 다루려는 여호수아서가 신명기와 깊이 연관되어 있음을 알 수 있다. 물론 오경의 견해를 가진 사람들도 신명기와 여호수아서의 깊은 관련성을 인정하고 있다. 그러므로 우리는 이 점에 대해 우선 구체적으로 다루어 보아야 할 것이다.

신학적으로, 신명기는 성취되었으나 미완성된 내용을 담고 있다. 이것을 다음과 같이 설명할 수 있다. 이스라엘이 광야 여행을 끝내고 모압 평지(고원)에 도달했을 때, 출애굽 제1세대는 모두 전멸하고 출애굽 제2세대가 등장했다. 또 그들은 조만간 가나안 땅에 들어가야 했고, 거기서 하나님과 언약을 갱신하며, 언약 백성으로서 하나님과 관계를 새롭게 해야 했다. 그러나

이 모든 일을 주관할 모세가 가나안 땅에 들어갈 수 없었다.

그러므로 모세는 자기가 살아 있는 동안 언약 갱신의 법적 절차(신 5~26장, 언약 관계 정의, 언약법 선포)를 모압 평지에서 마무리했다. 그리고 언약 갱신의 제의적 절차(신 27장, 언약 갱신 예식)는 미래에 이스라엘이 가나안 땅(세겜)에 들어가서 여호수아의 영도하에 수행하도록 했다. 그러므로 신명기는 '완성되었으나 완성을 향해 가는 특별한 내용'을 지니게 되었다. 여기서 완성되었으나 완성을 향해 가는 내용이란, 새로운 세대(출애굽 제2세대)가 약속의 땅(가나안)에서 행하는 언약 갱신이다.[1]

그런데 여호수아서는 이 내용이 실제로 완성되는 역사를 그린다. 여호수아의 영도하에 이스라엘이 가나안 땅에 입성하였고, 세겜에서 언약의 나머지 부분을 완성한 것이다(8장). 드디어 모압(세겜) 언약의 완성이 이루어졌다. 그렇게 완성된 언약은 오래 전 족장 시대부터 진행된 언약의 역사가 완성됨을 의미한다.

이것을 다음과 같이 설명할 수 있다. 오경은 근본적으로 세 가지 언약을 말한다.[2] 즉 창세기는 족장 언약을 말하고, 그 내용은 하나님 나라의 씨와 땅이 준비 완료되었다는 것이다. 출애굽기-레위기-민수기는 시내산 언약을 말하며, 하나님 나라의 씨가 어떻게 완성되는가를 보여 준다. 신명기는 모압(세겜) 언약을 말하며, 하나님 나라의 땅이 어떻게 완성되기 시작하는가를 보여 준다.[3] 이미 말한 바와 같이 여호수아서는 신명기에서 언급한 이런 모압(세겜) 언약의 내용이 어떻게 완성되는가를 보여 준다.

신명기의 핵심 장소는 모압이지만, 여호수아의 핵심 장소는 세겜이다. 이 둘이 하나가 되어서 완성을 이룬다. 그러나 많은 경우에 있어 여호수아서를 해석할 때, 여리고의 멸망 또는 아이 전투의 패배와 반전 등과 같은 사건들이 훨씬 드라마틱하게 보이므로 이것을 핵심인 것처럼 간주하고, 여호수아 8장 후반의 세겜에서의 언약 갱신이 여호수아서 신학의 본질을 형성한다는 사실을 놓치는 경우가 대부분이다. 여호수아서는 언약 공동체로서의 이스라엘이 어떻게 그 언약에 충실하였으며, 또한 하나님 편에서 어떻게 언약적 신실함을 보였는가를 그린다. 그런데 여호수아서에서는 언약 공동체의 역사가 두 가지 차원에서 나타난다. 즉 일차적이고 거시적인 차원과, 이차적이고 미시적인 차원에서다.

세겜에서의 두 번의 언약 갱신

일차적이고 거시적인 차원에서 이스라엘이 하나님과 두 번의 언약 갱신을 하는 장소는 족장 언약의 시작인 아브라함과의 언약이 기초된 곳과 동일하며, 세상적인 언약으로 유명한 고도(古都)인 세겜이다.[4] 한번은 8:30~35에서, 또 한번은 24장에서다.

1. 세겜에서의 1차 언약 갱신(8:30~35)

8:30~35은 가나안에 입성하는 출애굽 제2세대와 하나님과의 언약 갱신이다. 이것은 앞에서 말한 바와 같이 모세에 의해 모압에서 시작되어 이제 약속의 땅 세겜에서 완성되어야 하는 것이다. 그런데 왜 이스라엘 백성은 가나안 땅에 들어가자마자 세겜으로 가서 언약 갱신을 하지 않고, 길갈 사건(2~5장)과 여리고와 아이의 정복을 선행했을까? 그 이유는 여리고가 모압 땅에서 요단을 건너 가나안으로 건너가는 근접 지역이었으며, 그 성을 정복하지 않으면 세겜에서 평온하게 언약 갱신을 하지 못할 정도로 강력한 성이었기 때문이다. 그래서 먼저 그 성을 점령해야 했다. 또 그 당시의 세겜은 이미 황폐된 곳으로 따로 점령할 필요가 없었다.[5] 족장을 통해서나 세상적으로나 언약으로 잘 알려진 세겜에서, 출애굽 제2세대는 하나님과 예정된 언약 갱신을 하였다.

8:30~35에서 강조된 내용은 먼저 모세가 '토라 책'(סֵפֶר הַתּוֹרָה 세페르 하토라)에서 명한 대로 다 행했다는 것이다. 필자가 신명기 연구에서 밝힌 대로,[6] '토라'라는 말은 유대인들의 해석을 따라 일반적으로 많이 인정된, 단순히 하나

님이 위에서 내려준 법을 의미하지 않는다. 신명기에서 이 말은 하나님과 이스라엘 사이에 세운 모압(세겜) 언약의 문서를 나타내는 단어로 쓰였다. 그러므로 여호수아서에 쓰인 '토라 책'이라는 말은 모압(세겜) 언약의 공적 문서에 해당하는 것이다. 그 문서에 기록된 대로 여호수아는 빠짐없이 언약 갱신 절차를 다 시행하였다는 것을 거듭 강조함으로, 예정된 언약 절차를 이 지도자는 잘 수행하였다는 것을 나타낸다. 그 절차는 언약 갱신을 위한 법적 측면이 아니라 제의적 측면이었다. 즉 언약 제사로써 번제와 화목제를 드리고, 토라를 돌 위에 기록하며, 그리고 그리심산과 에발산에 각 여섯 지파씩 나누어서 레위인 제사장이 하는 축복과 저주의 선포를 들은 것이다.

2. 세겜에서의 2차 언약 갱신(24장)

그런데 24장에서 우리는 이스라엘이 다시 한 번 세겜에 서는 것을 발견한다. 왜 여호수아는 이스라엘을 유서 깊은 고도에 다시 세웠을까? 그것은 여호수아와 함께 출애굽 제2세대는 이제 갈 것이고, 가나안 땅에서 살아가야 할 가나안 제1세대가 하나님과 언약을 새롭게 하기 위해서였다. 하나님과 세운 언약은 신명기 5:3~5과 29:10~15의 표현대로 늘 실존적이고 현재적인 의미가 있어야 하므로, 새로운 세대가 형성될 때마다 혹은 새로운 상황이 전개될 때미디 언약을 새롭게 해야 했다.

이제 여호수아는 자신에게 주어진 전체적인 가나안 정복의 사명을 근본적으로 완수하였다. 그리고 자신과 함께 가나안에 들어온 출애굽 제2세대를 마감하고 새로운 가나안 세대를 준비시켜야 했다. 그 준비는 다른 것이 아니라 하나님 앞에서 언약을 새롭게 하는 것이다.

여호수아는 언약 갱신을 위하여 모든 백성들을 공적으로 회집시켰다(1절 '모으고', 비교 시 50:5). 그리고 지도자들이 공적으로 하나님 앞에 도열하여 서게 했다(1절 '하나님 앞에 보인지라'). 이어서 여호수아는 언약의 앞쪽에 나오는 '역사적 서언'(historical prologue)에 해당하는 부분을 고대 근동의 조약에 흔히 나타나는 설교식으로 표현하였고(2~13절), 이스라엘이 그들의 하나님으로 여호와를 섬길 것인지 아니면 다른 신을 섬길 것인지를 언약적으로 결단(서약)하게 했다(14~18절). 여기에서 다시 여호수아가 다짐을 하며 여호와와 언약을 맺는 것이 얼마나 중요한 결단인가를 말하자(19~20절), 이스라엘 백성이 거듭 여호와를 언약적으로 섬길 것을 서약하였다(21~24절). 여기서도 언약적 축복과 저주가 설교적으로 표현되었다(20절).

그래서 여호수아는 하나님과 이스라엘 사이의 언약 체결 제사를 행하며, 그 시대에 필요한 언약법(25절 '율례와 법도')을 선포하여 언약 갱신을 마무리한다. 그리고 언약의 증거(증인)로써 돌을 세우고, 그것이 증거임을 확증하고 난 뒤, 이스라엘을 자기의 지파로 돌아가게 하였다(26~28절). 이 장에서 언약 체결의 여러 요소가 골고루 표현된 것이 아니라 그중에서 가장 중요한 것만을 집중적으로 다루었으므로, 다른 부분은 상대적으로 약화되어 나타났다. 가장 중요한 내용은, 이스라엘이 변함없이 여호와를 이스라엘의 하나님으로 섬기겠다는 서약이므로, 이것을 거듭 확인하는 것에 많은 장면을 할애한다. 상대적으로 다른 요소들, 예를 들면 언약 체결 제사는 최소한 축소되어, 전 과정을 자세히 살펴보지 않으면 존재하지 않는 것으로 여겨질 수 있을 정도다.

여호수아서 전체를 통하여 이스라엘의 실패 역사는 아이성의 전투밖에 없을 정도로 완벽한 승리로 장식되었고, 부정적인 역사는 거의 없다. 그러나 정반대로, 이스라엘은 얼마나 변덕이 심하며 아예 하나님을 섬길 가능성이 없는 백성인가를 고발하는 부정적인 내용을 이 장은 담고 있다(19~20절).

우리는 이 특이한 현상을 어떻게 설명할 수 있는가? 그것은 한 영웅적 주인공의 인간 승리를 나타내거나, 한 민족의 완전한 승리의 역사를 그리는 것이 여호수아서의 목적이 아니기 때문이다. 오히려 하나님과 언약을 맺은 이스라엘이, 그 연약성에도 불구하고 어떻게 하나님의 언약의 상대로서 긍휼과 자비에 의해 살아 왔는가를 보여 주는 것이 목적이기 때문이다. 그래서 이스라엘의 불가능성과 무능을 이 책의 영광스러운 마지막 순간에도 강조할 수밖에 없었고, 그래야 그다음 세대가 자신의 역사를 겸손하게 시작할 수 있다.

이제 세겜에서 체결한 두 언약은 오경에 나타난 두 언약과 평행을 이룬다. 즉 출애굽 제1세대를 위한 시내산 언약(출 19~24장)에 이어서, 출애굽 제2세대를 위한 모압 언약(신 5~28장)이 오경의 기초를 이룬다. 8장에서는 출애굽 제2세대를 위하여 신명기에서 미완성된 모압 언약이 세겜에서 완성됨을 나타내고, 이어서 24장에서는 가나안 제1세대를 위하여 세겜에서의 제2차 언약을 세움으로 세대를 이어 언약의 역사가 완성됨을 나타낸다. 즉 오경의 근간이 되는 언약의 역사가 여호수아서에서도 계속되어 간 것이다.

이렇게 이스라엘 역사의 초기는 확실하게 언약의 역사로 이어간다. 여기서 우리는 언약적 역사의식의 형성이 오경과 여호수아서의 기록의 가장 중요한 목적임을 알 수 있다. 언약적 역사의식은 하나님의 공동체인 이스라엘이 너무나 무능하고 언약의 상대가 되기에 부족한 존재이나 하나님의 무궁한 자비와 은혜에 의해 언약을 이루면서 살아가야 함을 자각하는 것이다. 그래야 역사가 겸손 가운데 진행되고, 따라서 승리의 역사가 앞으로 기록될 것이기 때문이다.

언약적 진실과 거짓으로 진행된 역사

위와 같은 거시적인 차원의 언약 공동체의 역사 속에, 이차적이고 미시적 차원의 역사가 포함되어 있다. 그런데 이 역사는 거시적인 차원의 역사보다 훨씬 더 역동적이고 드라마틱한 역사를 기록한다. 이 역동성과 극적인 효과는 언약의 생명과 같은 요소인 '진실'(אֱמֶת에메트)의 초록색과 '자비'(חֶסֶד헤세드)의 분홍색뿐 아니라, 그 반대의 내용인 속임의 붉은색과 비정함의 검은색으로 배합되어 나타난다. 또한 여기에 개인적 차원과 함께 공동체적 차원이 공존함을 통해 나타나는 역동성이 덧붙여져서 불타는 역사의 화려함에 기름을 끼얹는다. 구원과 심판의 역사는 라합 개인과 아간 개인뿐 아니라 그들이 속하였던 공동체에도 나타났기 때문이다.

그러나 여기에 더 역설적인 것은 원래 이스라엘 공동체에 속하였던 한 개인은 심판받고, 이스라엘 밖에서 본질상 하나님의 진노의 심판을 받을 수밖에 없었던 기생 라합은 구원받는다는 것이다. 이렇게 개인과 공동체에서 구원과 심판의 역사가 거꾸로 되는 것은, 여호수아서가 나타내는 역동성에 역사가 마지막 불꽃의 축포를 터뜨리는 것과 같다.

1. 지도권의 계승(1장; 24:29~33)

여호수아서에 가장 먼저 나오는 내용(1장)은 여호수아의 지도권이 신적인 기원을 가지며, 백성에 의해 인정되기 시작했다는 것이다. 그리고 여호수아서의 마지막(24:29~33)은 그가 생애의 마지막까지 어떻게 그 지도권을 성공적으로 사용했는가를 보여 준다. 이것은 오경에서 출애굽 사건과 시내산 언약을 거쳐 모압 언약에 이르기까지의 이스라엘의 모든 행진을 인도하였던 모세의 권위가 시작되고 확립된 것과 유사하다(출 3:13; 신 34:9~12). 이 사실을 단적으로 나타내는 말은 여호수아의 지위의 격상이다. 1:1에서의 여호수아의 지위는 여호와의 종이었던 '모세의 시종'이었으나, 24:29에서는 당당히 '여호와의 종' 눈의 아들 여호수아로 표기하고 있다. 즉 그는 성공적 삶을 살았고, 역사적으로 자신의 스승인 모세의 자리를 이어간 것이다. 실제로 2장 이후에 나타나는 여호수아의 행동과 역사가 대부분 출애굽기에서 신명기까지 기록된 모세의 행동과 아주 흡사하다.

이 일이 시작되는 1장의 주제는 새로운 내용이 아니라, 이미 신명기 31:1~8에 언급된 내용이다. 여기서 언급된 주제는 (1) 하나님이 함께 요단강을 건너가서 이스라엘로 그 땅을 얻게 할 것이며, (2) 여호수아를 버리지 않고 함께하실 것이며, (3) 따라서 여호수아는 두려워 말고 놀라지 말며 마음을 강하게 하고 담대히 해야 하는 것이다. 여기에 나온 거의 대부분의 표현이 1장과 그 이후에 그대로 반복되고 있다. 그러나 새로운 요소가 1장에 있는데, 그것은 '토라 책'을 주야로 중얼거리며 읽는 것(1:8 "묵상")과 그것을 다 지켜 행하는 것이다. 이것은 여호수아가 철저히 모세의 그림자 속에서 행동해야 함을 나타낸다. 1장 후반(1:9~18)에는 여호수아가 백성들 속에서 하나님께 받은 권위를 실제로 행사하고, 백성도 그것을 인정하는 모습이 소개되었다.

또 여호수아의 마지막에 요셉의 뼈가 세겜에 장사된 사실을 말함으로써(24:32~33), 요셉의 명령이 이행되었음과(창 50:22~26; 출 13:19), 요셉은 아버지가 산 땅을 물려받음으로써 자신의 시대에 장자의 역할을 감당했음을 증거 하고 있다.

2. 요단강 도하와 유월절(3~5장), 여호수아의 고별 설교와 언약 갱신
(22~24장)

3~5장은 여호수아서 전체적인 관점에서, 먼저 설명한 24장과 함께 22~23장에 대응하는 장이다. 즉 여기서 이스라엘은 요단강 도하라는 역사적인 사명 앞에 서 있고, 여호수아서 후반에서는 이스라엘이 이제 그 사명을 끝내고 새로운 사명인 그 땅에서 어떻게 사느냐는 갈림길에 서게 된다. 그러므로 이스라엘이 섰던 장소는 동일하게 요단강에서 가까운 장소인 길갈(3장)과 그 강변의 알려져 있지 않은 어떤 장소였다(22장).

또 두 사건에서 동일하게 일어난 일은 돌을 취하여 쌓은 사건이다. 이스라엘이 요단을 도하하자마자 요단강 속에 있던 열두 돌을 취하여 길갈에 세운 행위는 고대의 거석문화를 생각나게 한다(4장). 그리고 이 거석 행위가 역사적인 교훈을 남기는 의미를 가진 행동이라는 점을 알린다. 요단을 건너는 사건(3장)은 스승이자 선배인 모세가 했던 홍해를 건넌 사건과 놀랍게도 유사하다. 언약궤를 멘 제사장이 먼저 위험을 감수하고 물에 들어갔다(3:14). 또 길갈에서 이스라엘이 광야 여행 중에 태어난 아이들에게 행하지 못한 할례를 행하고, 이스라엘의 수치를 이제야 떨쳐 버리고, 하나님의 언약 백성으로서 새 출발을 할 수 있게 된 사건을 그린다(5장). 이때 이스라엘이 유월절을 지켰다. 이것은 이 백성이 진정한 의미에서 하나님의 백성으로서 그 땅에서의 삶을 출발하게 된 것을 나타낸다.

이 사건들은 이제 여호수아서의 후반부에서 그다음 세대가 하나님의 언약 백성으로 준비하는 행동과 유사한 것이다. 이미 우리는 24장의 세겜에서의 2차 언약 갱신의 내용이 그러한 것을 보았다. 또 22장에서도 요단 동편에 살게 된 지파들이 정복을 원리적으로 끝내고 돌아갈 때 그냥 간 것이 아니라 요단 강변에 단을 쌓아 놓았다. 그러나 이 행동이 언약에 충실하려는 나머지 지파와 전쟁 직전까지 가는 위험을 불러일으켰으나 결국에는 오히려 열두 지파 공동체의 연합을 더욱 공고히 하는 사건이 되었다. 여기서 이스라엘이 요단 주위로 나뉘고 역사의 중심은 가나안 땅에서 이루어질 것이나, 이스라엘은 계속해서 하나님과의 언약적 서약에 충실하게 생활해야 함을 확고히 한다. 이 사실을 말할 때 철저한 역사의식에 근거하여 과거를 회상하는 것을 볼 수 있다(22:16~20). 여기에 대한 요단 동편 지파들의 대답(22:21~29)은 언약적 충정의 놀라운 변증이다.

이어지는 여호수아의 고별 설교(23장)는 신명기 31~33장에서 모세가 했던 고별 설교와 많은 점에서 유사하다. 먼저, 모세나 여호수아는 이제 은퇴의 시기가 되었다는 것을 말한다. 이어서 그 당시의 지도자들을 부르고 권면의 말씀을 한다. 그 권면 말씀의 주제는 동일하게 이스라엘이 언약에 충실해야 한다는 것이며, 언약적 축복과 저주가 앞에 놓여 있다는 것이다.

3. 이스라엘의 구원과 가나안 족속들의 심판

2장은 약간 떨어져 있지만 6~8장과 직접 이어진다. 그런데 여호수아서를 읽고 설교할 때, 이 장들을 따로 떼어 독립적으로 해석하거나 설교해서는 안 되고 하나로 묶어서 처리해야 한다. 그 이유는 여기에 기록된 사건들 속에는 개인적 차원과 공동체적 차원이 공존하기 때문이다. 개인적 차원으로서는, 가나안인이며 여자이고 기생이었던 라합은 구원받았으나, 정반대로 이스라엘 사람이며 남자이고 당당한 지파인 유다 지파였던 아간은 심판을 받은 내용이 동시에 나타난다. 공동체적 차원에서는, 약속된 대로 가나안 공동체 중에서 대표적 도성인 여리고는 심판을 받으나, 이스라엘 공동체는 그 땅을 대신 받으며 하나님의 심판에 참여함을 나타낸다. 이 두 차원이 모두 구원과 심판이라는 주제 위에 근거를 두고 공존한다. 구원과 심판[7]은 모름지기 하나님의 한 행동이라는 동전의 양면이기 때문이다.

우선 공동체적 차원에서 약속의 땅을 차지하는 것은 하나님이 오랫동안 유보하셨던 심판과 밀접한 관련이 있음을 나타낸다. 창세기 15장의 아브라함의 후손에게 약속된 가나안 땅을 차지하는 시기가 유보되며, 또 이스라엘에 애굽에서의 생활이 필요한 하나의 이유가 되었다. 즉 가나안 족속의 죄악이 하나님이 참으실 수 없는 정도에 이르러야 하기 때문이다. 무엇보다도 가나안을 향한 하나님의 자비가 나타난 것이다. 그러나 그 하나님의 자비의 기다림이 끝날 때가 되었다. 이제는 가나안 족속의 모든 것이 파괴되고 철저히 심판되어야 한다. 이 전쟁은 하나님의 전쟁이요, 그러므로 '거룩한 전쟁'(聖戰, holy war)이다. 이스라엘은 단순히 그 땅을 정복하는 정복자 정도가 아니라 이제 이 거룩한 전쟁에 참여하는 심판자이다.

이것은 그리스도인들이 장차 단순히 구원을 받을 뿐 아니라, 천사들을 심판하는 자리에 나아갈 것과 유사하다. 그러나 이스라엘이 범죄 한다면 이스라엘이 받을 심판도 동일하다. 이 점에서는 이방과 이스라엘이 차이가 없다. 그 땅의 소유권은 손에 쥘 수 있는 문서와 같은 것이 아니라, 실존적으로 이스라엘이 현재적으로 언약에 머물러 사느냐 하는 행동에 달린 것이기 때문이다. 이스라엘이 그 땅에서 쫓겨났을 때, 오직 하나님의 자비와 은혜로만 그 땅에 돌아올 수 있을 뿐이다.

그런데 이 차원이 이스라엘이 약속된 땅을 유업으로 받는 차원과 연관되어 있다. 즉 이스라엘은 세상의 모든 정복자가 하듯이, 잘살고 있는 다른 민족을 무력으로 점령하는 식이 아니었다. 그 땅의 거민들은 그 땅을 창조하신 하나님의 뜻을 따라 살지 못했기 때문에 진멸되고 쫓겨나야 했다. 그리고 그 땅을, 하나님이 약속하신 대로 아브라함의 후손에게 유업으로 주셨다.

이것을 위해서, 아브라함이 돈을 주고 법적으로 그 땅의 일부를 샀으며

(창 23장), 야곱도 그 땅의 일부를 돈을 주고 샀다(창 33:18~20).[8] 이것은 빈 땅을 차지할 수 있는 법적 근거를 주는 행동이 되어 버렸다. 즉 하나님은 '언약'(בְּרִית베리트)의 한 요소인 하나님 나라의 땅의 성취를 이제 이루어 주셨다. 이러므로 민수기 후반부에서 제2차 인구 조사로 이루어진 가나안 땅에 들어갈 출애굽 제2세대라는 씨의 완성과 함께, 하나님 나라의 땅의 완성이 사실적으로 이루어진 것이다.

그런데 이 가나안의 첫 성 여리고를 점령하는 사건은, 그다음 성인 아이성 공격의 패배 또는 승리와 연관되어 있다. 이것을 통하여 여호수아서 사건들의 공동체적 차원이 개인적 차원과 연관되었다.

4. 구원(2장)과 심판(7장)의 역설

역사는 역설로 가득 차 있다. 정반대의 현상들이 얼마든지 생기는 것이 역사이기 때문이다. 먼저 심판받을 수밖에 없는 한 사람이 구원을 받았고, 마땅히 구원받을 사람이 심판의 자리로 떨어졌다. 두 사람의 신분과 지위가 우리를 더욱 놀라게 한다. 한 사람은 그 사회에서 지탄받았으며 하등의 위치에 있던 여자였다. 반면 다른 한 사람은 남자였으며 막강한 지파인 유다 지파의 유력한 자였다. 또 이 유다 지파는 메시아가 태어날 가능성이 열려 있는 지파였다. 그러나 이 사람이 심판을 받은 것이다. 역설적으로, 심판의 자리에 있었으나 불 가운데 구원을 받은 것처럼 이 여자는 장차 오실 메시아를 대비하는 유다 지파에 속하게 되었다. 이런 엄청난 역설은 우리로 역사 앞에 늘 겸손하고 실존적으로 서도록 만든다. 첫 번째 사람은 라합(2장)이고, 두 번째 사람은 아간(7장)이다. 그러므로 이미 언급한 대로 2장과 7장을 같이 해석하고 설교해야 한다.

우선 라합(2장)은 이스라엘 정탐꾼의 방문을 자기가 살 수 있는 마지막 기회로 포착하였고, 대담하게 그들과 협조할 것을 제의하였다. 또한 여리고의 심판 때 자신과 가족을 구원해 줄 것을 요구하였다. 이때에 표현된 '인자'(헤세드)와 '진실'(에메트)은(2:14) 철저히 언약적인 용어이다. 즉 이스라엘이 하나님과 맺은 언약에 자신도 포함시켜 달라는 것이고, 그 언약에 근거하여 자신을 살려 달라고 요구하였다. 그래서 정탐꾼과 라합은 생명을 걸고 맹세를 하였고, 그 맹세는 지켜졌으며, 그 맹세를 알리는 붉은 줄은 여리고 성벽에 드리워졌다. 멸망 받을 여리고는 아무도 그 줄의 의미를 모르고, 단지 라합과 이스라엘만이 알 뿐이었다.

이스라엘에게 진실하게 행한 행위는, 가나안에게는 거짓과 배신의 행위였다. 하얀 거짓말이 가능하냐는 것이 문제가 아니라 삶과 죽음이 순간의 결정에 좌우되는 것이 문제였다. 속임의 붉은색과 비정한 배신의 검정색이 진실의 초록색과 자비의 분홍색과 순식간에 자리바꿈을 하였다. 또 여기에는 일단 그가 그 속에서 윤리적으로 옳지 않은 천한 기생이었다는 사실은 이차적으로 물러났다. 가장 중요한, 이스라엘이 하나님과 맺은 언약에 자신의 모든 것을 던졌다. 그러나 그 결과는 자신이 도무지 예측하지 못한 엄청난 축복으로 주어졌다. 자신의 더러웠던 몸이 이제는 메시아 가계를 잇는 징검다리가 된 것이다.

그러나 아간(7장)은 정반대의 길을 걸어갔다. 이 내용을 성경은 '바친 물건'(7:1 חֵרֶם헤렘 devoted thing)에 아간이 손을 대었다고 표현한다. 이 표현에는 전쟁의 모든 것이 하나님의 손에 달려 있다는 의미다. 전쟁의 승패도 그 결과도 모두 하나님이 책임지시고 하나님의 것이라는 의미이다. 그러므로 이스라엘은 이제 하나님의 '거룩한 전쟁'에 참여하게 되었다. 이런 공동체적 역사에 대하여 그곳의 개인에게 선택의 자유가 주어졌다. 그러나 그 부정적인 선택의 결과는 참혹했다. 아간은 라합과는 정반대의 언약적 색깔 바꿈을 하였다. 즉 언약적 진실과 자비, 배신과 비정함이 서로 자리를 바꾼 것이다. 하나님의 언약을 포기한 가장 위험한 순간에 이르렀다. 그럼으로써 자신에게 주어진 엄청난 축복의 역사가 이어질 가능성을 전적으로 포기하였다.

이것은 단순히 물건을 탐하는 정도의 문제가 아니라 언약적 삶의 총체성을 포기한 것이고 그 결과는 곧 멸망이었다. 단순히 자신만이 멸망하는 것이 아니었다. 이스라엘 공동체 전체에 엄청난 영향을 미쳤다. 이스라엘이 자신의 가벼운 전쟁 상대인 아이성 전투에서 그것 때문에 패배한 것이다. 여호수아서는 아무튼 이런 역설로 가득 차 있다. 그러나 이제 아간의 문제를 해결한 이스라엘은 또 하나의 속임수인 복병 전략으로 아이성을 점령할 수 있었다. 속임과 진실의 역사가 진행된 것이고, 이제 이것은 또 다른 차원으로 발전된다.

5. 속아서 맺은 언약에 충실한 이스라엘

그다음 차원의 속임과 진실의 언약적 역사가 9~11장까지 계속된다. 9장에서 기브온 거민들이 이스라엘을 '속이고서' 언약을 '진실로' 맺은 사실을 보고한다. 이스라엘은 자세히 조사하거나 여호와께 문의하지 않고 언약을 맺었다. 이제 한번 맺은 언약에 충실해야 하므로 그 짐을 이스라엘이 지게 되었다. 그러나 이것이 오히려 가나안 북부 지방 전체를 점령하게 하는 계기가 되었다. 즉 기브온의 배신으로 주위의 민족들이 기브온을 공격해 왔고, 그 위기에 이스라엘이 개입하여 벌인 전쟁의 결과는 예상외의 놀라운 것이었다. 이스라엘이 가나안 북부를 다 점령한 것이다.

여호수아서는 북부 지방의 점령을 기술한 뒤 나머지 지역 점령을 아주 짧게 묘사한다(11:16~23). 그리고 12~21장까지는 사건에 대한 자세한 묘사보다는 항목들을 제시한다. 즉 모세가 요단 동편에서 점령한 땅을 다시 소개하고 여호수아가 점령한 땅을 소개한 뒤(12장), 늙은 여호수아가 땅 분배를 하는 장면으로 모든 내용이 채워졌다(13~21장). 그중에 땅과 관련된 구체적인 내용들, 즉 성막에 세워질 장소인 실로(18장), 도피성(20장), 그리고 레위인에게 허락된 땅(21장)이 후반부에 소개되었다. 이것은 2~11장까지 제시된 사건의 전개와는 판이하게 다른 것이다.

이것으로 우리는 2~11장의 사건을 나머지 도시들의 점령에 있어서 하나의 패턴으로 소개된 것으로 이해할 수 있다. 특히 도피성에 대한 관심은 오경의 마지막에서 요단 동편에 있는 도피성에 대해 근본적인 관심을 가지는 것과 동일하다(신 4:41~43). 도피성은 인간의 심판이 아닌 하나님의 자비가

있는 곳이고, 따라서 그 땅을 하나님이 통치하고 있음에 대한 중요한 상징이
기 때문이다.

02

여호수아서의 역사적 배경

여호수아서는 하나님께서 자기 백성들에게 하신 약속을 반드시 이루시는 분임을 가장 잘 보여 주는 책 가운데 하나이다. 당신의 뜻을 순종하는 백성들에게 '아름답고 광대한 땅, 젖과 꿀이 흐르는 땅 가나안'을 주시겠다고 아브라함과 모세를 통해 구체적으로 약속하신 하나님께서는(창 17:8; 출 3:8) 여호수아 시대에 이르러 그 약속을 성취시키셨다. 그러므로 우리는 여호수아서를 설교할 때 자신의 백성들에게 신실함을 보이신 하나님을 선포하는 것을 주된 목적으로 삼아야 한다. 아울러 그러한 하나님에 대한 백성들의 불성실함과 죄악 된 모습들이 개인적으로나 공동체적으로 얼마나 비참한 결과를 초래하는지도 소개하여 현 시대의 백성들이 그들의 잘못을 회개하도록 권면해야 한다.

구약성경의 다른 책들을 연구할 때에도 본문의 역사적, 사회적 상황을 먼저 이해하는 것이 중요하듯이 여호수아서의 경우는 특히 그러하다. 왜냐하면 여호수아서와 관련된 여러 신학적 논쟁들이나 난해한 점들이 본문의 역사적, 사회적 상황에 관한 설명을 통해 해소될 수 있기 때문이다. 가나안 땅은 어떤 면에서 '젖과 꿀'이 흐르는 땅인가? 이스라엘 백성들은 왜 이 땅을 필요로 했는가? 그들은 왜 가나안에 있는 여러 족속들과 전쟁을 치를 수밖에 없었고, 또 그 전쟁에서 남녀노소를 가리지 않고 모두 진멸하도록 명령을 받게 되었는가? 가나안에서 생활하던 이스라엘 백성들이 왜 그리 쉽게 우상 숭배와 음행에 빠지게 되었을까? 이러한 질문에 대한 대답은 본문의 역사적, 사회적 배경을 이해함으로써 얻어 낼 수 있다. 그중에서도 이스라엘 백성들이 가나안 땅을 진입했던 연대와 그 당시의 국제 정세에 관해 언급하고 당시의 가나안 사회의 전반적인 모습과 종교 형태를 중점적으로 다루고자 한다.

가나안 진입 연대

이스라엘 백성들이 여호수아를 중심으로 가나안 땅으로 진입한 시기에 관해 성경은 두 가지 설명을 가능하게 한다. 이스라엘 백성들이 가나안으로 진입한 시기가 출애굽 사건 이후 40년이 지난 후라는 점을 감안할 때, 이 시기는 출애굽의 시기를 이해함으로써 유추할 수 있다. 그런데 열왕기상 6:1에서는 솔로몬 왕이 성전을 짓기 시작한 때가 출애굽 사건 이후 480년이 되던 해라고 언급한다. 그렇다면 솔로몬이 성전을 건축하기 시작한 때가 주전 967년경이라고 볼 때 출애굽 사건은 주전 1446년경에 있었고, 결국 가나안 진입은 주전 1406년경에 이루어졌다. 애굽의 문화를 연구하는 자들은 힉소스(Hyksos) 왕조가 제19왕조에 의해 추방될 때 히브리인들도 같이 추방되었는데 이때가 주전 15세기라고 주장한다. 그런가 하면 주전 15세기 팔레스타인의 상황을 잘 설명하고 있는 '아마르나 서신들'(Amarna Letters)도 '하비루'(Habiru)라고 불리는 족속들이 그 당시에 가나안의 도시 국가들을 혼란에 빠뜨렸다고 기록하고 있다. 이러한 점들은 가나안 진입 시기가 주전 15세기 후반이 되는 것으로 추정하게 한다.

다른 한편으로, 출애굽기 1:11에서는 히브리인들이 애굽의 새 도시인 비돔과 라암셋성을 건설하는 현장에서 강제 노동을 당하는 모습을 보여 준다. 그런데 애굽의 역사에 의하면 람세스라는 이름의 왕은 람세스 2세가 처음이며 그는 주전 1290~1224년까지 통치했다. 아울러 15세기에 수도 역할을 했던 테베(Thebes)를 버리고 람세스라는 도시를 건축한 것은 람세스 2세이다. 어떤 고고학자들은 13세기 중반경에 가나안 도시 국가들이 대규모로 붕괴한 흔적이 있다고 주장하는데 이러한 점들은 가나안 진입 시기를 13세기로 추정하게 만든다.

미국에서 만들어져 개봉되었던 영화 〈이집트의 왕자〉(the Prince of Egypt)에 언급된 왕들의 이름이 세티와 람세스였다는 사실은 참으로 흥미롭다. 이 영화를 만든 제작자는 그 내용을 충실하게 구성하기 위해 많은 성경학자들과 역사가들의 조언을 들었다고 하는데, 그들의 추천 결과로 세티와 람세스 왕들의 이름이 거론되었다는 점은 이스라엘 백성들의 출애굽 시기와 그 이후에 이어지는 가나안 진입 시기를 13세기로 간주하는 견해가 보다 보편화되고 있다는 사실을 암시한다.

출애굽의 연대나 가나안 진입의 연대와 관련하여 설교자들은 여호수아서의 역사적 배경을 설명할 때 어느 한 견해를 수용할 수밖에 없다. 구약학자, 역사학자, 고고학자들이 이 시기들을 확정지으려고 수백 년 동안 노력해 왔고 아직도 노력하고 있지만, 고대 근동의 자료들이나 고고학적 발견들이 명쾌한 답을 제시하지 않고 있다. 이러한 시점에서 설교자들은 그들의 설교 중에 가나안 진입 시기에 관한 논쟁들을 소개하는 데 시간을 허비해서는 안 된다. 오히려 보다 호소력이 있다고 간주되는 시기를 선택하여 간단하게 언급하고 본문의 교훈을 제시하는 일에 더욱 주력해야 한다. 만약 설교자들이 출애굽 시기와 가나안 진입 시기를 13세기로 간주하여 설교하려 한다면 그 시대의 상황을 보다 흥미 있게 제시하고 있는 「람세스」를 읽어 보면 도움이 될 것이다. 아울러 독일 고고학자들의 아래와 같은 발견도 출애굽 사건을 설교할 때나 여호수아서의 배경을 설명할 때 인용할 수 있을 것이다.

"독일의 고고학자들이 카이로 북방 100km 지역에서 3250년 전의 이집트 파라오 '람세스 2세'의 궁전을 발견했다고 독일 일간지 「디 벨트」(Die Welt)가 보도했다. 이 신문은 발굴된 궁전을 볼 때 고대 이집트인들은 지금까지 생각했던 것보다 훨씬 사치스럽게 생활한 것 같다고 전했다. 힐데스하임 소재 로마-펠리제우스 박물관 소속의 발굴팀을 이끈 에드가 푸시 단장은 "2개월 동안 약 54평을 발굴했으나 여전히 끝이 보이지 않는다"면서 "궁전의 호화로움은 상상을 초월하고 있다"고 강조했다. 궁전 바닥은 석회와 금을 섞어 만들어 금이 박혀 있지 않은 곳이 거의 없었으며 궁전에서 달리면 금가루가 흙먼지처럼 날릴 정도였다고 그는 말했다. 또한 궁전의 방에서 가격을 측정할 수 없는 도자기와 조각상들이 발견됐으며 벽의 두께도 무려 2.1m에 이른다고 푸시 단장은 말했다."(미주한국일보 1998년 12월 17일)

국제 정세

주전 16~14세기까지 이집트를 다스렸던 제18왕조의 왕들은 시시때때로 가나안과 시리아를 침공했다. 그래서 이집트에서 파견된 군대는 여러 가나안 도시 국가들을 점령하여 그 군주들로부터 조공을 거둬들이고 부역을 부과했다. 이때 강력한 이집트의 제국주의에 맞설 수 있었던 나라는 북쪽의 메소포타미아를 다스리고 있던 미탄니 왕국밖에 없었다. 그러니 이집트와 미탄니 왕국은 헷족의 위협이 커지자 툿모시스 4세(주전 1412~1403년경) 때 평화 조약을 맺었다. 그 결과로 이집트는 가나안과 페니키아와 시리아에서 지배국으로 군림했다. 이러한 점을 고려할 때 출애굽과 가나안 진입의 연대를 15세기로 보는 것의 정당성은 약화된다. 왜냐하면 가나안을 지배하던 이집트 군대가 이스라엘의 가나안 침공에 대해 침묵했다고 보기는 어렵기 때문이다.

제18왕조의 말엽에는 가나안에 대한 이집트의 지배력이 극도로 약화되었다. 특히 14세기의 아멘호텝 4세(Amenhotep IV)는 외교 분야에는 관심을 기울이지 않고 종교 개혁에만 심취해서 태양신 아톤(Aton)을 유일신으로 삼으려고 시도했다. 그런 중에 그는 아몬(Amon) 신의 사제들과 마찰을 빚게 되었고, 그들의 반발로 말미암아 국내 정세를 극도로 악화시키는 결과를 초래했다. 이러한 상황이 계속되자 이집트의 영향력이 약화되었고, 가나안 도시국가들의 군주들은 나름대로의 자치권을 지닐 수 있었다.

제18왕조가 멸망하고 13세기에 제19왕조가 들어서자 세티 1세와 람세스 2세 때에 다시 이집트의 군사력과 외교력이 강화되어 가나안을 지배할 수 있었다. 그러나 람세스 2세가 죽고 나자 그 이후 왕들의 무력함 때문에 이집트는 가나안에 대해 신경을 쓸 수가 없었다. 이러한 상황 때문에 이스라엘이 가나안을 침공했을 당시에 이집트가 침묵했던 것으로 추정된다. 이러한 점은 하나님의 백성들을 약속의 땅으로 진입시키려는 의도를 지니신 하나님께서는 이웃 국가들의 정세까지도 주관하셔서 그 일을 가능하게 하시는 주권자이심을 증거 한다.

가나안 사회와 종교

이스라엘 백성들이 하나님께서 약속하신 땅으로 진입할 때 그곳은 미개간지가 아니었다. 이스라엘보다 훨씬 오래된 정치적 역사와 문화와 독자적인 종교를 지닌 여러 민족들이 거주하고 있었다. 여호수아서와 사사기에 언급되는 많은 사건들은 이들이 이스라엘 백성들에게 끼친 영향이 얼마나 컸는지를 보여 준다.

가나안은 지역적으로 볼 때 요단강을 기점으로 하여 서쪽으로 펼쳐진 터키 남단으로부터 이집트 국경까지의 지역을 포함한다. 특히 지중해를 끼고 펼쳐지는 해안 평야(야코 평야, 샤론 평야, 블레셋 평야)들은 북쪽 티그리스강과 유프라테스강 주변 지역까지 이르는 '반달형 옥토 지대'의 일부를 구성하고 있으면서 소맥, 대맥, 올리브, 포도 등의 다양한 곡식과 과일들을 산출하고 있다. 민수기 13장에 언급되는 정탐꾼들의 보고가 이 점을 입증한다. 그런가 하면 소나 양을 비롯한 가축들을 기르는 데에도 적합한 조건을 취하고 있다. 어떤 학자들은 이스라엘 백성들이 가나안 땅에 대해 '젖과 꿀이 흐르는 땅'이라고 표현한 것이 오랫동안 광야 생활을 한 뒤에 나온 감탄적이고도 과장된 표현이라고 말한다. 그러나 가나안 땅의 모든 지역이 그러하지는 않다고 할지라도 해안 평야들을 중심으로 한 그 땅은 다양한 곡물과 과일을 산출하며 많은 가축들을 기르기에 충분한, 그야말로 젖과 꿀이 흐르는 땅이다. 뿐만 아니라 지중해 해안의 모래들은 현재에도 고품질의 유리나 귀금속을 만드는 중요한 자원으로 이스라엘을 부하게 하는 수단이 되고 있는가 하면, 사해 안에 소장되어 있는 다양한 천연자원들의 가치는 헤아릴 수 없을 정도로 크다.

그러면 이스라엘 백성들에게 가나안 땅이 어떤 의미를 지니게 되었을까? 그들은 40년 전만 해도 전제 국가 이집트에서 노예 생활을 했던 자들이다. 정치적, 사회적, 종교적 자유를 추구하던 그들은 야웨 하나님의 인도로 그곳을 나와 40년 동안이나 광야에서 유랑하게 되었다. 그들이 오랜 기간 반(半)유목민적(semi-nomadic) 유랑 생활을 하면서 기대했던 것은 오로지 비옥한 땅에 영구히 정착하는 것이었다. 반달형 옥토 지대에 속한 가나안은 북쪽의 시리아나 메소포타미아 문명에 접할 수 있고, 남쪽으로 이집트 제국과 쉽게 교역할 수 있는 위치에 있었기에 아라비아, 소아시아, 코카서스 고원, 이집트 등지에서 여러 민족들이 이 지역을 탐내어 시시때때로 침공하였다. 이좁은 공간을 놓고 작은 나라들은 삶의 터전을 얻기 위해 싸웠고, 강대국들은 영토를 확장하려는 의도에서 가나안을 침공했다. 이러한 와중에 유랑 민족 이스라엘 백성들이 하나님의 도우심으로 가나안을 침공하여 그 땅을 그들의 삶의 터전으로 만들었다. 객관적으로 볼 때 이스라엘의 군사력은 너무나 빈약하여 그 지역을 취할 수 없었지만, 그들의 하나님 야웨의 함께하심으로 이 일은 가능해졌다.

가나안은 지역적인 이름인 동시에, 백성들을 의미하는 개념이기도 하다. '무역인'이라는 뜻을 지닌 그들은 이스라엘 백성들이 가나안으로 진입하기

수세기 전부터 팔레스타인과 시리아 지역의 다양한 족속들을 포함하는 보편적 개념으로 이해되기도 하고(여부스 족속, 히위 족속, 헷 족속 등), 한편으로는 그중의 한 민족을 의미하기도 한다. 가나안 내에 존재하던 민족들은 지중해를 중심으로 해상 무역에 힘쓰면서 한편으로는 농경 사회를 이루었다. 그들의 정치 체제는 한마디로 도시 자치주의(city state)라고 할 수 있다. 여리고, 아이, 므깃도, 가사, 세겜 등의 각 도시마다 왕이 독자적으로 통치했으며, 그는 상인, 군인, 사제, 재능 있는 수공인들을 지배하고 있었다. 그래서 중세 시대의 봉건 군주들이 많은 소작농들을 지배하던 것과 유사한 정치 체제를 엿볼 수 있다.

이스라엘 백성들이 가나안에 진입할 당시의 가나안인들은 매우 발전된 독자적 문화를 이룩하고 있었다. 그들은 독자적인 언어인 설형 문자와 애굽의 상형 문자를 사용하고 있었는데 이들의 언어는 지중해 근처에 접해 있던 여러 나라들의 언어의 기초가 되었다. 그들이 이룩한 독자적인 건축물들과 그림들, 벽화들이 고고학자들에 의해 발견되고 있는가 하면, 음악적으로 뛰어나다고 추정할 수 있는 자료들도 발견되고 있다. 그러므로 광야에서 40년 동안이나 문화적으로 무미건조한 생활을 하던 이스라엘 백성들이 가나안 땅에 들어갔을 때 가나안인들의 현란한 문화생활에 쉽사리 매혹될 수밖에 없었을 것으로 추정할 수 있다. 안타깝게도, 가나안인들의 문화를 구축하고 있는 배경이 바로 그들의 이방 신을 섬기는 종교 의식이었다는 점에 관심을 기울이지 못했다. 그리하여 가나안의 발전된 문화를 수용하는 가운데 그들의 독자적인 야웨 신앙을 버리는 결과를 초래했다. 이런 점을 염려한 하나님께서 이스라엘 백성들로 하여금 가나안 내에 거주하는 모든 백성들을 진멸하여 이방 문화와 종교에 오염되지 않도록 하셨다.

설교자들이 여호수아서나 사사기를 설교할 때 미리 알고 있어야 할 사실들 중에 가장 중요한 하나는 가나안인들의 종교이다. 그들이 믿던 바들이 이스라엘 사람들의 신앙과 얼마나 차이가 있는지를 밝히 보여 줄 때, 23장과 24장에 언급되는 여호수아의 설교가 이해되고, 하나님께서 거룩한 전쟁을 명하신 이유가 합당화되며, 사사기 저자의 역사 이해가 수긍될 수 있다. 우선 가나안인의 종교는 '다산 종교'(fertility cult)이다. 다시 말해, 농사를 지은 후 수확을 많이 기대하기 위해 자연을 지배하고 있는 신에게 도움을 요청하는 예배 의식에 관심을 기울이는 종교이다. 또한 가나안인의 종교는 '다신교'(polytheism)이다. 그들은 다양한 신들의 존재를 인정하면서, 자연과 인간의 운명은 그들의 관계에 의해 좌우된다고 믿었다.

다양한 신들 중에 중요한 몇 가지만 소개하면, 먼저 '엘'을 들 수 있다. 그는 다신들 중에 최고의 신이요, 하늘을 다스리는 신, 다른 신들을 만든 아버지 신으로서 항상 소로 상징되었다. 그의 아내는 아세라로 다른 여러 신들을 낳은 어머니 신이다. 그들의 관계를 통해 70명의 신이 출생했는데 그중에서 가장 뛰어난 신이 바로 '바알'이다. 그는 폭풍과 비를 동반하여 땅에 수확을 주는, 땅의 주가 되는 신이요, 인류의 창조주가 되는 신이라고 믿었다. 그의 누이 중에 아낫(또는 아스다롯)이 있는데, 그녀는 전쟁에 능하고 성적인 정열을 가진 여신이지만 바알에게는 항상 온순한 여신이었다. 이러한 주요 신들을 중심으로 형성된 바알 신화가 있다.

한번은 땅을 지배하며 번영을 주는 바알 신과 죽음의 신 모트가 싸우다가 바알이 죽었다. 그러자 온 세상에 가뭄이 들었다. 그런데 바알이 죽었다는 소식을 접한 바알의 누이 아낫이 모트와 싸워 승리를 얻었다(나중에 아낫은 바알의 아내가 됨). 그랬더니 바알이 다시 살아나고 온 세상이 소생했다. 이윽고 바알과 그를 사랑한 아낫이 성적인 관계를 맺자 이 땅에 수확이 가득해졌다. 이러한 기본적인 이야기가 바알을 섬기는 자들에 의해 믿어진 가운데, 그들의 예배 의식 속에서 실제로 재현되었다. 바알 성전에 아낫 여신의 대변자들인 성전 매춘부들이 거하고 있으면, 한 해의 농사에 대한 수확을 기원하는 자들이 바알 성전에 와서 예물을 드리고 성전 매춘부들과 성적인 관계를 맺었다. 그런 후 그들은 바알의 축복을 약속받았다고 믿고 돌아가게 되었다.

오랫동안 가나안인들에 의해 지켜졌던 이와 같은 종교 의식은 그 사회를 성적으로, 윤리적으로, 사회적으로 문란하게 만들 수밖에 없었다. 그런데 유일하신 야웨 하나님을 의지하며, 모세의 율법에 따라 철저하게 윤리적 생활을 하도록 요구받은 이스라엘 백성들이 그 사회 속으로 들어가게 된 것이다. 40년 동안이나 메마른 광야에서 방황하며 무미건조하게 살았던 그들은 가나안인들이 종교적으로 합법화시킨 성전에서의 성적 쾌락에 강한 유혹을 느꼈다. 그리하여 야웨 하나님을 경외하는 일도 잊어버리고, 거룩한 신앙공동체를 이루기 위해 하나님께서 주신 시내산 율법도 무시하고 바알 숭배와 음행에 빠졌다. 그러면서 그들은 야웨 하나님께서는 산의 하나님이요 광야의 하나님일뿐, 평지의 하나님이나 수확을 보장하는 하나님은 아니라고 했다. 오히려 바알이 수확을 보장해 주는 신이라고 주장했다. 그래서 극단적으로 야웨 신앙을 버리거나 아니면 야웨와 바알을 동시에 의지하는 '혼합 종교' (syncretism)의 형태를 취했다.

가나안 내에 있는 이스라엘 백성들이 드러내 보이는 이러한 현상들을 파악하고 안타까워한 신앙적 지도자들은 그 백성들의 우상 숭배, 바알 숭배, 혼합 종교의 모습을 버리도록 하기 위해 강하게 호소했다. 그 일환이 23장과 24장에 언급되는 여호수아의 고별 설교이다. 그런데 여호수아 시대의 백성들이 우상을 버리고 오직 야웨만을 섬기겠다고 다짐하고서도 다시 바알 숭배와 혼합 종교에 빠졌던 사실들을 되돌아보면서, 사사기의 저자는 사사 시대에 외부로부터의 침략이 많고 이스라엘 백성들이 어려움을 당할 수밖에 없었던 이유가 바로 그들의 우상 숭배, 바알 숭배, 그리고 배교 행위에 대한 하나님의 심판 때문이라는 점을 지적하고 있다. 그리고 독자들도 이와 같은 죄악을 범하지 않도록 권하고 있다. 이렇게 볼 때, 야웨 하나님께서 그 백성들에게 명하신 바, 가나안 내에 있는 모든 족속들을 진멸하라는 말씀은 이스라엘 백성들의 신앙적, 윤리적 순수성을 유지시키기 위한 극단적인 조치였다고 평가된다.

03

여호수아서의
현대적 적용의 예

여호수아서가 신약 시대를 사는 우리에게 어떻게 적용될 것인가 하는 문제를 풀기 위해서는, 구속사에서 여호수아서의 위치를 정할 필요가 있다. 성경 전체에서의 구속사 패턴을 이해할 때 비로소 여호수아서와 지금 우리와의 관계를 설정할 수 있기 때문이다.

이러한 구속사에서의 위치를 먼저 논하지 않는다면 구약의 역사 기술에 관한 본문을 설교할 때 주로 도덕적 설교를 할 수밖에 없게 된다. 지금과 그때의 역사적 간격을 염두에 두지 않고 지금의 도덕적 기준과 안목으로 그 당시의 모든 행위를 판단하게 된다. 그러나 성경이 주는 해석적 관점에 따라 구약의 역사들에 접근할 때 우리는 오히려 복음적인 하나님의 뜻을 접할 수 있게 된다.

구속사에서 여호수아서의 위치

성경 전체는 하나님께서 자기 백성을 구원하시는 구약의 역사를 기록하고 있다. 그 구원의 역사는 시대에 따라서 다르게 나타난다. 또한 구원 역사의 패러다임은 출애굽 사건이다.

하나님께서 아브라함에게 약속하신 언약이 출애굽 사건을 통해서 이루어진다. 그리고 이 구원은 마침내 솔로몬 왕 때에 일차적인 완성을 보게 된다. 하나님께서 아브라함에게 가나안 땅을 약속하셨는데(창 15:18~21), 그 언약이 드디어 솔로몬 왕 때에 그 땅을 차지하는 것으로 이루어진 것이다(왕상 4:21). 하나님의 나라라는 측면에서 하나님의 백성이 먼저 애굽에서 형성되었고 하나님께서 주시겠다고 한 약속의 땅을 여호수아 시대에 차지하게 된다. 그러나 그 성취는 제한적인 것이어서 완전한 영토의 확장은 다윗과 솔로몬 시대에 이루어진다. 또한 왕국이 이루어지고 성전이 건축되어서 하나님의 통치가 이루어지고 백성들은 안식을 누리게 되었다(왕상 4:25).

그러나 이러한 일차적 완성도 완전한 것이 아님을 열왕기는 동시에 증거하고 있다. 결국 그 왕국은 멸망하고 새로운 출애굽을 기다리는 내용이 선지서에 계속 나온다. 바벨론에 포로로 잡혀간 사람들이 다시 돌아올 것이라는 선지서의 예언에는 출애굽적인 용어들이 많이 나온다. 이것은 우연이 아니다. 성경은 새로운 출애굽을 예언하고 있는 것이다. 마침내 스룹바벨이 이스라엘 백성들을 이끌고 돌아와 성전을 건축함으로써 그 예언의 일차적인 면은 이루어진다. 그러나 이것도 불완전하여 더욱 진정한 출애굽을 기다리게 된다.

그리고 마침내 예수님이 오심으로써 참된 출애굽을 하신다(눅 9:31). 예수님의 초림을 중심으로 생각하면 우리의 출애굽은 이미 이루어졌다. 우리가 이미 구원을 얻었다는 말이다. 또한 예수님의 재림을 중심으로 생각하면 우리의 구원은 아직 이루어지지 않았다. 우리의 구원은 이미 이루어졌고 또한 동시에 아직 이루어지지 않은 것이다(Already but not yet). 이러한 '이루어짐'의 개념에서 볼 때 여호수아서의 역사는 이미 얻은 가나안 땅을 누리는 면과 아직 얻지 못한 땅을 얻기 위해서 노력하는 두 가지 면을 설명하고 있다.

이러한 면을 신약적 개념으로 말하면 '세대'(aeon)라는 단어에서 찾을 수 있다. 우리는 예수님의 십자가 죽음과 부활로 말미암아 이미 새로운 세대에 살고 있다. 이미 가나안 땅에 살고 있다는 말이다. 동시에 우리는 예수님이 재림하실 때까지는 아직도 옛 세대에 살고 있다. 천국을 기다리며 고대하고 살고 있다는 의미이다. 또한 현재 우리의 삶은 이 세상에서 천국으로 가는 여정이라고 표현할 수도 있다.

그렇기 때문에 우리는 구약의 여러 세대에 대한 성경 구절을 전부 우리에게 연결 지어 해석하고 적용할 수 있다. 예를 들면 창세기는 아직 오지 않은 출애굽을 고대하며 사는 생활이다. 이런 면에서 아직도 이루어지지 않은 천국을 기다리며 사는 삶이라는 관점에서 우리에게 적용하면 된다. 민수기의 광야 생활을 지금 여기서 천국으로 가는 여정으로 우리에게 적용할 수 있다. 여호수아서도 천국을 차지하는 과정으로 우리에게 적용할 수 있다. 우리와 여호수아서와의 연결점을 이러한 관점에서 찾을 수 있다는 말이다. 또한 가나안 땅을 차지하는 과정을 이미 구원을 얻은 자가 하나님 안에서 축복을 누리는 면으로 볼 수 있다. 성경에서 가나안 땅은 구원 얻은 자에게 주시는 축복을 상징하는 것이기도 하다. 그래서 그것을 차지하는 것은 마치 하나님께서 약속하신 축복 중에서 순종함을 통하여 성도가 누릴 수 있는 면을 상징하는 것이다.

이러한 관점에서 여호수아서에 있는 모든 전쟁과 땅 분배를 보면 우리에게 적용해야 할 점이 어디에 있는지를 잘 알 수 있다. 지금부터는 좀 더 구체적으로 여호수아서를 우리에게 적용시키려 할 때 유의할 점을 살펴보기로 한다.

구약을 도덕적으로 보지 말고 신학적(하나님 중심적)으로 보라

흔히 구약의 하나님은 잔인하고 난폭하다고 말한다. 많은 경우에 하나님께 순종하는 것은 대적을 몽땅 죽이는 일을 의미하였다. 이러한 면은 특히 여호수아서에서 많이 보게 된다. 그중에 가장 대표적인 말이 '진멸하라'이다. 이는 히브리어로 '헤렘'(חרם)인데, 여호수아서에서 하나님은 진멸하라는 명령을 내리신다. 오히려 그렇게 하지 않을 때는 불순종의 죄를 범하는 것이었다.

사울 왕은 하나님께서 명령한 대로 아말렉을 멸망시키지 않고 그들의 왕 아각을 살려 두었다. 이런 행동은 정면으로 하나님의 명령을 어기는 행위였다. 결국 하나님은 사무엘을 통하여 아각을 죽이고, 사울은 왕권을 잃는다.

여호수아의 정복에서도 수많은 도시의 사람들이 이스라엘에 의해 철저하게 멸망당한다. 현대적 관점에서 보면 나치 독일이나 소련 군대의 행위와 다를 바 없다. 나치 독일은 유대인 600만 명을 학살했고, 소련은 옛날 폴란드 군대의 모든 장교들을 학살했다. 그런데 여호수아에 나오는 장면이 전부 그런 장면들이다. 이것을 우리는 어떻게 해석해야 할 것인가?

이에 비해 신약에서는 이런 면과 전혀 다른 예수님의 십자가가 나온다. 예수님은 원수를 사랑하라고 말씀하시고 오른편 뺨을 때리면 왼편도 돌려 대라고 하신다. 바울도 "선으로 악을 이기라"(롬 12:21)고 한다.

또한 십자가와 부활의 승리 이후로 우리는 실제적으로 전쟁의 필요가 없어졌다. 우리는 더 이상 이 세상의 무기로 싸우는 것이 아니다. "우리의 싸우는 병기는 육체에 속한 것이 아니요 오직 하나님 앞에서 견고한 진을 파하는 강력이라"(고후 10:4), "우리의 씨름은 혈과 육에 대한 것이 아니요 정사와 권세와 이 어두움의 세상 주관자들과 하늘에 있는 악의 영들에게 대함이라"(엡 6:12)고 했다. 즉 우리의 싸움은 영적인 것이다.

이렇게 구약과 신약이 전혀 다른 하나님에 대하여 말씀하시는 것 같은데, 구약과 신약은 어떻게 연결되는 것일까?

먼저 우리가 생각해야 할 것은 하나님은 의로우시다는 것이다. 구약이나 신약의 하나님은 의로우시다. 그렇다면 구약의 하나님께서는 어떻게 의로우신가?

당시 가나안 백성들의 우상 숭배가 아주 심각했음을 알 수 있다. 그들의 조각은 거의 음란한 것들이었다. 그들의 제사 습관을 보면 어린이를 제물로 바쳤음을 알 수 있다. 그들의 타락 정도는 다른 민족들의 수준을 훨씬 초월했다. 또한 이스라엘이 하나님의 명령을 어기고 가나안 민족을 쫓아내지 않앉을 때 그 가나안 족속들이 이스라엘을 영적으로 타락시켰다. 모압 왕 바락은 발람을 통하여 이스라엘을 저주하려고 했지만 실패했다. 그 뒤 모압 여인들이 이스라엘의 남자들을 유혹하여 자기네 신전에서 절을 하게 만들었다(민 25장). 그러자 이스라엘 남자들이 모압 여인들과 음행할 뿐 아니라 그들의 신에게 절하기 시작했다. 이 죄로 인하여 염병으로 죽은 이스라엘 사람들이 24,000명이나 되었다. 문제는 영적인 타락이었다. 이방인들을 그냥 둘때 이방 신을 섬기는 그들의 습관이 이스라엘에까지 들어와서 타락시키는 것이었다. 결국 이스라엘이 가나안 사람들을 아주 멸망시키지 못해서, 훗날 계속 그 올무로 인해 죄를 짓게 된다. 마침내는 선지자들을 죽이기까지 하였다. 이스라엘이 가나안 거민들을 이 땅에서 완전히 멸망시키지 않고서는 온전할 수 없었다.

이렇게 가나안 백성들이 죄악에 취해 있을 때에도 하나님은 오래 참으셨다. 창세기 15장을 보면, 하나님께서 아브라함에게 약속하신다. 이때 아브라함의 후손들이 애굽에서 400년간 살다가 돌아와서 가나안 땅을 차지할 것을 미리 말씀하신다. 그 이유는 아모리 족속(가나안 족속)의 악이 아직 차지 않았기 때문이다(창 15:16). 이것을 보면 하나님께서 얼마나 오래 참으시는지를 알수 있다. 아모리 족속의 악을 보면서도 그것이 완전히 찰 때까지 기다리셨다. 그러다 마침내 때가 되어 이스라엘을 심판의 도구로 쓰고 계신 것이다.

이러한 면은 비단 가나안 사람들뿐만 아니라 이스라엘이 죄를 지을 때 다른 민족을 들어서 이스라엘을 징계하시는 것에서도 볼 수 있다.

율법에도 죄를 그냥 두실 수 없는 하나님의 품성이 나온다. 소돔과 고모라를 볼 때도 마찬가지이다. 모든 성의 주민들이 성적으로 타락하고 폭력과 살인이 횡행했다. 그럼에도 아브라함이 소돔과 고모라를 위해 간절히 구할때 의인 열 명만 있어도 멸망시키지 않겠다고 하셨다. 결국 그 열 명이 없어서 멸망당한 것이다. 하나님의 참으심의 정도를 알 수 있는 대목이다.

그러나 드디어 그때가 도달하면 하나님께서는 심판하신다. 죄가 넘치면 결국 하나님의 심판이 임하게 된다. 노아의 때를 보라. 모든 사람에게 죄가 관영하자 120년의 기한을 주고 마침내 심판하신다(창 6:3).

지금도 많은 사람들이 죄를 범하면서도 자기들에게 아무 일도 벌어지지 않으니까 방자해진다. "하나님이 어디 있느냐? 주먹을 믿어라. 주먹은 가깝고 법은 멀다." 이런 말을 하는 사람들이 있다. 그러나 하나님께서 계속 참고 계시기 때문에 아직 이 세상이 멸망당하지 않고 있는 것이다. 마침내 하나님의 때가 차면 이제까지 볼 수 없었던 멸망의 순간이 오게 된다. 그때는 가나안 백성들이 이스라엘에게 당했던 것과는 비교도 할 수 없는 참담한 심판이 임할 것이다.

여리고성이나 아이성의 멸망도 이러한 면에서 보아야 한다. 어차피 그들은 자기들의 죄 때문에 진멸당하는 것이다. 오히려 우리가 물어야 할 것은, 왜 우리는 그들과 같은 죽음을 당하지 않느냐 하는 것이다. 예수님도 이 세상에서 가장 처참한 죽음을 당하는 사람들의 예를 들면서 우리가 물어야 할 것은 그들이 왜 그렇게 처참한 죽음을 당해야 하는가 하는 문제가 아니라고 하셨다. 오히려 왜 우리는 그런 처참한 죽음을 당하지 않는지를 하나님께 물어야 한다. 나중에는 마침내 우리의 왕이신 그리스도께서 이 세상을 심판하러 오시리라. 그날의 심판의 정도에 대하여는 요한계시록에 자세히 나온다. 신약 시대에도 구약의 민족들의 멸망보다 더욱 크고 놀라운 심판이 임하게 된다. 동일하신 하나님의 품성이 나온다. 혹시 아직 벌을 받지 않았다고 계속 죄를 짓는 사람들, 죄짓는 사람이 멸망당하지 않는다고 낙심한 사람들은 특히 알아야 한다. 반드시 하나님의 심판의 때가 온다. 그때에는 모든 죄가 드러나고 죄인들은 멸망당한다. 아직 죄인이 그대로 살아 있는 것은 하나님께서 참고 계시기 때문이다. 그러나 언젠가 그 악이 한계에 도달하면 심판이 임한다.

하나님은 공의로우시다. 죄를 반드시 심판하신다. 동시에 하나님은 사랑이시다. 자기 백성을 위해서 모든 죄악을 멸하신다. 이 두 가지 면이 만나는 곳이 십자가이다. 십자가는 전혀 다른 두 가지를 설명하고 있다. 인간의 죄는 결국 죽음으로밖에 해결할 수 없다는 것을 말해 준다. 동시에 이러한 인간의 죄에도 불구하고 우리를 사랑하시는 것을 확실하게 말씀하신다. 인간의 죄 때문에 가장 잔인하게 죽임을 당한 것은 결국 하나님의 아들이다.

또한 성경을 도덕적인 관점이 아니라 하나님 중심으로 보아야 한다. 그예를 라합 이야기를 통해 살펴보자. 그는 이스라엘의 정탐꾼들을 살리기 위해서 거짓말을 했다. 과연 이 행위를 어떻게 보아야 하는가? 라합은 정탐꾼을 살리기 위해 세 가지 거짓말을 한다. 첫째, 그들이 어디에서 왔는지 알지못한다고 했다. 둘째, 그들이 이미 갔다고 했다. 셋째, 그들이 지금 어디에있는지 모른다고 했다. 라합뿐만 아니라 성경에 나오는 여러 믿음의 용사들도 거짓말을 했다. 예를 들면 창세기 12장에서 아브라함이 애굽에 내려갔다가 자기 아내 사래를 누이로 소개한다(창 12:10~20).

그러면 우리도 거짓말을 해도 되는가? 결코 안 된다. 그것이 성경의 일반적인 법칙이다. 예수님은 그분의 사역에서 절대로 거짓말을 하지 않고 진실되게 사셨다. 우리도 예수님의 행적을 따라가야 한다. 바울도 우리에게 맹세하지 말라고 한다. 맹세란 진실하다는 것을 확정하기 위한 것이다. 그렇다면거꾸로 맹세하지 않은 것은 거짓일 수 있다는 말인가? 그렇지 않다. 그러므로 모든 말에 진실성이 있어야 한다. 즉 맹세할 필요가 없는 것이다. 맹세란이미 거짓을 염두에 둔 행위이다. 하나님의 참된 의도는 거짓되지 않은 생활이다.

그럼에도 불구하고 라합의 행위는 믿음의 행위였다. 라합의 거짓말에 집중하지 말고 전체적인 면을 보아야 한다. 그의 전체적인 행위는 군사를 따돌리고 정탐꾼들을 숨겨 주고 무사히 살려 보낸 것이었다. 그 일로 라합은 자기의 목숨까지 위태한 지경에 이르렀다. 만일 들킨다면 처절한 죽음을 맞아야 했다. 우리는 오히려 라합의 거짓말을 그녀가 속한 문화와 그녀의 직업에서 이해해야 한다. 그녀는 전혀 하나님의 말씀도 알지 못하는 사람이었다.

필자는 개인적으로 그녀의 행동을 이해할 만한 경험이 있다. 신앙생활을 시작한 지 얼마 되지 않아 처음으로 금식을 할 때 오렌지주스를 먹으면서 했다. 원래는 안 되는 일이지만 그때 나는 그것이 옳지 않은지도 몰랐다. 그러나 나는 그 금식을 하나님께서 받으셨다고 믿는다.

마찬가지로 우리는 지금 새로 믿는 사람들의 변화되지 않은 행위들을 이해해 주어야 한다. 예컨대 중·고등부나 청년들의 행위 중 이해하지 못할 일들이 많다. 그러나 그들의 입장에서 이해하려는 노력이 필요하다.

찬송가 405장 〈나 같은 죄인 살리신〉(Amazing Grace)을 작사한 존 뉴튼(John Newton)은 그리스도인이 된 뒤에도 1년 이상 노예 장사를 계속했다. 믿음과 죄가 그의 삶에 섞여 있었던 것이다. 딕 데이스(Dick Day)라는 사람은 샌디에이고(San Diego)에서 유명한 기독교 조직을 운영했다. 이 사람이 처음 믿음을 갖게 되었을 때 하던 사업은 술을 아주 많이 먹어야 하는 일이었다. 그가 처음 자기 보스에게 전도하러 가기 위해서는 독한 술을 여섯 잔이나 마셔야만 했다. 그들이 행위를 잘했다는 것은 아니다. 좋은 동기에서도 처음에는 잘못된 방법을 사용할 수도 있음을 말하는 것이다.

우리의 많은 행위들에 믿음과 죄가 함께 섞여 있는 것을 본다. 예를 들어서 어떤 사람이 많은 헌금을 할 때, 한편으로는 믿음의 행위이고 한편으로는 한번 위세를 부리려는 목적일 수도 있다. 모두 섞여 있을 것이다. 그러나 우리는 나쁜 면만을 보지 말자. 한 사람이 열심히 교회를 위해서 일할 때도 두가지 마음이 있을 것이다. 그래도 우리는 좋은 것만을 보자. 그것들이 우리를 서로 따뜻하게 한다. 애교로 봐주자. 라합의 경우도 그녀가 거짓말한 것이 성경의 초점이 아니다. 성경의 초점은 라합이 죽음을 무릅쓰고 정탐꾼을 숨겨 주었는데, 그것이 믿음의 행위였다는 데 있다(히 11:31).

알레고리가 아니라 모형적으로 보라

라합의 붉은 줄이 여호수아서에서는 가장 대표적인 상징 가운데 하나이다. 라합은 정탐꾼들을 보호해 주고 그들과 서로 언약하고 창문에 붉은 줄을 걸어 놓는다. 이것이 믿음이다. 상대편에 대한 신뢰의 표시이다. 만일 이스라엘 사람들이 여리고를 점령하는데 실패했다면 라합의 집은 어떻게 되었을지 모른다. 그러나 라합은 이스라엘 사람들이 꼭 승리하고 여리고가 망할 것을 믿었다. 또한 그 순간이 자기의 구원의 순간이라는 것도 믿었다. 이 라합의 붉은 줄을 예수님의 피로 연결시킨다. 그러나 그 이상의 해석은 곤란하다. 그 연결 이전에 이것은 상징으로 유월절과 연결되어 있다. 최초의 유월절에 죽음의 사자가 붉은 피가 있는 문은 넘어갔다. 그 안의 사람들은 모두 살았다. 아마도 정탐꾼들은 이 상징의 의미를 알고 이런 약조를 한 것 같다. 여하튼 라합의 집 창문에 있는 붉은 줄은 바로 그 안에 있는 사람들의 믿음을 나타낸다. 그냥 붉다고 해서 예수님의 피와 연결시키는 것은 알레고리이다.

아무튼 창밖에 붉은 줄을 매어다는 행위는 바로 라합의 믿음의 행위이다. 그녀는 자기 백성들의 가는 길을 완전히 거슬러 간 사람이다. 이는 자기가 속한 사회를 완전히 버리고 떠나는 것을 의미했다. 이는 동양적인 사고로는 엄청난 일이 아닐 수 없다. 야고보서에서 믿음에는 행위가 따른다는 것을 말하면서 두 사람의 예를 들고 있다. 즉 아브라함과 라합이다(약 2:21~26). 야고보서에서 말하고자 하는 믿음의 행위란 무엇을 의미하는가? 믿음에는 많은 부담이 따른다. 비용이 많이 든다. 아브라함은 자기 아들을 내어 주어야 했다. 라합은 자신의 모든 것이 위험에 처해지는 위기를 감수해야 했다. 이런 믿음의 행위가 바로 참된 믿음을 나타내는 것이다.

오늘날 성도들에게도 이런 참된 믿음이 있어야 한다. 참된 믿음은 행동으로 나타난다. 그리고 그 행동은 내가 가지고 있는 것 중에서 많은 것을 내어 놓아야 할 때도 있다. 자신의 행위를 보면 많은 경우에 믿음의 실체를 알 수 있다. 라합의 믿음은 창밖의 붉은 줄로 상징된다. 당신의 창문에는 무엇이 있는가? 우리도 라합의 붉은 줄로 위와 같이 적용점을 잡아 나가야 한다고 생각한다.

성경의 관점에서 한 사건을 어떻게 해석하고 있는지를 보라

여호수아서에서 가장 대표적인 예로 꼽을 수 있는 것이 아이성 공격의 실패에 관한 내용이다(7장). 이스라엘 백성들이 왜 아이성 공격에 실패했을까? 많은 설교자들이 여러 가지 이유를 들어 아이성 실패의 원인을 든다. 첫째 이유는, 이스라엘 백성들이 견고한 여리고성을 함락한 후에 자만해서 그랬다는 것이다. 그래서 단지 삼천 명 정도만 보내도 승리할 수 있다고 생각해서 싸움에 패했다고 한다. 삼천 명만 보낸 것을 그들의 교만으로 보는 것이다. 둘째 이유는, 그들이 기도하지 않아서 그렇다는 것이다. 그들이 먼저 하나님께 묻고 기도해야 하는데 그렇지 않았기 때문에 아이성 공격에서 실패했다고 생각한다. 셋째 이유는, 그들이 너무 서둘렀다는 것이다. 조금 시간을 두고 자체 정비를 해야 하는데 금방 공격해서 그랬다고 생각한다.

그러나 이런 내용은 성경적 근거가 없는 해석자의 상상의 결과물일 뿐이다. 우리는 성경이 무엇이라고 말하는지를 찾아야 한다. 물론 성경의 역사 기록은 그 잘잘못을 평가하기가 곤란할 때가 많다. 그래서 해석에 더욱 유의해야 한다. 우리의 관점이 아닌 성경적 관점으로 성경의 역사 기술을 보아야 한다. 성경적 관점으로 볼 수 있는 몇 가지 관점을 생각해 보자. 먼저, 처음이나 끝에 그 이야기에 대한 평가가 나오는지를 보아야 한다. 그다음에는 다른 성경(예를 들어 신약)에서 본문에 대하여 어떠한 평가를 하는지를 보아야 한다. 그것이 하나님이 주신 관점이다.

이제 아이성 공격의 실패 원인이 무엇인지를 생각해 보자. 그것은 여호와의 진노가 그들에게 임했기 때문이다(6:18; 7:1). 이것만이 유일한 원인이다. 그러므로 그들이 삼만 명을 보냈어도 실패했을 것이다. 삼천 명이 올라간 것은 오히려 하나님께서 그들을 긍휼히 여기신 증거이다. 결과적으로 적은 수가 피해를 입었으니까. 그렇기 때문에 위의 이유들을 이 본문에 적용해서 설교할 수 없다. 다른 이유를 대는 것은 하나님께서 말씀하신 원인을 희석하는 결과를 가져온다. 만약 아간의 죄에 대한 설교를 한다면 다음과 같이 말할 수 있다. 아간이 들킬 때까지 자신의 죄를 숨겼는데, 아간의 범죄에서 우리가 볼 수 있는 점이 무엇일까? 들키기 전까지만 해도 아간은 자기가 한 범죄에 대하여 합리화했을 것이다.

첫째, 아간의 범죄의 특징은 아무도 모르는 일이라고 생각했다는 것이다. 그는 아무도 모르게 이 일을 했다. 아마 자기 가족들은 알았을 수도 있다. 그러나 그 외에는 몰랐다. 그런데 아간이 한 가지 잊은 사실은 하나님이 아신다는 것이다. 우리도 은밀히 죄를 짓는다. 그리고 다른 사람이 모르는 은밀한 죄를 우리도 잊고 넘어간다. 은밀한 죄를 별로 죄로 느끼지 않는 경향이 있다. 그래서 죄를 짓는 것을 겁내기보다 들킬 것을 겁낸다.

둘째, 아간의 범죄의 특징은 아무에게도 해를 끼치지 않았다는 것이다. 이러한 면 때문에 아간이 범죄 했을 것이다. 우리도 너무 쉽게 유혹에 빠지는 경우를 보면 아무에게도 해를 주는 것이 아니라고 생각할 때에 그렇다. '내가 술 먹는데 누가 뭐라고 해! 내가 하는 일을 누가 참견해! 남에게 아무런 해를 끼치지 않았는데 이것이 무슨 죄야!' 하고 생각한다.

그러나 아간의 죄를 하나님이 알고 계신다. 우리의 죄는 결국 하나님을 향한 것임을 잊어서는 안 된다. 그 하나님은 아간의 은밀한 죄를 알고 계시다는 것을 잊어서는 안 된다.

우리의 은밀한 죄도 마찬가지이다. 하나님이 알고 계신다. 백주에 모든 사람 앞에서 그 일을 했다고 생각하는 편이 낫다. 그런데도 그 죄를 짓겠는가? 그저 목사만 모르면 되는가? 주변의 성도들만 모르면 되는가? 이웃만 모르면 되는가? 쉬쉬해서 해결될 문제인가?

아무에게도 해를 끼치지 않을 것 같은 바로 그 죄 때문에 수많은 이스라엘 백성들이 희생을 당했다. 마찬가지로 아무에게도 해를 끼칠 것 같지 않은 당신의 개인적인 죄 때문에 교회가 무너진다는 사실을 왜 모르는가? 아간이 여호와의 물건을 훔쳤다는 것과 여호와께서 이스라엘에게 진노하셨다는 사실이 서로 무슨 관계가 있을까?

11절에 보면 '그들이 내 언약을 어겼다. 그들이 바친 물건을 취하였다'고

되어 있다. 아간의 범죄가 곧 교회의 범죄인 것이다. 교회에서도 한 사람의 범죄가 온 교회를 아픔에 빠지게 한다. 꼭 교회에 대한 죄가 아니라도 그렇다. 개인적으로 몰래 지은 죄가 있어도 전체 교회가 영향을 받게 된다. 한 사람의 죄로 인하여 온 가정이 괴로움에 처하게 된다. 폰 라트(G. Von Rad)는 그래서 "성경 어디에도 개인주의는 존재하지 않는다"고 말한다. 신약에서는 교회가 한 몸이라고 말한다. 우리는 서로 한 몸이다. 각각 지체이다. 한군데만 아파도 몸 전체가 아픈 것이다. 나의 죄와 교회와의 관계를 분명히 알아야 한다.

성경적 상상이 중요하다

구약의 역사서를 설교하기 위해서는 성경적 상상이 절대적으로 필요하다. 눈을 감아도 당시의 상황이 철저하게 보일 수 있도록 성경적 상상을 하는 노력이 필요하다. 이런 면에서 먼저 필요한 것이 성경 지리에 대한 지식과 당시의 풍습에 대한 이해이다. 여호수아 3장의 예를 생각해 보자.

요단강을 건널 때 이스라엘은 법궤를 따라가야 했다(3:2~4). 특히 2~3절을 보면 법궤를 따르리는 말에는 아주 중요한 의미가 담겨 있다는 것을 알수 있다. 법궤를 따라가서 이스라엘 백성들은 무엇을 알 수 있을까? 과연 이것이 이스라엘 백성들에게 무슨 의미가 있을까?

법궤를 따른다는 것은 곧 하나님을 따라가는 것을 의미한다. 블레셋 사람들은 여호와의 법궤를 다곤의 신전에 안치해 놓았다가 변을 당했다. 다곤의 목과 손발이 떨어져 나가는 일이 생겼다. 또한 법궤를 가져간 아스돗 사람들에게는 독종의 재앙이 일어났다. 벧세메스에서 법궤를 들여다본 사람들은 다 죽었다. 이 모든 것에서 하나님께서 법궤와 함께하심을 알 수 있다.

이스라엘 앞에 법궤가 먼저 요단에 들어가서 이스라엘 백성들과 함께 요단을 건넌다는 사실은 하나님께서 이스라엘 백성들을 인도하며 가나안에 들어가신다는 의미이다. 이스라엘 백성들은 단지 그 하나님을 따라 들어가기만 하면 된다. 4절에서 이러한 면이 더욱 분명하게 나타난다. 여호와께서는 법궤와 모든 백성이 약 1km 정도 떨어지라고 하신다. 이 거리는 안식일에 갈 수 있는 한계 거리이다. 그런데 왜 이렇게 특정한 거리를 말씀하셨을까? 여기에 성경적 상상이 들어간다. 실제 그 광경을 상상해 볼 수 있어야 한다. 성경적 상상을 해보면 성경에서는 이만큼 떨어져야 법궤를 보고 하나님께서 어디로 인도하는지를 확실하게 알 수 있다. 모든 이스라엘 백성들은 법궤를 보아야 했다. 하나님께서는 여기서 모든 하나님의 백성들은 오직 하나님만을 바라보고 하나님만을 따라야 함을 말하고 있는 것이다. 그것을 이스라엘 백성들이 실제로 행위화 하고 있는 것이다.

우리도 마찬가지이다. 우리는 예수님을 따라가야 한다. 그분이 참된 하나님의 형상이다. 법궤는 하나님의 임재를 물질적으로 우리에게 보여 주신 것이다. 예수님도 보이지 않는 하나님의 형상이다. 임마누엘이시다. 우리는 살아 있는 법궤인 예수님만을 바라보고 그분만을 따라야 한다. '믿음의 주요 또 온전케 하시는 이인 예수님만을 바라보아야 한다'(히 12:2). 모든 믿는 자들이 천국 길을 향해 갈 때에 수많은 요단과 같은 어려움에 부딪히게 된다. 그때마다 오직 예수님만을 바라볼 때 그 요단을 건널 수 있는 용기와 지혜와 능력을 체험할 수 있다.

본문 구조를 좀 더 연구할 필요가 있다

좀 더 넓은 부분을 한번에 이해하고 구조를 살펴보아야 성경의 이해와 적용이 보다 빠르다. 15~17장까지의 본문을 비교해 보면 이스라엘이 점점 하나님께로부터 멀어져 나간다는 것을 알 수 있다.

신앙생활에서 처음에는 하나님의 놀라운 은혜를 체험하는데 점점 그 은혜가 식는 때가 많다. 여기에도 그러한 면이 나온다. 본문에 가나안 족속들이 이스라엘 사람들과 함께 거하게 된다는 이야기가 나오는데 그것들을 비교하면 재미있는 결과가 나온다. 15:63에서는 유다의 무능력이 나온다. 유다 지파는 여부스 족속을 쫓아낼 수가 없었다. 16:10에는 에브라임의 실패가 나온다. 한 성읍의 가나안 거민을 쫓아내지 못한다. 나중에 이스라엘이 강성해진 후에도 그들을 쫓아내지 않았다고 말한다. 유다는 쫓아내지 못했지만, 에브라임은 능동적으로 그들을 쫓아내지 않았다. 17:12~13에 나오는 므낫세 지파의 실패는 더욱 크다. 이번에는 많은 전략적 거점들을 차지하지 못한다. 여기서도 그들이 강성해진 뒤에도 쫓아내지 않고 오히려 사역을 시키는 것을 볼 수 있다. 그들의 죄가 점점 강력해지는 것을 본다. 처음의 유다의 죄는 수동적이지만 에브라임의 죄는 능동적이다. 므낫세의 죄는 그 범위가 훨씬 넓어진다. 그들이 가나안 거민들을 몰아내지 않은 이유는 무엇일까? 차라리 그들을 종으로 부리는 것을 그들이 더 선호했을 것이라고 생각할 수 있다. 그들의 삶이 보다 윤택한 것을 원해서 하나님의 명령을 정면으로 거역한 것이다.

또한 19장에서는 하나님께서 여호수아에게 땅을 주신 것으로 그 이야기가 끝난다. 한 가지 재미있는 사실은 14~19장에 땅의 분배에 관한 이야기가 나오는데, 갈렙의 땅 분배에서 시작해서 여호수아의 분배로 끝난다. 전체 땅 분배의 사건을 하나로 볼 수 있는데 시작과 끝에서 여호수아와 갈렙을 만난다. 이 부분을 민수기 13, 14장과 연결해서 생각할 수 있다. 민수기에서는 이스라엘이 가나안 땅에 관하여 범죄 했을 때 여호수아와 갈렙만이 그 땅에 들어가서 누리리라고 하나님께서 선포하셨다(민 14:24, 30, 38). 이러한 하나님의 약속이 정말로 이루어졌다는 것을 보여 준다. 이것은 그냥 헤브론과 딤낫세라보다 훨씬 큰 의미를 지닌 것이다. 이렇게 우리가 하나님의 말씀을 구조적인 면에서 이해하면 성경 속에서 아무것도 아닌 것 같은 말씀들도 하나님께서 우리에게 주시고자 하는 의도가 그 속에 숨어 있음을 알 수 있다. 본문에서도 '여호수아가 땅을 차지했구나' 하고 그냥 넘어가는 것이 아니라 '아하! 하나님은 이렇게 약속을 꼭 지키는 분이시구나' 하는 것을 느껴야 한다는 것이다.

이제까지 어떻게 여호수아서를 적용할지에 대해 몇 가지 예를 들어 설명해 보았다. 그러나 바른 적용점을 찾기 위해서는 먼저 바른 해석이 필수 조건이다. 올바른 성경적 관점으로 본문을 볼 때 그 연장선상에서 적용점을 발견할 수 있기 때문이다. 바르게 적용하는 일 자체가 해석의 일부분이다. 바른 적용까지 이르지 못한다면 본문을 제대로 이해했다고 볼 수 없다. 설교자가 설교 본문을 선택한 순간부터 지역 교회의 특정한 성도들에게 설교하는 순간까지를 해석의 행위라고 볼 수 있다. 그 모든 과정에서 한군데라도 문제가 생기면 바른 해석도, 바른 적용도 없는 것이다.

또한 바른 적용을 위해서는 바른 성경 신학이 뒷받침되어야 한다. 이를 통해서 구약과 신약의 연결점을 찾을 수 있고, 이에 따라서 구약의 역사들이 신약 시대의 성도들에게 어떻게 연결성을 갖는지(또는 어떠한 불연속성이 있는지)를 알 수 있다.

04

'거룩한 전쟁'의 특징과 윤리

여호수아서는 가나안 정복과 땅 분배라는 두 가지 큰 주제를 다루고 있다. 1~11장은 이스라엘의 가나안 정복 전쟁을, 12장은 모세가 가나안 저편에서 정복한 땅에 대한 재론을, 13~24장은 이스라엘의 가나안 땅 분배를 기록하고 있다. 여호수아 1~11장은 4개의 전쟁 기사를 담고 있다. 2장과 6장은 여리고 전투, 7~8장은 아이성 전투, 9~10장은 가나안 남부 연합군 전투 그리고 11장은 가나안 북부 연합군의 전쟁이다.

여호수아와 이스라엘 백성들이 벌인 가나안 정복 전쟁을 '거룩한 전쟁'(holy war)이라고 명명할 수 있다. 거룩한 전쟁이란 전쟁의 도덕적 성격에 관한 것이 아니다. 거룩한 전쟁이라는 표현은 하나님이 그 전쟁에 개입하였기 때문에 칭하는 것이다. 이러한 거룩한 전쟁을 수행할 때 여호수아와 이스라엘 백성들이 취해야 할 전쟁 수칙에 대해서는 신명기 20:1~20; 23:10~15; 25:17~19에 기록되어 있다.[1] 특히 신명기 20:1~4에서는 하나님의 전쟁 개입에 대해 아주 분명하게 말한다.

> "네가 나가서 적군과 싸우려 할 때에 말과 병거와 백성이 너보다 많음을 볼지라도 그들을 두려워하지 말라… 너희 하나님 여호와는 너희와 함께 행하시며 너희를 위하여 너희 적군과 싸우시고 구원할 것이라"(신 20:1~4).

그렇기 때문에 성경은 종종 하나님을 '전쟁 신'(divine warrior)으로 묘사한다. 출애굽기 15:3은 하나님을 '이쉬 밀하마'(מִלְחָמָה אִישׁ)라고 부르는데, 이를 직역하면 '전쟁의 사람' 또는 '전사'라는 말이다.[2] 이런 전쟁 신 사상은 성경뿐만 아니라 많은 고대 근동의 종교에서도 나타난다. 이런 점을 감안하여 이 글은 고대 근동의 전쟁 신 사상을 살펴본 후 여호수아서의 거룩한 전쟁의 특징과 전쟁 윤리를 살펴볼 것이다.

고대 근동의 전쟁 신 사상과 이스라엘의 전쟁 신 신앙

1. 고대 근동의 전쟁 신

메소포타미아 종교에서 가장 중요한 전쟁 신은 마르두크이다.[3] 마르두크는 원래 바벨론 도시의 신이었고, 주전 3000년대까지만 해도 서열이 낮은 바람을 주관하는 신에 지나지 않았다.[4] 함무라비와 그의 후계자들에 의해 바벨론이 제국을 형성하게 되었을 때, 마르두크는 신들 가운데 가장 높은 신이 되었다.[5]

거룩한 전쟁의 기본적인 개념은 신이 적과 싸우는 전사라는 것이다. 린드(Millard C. Lind)에 의하면 고대 메소포타미아인은 신들을 자신들을 위하여 자신들과 함께 전쟁터에서 전투를 벌이는 전사로 생각하였다.[6] 전쟁이 일어나면 그들은 신상들을 전쟁터로 가져갔다.[7] 왕은 자신이 벌이는 전쟁이 신들로부터 받은 신탁에 근거한다고 주장했다.[8] 그들은 군대의 이름을 신들의 이름을 따서 지었고, 적의 도시를 점령하면 신상을 점령지의 신전에 안치했으며, 점령지의 신들보다 자신의 신들이 더 강하다고 선언하였다.[9] 투쿨티-니누르타(Tukulti-Ninurta) 문서에서 볼 수 있는 것처럼 전쟁에 지는 것을 신의 형벌이라고 여겼다.[10] 이 문서에 따르면 카쉬틸리아쉬가 약속을 어겼기 때문에 모든 신들이 그를 벌주고 버리기로 결정하였다. 이처럼 메소포타미아인은 신을 중요한 전사로 여겼고, 서열이 높은 신들은 주요 전쟁 신들이었

다. 에뉴마 엘리쉬에서 볼 수 있는 것처럼, 창조신이 자동적으로 최고신이
나 주요 전쟁 신이 되는 것은 아니었다. 국가의 힘이 바뀜에 따라 최고신인
전쟁 신도 바뀌었으며,[11] 여러 도시들의 정치적인 힘의 변화에 따라 신들의
서열도 바뀌었다. 메소포타미아 전쟁 신들에는 여신들도 있었다. 이슈타르
(Ishtar) 혹은 이난나(Inanna)는 사랑의 여신이며 신들을 지키고 보호하는 역할
은 했다.[12] 이슈타르는 수메르 시대 때부터 전쟁 여신으로 묘사되며,[13] 사르
곤 제국에서는 전차를 타고 전장으로 달려가는 여성 전쟁 신으로 본격적으
로 등장한다.[14] 함무라비 법전 후기에서는 이슈타르의 호전적인 성격을 다
음과 같이 묘사하고 있다.[15]

> "이슈타르여 전쟁터에서 그의 무기들을 흩어버리소서…
> 이슈타르는 그의 전사들을 쳐서 땅을 그들의 피로 적시게 할 것이다!
> 이슈타르는 그의 전사들의 시체를 평지 위에 무더기로 쌓을 것이다."

메소포타미아의 전쟁 신들은 폭풍과 같은 자연 현상과 인간들이 만든 무
기들을 사용한다. 예를 들면, 니누르타는 폭풍 속에서 맹렬한 능력을 발휘
한다. 라가쉬의 엔시(Ensi)는 홍수와 폭풍, 철퇴, 철장 등을 무기로 사용한다.
자연과 관련된 무기들은 대부분 폭풍과 관련된 표현이다. 전쟁 신들을 돕기
위해 신들이 무기를 만들어 주는 모습도 찾아볼 수 있다. 그러나 전쟁 신이
인간이 만든 무기를 사용했다는 말을 역사적인 문서들에서 찾아볼 수는 없
다. 메소포타미아의 전쟁 신들은 그 수가 많았다. 전쟁 신은 결코 혼자 싸우
지 않는다.

니누르타(Ninurta, Ningirsu), 엔릴(Enlil), 이슈타르(Ishtar–Inanna), 마르두
크(Marduk), 그리고 아슈르(Ashur) 같은 주요 전쟁 신들이 있었다. 이들 주
요 전쟁 신들 외에 다른 많은 전쟁 신들이 전장에 참여하였다. 아슈르바니
팔(Ashurbanipal)은 아랍과 전쟁하면서 자신은 아슈르(Ashur), 신(Sin), 사마쉬
(Shamash), 아다드(Adad), 벨(Bel), 네보(Nebo), 니느웨의 이슈타르(Ishtar), 알

벨라(Arbela)의 이슈타르(Ishtar), 니누르타(Ninurta), 네르갈(Nergal)과 누스쿠(Nusku)의 신탁들에 따라 아랍 왕 와테(Uate)를 포로로 잡았다고 주장한다 (*ANET*, 298).

때때로 이들 전쟁 신들의 이름은 합쳐진다. 예를 들면, 아슈르의 이름에는 다음과 같이 과거의 전쟁 신들의 이름이 첨가된다. 다간-아슈르(Dagan-Ashur), 니누르타-아슈르(Ninurta-Ashur), 아슈르-이슈타르(Ashur-Ishtar), 아다드-아슈르(Adad-Ashur) 등이다.[16]

2. 이스라엘의 전쟁 신 여호와

다른 고대 근동 국가들처럼 고대 이스라엘도 여호와 하나님을 전사로 생각하였다(출 15:3). 이스라엘은 이웃 국가들과 비슷한 역사적·문화적 배경을 가졌기 때문에 전쟁 신에 대한 개념에서도 유사한 점이 있다. 그러나 고대 이스라엘은 전쟁 신에 대한 개념에 있어서 이웃 국가들과는 판이하게 다른 관점을 가지고 있었다. 이스라엘은 우주의 형성과 관련된 신들 사이의 전쟁 개념이 없으며 여성 전사도 없다. 고대 근동의 전쟁 신 개념과는 달리 이스라엘의 전쟁 신은 오직 한 분 여호와밖에 없다. 이런 점을 염두에 두면서 여호수아서에 등장하는 전사로서의 여호와 하나님의 특징을 살펴보도록 하겠다.

하나님이 인간의 전쟁에 처음으로 개입한 것은 아브라함이 조카 롯을 구출하기 위해 벌인 전쟁이다. 창세기 14장에 의하면 시날 왕 아므라벨을 비롯한 메소포타미아 연합군들이 소돔과 고모라를 비롯한 사해 인근의 도시 국가들을 공격하여 포로와 약탈물을 가지고 돌아갈 때 롯을 포로로 사로잡아 갔다. 아브라함이 318명의 종을 데리고 단까지 쫓아가서 메소포타미아 연합군들을 물리치고 조카 롯을 되찾아 온다. 그때 살렘 왕 멜기세덱은 아브라함에게 축복하면서 "너희 대적을 네 손에 붙이신 지극히 높으신 하나님을 찬송할지로다"(창 14:20) 하며 아브라함의 전쟁에 하나님이 개입했음을 알려준다. 하지만 창세기 14장은 하나님이 구체적으로 어떻게 전쟁에 참여하였는지 밝히지 않는다.

두 번째 전쟁은 홍해 사건이다. 앞서 말한 출애굽기 15:3에서 하나님을 전사라고 호칭한 배경은 바로 홍해 사건이다. 홍해 사건에서 하나님은 구름 기둥과 불기둥을 통해 이집트 군대가 이스라엘 백성들에게 접근하는 것을 막으며 그들을 홍해에 익사시킴으로 대승한 전사의 모습을 보여 준다. 홍해 사건 외에도 출애굽기 17:8~16의 대 아말렉 전쟁, 민수기 21:21~36의 아모리 왕 시혼과 벌인 전쟁, 그리고 민수기 31장의 대 미디안 전쟁 등에서도 하나님은 이스라엘의 전쟁에 개입한다. 하지만 하나님을 전쟁 신으로 가장 적극적으로 묘사하고 있는 성경은 여호수아서이다.

구약 이스라엘의 신학에서 가장 중요한 특성 중에 하나는 유일신 사상이다. 위에서 살펴본 것처럼, 고대 근동의 국가들은 다신교와 종교적 혼합주의에 물들어 있었다. 이들의 다신교적 특징은 엄청난 숫자의 신들로 구성된 만신전을 가지고 있었다는 사실에서도 분명하게 드러난다. 이들은 다른 사회의 신들을 존중하였고, 그래서 한 도시를 점령하면 자신의 신들의 신상을 가져와서 정복한 도시의 신전의 신들과 함께 나란히 모셔 두었다.[17] 주전 2000년 이후 고대 사회의 민족들 간에 지속적인 혼합은 종교에 있어서도 광범위한 혼합주의를 초래하게 된다.[18] 에누마 엘리쉬의 마지막 부분에 있는 50개의 새롭고 다른 이름들은 고대 근동의 혼합주의적 경향을 반영한다. 고대 근동의 사회들과는 달리, 이스라엘은 여호와 하나님을 유일신으로 섬겼고, 그들의 전쟁에서도 하나님 이외에 다른 신들이 하나님과 함께 전쟁에 참여하는 것으로 생각하지 않았다. 여호수아 5:13~15에 여호와의 군대 장관이 등장한다. 그의 정체를 두고 다양한 의견이 제시되는데, 아마 그는 출애굽기 23:20에서 하나님이 모세에 앞서 가나안으로 보내어 길을 예비하게 하겠다고 했던 하나님의 사자일 것이다. 여호수아 5:13~15은 결코 그를 하나님과 동등한 신으로 보지 않는다.

전쟁 준비 과정에 나타나는 특징

Ancient Near Eastern Texts(ANET)에 의하면, 고대 근동 사람들은 전쟁을 시작하기에 앞서 전쟁 무기들을 정비하였을 뿐만 아니라 신들의 문장들을 만들고 신탁을 통해 신들에게 자문을 구하며 전쟁을 준비하였다.[19] 전쟁은 종종 국가 간에 체결된 외교적인 언약을 위반함으로 발생하였기 때문에, 왕들은 전쟁에 앞서 제사장이나 신전 종사자들을 통해 신들에게 전쟁 상대국에 대한 일종의 법적인 소송을 벌이기도 했다. 전쟁 신들은 언약 위반에 대한 심판자 역할을 하였고, 왕들에게 징벌 전쟁을 개시하라는 신탁을 주었다.[20] 고대 근동 사람들은 전쟁의 성공 여부를 알고자 다양한 활동을 통해 신들의 신탁을 구했다. 경우에 따라서는 점을 치거나 꿈을 해석하기도 하고 새들의 비행 형태를 살피기도 하였지만, 가장 대중적인 것은 짐승의 간이나 내장의 모양을 분석함으로 얻는 간신점(extispicy)이었다.[21] 알라락의 왕인 이드리미 이야기에는 다음과 같은 내용이 기록되어 있다.

> "그가 새들을 놓아 주어 비행을 관찰하고 양들의 내장들을 들여다보고 그리고 7년 후에 아닷 신이 내게 호의적이라는 것을 발견했다. 그래서 나는 배를 만들고 군사들을 태웠다."

왕들은 자신들에게 유리한 신탁이 나올 때까지 신들의 뜻을 되물었고, 경우에 따라서는 군사들의 건강을 도모하고 적들을 저주하기 위해 마술을 벌이기도 하였다.[22]

이스라엘 백성들이 방어 전쟁을 벌일 경우에는 종종 하나님께 전쟁을 벌여도 되는지 여부를 우림과 둠밈을 통해 먼저 묻고 시작한다(삼상 14:41~42; 23:1~6). 하지만 고대 근동에서 흔히 볼 수 있는 형태의 신탁을 구하는 행동을 전혀 찾아볼 수 없다. 심판의 성격을 가진 전쟁에서는 출애굽기 14~15장의 홍해 사건에서 볼 수 있는 것처럼 하나님이 전쟁을 먼저 계획하고 시작한다. 이것은 여호수아서의 전쟁들에서도 마찬가지이다. 여호수아서의 전쟁들에서는 이스라엘 백성들이 전쟁을 도모한 것이 아니라 항상 하나님이 전쟁을 시작하게 하였기 때문에 이스라엘 백성들이 전쟁에 앞서 하나님의 뜻을 먼저 구하는 활동을 전혀 찾을 수 없다.

구약성경에서 가장 흔하게 볼 수 있는 전쟁 준비 활동은 하나님이 백성들에게 '두려워 말라' 하며 용기를 북돋는 메시지를 전하는 것이다. 신명기 20장에서 하나님은 전쟁을 벌일 때 지켜야 할 전쟁의 원칙을 제시한다. 전쟁이 임박하면 출전하는 군사들에게 제사장은 다음과 같이 선언해야만 했다.

"이스라엘아 들으라 너희가 오늘날 너희의 대적과 싸우려고 나아왔으니 마음에 겁내지 말며 두려워 말며 떨지 말며 그들로 인하여 놀라지 말라 너희하나님 여호와는 너희와 함께 행하시며 너희를 위하여 너희 대적을 치고 너희를 구원하시는 자니라"(신 20:3~4).

이 원칙은 여호수아서의 가나안 정복 전쟁에서도 확인할 수 있다. 여호수아 1장은 전체 가나안 정복 전쟁의 서막이자 전쟁 준비에 해당된다. 모세가 죽고 난 후 하나님은 여호수아에게 "마음을 강하게 하라. 담대히 하라"고 말한다. 하나님은 6, 7, 9절에서 세 번이나 연속적으로 말한다. 첫 번째 아이성 전투에서 참패한 후 재공격하기 위해 기다리고 있던 여호수아에게 한 말도 역시 "두려워 말라. 놀라지 말라"이다. 여호수아서는 아이성 정복 후에 두 차례의 대규모 전쟁을 벌인 것으로 기록하고 있다. 10장은 예루살렘 왕 아도니세덱이 중심이 된 가나안 남부 지역 세력과의 전투를 기록하고 있고, 11장은 가나안 북부 지역 세력과의 전투를 기록하고 있다. 이때 하나님께서 여호수아에게 나타나 이렇게 말씀한다.

"때에 여호와께서 여호수아에게 이르시되 그들을 두려워 말라 내가 그들을 네 손에 붙였으니 그들의 한 사람도 너를 당할 자 없으리라"(수 10:8).

"여호와께서 여호수아에게 이르시되 그들을 인하여 두려워 말라 내일 이맘때에 내가 그들을 이스라엘 앞에 붙여 몰살시키리니"(수 11:6).

하나님은 이스라엘 백성들에게 승리를 약속하며 두려워 말도록 다짐시키고 있다. 하나님이 이스라엘 백성들의 사기를 진작시킬 때 이와 대조되는 현상이 이스라엘의 적들 가운데 일어났다. 하나님이 직접 적들을 공포와 두려움에 빠트리는 것이다. 여호수아 2:11에서 기생 라합은 정탐꾼들에게 가나안 민족들이 하나님이 이스라엘 백성들을 위해 한 일들 때문에 마음이 녹았고 정신을 잃었다고 말한다.[23] 이들이 공포에 빠진 이유는 신명기 11:25에서 모세가 말한 것처럼 하나님이 이스라엘 백성들 앞서 공포와 두려움을 가나안 땅에 보냈기 때문이다.

"너희 하나님 여호와께서 너희에게 말씀하신대로 너희 밟는 모든 땅 사람들로 너희를 두려워하고 무서워하게 하시리니 너희를 능히 당할 사람이 없으리라"(신 11:25).

이렇게 공포에 떨면서도 가나안 민족들이 이스라엘과 싸우러 나오는 것은 전적으로 하나님이 그들의 마음을 강퍅하게 한 결과이다. 이 같은 현상은 출애굽기 4~14장에서 여러 차례 반복된다. 하나님이 바로와 그의 군대의 마음을 강퍅하게 함으로 이스라엘 백성들을 추격하게 된다.[24] 마찬가지로 여호수아 11:20에서도 동일한 현상을 발견할 수 있다.

"그들의 마음이 강퍅하여 이스라엘을 대적하여 싸우러 온 것은 여호와께서 그리하게 하신 것이라"(수 11:20).

이렇게 거룩한 전쟁에서 하나님은 전쟁이 시작되기 전에 자기 백성들에게 용기를 불어넣어 주고, 반면에 대적들에게는 두려움과 공포를 불어넣으며, 그들의 마음을 강퍅하게 함으로 전쟁을 준비하였다.

거룩한 전쟁 중에 일어나는 현상

1. 전쟁터에서의 하나님의 임재

거룩한 전쟁에서 가장 중요한 요소는 전쟁터에 하나님이 직접 참여하는 것이다. 이런 개념을 고대 근동에서도 쉽게 발견할 수 있다. 함무라비는 마리(Mari)와 말기아(Malgia)의 군대를 여러 신들이 자신에게 준 강력한 힘으로 격파하였다고 말한다.[25] 고대 근동 사람들은 전쟁 신들의 도움을 구하기 위해 제사장들과 선지자들을 전쟁터에 데리고 다녔다.[26] 뿐만 아니라 군사들은 종종 자기 신들의 신상을 전쟁터로 가져갔다. 주전 1400년경에 이집트의 왕이었던 투트모세 3세가 남긴 문서인 "Asiatic campaigns of Thutmose III"에서 투트모세는 그의 신 아몬-라가 자기 앞서 전쟁 길을 평탄하게 해 달라는 희망을 품고 그 신상을 전쟁터로 가지고 간다. 이들은 신상이 자신들을 보호해 주고 적들을 압도하는 공포를 불어넣는다고 생각했다.[27] 이들은 만약 신상을 빼앗기면 그 신이 자신에게 패배를 안겨 준다고 믿었다. 신들이 전쟁에 참여한 것을 알리는 또 다른 방법은 각 부대들이 신들이 새겨진 문장을 들고 다니거나 전차를 비롯한 무기를 신들의 형상으로 장식하는 것이었다.[28] 또한 고대 근동 사람들은 전쟁을 치르는 동안 자신들이 정결해야 된다고 생각했다.[29] 이들은 전쟁에서 패배를 신들의 분노 때문이라고 생각했다. 그렇기 때문에 신들을 달래기 위해 제물을 바쳤으며, 종종 인간을 희생 제물로 바치거나 죄수를 둘로 쪼개어 세워 만든 문을 통과하는 의식을 벌이기도 하였다.[30]

고대 근동의 전통과 유사하게 성경에서도 하나님이 전쟁에 개입하시는 모습을 발견할 수 있다. 사무엘상 4:1~11에서는 엘리의 두 아들 홉니와 비느하스가 블레셋과 전쟁을 벌이면서 언약궤를 전쟁터로 운반해 오자 블레셋 사람들이 "신이 진에 이르렀도다"(삼상 4:7) 하며 두려워한 것이 좋은 예가 될 것이다. 역대하 13:12에서 아비야 왕이 여로보암 왕과 전쟁하면서 이런 말을 한다.

> "하나님이 우리와 함께하사 우리의 머리가 되시고 그 제사장들도 우리와 함께하여 경고의 나팔을 불어 너희를 공격하느니라 이스라엘 자손들아 너희 열조의 하나님 여호와와 싸우지 말라 너희가 형통치 못하리라"(대하 13:12).

역대하 20:21에서 여호사밧이 암몬과 모압과 에돔 연합군과 싸우면서 거룩한 예복을 입힌 찬양대를 군대 앞에 두어 하나님을 찬송하게 한 것도 그들이 벌인 전쟁이 거룩한 전쟁이라는 것을 보여 준다. 더 나아가 신명기 23:9~14에 따르면 이스라엘 군사들은 전쟁터에 있는 군대의 진영 안에서 대소변을 볼 수 없고, 진 밖에서 삽으로 땅을 파고 배설물을 덮어야만 했다. 그 이유를 신명기 23:14은 다음과 같이 말한다.

> "이는 네 하나님 여호와께서 너를 구원하시고 적군을 네게 넘기시려고 네 진 중에 행하심이라 그러므로 네 진을 거룩히 하라 그리하면 네게서 불합한 것을 보시지 않으므로 너를 떠나지 아니하시리라"(신 23:14).

배설물은 아니지만, 여호수아 7장에서 아간이 여리고성에서 훔친 물건이 이스라엘 진영 가운데 있을 때에 하나님은 이스라엘 백성에게 스스로 정결케 하고 그 물건을 제거하라고 하였다. 그렇지 않으면 원수들 앞에 능히 맞서지 못한다고 했다(7:13). 언약궤를 앞세우고 가나안 땅으로 진군해 들어갈 때에도 하나님은 이스라엘 백성들에게 자신을 성결하게 하도록 시켰다(3:5). 전쟁터에 하나님이 참여하였다는 특징을 가장 잘 보여 주는 예는 여호수아 6장의 여리고성과 벌인 전쟁이다. 하나님은 이스라엘 백성들에게 여리고성을 하루에 한 바퀴씩, 제 칠 일에는 일곱 바퀴를 돌게 한다. 언약궤 자체는 하나님의 임재를 뜻했다. 백성들은 하나님의 언약궤를 앞세우고, 제사장들은 그 앞에서 나팔을 들고 행진하다가 제 칠 일에 나팔을 길게 불었다. 백성들의 함성과 더불어 여리고성이 무너져 내린 것은 바로 이스라엘의 전쟁 신인 하나님이 그 전쟁에 강력하게 개입하였다는 것을 보여 준다. 이러한 현상들은 거룩한 전쟁의 전형적인 특징이다.

2. 전쟁에서의 하나님의 역할

고대 메소포타미아 사람들은 그들의 신들이 전쟁에 참여하여 직접 싸운다고 생각했다. 전쟁터에서 신들의 역할은 주로 적군들에게 공포감을 심어넣는 것이다.[31] 경우에 따라 신들은 사람이 만든 무기를 들고 전쟁에 참가하는 것으로 묘사되는데, 아마도 이것은 신들이 천둥과 번개 그리고 폭풍우 같은 자연 현상을 전쟁터에 내려보내는 것을 상징화하려는 의도였던 것으로 판단된다.[32] 하지만 고대 메소포타미아의 역사적 문서들을 살펴보면, 신들의 역할이 전쟁의 승패를 결정짓는 결정적인 요소는 아니었던 것으로 여겨진다. 고대 근동 사람들은 신들이 자신들을 돕는다고 믿음에도 불구하고 신들의 도움은 전쟁의 승패에 결정적인 역할을 하지 못하고 오히려 군사들만 더 맹렬하게 싸워야 했다. 고대 근동 사람들은 전투가 벌어지는 동안 신들이 적들에게 심리적인 공포를 불어넣고 자연 재해를 가한다고 생각하지만, 현재까지 발굴된 고대 근동의 역사책에서 우리는 아직 신들이 직접적으로 그리고 구체적으로 개입했다고 볼 수 있는 기록을 발견할 수 없다.

여호수아서에서 하나님은 가나안 정복 전쟁 가운데 결정적인 역할을 수행한다. 대 여리고성 전투에서 하나님은 매일 한 바퀴씩 돌다가 제 칠 일에 일곱 바퀴를 돈 후 울리는 제사장들의 나팔 소리와 백성들의 함성에 여리고성이 무너져 내리게 한다. 여호수아 10장의 가나안 남부 연합군과의 전투에서는, 이스라엘 백성들도 칼로 적들을 죽였지만 하나님이 하늘에서 내린 우박덩이에 맞아 죽은 사람들이 더욱 많았다고 한다(10:11).[33] 더 나아가 여호수가 전쟁을 위해 기도했을 때 태양이 기브온 위에 거의 하루 종일 머무르는 현상이 나타났다. 심지어 하나님은 이스라엘 백성들이 전쟁에서 자신들의 전투력에 의존하는 것을 방지하기 위해 그들이 가나안 북부 연합군과의 전투에서 전리품으로 얻은 말의 뒷발 힘줄을 끊고 불로 전차를 태워버린다 (11:6). 더 놀라운 것은 아이성을 재공격하기 위해 나아가는 여호수아에게 군사들을 성 뒤에 매복시킬 것을 지시한다(8:2). 하나님은 적들을 죽이기만 하는 것이 아니라, 전략적인 병법을 제시하고 있다. 그 매복에서 기습 공격하는 시점 역시 하나님이 정해 준다.

"여호와께서 여호수아에게 이르시되 네 손에 잡은 단창을 들어 아이를 가리키라 내가 이 성읍을 네 손에 주리라 여호수아가 그 손에 잡은 단창을 들어 성읍을 가리키니 그 손을 드는 순간에 복병이 그 처소에서 급히 일어나 성읍에 달려 들어가서 점령하고 곧 성읍에 불을 놓았더라"(수 8:18~19).

여호수아서에 기록된 전쟁 기사에서 하나님은 전투에서 매우 실제적이면서 결정적인 역할을 하고 있는 것을 볼 수 있다.[34]

전쟁 후의 활동

고대 메소포타미아 사람들은 전쟁이 끝나면 승리의 공로를 전쟁 신들에게 돌렸다. 왕들은 그들의 기도와 신들의 도움 때문에 승리할 수 있었다고 엄숙하게 고백하였다.[35] 전쟁터에서 돌아온 왕들은 전쟁 신들의 신전에서 제사를 드렸고, 전쟁 신들을 위한 축제를 벌이기 위해 포로들을 신전에서부터 도시의 대로를 행진하게 하였다.[36] 이런 행사들과 함께, 왕들은 전쟁 신들에게 감사하기 위해 세 가지 중요한 일을 행하였다.

첫째, 고대 메소포타미아 왕들은 신들을 위해 기념비를 건축했다. 왕들은 기념비를 정복한 나라에 세우기도 하고, 자신의 나라에 특히 전쟁 신의 신전에 세우기도 하였다. 기념비를 통해 왕들은 신들에게 영광을 돌릴 뿐만 아니라 그들 자신의 이름을 후대에 남기기도 하였다. 그리고 왕들은 정복 국가들 가운데 세운 기념비를 통해 적들에게 경고하는 효과도 가졌다.[37]

둘째, 고대 메소포타미아 사람들은 또한 전쟁 신들의 승리를 기념하기 위해 신전들을 건축하였다.[38] 왕들은 신전을 건축하기 위해 레바논의 백향목을 바벨론과 앗수르 그리고 이집트로 운송하여 갔다. 신전을 세운 후 왕들은 많은 짐승들을 전쟁 신들에게 희생 제물로 바쳤다. 그리고 전쟁터에서 약탈해 온 전리품들을 신전에 채워 넣고, 정복한 국가에서 가져온 신상들을 전쟁 신의 신전에 안치하였다.[39] 사무엘상 5:1~5에서 블레셋 사람들이 홉니와 비느하스로부터 빼앗은 하나님의 언약궤를 다곤 신전에 안치하였던 것도 같은 전통에 속한다. 왕들은 수많은 포로들을 신전에 노예로 바쳤다.

셋째, 고대 메소포타미아 사람들은 신들에게 승전가를 지어 바쳤다. 승전가를 주로 기념비나 신전에 새겨 오랫동안 읽히게 했다. 승전가는 시뿐만 아니라 산문체로도 기록되었으며, 때로는 혼용으로 기록되었다.[40] 왕들은 승전가에 전쟁 신들을 찬양하고 자신들의 공적과 그리고 신들이 자신들을 축복할 것을 기원하는 내용을 담았다.

구약의 거룩한 전쟁에서도 유사한 점들을 발견할 수 있다. 출애굽기 15장과 사사기 5장에서 전쟁의 승리를 준 하나님을 찬송하고 있다. 사무엘상 15:12에서 비록 용도가 자신을 위한 것이었지만, 사울은 아말렉의 아각 왕과 벌인 전쟁에서 승리한 후 기념비를 세웠고, 사무엘하 8:3에서 다윗도 유프라테스 강가에 자신의 기념비를 세웠다.[41] 비록 이스라엘 백성들이 전쟁 승리를 기념하여 하나님께 성소를 만들어 바치지는 않았지만, 하나님께 전리품을 바치기도 하였다. 다른 전투에서 획득한 전리품들을 나누어 가지기는 했지만, 이스라엘 백성들은 여리고성에서 빼앗은 전리품들을 하나도 빠짐없이 모두 하나님께 바쳐야 했다. 6:19에 다음과 같은 말이 있다.

"은금과 동철 기구들은 다 여호와께 구별될 것이니 그것을 여호와의 곳간에

들일지니라"(수 6:19).

그런데 여기에 미묘한 차이점이 하나 있다. 고대 메소포타미아 왕들은 전리품에서 일부를 구별하여 신전에 바쳤지만, 여리고성 전투에서 획득한 전리품은 모두 하나님께 구별하여 바쳐야 되었다. 하나님은 왜 이런 요구를 하였을까? 그 이유는 구약의 거룩한 전쟁에서만 볼 수 있는 독특한 특징인 '헤렘'(חרם)이란 전통 때문이다.

헤렘

'헤렘'은 '하나님께 완전히 바쳐진 것'이란 의미다. 레위기 27:28~29에 의하면 헤렘으로 하나님께 완전히 바쳐진 것은 물건이든 짐승이든 밭이든 결코 팔지도 못하고 속하지도 못하고 전적으로 성전에서만 사용되어야 한다. 사람의 경우 반드시 죽이도록 되어 있다.[42]

"오직 여호와께 아주 바친 그 물건은 사람이든지 생축이든지 기업의 밭이든지 팔지도 못하고 속하지도 못하나니 바친 것은 다 여호와께 지극히 거룩함이며 아주 바친 그 사람은 다시 속하지 못하나니 반드시 죽일지니라"(레 27:28~29).

하나님께 완전히 바쳐진 사람은 결코 제물이 아니다. 사람을 헤렘으로 하나님께 바친 경우는 전쟁에서 포로로 잡아온 사람들이다. 그러나 모든 전쟁 포로를 하나님께 바쳐 죽이는 것이 아니다. 하나님의 심판의 수단으로 벌인 거룩한 전쟁에서 잡아온 하나님의 대적들이 헤렘의 대상이다. 사무엘상 15:1~9에서 하나님은 출애굽 때에 이스라엘을 대적한 아말렉을 진멸하라고 사울에게 시킨다. 즉 그들을 헤렘에 붙이라고 한다.

헤렘의 대상은 거의 대부분 가나안 민족들이며 이들을 대상으로 이 말을 처음 사용한 것은 신명기 7:2이다. 하나님은 이스라엘 백성들이 가나안 땅에 들어가면 그곳의 모든 사람을 진멸하라고 시켰다. 즉 그들을 헤렘에 붙이라고 말한다. 이때 헤렘을 강조하기 위해 동사 '하람'(חָרַם)의 부정사 절대형을 첨가하여 '하하렘 타하림'(הַחֲרֵם תַּחֲרִים)이라고 한다. 신명기 20장에서 하나님은 이스라엘 백성들에게 전쟁과 관련된 인도주의적인 규정들을 베푼다. 그런데 이 규정들을 가나안 민족들에게는 적용하지 말고 예외적으로 모두 멸망시키라고 한다(신 20:16~18).[43] 이때에도 역시 신명기 7:2처럼 가나안 민족들을 헤렘에 붙일 것을 강조하여 '하하렘 타하리멤'(הַחֲרֵם תַּחֲרִימֵם)이라고 한다. 여호수아서에서 헤렘이 처음 적용된 전쟁은 여리고 전투이고(6장), 이어서 헤렘은 아이성 전투(8장), 가나안 남부 연합군과의 전투(10장), 그리고 북부 연합군과의 전투(11장)에서 모두 적용된다. 가나안 정복 전쟁에서 헤렘의 대상은 획일적으로 적용되지 않는다. 여리고성 전투에서는 헤렘의 적용 대상이 사람과 짐승 그리고 재물 모두이다. 따라서 사람은 모두 죽이고, 재물의 경우 하나님의 성소에 모두 구별하여 바쳐야 했다. 이를 어겼던 아간은 헤렘을 어긴 벌로써 죽음의 형벌을 받게 된다. 여리고 전투를 제외하고 나머지 전투들에서는 사람에게는 헤렘이 적용되지만 그 외의 가축과 재물들에게는 적용되지 않았다. 8:27에 의하면 이스라엘 군인들이 아이성의 재물을 탈취하고 있고, 11:14에 의하면 가나안 북부 연합군의 우두머리인 하솔을 정복하면서 이스라엘 군인들이 재물과 가축을 탈취하고 사람을 모두 죽였다. 이처럼 헤렘의 적용 범위는 획일적이지 않고, 거룩한 전쟁을 통한 하나님의 심판의 정도에 따라 다르게 적용되었다.

거룩한 전쟁의 윤리(신 20장)

구약의 거룩한 전쟁은 두 가지로 나눌 수 있다. 가나안 정복 전쟁과, 다른 민족의 침략에 대한 방어전이다. 여호수아서의 전쟁들은 단순한 정복 전쟁이 아니라 하나님의 심판의 성격을 가지고 있다.[44] 창세기 15:16에서 하나님은 아브라함에게 가나안 땅을 주겠다고 약속하면서 400년 후에 그의 후손에게 주겠다고 한다. 하나님이 제시한 이유는 가나안 땅에 살고 있는 민족들의 죄악 때문이었다. 신명기 20:16에서 하나님은 이스라엘에게 이렇게 말한다.

"오직 네 하나님 여호와께서 네게 기업으로 주시는 이 민족들의 성읍에서는 호흡 있는 자를 하나도 살리지 말지니"(신 20:16).

신명기 20:18과 레위기 18:24~25은 그 이유를 그들의 죄악 때문이라고 말한다. 그들의 죄악 때문에 하나님은 가나안 정복 전쟁을 통해 그들을 심판하였다. 그러므로 가나안 정복 전쟁을 이스라엘 백성들의 일반적인 전쟁 원칙으로 생각해서는 안 된다. 구약의 전쟁 원칙에 관해서는 신명기 20장에서 찾을 수 있는데, 신명기 20장의 경우 다음과 같이 네 부분으로 나눌 수 있다.

A 제사장에 의한 사기 함양   1~4절
B 전쟁 징집의 면제 대상   5~9절
C 적국에 대한 평화 선포   10~18절
D 자연 파괴 금지   19~20절

이 중에서 제사장에 의한 용기 함양은 이미 앞에서 살펴보았기 때문에 이제부터는 B, C, D를 구체적으로 살펴보겠다.

1. 전쟁 징집의 면제 대상(5~9절)

신명기 20:5~9에서는 전쟁 징집에서 면제되어야 하는 다양한 부류의 사람들을 언급하고 있다. 징집 면제를 받을 수 있는 사유는 두 가지의 원칙 위에 세워져 있다. 인도주의와, 전쟁 신 여호와께 대한 신앙이다.

신명기 20:5~7은 세 가지 경우를 전쟁 동원 면제 대상으로 언급하고 있

다. 새집을 건축하고 그 집에서 살아 보지 못한 사람, 포도원을 비롯한 농장을 만들고 그 열매를 먹어 보지 못한 사람, 그리고 결혼하고 아직 아내와 잠자리를 같이 하지 못한 사람이다. 신혼부부의 경우 신명기 24:5에서 1년 동안 전쟁에 동원시키지 말라고 한다. 포도원을 만든 사람의 경우 그 기간은 훨씬 길다. 레위기 19:23~25에 의하면, 각종 과목을 심으면 3년 동안은 할례 받지 못한 것으로 여겨 먹지 말아야 하고, 제4년의 열매는 하나님께 모두 바쳐야 하고, 제5년에야 그 열매를 먹을 수 있다. 그렇기 때문에 새 포도원을 만든 사람은 5년 동안 전쟁 징집 대상에서 면제된다. 이렇게 전쟁 징집 면제 대상을 폭넓게 적용하는 이유가 무엇일까?

첫째 이유는 일종의 인도주의적인 배려이다. 정상적인 성인 남자가 일상생활에서 삶을 위해 행하는 가장 기본적인 활동인 집을 소유하고 경제 활동을 하고 결혼을 하는 것이 무엇보다도 중요하다. 그렇기 때문에 신명기 28:30에서는 이런 것들을 누리지 못하는 것을 저주로 여기고 있다.[45] 그러므로 하나님은 이스라엘 사람들이 최소한의 기간 동안이라도 이것들을 누릴 수 있도록 인도주의적인 배려를 하게 하는 것이다. 이것이 보장되지 않으면 약속의 땅에 들어가서 살더라도 별 의미가 없을 것이다.[46]

둘째 이유는 신명기 20:4에서 제사장이 선포한 전쟁 신학에 근거한다. 즉 전쟁의 승리는 기드온의 경우에서 볼 수 있는 것처럼 군사력에 있는 것이 아니라 여호와의 임재와 능력에 달려 있다(삿 7:3). 그러므로 군인을 징집할 때 여호와의 임재와 능력을 믿고 두려워하지 않는 사람들만 뽑아야 한다. 이것은 신명기 20:8에 잘 표현되어 있다.

"유사들은 오히려 또 백성에게 고하여 이르기를 두려워서 마음에 겁내는 자가 있느냐 그는 집으로 돌아갈지니 그 형제들의 마음도 그의 마음과 같이 떨어질까 하노라"(신 20:8).

신명기 20:4의 하나님이 임재하여 대적을 물리치고 구원해 주신다는 제사장의 선언이 있었음에도 겁에 질려 두려워하는 사람이라면 모두 집으로 돌아가라고 한다. 이런 사람들은 거룩한 전쟁에 참여할 자격이 없다는 것이다. 이와 같은 전쟁 동원 면제는 결국 이스라엘 백성들의 전쟁은 대규모의 정규군에 달린 것이 아니라 이스라엘의 전쟁 신인 하나님께 달렸음을 보여준다.[47]

2. 적국에 대한 평화 선포(10~18절)

하나님은 이스라엘 백성들에게 가나안 민족들을 헤렘에 붙여 모두 멸망시키게 했지만(16~18절), 가나안 땅 밖에 사는 민족들과 전쟁을 수행하게 될 때에는 전쟁에 앞서 취해야 할 두 가지 전쟁 원칙을 주었다. 이들과 전쟁을 치르게 되는 이유를 밝히지는 않았지만, 사사기에서 볼 수 있는 것처럼 이들은 이스라엘 백성들을 괴롭히고 그들에게 위협적인 도발을 한 민족들일 것이다. 이런 적대적인 민족들과 전쟁을 치를 때 하나님은 이스라엘 백성들에게 이들을 무자비하게 대하지 않고 인도주의적 자비를 베풀도록 요구하고 있다.

첫째 원칙은 평화의 동맹을 맺는 것이다(신 20:10~11). 이스라엘 군대는 자신들을 힘들게 만든 적대적인 민족을 공격하기에 앞서 반드시 평화를 선포하고 제안해야 한다. 비록 하나님을 대적하고 그의 백성을 고통스럽게 한 민족이라 하더라도 하나님은 전쟁의 피를 흘리는 것을 원치 않고 평화롭게 문제가 해결되기를 원하였다. 적국이 평화 제안을 받아들이면, 하나님은 이스라엘 군대에게 적국의 과거의 위협과 적대적 행동을 없었던 일로 간주하지 말고, 그들의 행위에 대해 대가를 지불하게 하는 조건으로 평화 조약을 맺게 한다. 신명기 20:10~11에서 화평을 선언하고 화답하는 것은 언약을 체결하는 것으로 보아야 한다.[48] 하나님은 그 평화 조약을 통해 이스라엘이 적국으로부터 조공을 거두고 부역을 시킬 수 있게 한다. 여호수아 9장에서 기브온이 여호수아와 이스라엘 백성들과 평화 조약을 체결한 것은 바로 신명기 20:10~11의 거룩한 전쟁 원리 때문에 생겨난 사건이다. 거룩한 전쟁의 평화 원칙을 알았던 기브온은 가나안 땅 내부에 살면서도 먼 지역에 사는 것처럼 위장하여 여호수아와 이스라엘 백성들을 속여 평화 조약을 맺었다. 신명기 20:11의 원칙에 따라 기브온은 평화 조약의 대가로 이스라엘과 하나님의 성소를 섬기는 역할을 떠맡았다(9:21~27).

둘째 원칙은 이스라엘 군대가 평화를 제안했음에도 불구하고 적국이 수용하지 않음으로 전쟁을 벌이는 것이다(신 20:12~15). 하나님은 저항하는 군인들을 모두 죽이도록 하지만, 여자와 유아들을 죽이지 못하게 한다. '유아들'에는 전쟁에 참여할 나이에 이르지 않은 청소년들이 포함되며, 소녀뿐만 아니라 소년도 여기에 해당된다.[49] 13절의 "그 안의 남자를 다 쳐 죽이고"가 모든 남자를 죽이라는 말이라기보다는 저항하는 군인들을 뜻한다고 보아야 한다. 하나님은 여자들과 아이들을 포로로 데려 오고 그들의 재산을 전리품으로 취할 수 있게 하였다. 하지만 신명기 21:10~14의 여자 포로를 아내로 취하는 규정들에서 포로 출신 아내를 최대한 인격적으로 대우하도록 한 것을 보면, 하나님은 이스라엘 군인들이 전쟁 중에 여자를 강간하거나 포로를 학대하는 등의 반인륜적인 행위를 하는 것을 원치 않은 것으로 여겨진다. 여자들과 아이들을 살려 준 것은 하나님이 그 민족을 전멸시키기를 원하지 않고 오히려 회개하고 다시 번성할 기회를 주려 했기 때문일 것이다.[50]

3. 자연 파괴 금지(19~20절)

고대 메소포타미아 사람들은 적국을 공격하는 동안 상대의 초목과 거주지를 초토화 시키는 전략을 종종 구사하였다. 이스라엘의 출애굽 시대에 이집트를 통치한 투트모세 3세(주전 1490~1436년)가 시리아 지역을 원정한 후 남긴 비문에 다음과 같은 글이 있다.[51]

> "이제 왕은 알다타의 도시들을 그 곡식들과 함께 파괴하였다. 그곳의 모든 나무들을 잘라버렸다."

투트모세 3세는 도시만 파괴한 것이 아니라 아름드리 나무들과 곡식들을 모두 파괴하였다. 살마네셀 3세(주전 858~824년)가 남긴 전쟁 비문에서도 유사한 내용을 발견할 수 있다.[52] 이에 반해 신명기 20:19~20에서 하나님은 이스라엘 백성들에게 전쟁을 핑계로 자연을 무분별하게 파괴하는 것을 금지시킨다. 성벽을 공격하기 위해 기구를 만들어야 되는 예외적인 상황에서는 오직 과일을 맺지 않는 나무만 사용하게 했다. 하나님께서 그 이유를 두 가지로 제시하고 있다.

첫째 이유는, 과일 나무는 사람이 먹는 양식이기 때문이다. 이 표현으로 미루어 볼 때, 이스라엘 백성들이 파괴해서는 안 되는 대상이 과일 맺는 나무뿐만 아니라 들판의 곡식도 모두 포함된다는 것을 짐작할 수 있다. 물론 전쟁 중에는 19절에서 말하는 것처럼 이스라엘 군사들이 이 곡식과 과일을 먹을 수 있었다.

둘째 이유는, 신명기 20:19에 의문문으로 표시되어 있다. "밭의 수목이 사람이냐"(신 20:19). 아이러니하게도 사람은 하나님의 형상을 따라 지음 받았고 피조물 가운데 최고 작품인 반면에 나무는 그렇지 않다. 하지만 여기서는 사람은 죽임 당해야 하고 수목은 살려 두어야 할 대상으로 언급하면서 수목이 사람이냐고 묻는다. 왜 그럴까? 19절의 "너희가 어찌 그것을 에워싸겠느냐"는 말에서 볼 수 있는 것처럼, 사람은 죄로 인해 거룩한 전쟁을 통한 심판의 대상이 되었지만, 유진 메릴이 주장하는 것처럼 수목은 죄와 무관하기 때문에 전쟁의 희생물이 되어서는 안 된다는 것이다.[53] 수목뿐만 아니라 다른 어떤 피조물들도 하나님의 심판의 대상이 아닐 때는 전쟁의 희생물로 삼아서는 안 된다.[54]

맺는 말

이상에서 살펴본 것처럼, 하나님은 이스라엘 백성들이 벌인 거룩한 전쟁에서 다양한 모습으로 역사하였다. 전쟁을 시작하기에 앞서 하나님은 여호수아와 이스라엘 백성들에게 하나님이 그들과 함께하기 때문에 두려워하지 말라고 격려하였다. 전쟁 중에는 그들 가운데 임재하기 위해 백성 전체가 성결하게 하였고, 이스라엘 백성들은 언약궤를 앞세우고 진군하였다. 하나님은 이스라엘의 대적들과 싸우기 위해 초자연적으로 역사하기도 하였고, 심지어는 매복과 같은 군사 작전을 지휘하기도 하였다. 전쟁 후에는 가나안 도시의 보물들을 하나님의 성소에 바쳐 예배에 사용하도록 하였으며, 죄에 대한 심판으로 가나안 주민들을 헤렘에 붙이기도 하였다. 헤렘은 가나안 정복 전쟁과 같은 하나님의 심판인 전쟁에서만 볼 수 있는 현상이다. 그 밖의 전쟁에서 하나님은 신명기 20:1~20을 통해 이스라엘 백성들에게 아주 분명한 전쟁 원칙을 주었다. 하나님은 이스라엘 백성들을 징집할 때 인도주의적 배려를 아끼지 않았고, 전쟁 대상국의 민족들에게도 인도주의적 배려를 해서, 이스라엘 백성들에게 평화를 먼저 앞세우게 하고 반인륜적인 행위를 금지시켰다. 한걸음 더 나아가 하나님은 전쟁을 핑계로 하나님이 만든 피조 세계를 파괴하는 행동을 금지시켰다. 하나님의 백성들은 민족들과 국가들이 평화롭게 공존하기를 원하시는 하나님의 뜻을 잘 받들 뿐만 아니라, 부득이 전쟁을 할 경우에도 평화를 앞세우고 반인륜적이고 환경파괴적인 행위를 금지시키는 하나님의 자비로운 전쟁 원칙에 순종해야 한다.

여호수아서의
땅의 개념 연구

구약성경에 있는 39권의 책 중에서 땅에 관한 실제적인 이야기를 가장 많이 담고 있는 책은 단연코 여호수아서이다. 비록 신명기가 땅에 관하여 가장 많이 언급하고 있는 책이기는 하지만[1] 약속의 땅 가나안에 관한 실제적인 이야기를 가장 많이 담고 있는 책이 여호수아서임은 누구도 부정하지 못할 것이다. 그 까닭은 신명기가 약속의 땅 가나안에 들어가기 전의 상황을 전제하고 있는 반면에, 여호수아서는 약속의 땅에 들어가고 난 후에 그곳에서 실제로 벌어진 상황을 전제하고 있기 때문이다. 그래서인지 여호수아서는 구약성경의 어떤 책보다도 땅과 직접적으로 관련된 책으로 널리 알려져 있다.

그런데 여호수아서는 땅과 관련된 이러한 특징으로 인하여 다른 책들과는 구별되는 방식으로 이해되기도 한다. 일종의 경계선에 자리한 책으로 여겨지고 있다는 얘기다. 그 한 예로 '약속(땅의 약속과 자손의 약속)과 성취'를 기본 틀로 가지고 있는 창세기에서 신명기까지의 다섯 권을 흔히 '오경'(五經, Pentateuch)[2]이라 부른다. 하지만 오경의 중심을 이루는 '약속-성취'의 시각에서 본다면, 여호수아서는 오경과 아주 긴밀한 관계를 가지고 있는 책이라 할 수 있다. 하나님께서 아브라함을 비롯한 족장들에게 주신 땅의 약속이 실제로 성취되는 것은, 이스라엘 백성이 여호수아의 인도하에 약속의 땅 가나안으로 들어가게 된 후의 일이기 때문이다. 폰 라트(G. Von Rad)를 위시한 일부 학자들은 여호수아서를 오경에 포함시켜 '육경'(六經, Hexateuch)[3]이라는

5장 여호수아서의 땅의 개념 연구 **73**

새로운 개념을 만들어 냄으로써 여호수아서를 창세기에서 신명기로 이어지는, 오경을 마무리하는 책으로 이해한다.

그런가 하면 여호수아서는 본래의 구약성경, 곧 히브리 성경(TaNaK)[4]이 여호수아에서 열왕기까지를 '전기(前期) 예언서'(Former Prophets)라 칭하고 있다는 사실로 인하여 전기 예언서의 첫 번째 책으로 이해되기도 한다. 이것은 이들 책이 예언자들, 곧 여호수아와 사무엘 및 예레미야 등에 의해서 기록되었다는 전설 때문이기는 하다. 하지만 보다 근본적으로는 이들 역사서가 바벨론 포로기 때 '예언과 성취'라는 기본 구조 속에서 약속의 땅 안에서 이루어지던 이스라엘 역사를 반성적으로 서술하고 있기 때문이었다.[5] 그 까닭에 노트(M. Noth)를 비롯한 일부 학자들은 이들 전기 예언서가 신명기를 서론으로 하는 역사서의 성격을 갖는다 하여, 신명기를 전기 예언서의 서론으로 따로 떼어놓음으로써 이른바 '사경'(四經, Tetrateuch)이라는 새로운 개념을 만들어 냄과 동시에 여호수아서에서 열왕기하까지를 '신명기적 역사'(Deuteronomistic History)로 규정하였다.[6]

이렇듯이 여호수아서는 약속의 땅과 관련하여 오경과도 연결되고 그 뒤에 이어지는 역사서와도 연결되는 경계 지점의 책이지만, 본질적으로는 그 자신의 분명한 목소리와 신학을 가지고 있는 책이기도 하다. 그 중심 내용을 개관하면 이렇다. 40년 동안의 광야 생활 막바지에 모세의 뒤를 이어 이스라엘 민족의 지도자로 세움을 입은 여호수아는 약속의 땅에 들어가기에 앞서 정탐꾼을 보내어 가나안 땅을 탐지케 한 후, 이스라엘 자손과 함께 요단강을 건넌다. 길갈에 진을 친 이스라엘 자손은 여호수아의 인도하에 가나안 땅을 여리고성으로부터 차례차례 점령해 간다.

땅의 점령을 성공적으로 마친 후(1~12장) 여호수아는 정복한 땅들을 각 지파에게 골고루 분배하였다(13~22장). 이로써 가나안 정착에 어느 정도 성공한 이스라엘은 이제 이전의 유목 생활과는 다른 농경 사회의 새로운 생활 풍습에 젖어들게 되었다. 그러면서 농경 사회의 종교와 신들도 알게 되었다. 이러한 상황에서 나이가 많아 늙게 된 여호수아는 이스라엘의 순수한 신앙을 다시 회복할 필요가 있음을 절실하게 느끼고서, 이스라엘의 모든 지도자들과 백성들을 한데 모아 놓고 두 차례에 걸쳐 그들에게 설교하면서 오직 하나님만을 섬길 것이며 성실하게 그의 법을 지킬 것을 다짐받았다(23~24장, 시내산 언약 갱신).

약속의 땅 가나안과 이스라엘의 정착 배경

약속의 땅 가나안을 지칭하는 좀 더 객관적인 호칭은 '팔레스타인'(Palestine)이라는 지명이다. 이 이름은 본래 블레셋 족속의 영토를 지칭한 것으로, 고대 그리스의 역사가 헤로도투스(Herodotus)에 의해서 처음 사용된 것이다(Palestina). 그런가 하면 사무엘상 3:20은 이스라엘의 영토를 구획 짓는 표현으로 '단에서 브엘세바까지'라는 어구를 사용한다(삿 20:1; 삼하 17:11; 24:2, 15; 왕상 4:25; 대하 30:5). 이스라엘이 정착한 가나안 땅은 크게 둘로 나누어진다. 그 하나는 요단 동편 고원 지대(Transjordan)로써 르우벤 지파와 갓 지파 및 므낫세 반(半) 지파가 차지했으며, 다른 하나는 요단 서편 지역(Cisjordan, 요단 계곡과 산악 지방 및 해안 평야)으로써 나머지 아홉 지파 반이 차지하였다.

이스라엘이 정착할 당시에 가나안 지역에는 가나안, 헷, 아모리, 브리스, 히위, 여부스, 기르가스 등 다양한 원주민들이 거주하고 있었다(수 3:10; 9:1; 11:3; 12:8; 24:11; 출 3:8, 17; 13:5; 23:23; 34:11; 민 13:29; 신 7:1; 20:17; 왕상 9:20; 대하 8:7; 스 9:1). 이들이 거주하며 다스리던 가나안 지역은 하나의 도시(또는 성읍)가 한 왕(군주)을 정점으로 하는 하나의 국가 체제로 되어 있는, 이른바 도시 국가(city-state) 체제로 되어 있었다.

그런데 흥미롭게도 이스라엘이 가나안 땅에 들어갈 무렵 가나안 도시 국가들은 거의 대부분이 애굽의 지배를 받고 있었다. 따라서 가나안의 정치는 상대적으로 불안할 수밖에 없었다. 왕을 비롯한 당시의 지배 계층은 애굽의 통치하에 허용된 그들의 권력을 남용하여 피지배 계층인 일반 백성을 마음

껏 억압하고 착취하였다. 그 결과 당시 사회는 토지를 소유한 부유한 지배 계층과 이들에게 착취 당하는 가난한 농민 계층으로 양분되어 있었다. 빈부의 격차가 갈수록 심해져서 이른바 부익부 빈익빈 현상이 만연하였으며 정치적·경제적 부패가 극심하였다.

이스라엘이 여호수아의 인도하에 가나안 땅에 들어간 것은 바로 이러한 상황에서였다. 유목 문화권에 속한 이스라엘이 40년간의 광야 유랑 생활을 마치고 농경 문화권에 속한 가나안 땅을 성공적으로 점령할 수 있었던 것은 근본적으로는 하나님의 도우심에 힘입은 것이었지만, 다른 한편으로는 당시의 가나안 지역이 정치적으로나 사회적으로 매우 불안한 형편에 처해 있었기 때문이기도 했다. 비록 그들이 이미 철기 문명을 가지고 있기는 했지만, 도시 국가들의 난립과 이들 사이의 갈등은 이스라엘의 가나안 진입을 효과적으로 막을 수 없게 만들었다. 이스라엘은 아마도 억압당하던 많은 농민들의 열렬한 환영을 받았을 것이다. 그뿐이 아니다. 가나안을 지배하던 애굽도 당시에는 국내 문제로 인해 약화되어 있었던 까닭에, 출애굽 집단의 가나안 정착을 막지 못했다. 이것은 가나안 정착 당시의 국제 정세가 여러 모로 이스라엘에 유리했음을 의미한다. 하나님은 이처럼 약화된 가나안 지역의 상황을 이용하셔서 이스라엘에게 약속의 땅을 주신 것이다.

그러나 실제 현실을 들여다본다면, 이스라엘의 가나안 징착 과정이 그렇게 간단하지만은 않았음이 분명하다. 고고학적인 발굴 결과도 그렇지만 무엇보다도 성경 본문이 이스라엘의 가나안 정착을 다양한 각도에서 서술하고 있기 때문이다. 그래서인지 이스라엘의 가나안 정착에 관해서는 학자들 사이에 논란이 많다. 여기에는 크게 세 가지의 학설이 있다.[7]

첫 번째 학설은 미국의 올브라이트(W. F. Albright)가 주장하는 '정복설'(conquest model)로써, 이스라엘이 가나안 지역을 순식간에 많은 피를 흘리고 완전히 정복했다는 전통적인 견해를 가리킨다. 7~9장은 가나안 중심지를 모두 점령했다고 기록하며, 10장은 남쪽 지역의 정복(특히 40, 42~43절), 11장은 북쪽 지역의 정복에 관해 기록한다(특히 16~23절).

두 번째 학설은 독일의 알트(A. Alt)와 노트가 주장하는 '이주설'(immigration model)로써, 이스라엘의 가나안 정착이 점진적이고 평화적인 이주 과정을 통해서 이루어졌으며, 정착도 열두 지파가 같이한 것이 아니라 각 지파별로 이루어졌다고 본다. 이 학파는 야웨 신앙을 중심으로 세겜에서 결성된 열두 지파 동맹체(24장, tribal confederacy) 가설을 내세운다. 이 가설은 이스라엘이 가나안 땅을 완전히 정복하지 못했다고 말하는 여호수아서의 여러 본문들에 기초하고 있다(13:1~6, 13; 15:63; 16:10; 23:7, 12~13). 이스라엘 백성이 가나안 원주민들을 다 쫓아내지 못했다고 서술하는 사사기의 일부 본문들도 마찬가지이다(삿 1:19~36; 왕상 9:16이하).

세 번째 학설은 사회-경제사적 접근법에 기초한 '혁명설'(revolt model)로써, 미국의 멘덴홀(G. E. Mendenhall)에 의해서 주장된 것이다. 그는 주전 2000년경에서 1000년경까지 고대 근동 지역에서 무수히 발견되는 '하비루'(또는 아피루) 집단의 움직임을 중시한다.[8] 그에 의하면 하비루는 사회의 기층 질서에 편입되지 못한 자들이요, 시민권을 갖지 못한 까닭에 법의 보호를 받지 못하는 변두리 집단을 일컫는다. 멘덴홀은 출애굽 집단이 이러한 하비루 집단의 성격을 강하게 가지고 있다고 본다. 그런가 하면 갓월드(N. K. Gottwald)는 가나안 땅에서 발생한 농민 운동(peasant movement)을 하비루의 활동과 결부시키면서, 출애굽 집단이 이들과 밀접한 관련성을 가지고 있다고 주장한다.[9]

이상의 세 가지 학설은 제각기 그 나름의 장점을 가지고 있지만, 그중 어느 하나가 절대적으로 옳다고 보기는 어렵다. 특히 세 번째 학설은 구약성경 안에 그 명시적인 근거 구절이 없어서 많은 한계가 있다. 그러나 당시의 사회 정황에 비추어 볼 때 그 학설이 주장하는 바가 전혀 불가능한 일은 아닐 것이다. 이 점에서 본다면, 이스라엘의 가나안 정착은 위에서 언급한 세 가지 학설을 종합적으로 이해할 때 보다 분명하게 정리될 수 있으리라고 본다. 예컨대 이스라엘의 가나안 정착은 점진적인 이주 과정을 거치되, 필요에 따라 정복 전쟁을 겪기도 했을 것이며, 또 경우에 따라서는 위에서 언급한 바와 같이 가나안의 지배 군주들에게 압제 당하던 자들, 곧 농민들을 중심으로 하는 피지배 계층의 반란과 혁명의 도움을 크게 받았을 것이다.

가나안 땅의 주인이신 하나님: 선물과 과제로 주어진 땅

이스라엘 백성이 여호수아 시대에 이르러 가나안 땅 정착에 성공했다는 것은, 하나님께서 맨 처음에 아브라함에게 주셨던 땅의 약속(창 12:1~3)이 이루어졌음을 의미한다. "여호와께서 이스라엘의 열조에게 맹세하사 주마 하신 온 땅을 이와 같이 이스라엘에게 다 주셨으므로 그들이 그것을 얻어 거기 거하였으며 여호와께서 그들의 사방에 안식을 주셨으되 그 열조에게 맹세하신 대로 하셨으므로"(21:43~44).

많은 자손을 주겠다는 약속은 이스라엘이 애굽을 떠날 때 이루어졌지만, 땅의 약속은 이스라엘이 여호수아의 인도하에 가나안 땅을 점령함으로써 비로소 이루어진 것이다. 이것은 곧 이스라엘이 광야 유랑의 고된 삶으로부터 해방되어 참된 안식을 얻게 된 것을 뜻하기도 한다(1:13).

그리고 이스라엘의 가나안 정착이 하나님께서 자신의 약속을 이루심으로써 가능해진 것이라는 사실은, 가나안 땅이 전적으로 하나님의 은총에 의해서 그들에게 주어진 것임을 뜻한다. 즉 그 땅은 이스라엘의 용사들이 쟁취해서 얻은 것이기 전에, 하나님께서 이스라엘 백성에게 선물로 주신 것이라는 얘기다. 이 점은 가나안 땅을 일컬어 '야웨의 성막이 있는 야웨의 소유지'(22:19)로 칭하는 표현에서 분명하게 드러난다.[10] 생각해 보라. 만일에 하나님이 그 땅의 소유자가 아니시라면, 어떻게 그 땅을 마음대로 이스라엘 백성에게 선물로 주실 수 있겠는가!

이렇듯이 가나안 땅의 실질적인 소유자요 주인이신 하나님은 이스라엘 백성에게 그 땅을 선물로 주시는 분이다. 그는 각 지파와 가족들의 기업(נַחֲלָה 나할라 inheritance)을 제비뽑기로 결정하신다. 그것은 하나님의 거룩한 뜻을 따른 것이지, 결코 사람이 마음대로 조절할 수 있는 것이 아니다. 그는 이스라엘의 대적들과 싸우고 또 이스라엘 백성에게 분배될 땅에 거하는 자들을 쫓아낼 준비가 되어 있는 분이다(13:6; 23:10, 13). 이스라엘을 위하여 싸우시는 전사(戰士)로서의 야웨의 모습은 초기의 정복 전쟁들에서 여호수아가 거둔 승리에 잘 반영되어 있다(6, 10장). 그는 나팔 소리와 이스라엘 백성의 외치는 소리만 듣고서도 여리고성을 무너뜨리는 분이시요(6:20), 하늘로부터 큰 우박덩이를 떨어뜨리시고(10:11), 완전한 승리를 위하여 태양을 멈추기까지 하시는 분이다(10:12~14).

야웨께서 이처럼 열성적으로 자기 백성을 위하여 싸우시고 또 그들에게 승리를 안겨 주시다 보니, 가나안 사람들은 이스라엘의 하나님 야웨를 영웅적인 행동들을 수행한 신으로 기억할 수밖에 없었다. 라합과 같은 가나안의 기생조차도 홍해 사건과 요단 동쪽에 있는 아모리 족속의 두 왕, 곧 헤스본 왕 시혼과 바산 왕 옥에 대한 승리 등을 알고 있었다(2:9~11). 기브온 사람들 역시 출애굽 사건과 아모리 족속의 두 왕인 시혼과 옥에 관한 사건들을 알고 있었다(9:9~10). 가나안 사람들에게 있어서 요단 동편에 있는 왕들에 대한 이러한 승리는 야웨께서 자신의 소유지인 가나안 땅을 이스라엘에게 선물로 주겠다는 약속을 이행하실 분임을 나타내는 증거로 이해될 수밖에 없었을 것이다.

참으로 이스라엘의 하나님 야웨는 가나안 땅의 주인이시요, 이스라엘의 대적들을 멸하셔서 그 땅을 소유하게 하시는 분이다. 그는 이스라엘 백성으로 하여금 자신의 소유지인 가나안 땅을 차지하도록 도우시는 전능하신 전사요, 승리를 보증하시는 분이요, 이스라엘로 하여금 가나안 땅을 차지하게 해 주겠다고 약속하신 바를 그대로 지키시는 분이다. 따라서 이스라엘은 결코 그들 스스로의 노력으로 그 땅을 얻었다고 말할 수 없다. 그들은 단지 그 땅을 선물로 주시려는 하나님의 계획에 순종했을 따름이다. 이스라엘이 가나안 땅을 차지하게 된 것은 순전히 하나님의 은혜로 된 것임이 너무도 분명한 것이다.

"내가 왕벌(hornet)[11]을 너희 앞에 보내어 그 아모리 사람의 두 왕을 너희 앞에서 쫓아내게 하였나니 너희 칼로나 너희 활로나 이같이 한 것이 아니며 내가 또 너희의 수고하지 아니한 땅과 너희가 건축지 아니한 성읍을 너희에게 주었더니 너희가 그 가운데 거하며 너희가 또 자기의 심지 아니한 포도원과 감람원의 과실을 먹는다 하셨느니라"(수 24:12~13).

그러나 이스라엘이 거주하게 된 가나안 땅이 이처럼 하나님의 은총의 선물이라는 것은, 역설적으로 그 땅이 이스라엘에게 새로운 책임과 과제를 부여하고 있음을 뜻하기도 한다. 왜냐하면 그들에게는 이제 선물로 주어진 그 땅, 곧 하나님의 땅을 잘 관리하고 보존할 책임이 새롭게 추가되었기 때문이다. 그 일차적인 과제로 하나님은 그 땅이 이스라엘 각 지파에게 똑같이 분배되어야 함을 강조하셨다. 이 점은 일찍이 하나님께서 모세에게 각 지파의 크기를 고려하여 그 땅을 나누어 주라고 명하신 것에 잘 반영되어 있다 (민 26:54~55). 가나안 땅의 점령과 이스라엘 백성의 성공적인 정착을 끝낸 여호수아는 이 원칙을 따라 각 지파가 측량한 대로 땅을 골고루 분배하였다 (18:1~10). 이스라엘이 이처럼 지파별로, 또는 가족별로 공평하게 땅을 분배받았다는 것은 그들이 야웨 하나님의 절대 소유권에 대한 청지기직을 수행해야 힘을 의미했다.[12]

지파별로 땅을 분배받은 후에는 이제 그 땅의 주인이신 하나님이 원하시는 삶을 살아야만 한다. 그들이 앞으로 하나님의 명령과 법(토라)을 얼마만큼 성실하게 지키느냐에 따라 그 땅이 영원토록 그들의 것이 될 수도 있지만 역으로 그 땅이 그들을 토해 낼 수도 있기 때문이다. 다시 말해 그들이 얼마나 열심히 야웨 하나님을 섬기느냐가 그들이 그 땅에서 계속 사느냐 그렇지 못하느냐를 결정한다는 말이다.[13] 무엇보다도 이스라엘 백성은 선물로 주어진 하나님의 소유지에서 오직 그만을 사랑하며 섬기는 삶을 살아야만 한다. 왜냐하면 하나님은 거룩하시고 질투가 많으신 분으로 자신을 떠나 다른 신들, 곧 이방 신들을 섬기는 이스라엘의 허물과 죄를 용서하지 않으시는 분이기 때문이다(24:19~20).

야웨는 이렇듯이 자신의 땅에서 이스라엘 백성에게 확실한 순종을 요구하신다. 야웨의 질투는 단순히 다른 신들을 숭배하는 행동에만 미치는 것이 아니라, 그 땅에 살아남은 가나안 원주민들과의 통혼/잡혼에까지 미친다(23:7, 12). 이러한 요구를 무시하면 하나님은 그들을 "너희의 하나님 여호와께서 너희에게 주신 이 아름다운 땅"(23:13)에서 멸하실 것이다. 그 까닭에 그는 일찍부터 가나안의 다양한 원주민들에게 자비를 베풀지 말고 그들을 완전히 멸하기(헤렘)를 원하신다(6:21). 가나안 원주민들 중에서 살아남은 자들은 어디까지나 야웨의 주권을 완전히 인정한 자들이다. 기생 라합과 그니스 족속 출신인 갈렙 및 기브온 족속 등이 그러했다. 이들 중에서도 특히 갈렙은 광야 유랑 기간 동안에 이스라엘 사람들보다 더 신실한 모습을 보인 탓에 열두 명의 정탐꾼 중에 포함되었을 뿐만 아니라, 유다 지파 사람들의 지지와 후원에 힘입어 헤브론을 기업으로 받을 수 있었다(14장).

땅의 정복과 분배를 위해 세움 받은 여호수아

1. 약속의 땅을 위한 새 지도자

이스라엘 백성을 이끌고 약속의 땅 가나안으로 들어간 사람은 출애굽의 지도자인 모세가 아니라 출애굽 이후로 계속해서 그를 보좌하던 여호수아였다. 가나안 땅의 주인으로서 그 땅을 선물로 주신 분은 야웨이시지만, 그 땅을 점령하기 위해 이스라엘 백성을 진두지휘한 자는 하나님께서 모세의 뒤를 이어 그들의 지도자로 세우신 여호수아였던 것이다. 1:1~9에 이 점이 잘 나타나 있다. 이 본문에 의하면, 야웨께서는 에브라임 지파에 속한(수 19:49; 24:29; 대상 7:20~27) 여호수아를 모세의 후계자로 인정하시고, 그에게 이스라엘 백성을 이끌고 요단강을 건너 약속의 땅 가나안으로 들어갈 것을 지시하신다(1~2절).

여호수아는 사실 민수기 27:15~23과 신명기 1:37~38; 3:21~28; 31:1~8 등에서 여러 차례 모세의 후계자로 세워진 바 있다. 모세의 두 아들 게르솜과 엘리에셀(출 18:3~4)을 제치고서 말이다. 그는 아직 끝나지 않은 모세의 사명을 마무리해야 할 자요, 이스라엘을 약속의 땅으로 인도할 자로 세움을 입었다. 이미 오래 전부터 여호수아는 모세를 뒤잇는 지도력(leadership)의 연속성을 보증 받았던 것이다. 비록 1:1에서 모세는 '야웨의 종'으로[14] 여호수아는 '모세의 수종자'로 칭하여지기는 하지만, 1:1~9 전체를 보면 여호수아가 하나님의 지시에 의해 모세의 지도권을 합법적으로 계승한 자임이 분명하다. 특히 "내가 모세와 함께 있었던 것같이 너와 함께 있을 것임이라" (5절)는 말씀이 그 점을 분명하게 뒷받침하고 있다. 여호수아서의 마지막 장인 24:29에서 여호수아를 모세와 똑같이 '야웨의 종'으로 부르고 있다는 사실 역시 마찬가지이다.

또한 하나님께서는 가나안 땅이 이스라엘의 조상들에게 주시기로 맹세한 땅이요(6절),[15] 모세에게도 약속하신 땅임을 밝힘으로써(3절), 아브라함을 비롯한 창세기의 여러 족장들에게 주어진 땅의 약속이 모세를 거쳐 여호수아 때 이루어질 것임을 보증하신다. 여기에서도 다시금 여호수아가 모세의 뒤를 잇는 새로운 지도자요, 조상들에게 주어진 땅의 약속을 성취할 자임이 확실하게 드러난다. 이것은 하나님의 활동이 족장들과 모세를 이어서 여호수아에게로 이어지고 있음을 뜻하기도 한다.

실제로 여호수아는 이스라엘 내부의 다양한 권력 집단들을 효율적으로 잘 다스리면서 땅의 정복을 위한 구체적인 계획을 실행에 옮겼다. 가장 먼저 그는 가나안 땅으로 들어가기 위하여 요단강을 건널 때 제사장들에게 언약궤를 메고서 백성들보다 앞서 강을 건너라고 명함으로써 하나님께서 자신에게 지시하신 바를 그대로 이행한다(3:6). 하나님께서 이렇게 하신 것은 앞서 언급한 것처럼 가나안 땅의 정복과 분배를 위해 택함 받은 여호수아를 출애굽의 지도자인 모세와 동일한 지위에 오르게 하기 위함이었다.

"내가 오늘부터 시작하여 너를 온 이스라엘의 목전에서 크게 하여 내가 모세
와 함께 있었던 것같이 너와 함께 있는 것을 그들이 알게 하리라 너는 언약
궤를 멘 제사장들에게 명하여 이르기를 너희가 요단 물가에 이르거든 요단
에 들어서라 하라"(수 3:7~8).

여호수아는 또한 이스라엘 열두 지파로부터 대표자들을 선발한 다음, 그
들에게 강 가운데에서 각기 돌 한 개씩을 취하여 어깨에 메고서 강을 건널
것을 명하였다(4:1~8). 그런가 하면 여리고성을 점령할 때는 이스라엘 모든
군사들에게 여리고성을 엿새 동안 매일 한 바퀴씩 돌고, 마지막 일곱째 날에
는 일곱 바퀴를 돌게 하였다. 그리고 일부 제사장들에게는 언약궤를 메게 하
고, 일곱 제사장들에게는 양각 나팔을 잡고서 야웨의 궤 앞에서 나아가게 하
였으며, 무장한 병사들에게는 나팔 부는 제사장 앞에서 또는 뒤에서 행진하
게 하였다(6:1~9).

아이성을 정복할 때에도 여호수아는 이스라엘 군대에게 매복할 것을 명
하였으며(8:3~4), 땅의 분배를 받지 못한 일곱 지파의 대표자들에게는 가나
안 땅을 두루 다니며 그들 자신이 기업으로 받을 땅을 직접 그려서 가져오라
고 명하기도 하였다(18:8). 그런가 하면 여호수아는 고별 설교와도 다름이 없
는 세겜에서의 언약 갱신 의식에서 온 이스라엘과 장로들, 수령들, 재판장
들, 관리들을 하나님 앞에 불러 모아 놓고, 자신이 죽은 후에도 열심히 하나
님을 섬기도록 그들 모두의 결단을 촉구할 수 있을 만큼 큰 권세를 가지고
있다(23:2이하; 24:1이하).

여호수아는 이렇듯이 이스라엘 백성 전체와 그들의 지도자들에게 하나님
의 명령을 그대로 전달하는 역할을 성공적으로 수행함으로써, 새로운 모세
(new Moses)로, 그리고 하나님이 인정하신 모세의 정식 후계자로 인식된다
(1:3, 5, 17, 18; 3:7; 4:14).[16] 실제로 여호수아의 활동은 모세의 경우와 명백하
게 평행을 이루는 부분들이 많다. 단적인 예로, 모세가 이스라엘 백성을 이
끌고 마른땅을 밟으며 홍해를 건너는 것과 똑같이, 여호수아도 이스라엘 백

성을 인도하여 요단강을 마른땅으로 건너게 한다(3:14~17). 그리고 야웨께서는 모세에게 있었던 것처럼 그와도 함께 있겠다고 약속하시며(1:5), 이스라엘 백성은 모세에게 순종하던 것처럼 그에게도 순종하겠다고 약속한다(1:17). 양자 사이에 차이가 있다면, 여호수아가 광야 시대를 거쳐 이스라엘 백성과 함께 약속의 땅으로 들어갔다는 점이다. 그는 출애굽-광야 시대를 마무리하며 정복-소유 시대를 열어간 사람이다.[17]

가나안 지역의 왕들은 이처럼 제2의 모세와도 같이 세움을 입은 여호수아의 경이로운 활동에 넋을 잃었다. 요단 서쪽에 있던 아모리 사람의 모든 왕들과 해변에 있던 가나안 사람의 모든 왕들은 야웨께서 요단 물을 이스라엘 자손들 앞에서 말리시고 그들을 마른땅으로 건너게 하셨음을 듣고 마음이 녹았으며 이스라엘 자손들 때문에 정신을 잃을 정도였다(5:1). 그들이 이처럼 정신적인 공황 상태에 빠진 것은 순전히 이스라엘의 하나님 야웨 때문이었지만, 달리 생각하면 그가 도구로 사용하신 여호수아 때문이기도 했다. 그래서인지 여호수아가 하나님의 도우심으로 이스라엘 백성과 함께 여리고성을 함락시켰을 때, 그의 명성이 가나안 전역에 퍼지게 되었다. "여호와께서 여호수아와 함께하시니 여호수아의 명성이 그 온 땅에 퍼지니라"(6:27).

여리고성 다음의 공격 목표였던 아이성도 결국에는 여호수아의 지휘를 받은 이스라엘 군대의 공격 앞에 속수무책으로 무너지고 만다. 이에 두려움을 느낀 가나안 지역의 여러 왕들이 수차례에 걸쳐서 연합군을 구성하여 여호수아와 이스라엘에 맞서서 싸우려고 하지만(9:1~2; 10:1~5; 11:1~5), 그때마다 야웨께서는 여호수아와 함께하셨고, 이스라엘 백성은 여호수아의 지휘 아래 가나안 지역의 왕들과 그들의 군대와 싸워 항상 승리를 거두었다. 여호수아는 이처럼 하나님의 함께하심을 힘입어 가나안 사람들을 크게 두려움에 사로잡히게 만들고 또 그들의 땅을 정복하고 분배하는 일에도 상당한 성과를 거둔 모범적인 지도자였다. 하지만 정작 그 자신은 주변 나라들의 제왕적인 군주들과는 달리 자신에게 기업으로 분배된 조그마한 성읍 딤낫세라만을 소유했을 뿐이다(19:49~50). 참으로 그는 가나안 땅을 정복하고 분배함에 있어서 이스라엘 백성 전체를 한데 묶을 수 있는 지혜와 능력을 하나님께로부터 받은 뛰어난 지도자였다.

2. 약속의 땅에서 잘되려면: 여호수아의 고별 설교(23~24장)

하나님의 도우심과 여호수아의 지도력 아래 가나안 땅에 정착한 이스라엘은 이제 이전의 광야 유랑 문화와는 구별되는 새로운 농경 정착 문화에 젖어들게 되었다. 그러는 중에 그들은 가나안 땅의 농경민들이 가지고 있던 종교와 그들이 숭배하던 다양한 신들을 알게 되었으며, 심지어는 그러한 신들을 숭배하는 사람들도 생겨났다. 이러한 상황에서 노년기[18]의 여호수아는 이스라엘의 본래적인 신앙, 곧 야웨 신앙을 다시 회복시켜야 할 필요성을 절실하게 느꼈다. 그리하여 그는 이스라엘의 모든 지도자들과 백성들을 한데 모아 놓고 두 차례에 걸쳐 그들에게 자신이 하고 싶은 말들을 전하였다. 23~24장에 기록되어 있는 이 두 차례의 설교[19]는 땅의 약속과 순종을 밀접하게 관련시키고 있는 것으로써, 여호수아의 마지막 당부의 말(23장)과 시내산 언약 갱신(24장)의 둘로 나눌 수 있다. 여기서 23장이 하나님께서 과거에 하신 일과 장차 하실 일 모두에 초점을 맞추고 있다면, 24장은 하나님의 과거 행동, 특히 그의 구원 행동에 초점을 맞추고 있다.

1) 여호수아의 마지막 당부(23장)

24장의 시내산 언약 갱신을 예비하는 성격의 본문인 23장의 서론에 따르면, 여호수아는 온 이스라엘의 대표자들을 불러 모은 다음(1~2절), 야웨께서 그들을 위해 싸우심으로써(참고 10:14) 가나안 땅을 정복하게 하시고 그 땅을 그들에게 기업으로 분배하셨다는 사실을 분명하게 지적한다(3~4절). 아울러 그는 야웨께서 그들이 아직 정복하지 못한 원주민들을 쫓아내고서 이미 약속하신 대로 그들의 땅을 자기 백성 이스라엘에게 주실 것임을 확신시킨다. "너희 하나님 여호와께서 너희에게 말씀하신 대로 너희가 그 땅을 차지할 것이라"(5절).

그러나 하나님께서 이렇게 이스라엘을 위하여 싸우심으로써 자신의 약속을 지키시는 것으로 모든 일이 끝나는 것은 결코 아니다. 이제 신실하신 하나님의 언약을 지키고 그가 주신 율법을 지켜야 할 과제가 이스라엘 앞에 놓여 있기 때문이다. 이러한 상황 속에서 여호수아는 자신이 과거에 하나님께로부터 받은 말씀(1:7~9)을 그대로 그들에게 전한다. 먼저 그들을 향한 당부의 말에서 그는 모세의 율법 책에 기록되어 있는 모든 것을 다 지켜 행하고, 아직 남아 있는 원주민들과 사귀거나 그들의 신들을 섬기는 일이 없게 하라고 지시한다(6~7절).

6~7절의 부정적인 명령에 이어 여호수아는 하나님의 신실하심을 본받아 그들도 지금까지 행한 대로 야웨 하나님을 가까이하라는 긍정적인 명령을 그들에게 전한다(8~9절). 그렇게만 한다면 그들 가운데 한 사람이 원수 천 명을 쫓을 수 있을 것이라는 약속을 전한 여호수아는 삼가 조심하여 야웨 하나님을 사랑할 것을 그들에게 당부한다(10~11절). 여호수아의 이러한 당부의 말은 언약 관계의 완성 내지는 약속의 성취에 반드시 필요한 조건(condition)이라 할 수 있다. 이것은 24장에서 다루어질 시내산 언약 자체가 조건적인 언약(conditional covenant)이기 때문에 당연히 따라오는 것이다.

그렇지만 이스라엘 백성이 하나님의 기대를 따라 율법의 말씀들을 잘 지키고 그와의 언약 관계에 충실한 삶을 살 수 있을 것이라고 장담할 수만은 없는 노릇이다. 그 까닭에 여호수아는 불순종과 반역의 삶을 살게 될 경우에 그들에게 임할 무서운 하나님의 진노와 심판에 대해서 언급하지 않을 수가 없다. 만일 그들이 방향을 돌이켜서(בוש슈브)[20] 가나안 원주민들과 혼인 관계를 맺으면서 그들을 사귀고, 또 야웨께서 그들에게 명하신 언약을 범할 뿐만 아니라 다른 신들을 섬긴다면, 야웨께서는 그 원주민들을 다시는 쫓아내지 않으실 것이요, 도리어 그들을 이스라엘 백성에게 올무와 덫이 되게 하고 옆구리의 채찍과 눈엣가시가 되게 하실 것이다. 또한 야웨의 진노가 이스라엘 백성에게 임함으로써, 그들은 야웨께서 주신 아름다운 땅에서 속히 멸망하게 될 것이다(12~16절).

2) 시내산 언약 갱신(24장)

이상의 내용으로 이루어진 23장에 이어 세겜에서의 시내산 언약 갱신을 다루는 24장은 아브라함으로부터 지금에 이르기까지 계속된 하나님의 구원 역사(1~13절),[21] 언약 갱신의 의식(14~28절),[22] 여호수아와 엘르아살의 죽음 및 요셉의 장사(29~33절) 등의 세 단락으로 나누어진다. 첫 번째 단락에 의하면, 여호수아는 이스라엘 모든 지파를 세겜[23]에 모으고 이스라엘의 장로들과 우두머리들과 재판장들과 관리들을 하나님 앞으로 소환한 다음에(1절), 이스라엘 백성을 향하여 아브라함으로부터 출애굽 해방을 거쳐 광야 유랑 초기에 이르기까지 야웨께서 이스라엘과 함께하신 역사를 간략하게 서술한다(2~7절).

광야 유랑 기간이 끝나갈 무렵에 야웨께서는 이스라엘 자손을 요단 동편으로 인도하셨고, 그 지역 사람들을 몰아낸 후 그들의 땅을 차지하게 하셨으며, 발람으로 하여금 이스라엘을 축복하게 하심으로써 이스라엘을 그들의 손에서 구출해 주셨다(8~10절). 그리고 모세의 뒤를 이어 여호수아를 지도자로 세우신 다음에는 가나안 원주민들을 몰아내고서 그 땅을 차지하게 하셨다(11절). 이스라엘이 아모리 족속의 두 왕을 몰아낼 수 있었던 것은 야웨께서 그들 앞에 왕벌을 보내셨기 때문이지, 이스라엘의 칼과 활로써 그렇게 한 것이 아니다(12절). 이는 그것이 이스라엘의 무력과 힘에 의해서 된 것이 아니라 전적으로 하나님의 은혜로 된 것임을 뜻한다(13절; 신 6:10~11).

2~13절에서 이렇게 이스라엘 역사를 개관한 여호수아는 이스라엘 백성에게 예전에 조상들이 섬기던 신들을 버리고 오직 야웨 하나님만을 섬길 것을 요구한다(14절). 아울러 그는 만일에 야웨 하나님을 섬기고 싶지 않다면, 조상들이 섬기던 신들이나 가나안 원주민들이 섬기는 신들 중에서 그들이 섬길 자를 택하라고 말하면서, 자신과 자신의 집안(또는 가문, בית베트, ancestral household)[24]은 모두 야웨만을 섬기겠다는 결심을 밝힌다(15절).[25] 이에 이스라엘 백성은 야웨를 버리고 다른 신들을 섬기는 일이 없을 것임을 다짐하면서, 지난 역사 속에서 숱한 기적들을 행하시고 자신들을 줄곧 지켜 주신 하

나님 야웨만을 섬기겠다고 말한다(16~18절).

그러자 여호수아는 거룩하심과 질투하심을 본성으로 가지고 계시며 허물과 죄악을 결코 용서치 않으시는 하나님을 제대로 섬긴다는 것이 매우 어려운 일이라는 메시지와 함께, 만일에 그들이 야웨를 버리고 이방 신들을 섬기면 그가 그동안 그들에게 주셨던 복 대신에 재앙을 내리심으로써 그들을 멸망시키실 것이라는 경고의 메시지를 전한다(19~20절). 이스라엘 백성이 재차 야웨만을 섬기겠다고 다짐하는 것을 본 여호수아는 그들이 자신에게 대하여 스스로 증인이 되었음을 상기시킨 후에, 그들 중에 있는 이방 신들을 치워 버리고 야웨 하나님께 마음을 바칠 것을 요청한다(21~23절). 이스라엘 백성은 다시금 자기들이 야웨 하나님만을 섬길 것이요, 그의 목소리(말씀)를 청종하겠다고 말한다(24절).

이상의 대화를 통하여 이스라엘 백성의 확고한 신앙을 확인한 여호수아는 세겜에서 백성과 더불어 언약을 맺고 그들이 지킬 율례와 법도를 제정하였으며, 그 모든 말씀을 하나님의 율법 책에 기록하고 큰 돌을 가져다가 야웨의 성소 곁에 있는 상수리나무 아래에 세운 다음, 이스라엘 백성에게 그 돌이 야웨께서 그들에게 하신 말씀을 다 들은 증인이나 다름이 없다고 말한 후, 그들 모두를 제각기 기업으로 받은 땅으로 돌아가게 한다(25~28절). 이 일이 있은 후에 여호수아는 110세에 세상을 떠났으며, 이스라엘 백성은 그가 기업으로 받은 에브라임 산지 딤낫 세라에 그를 장사하였다(29~30절).[26]

가나안 땅 정복과 분배의 실제 과정

1. 가나안 땅의 정복(1~12장)

앞서 간단히 밝힌 바와 같이 여호수아서의 중심 내용은 땅의 정복(1~12장)과, 분배(13~22장), 여호수아의 고별 설교(23~24장) 등의 세 부분으로 구성되어 있다. 그 첫째 부분인 가나안 땅의 정복[27]은 가나안 정탐(1~2장), 요단강을 건넘(3~5장), 가나안 땅의 정복(6~12장) 등의 세 부분으로 나누어지며, 둘째 부분인 요단 동편 지역과 요단 서편 지역 모두를 포함하는 땅의 공평한 분배는 각 지파별로 13~22장까지 이어진다.[28]

그런데 가나안 땅의 정복과 분배는 철저하게 하나님의 주도 속에서 여호수아의 지도력 아래 이루어지지만, 정복과 분배를 위한 실제 활동은 이스라엘 백성—더 정확하게는 광야 세대(출애굽 2세)—에 의하여 이루어지며, 또 그렇게 되어야 한다는 점이 때때로 지적된다. 이를 가장 잘 뒷받침하는 것이 18:1~3이다. 이 본문에서 여호수아는 정복한 땅의 분배를 지체함으로써 하나님의 땅 약속을 현실화시키지 못하는 이스라엘 백성—더 정확하게는 일곱 지파—의 게으름을 책망한다. 이것은 땅을 소유하는 일이 더 이상 여호수아의 몫이 아니라 각 지파들과 가족들에게 맡겨진 과제요 책임임을 의미한다.

여호수아 자신도 일찍이 하나님께로부터 정복되지 못한 지역들이 많다는 사실을 통보받은 바 있다. "여호수아가 나이 많아 늙으매 여호와께서 그에게 이르시되 너는 나이 많아 늙었고 얻을 땅의 남은 것은 매우 많도다"(13:1). 이 말씀은 결국 땅의 정복과 분배가 나이 많은 여호수아의 몫이 아니라 이스라엘 백성의 몫임을 암시하고 있다. 23:4~5의 고별 설교에서도 여호수아는 마지막 부분에서 "너희가 그 땅을 차지할 것이라"고 말함으로써 이스라엘 가족들과 지파들에게 주도권을 가지고 땅의 소유에 앞장설 것을 촉구한다.

이제 여호수아와 이스라엘 백성에 의하여 진행된 정복의 과정을 본문의 흐름을 따라 살펴보기로 하자. 먼저 여호수아는 이스라엘 백성의 책임자들에게 3일 안에 요단강을 건널 것임을 알리고, 요단 동편에 기업을 얻을 르우벤 지파와 갓 지파 및 므낫세 반(半) 지파에게 가나안 정복에 동참할 것을 요청한다. 그러자 그들은 그를 통하여 주어진 하나님의 말씀에 기꺼이 순종한다(1:10~18).

1) 가나안 정탐(1~2장)

요단강을 건너기에 앞서 가나안 땅을 정탐할 필요를 느낀 여호수아가 싯딤에서 두 명의 정탐꾼을 파견하고자 했을 때에도, 이스라엘 백성은 그의 계획에 찬성하여 두 명의 정탐꾼을 선발하여 보낸다. 이 두 사람은 여리고성에 있는 기생 라합의 집을 거점으로 하여 정탐 활동을 한 후 그녀의 도움으로 무사히 요단 동편으로 되돌아온다(2장). 이들의 긍정적인 보고를 듣고 난 여호수아는 요단강을 건널 준비를 한다.

2) 요단강을 건넘(3~5장)

이스라엘 백성은 여호수아의 지시에 따라 3일째 되는 날에 스스로를 성결케 한 후에 언약궤를 든 제사장들을 앞세우고 홍해를 건넜을 때와 마찬가지로 요단강을 건넌다(3장). 요단강을 건넌 이스라엘 자손은 열두 개의 돌을 취하여 기념비를 세우고 여리고 동쪽에 있는 길갈에 진을 쳤으며(4장), 여호수아를 통하여 주어진 하나님의 명령에 순종하여 광야 길에서 태어난 자들을 대상으로 길갈에서 할례를 행하고, 정월 14일 저녁에는 여리고 평지에서 유월절을 지켰다. 이때 이후로 이스라엘 백성이 광야 생활을 하면서 매일 먹어 왔던 만나가 그쳤다(5장).

3) 가나안 땅의 정복(6~12장)

여호수아의 지시를 받은 이스라엘 자손의 가나안 정복은 여리고성으로부터 시작된다. 그들은 언약궤를 멘 제사장들을 앞세우고 6일 동안 하루에 한 바퀴씩 성을 돌았으며, 마지막 7일째 되는 날에는 일곱 바퀴를 돎으로써 그 성을 쉽게 공략하였다(6장). 그러나 두 정탐꾼이 약속한 대로 기생 라합의 가문(בֵּית־אָב베이트 아브)[29]은 전부 구원을 받았다(6:22~25). 물론 여리고성의 이러한 정복은 전적으로 하나님의 도우심에 의한 것이었다. 그러나 아간의 탐욕으로 인해 그들은 두 번째 정복 대상인 아이성 공략에 실패하였다(7장). 범죄자 아간과 그의 가족을 처벌한 후에야 아이성 정복에 성공한 그들은 신명기 27장에 규정된 대로 에발산에 단을 쌓고 모세의 율법 책을 낭독하였다(8장). 자만심에 빠져 있던 여호수아와 이스라엘 백성들은 하나님의 뜻을 묻지 않고 기브온 거민과 화친 조약을 체결하는 잘못을 범하기도 하였다(9장). 그러나 기브온과의 화친 조약은 결과적으로 가나안 땅에 있는 다른 나라들과의 전쟁을 초래하였고, 그 전쟁은 이스라엘 백성으로 하여금 가나안 땅을 추가로 정복할 수 있게 해 주었다. 맨 먼저 이스라엘에게 전쟁을 걸어온 나라들은 팔레스타인 남부 지역의 다섯 왕들이었다. 그들은 이스라엘과 화친 관계를 맺은 기브온을 공격하고자 올라왔는데, 그들이 속한 지역은 예루살렘, 헤브론, 야르뭇, 라기스, 에글론 등이었다. 이스라엘 백성들은 다시금 하나님의 도우심을 힘입어 이들을 쉽게 정복하였다(10장). 다섯 왕의 군대가 참패했다는 소식을 듣고 하솔 왕 야빈이 팔레스타인 북부 지역에 있는 나라들의 군대를 이끌고 이스라엘에게 싸움을 걸어왔지만 이스라엘은 또 다시 그들을 차례로 정복하였다(11장).

이스라엘의 가나안 정착은 이처럼 6~11장에 걸쳐 소개되어 있다. 12장은 가나안 정복의 결론 부분으로, 여호수아와 이스라엘이 가나안 땅에 들어와서 정복한 나라들과 왕들을 소개하고 있다. 6~11장과 12장을 정리하면, 이스라엘이 가나안 지역을 정복하는 과정에서 인구 밀도가 낮고 원주민들의 저항이 적은 중부 산악 지방(山地)을 가장 먼저 정복했으며, 그 후로 남쪽 지역을 거쳐 점차 북쪽 지역으로 옮겨 갔음을 알 수 있다.[30]

2. 가나안 땅의 분배(13~22장)

여호수아와 이스라엘 자손은 가나안 지역에서 아직 정복하지 못한 땅이 많았음에도 불구하고(수 13:1~14; 15:63; 16:10; 17:12~13, 16~18; 삿 1장), 이미 정복한 지역들을 지파별로 분배하는 일에 착수하였다. 그런데 가나안 땅의 분배는 가나안 정복 이전에 이미 야웨께서 모세에게 명하신 일이요 (민 26:52~53; 수 11:23; 14:2, 5), 여호수아를 통하여 실행에 옮기신 일이었다 (11:23; 14:2; 23:4). 더 구체적으로 말하자면, 땅의 분배는 제사장 엘르아살과 여호수아와 이스라엘 각 지파의 족장들이 가나안 땅에서의 첫 전진 기지였던 길갈에서, 그리고 나중에는 실로의 회막 문 앞에서(18:1; 19:51) 제비 뽑아서 실행한 일이었던 것이다. 그리고 땅의 분배는 각 지파(הֶטֶּמַ맛테 tribe)를 구성하는 가족(הָחָפְּשְׁמ미슈파하 clan 또는 ancestral family)의 크기에 따라서 이루어졌다 (13:15, 24, 29; 15:1, 20; 16:5 등).

어떻게 보면 가나안 땅을 지파별로, 그리고 가족별로 분배하는 일, 곧 그 땅을 경계선을 가진 여러 기업(나할라)들로 나누는 행동은 하나님께서 그 땅을 선물로 주시는 과정의 절정에 해당하는 것이라 할 수 있다.[31] 땅의 분배가 이처럼 중요한 의미를 갖는 까닭에 그와 관련된 이야기는 13장에서 21장에 이르기까지 매우 상세하게 기록되어 있다. 그리고 한 가지 흥미로운 것은 하나님께서 선물로 주신 가나안 땅이 본래는 왕들의 땅(royal lands)이었다는 점이다. "모든 왕들과 그들의 땅"(10:42)이라는 표현이 그 점을 뒷받침한다. 그렇다면 이스라엘 백성은 하나님으로부터 가나안의 왕실 토지를 기업(나할라)으로 받은 셈이 된다. 땅의 분배 과정에서 가나안의 왕실 토지가 이스라엘 지파들과 가족들의 기업으로 변형된 것이다.[32]

가나안 땅의 분배는 모세가 요단 동편 지역의 땅을 르우벤 지파와 갓 지파 및 므낫세 반(半) 지파 등의 세 지파에게 골고루 분배한 일에 대하여 언급하는 것으로 시작된다(13:8~33). 이어서 요단 서편 지역의 땅을 분배한 일에 대한 설명이 곧바로 시작되는 바, 그 일은 제사장 엘르아살과 여호수아와 각 지파 족장들의 협력 체제하에 진행되었다(14:1~5). 길갈에서 이루어진 것으로 여겨지는 요단 서편 지역의 땅 분배는 유다 지파에 속한 그니스 사람 갈렙[33]의 특별 요청으로 시작된다. 갈렙은 가나안 진입 시에 보여 준 자신의 성실함과 충성스러움, 그리고 모세의 약속 등에 대해서 언급한다(14:9, 14). 이에 여호수아는 그를 위하여 축복하고 헤브론을 그에게 기업으로 주었다 (14:6~15). 그러자 그는 주도적으로 그곳의 아낙 자손을 몰아내고서 그 땅을 차지하였다(15:13~14).

특별 요청의 다른 두 가지 사례는 갈렙의 딸 악사와 슬로브핫의 다섯 딸들(므낫세 지파, 17:3~6)에게서 발견된다. 갈렙은 기럇세벨을 정복한 자에게 악사를 주겠다고 약속했고, 옷니엘이 그 일을 이루자 둘의 결혼을 허락함과 동시에 악사에게 그의 소원을 말하라고 한 다음, 네겝에 있는 윗샘과 아랫샘을 그녀에게 준다(15:16~19). 그런가 하면 슬로브핫의 딸들은 조상들의 기업을 잃지 않기 위해 제사장 엘르아살과 여호수아와 지도자들에게 담대하게 나아와 요청함으로써 그들의 아버지 형제들 중에서 기업을 얻는 데 성공한다(17:3~6). 가나안 땅은 이처럼 일부 개인이나 집단의 주도적인 땅 요구에 의하여 시작되었다. 그들은 여호수아나 다른 권위 있는 지도자의 지휘 아래 이루어지는 공식적인 땅의 분배를 기다리지 않고 주도적으로 땅의 분배를 요구한 것이다.[34]

갈렙의 특별 요청 이후로 이루어진 지파별 땅 분배는 가장 먼저 유다 지파에 속한 가족들을 대상으로 하여 이루어졌으며(15장), 요셉 자손 중 에브라임 지파의 가족들(16장)과 므낫세 지파의 가족들(17장) 역시 순차적으로 그들의 땅을 분배받았다. 이스라엘 자손이 회막을 길갈에서 실로로 옮긴 후로는 나머지 일곱 지파들을 위한 기업 분배가 이루어졌는데, 기업 분배가 이루어지기 전에 그들은 여호수아의 지시를 따라 공식적인 땅 탐지 작업을 수행하였다. 탐지 작업을 마친 후 그들은 일곱 구역으로 나누어진 땅 탐지 문서를 작성하였고, 제비뽑기 방식을 통하여 그 일곱 구역들을 지파별로 분배하였다. 베냐민 지파(18장), 시므온 지파, 스불론 지파, 잇사갈 지파, 아셀 지파, 납달리 지파, 단 지파 등의 땅 분배가 그러했다(19장). 그리고 이들 중에서 시므온 지파만은 유다 지파 안에서 그들의 땅을 제비 뽑아 얻었다(19:1~9).[35]

이렇게 땅 분배를 마친 여호수아는 하나님의 명령을 따라 여섯 개의 도피성을 정했다(20장). 도피성 제도는 오살자(誤殺者), 곧 누군가를 죽일 의사가 전혀 없었으나 자기도 모르게 실수로 그 사람을 죽인 자로 하여금 복수자들을 피할 수 있게 해 주는 제도였다. 여섯 개의 도피성 중 세 개는 요단 동편에 있었고, 나머지 세 개는 요단 서편에 있었다. 그런가 하면 이스라엘 자손은 야웨께서 모세를 통하여 레위 지파 사람들, 곧 그핫 자손과 게르손 자손 및 므라리 자손 등이 거주할 성읍들과 그들의 가축을 위한 목초지들을 주라 명하셨음을 상기시키는 레위 지파의 족장들의 요구(21:1~3)를 따라서 제비를 뽑아 48개 성읍들과 목초지들을 모든 가족들에게 분배하였다. 이로써 아론의 가문을 포함하는 레위 지파의 가족들은 이스라엘 다른 지파의 가족 기업들 안에 흩어져서 살 수밖에 없게 되었다(21장).[36]

이상으로 모든 지파에게 그들의 땅을 분배하는 일을 마치자, 여호수아는 요단 동편에 땅을 얻은 세 지파들이 그들의 기업으로 가는 것을 허락하였다(22:1~9). 한번은 그들이 요단 서편에 있는 다른 지파들과의 연합을 상징하기 위해 큰 제단을 요단 언덕 가에 쌓은 적이 있었는데, 다른 지파들은 이 제단이 우상 숭배를 목적으로 하는 잘못된 것이라고 비난하면서 그들과의 전쟁을 준비한 적이 있었다(22:10~20). 그러나 요단 동편 지파들의 제단 건립 목적이 전혀 다른 데에 있음을 알게 된 서편 지파들은 그들과 화해한 후 하나님을 찬미함으로 열두 지파 공동체의 정체성을 계속 유지하였다(22:21~34).

맺는 말

이스라엘 백성이 새로운 지도자인 여호수아의 인도하에 가나안 땅에 들어가게 된 것은 야웨 하나님께서 그들의 조상들에게 주셨던 약속이 성취되었음을 뜻하는 중요한 사건이 아닐 수 없다. 또한 그것은 땅의 주인이요 소유자이신 하나님께서 오래 전부터 조상들에게 약속하신 가나안 땅을 이스라엘 백성에게 선물로 주셨음을 의미하기도 한다. 이 점은 가나안 땅 정복의 과정에서 하나님이 이스라엘을 위하여 싸우시고 그들에게 계속해서 승리를 안겨 주셨다는 사실을 통해서 확인된다.

물론 하나님은 약속의 땅을 선물로 주기 위하여 모세의 뒤를 잇는 새로운 지도자로 여호수아를 세우셨고, 그에게 힘과 용기와 믿음을 주셔서 제사장 엘르아살과 각 지파 족장들의 적극적인 협력을 얻어 가나안 땅의 분배와 정복 작업을 성공적으로 잘 마무리하게 하셨다. 그 결과 이스라엘 백성은 이제까지 계속된 광야 유랑민의 삶에서 안정된 정착민의 삶으로 급격한 신분상의 변화를 겪게 되었다. 그동안 정처 없이 떠돌아다니던 나그네(순례자)의 신분에서, 약속의 땅을 기업으로 물려받는 상속자의 신분으로 확실한 정체성의 변화를 겪게 되었다는 것이다.

그러나 이스라엘 백성이 가나안 땅을 선물로 받음으로써 새로운 신분을 갖게 된 것으로 모든 일이 끝난 것은 아니었다. 왜냐하면 그들에게 선물로 주어진 땅이 그 땅의 주인이신 하나님의 뜻(토라)에 맞춰 사는 삶을 요구하기 때문이다. 다른 신들을 섬기는 죄악을 버리고 오로지 야웨 하나님만을 사랑하며 섬기는 신실한 삶이 이스라엘 백성들에게 요구된 것이다. 여호수아의 고별 설교와 그 안에 담긴 시내산 언약 갱신이 이를 잘 보여 준다. 여호수아가 자신의 가문과 더불어 오직 야웨 하나님만을 섬기겠다고 결심하면서 이스라엘 백성들에게 동일한 믿음과 열심을 요청하자, 그들은 여호수아의 요청을 기꺼이 받아들임과 동시에 세겜에서 토라에 순종할 것을 다짐하는 시내산 언약을 맺는다.

이스라엘 백성이 이처럼 가나안 땅을 선물로 받고 시내산 언약을 맺음으로써 하나님의 언약 백성으로서의 자격을 충분히 갖게 된 것과는 대조적으로, 가나안 사람들은 땅에 대한 어떠한 권리도 인정받지 못한다. 그들은 오로지 멸절의 대상일 뿐이다. 그들이 애초부터 거주하여 살고 있던 가나안 땅은 오로지 이스라엘 가문들에게만 분배된다. 가나안 사람들은 강제 노역자(9:23; 16:10; 17:13; 신 20:11)로 살아남는다(왕상 9:20~21).[37] 라합처럼 이스라엘의 하나님을 인정하거나 기브온 족속처럼 계략을 쓰는 자만이 예외가 될 뿐이다. 또 다른 예외가 있다면 이스라엘 백성이 순전한 마음으로 하나님을 신뢰하지 못하고 가나안 사람들의 신들을 섬기며 그들과 통혼(通婚)하는 죄를 범할 경우에 하나님께서 그들을 멸하지 않고 도리어 이스라엘 백성을 벌하기 위한 심판의 도구가 될 것이라는 점이다(23:13). 땅을 선물로 받은 이스라엘 백성은 바로 이 점을 마음 깊이 새겨 두지 않으면 안 된다. 그래야만 하나님께서 선물로 주신 땅에서 영원토록 안식을 누리며 살 수 있기 때문이다.

하나님의 리더십, 인간의 리더십:

지도권의 계승(여호수아의 삶을 중심으로)

    신앙 공동체는 지도자를 필요로 하고, 지도자는 리더십을 발휘하게 된다. 비록 이전부터 리더십은 중요했지만, 오늘날 사람들은 자신이 속한 공동체의 리더십에 대해서 새롭게 조명하고 있다. 리더십에 대한 관심과 맞물려서 책임 있고 바른 리더십을 가진 지도자를 찾아보기 어렵다는 탄식이 높아졌다. 지난 수년간 리더십에 대한 다양한 학문적·실제적 대안들이 제시되고 있지만, 우리 리더십의 현주소는 답보 상태이다.

    그 이유 몇 가지를 생각해 볼 수 있다. 첫째, 리더십 계승 과정에서 나타나는 문제들이다. 그동안 시행착오를 거듭하면서 축적되었던 리더십이 다음 세대로 제대로 계승되거나 발전하지 못했다. 연약한 인간이기 때문에 허물이 있었겠지만 신실하게 신앙 공동체를 이끌어 온 믿음의 선배들이 있었다. 어려움 속에서도 성장으로 인도해 왔던 한국 교회 역시 이제 한 세대를 마무리하고 다음 세대의 리더십으로 속속 세워지고 있다. 그런데 리더십 계승이 이루어지면서 여러 갈등과 어려움이 생기는 것을 보게 된다. 리더십 계승의 절차, 계승하는 지도자에 대한 검증 과정, 리더십 계승 후의 변화된 상황에 적응하는 문제, 리더십 스타일 등에서 여러 가지 갈등이 불거져 나오고 있다. 시대에 따라 달라져야 할 부분도 있지만, 지켜 가야 할 점도 많다. 리더십 계승 자체가 휘청거리면서 좋은 점이 드러나지 못하고 있다. 오히려 부정적인 리더십의 옛 패턴들이 공동체의 현상 유지를 위해 답습되는 것을 보게 된다.

둘째, 올바른 리더십 형성 과정을 조명하지 못하고 있다. '좋은 리더십은 이러이러한 것입니다'라는 나열식의 교훈들은 많이 찾아볼 수 있다. 그러나 그런 리더십이 어떤 과정을 거쳐서 형성되는 것인지에 대해서는 구체적으로 말하고 있지 않다. 그래서 좋은 지도자의 특징을 닮아 보려고 하지만 곧 그 뿌리와 기초가 흔들리는 것을 보게 된다. 여러 가지 편법과 왜곡된 수단에 의해서 지도자의 자리에 오른 사람들이 건강한 리더십의 모양을 추구하지만 한계에 부닥치게 되는 이유가 여기 있다. 사실 하나님께서는 오랜 시간을 두고 한 사람의 지도자를 준비시키고 훈련시키셔서 그 시대를 책임지게 하신다.

성경은 이러한 리더십의 문제에 대해 분명한 원리와 방향을 제시해 준다. 특히 모세에서 여호수아로 이어지는 리더십 변환의 상황은 리더십 계승에 대한 좋은 가르침을 준다. 또한 여호수아가 어떤 과정과 훈련을 거쳐 지도자에 오를 수 있었는지도 구체적으로 기록하고 있다. 여호수아의 삶을 통해 유용한 리더십 전환의 원리와 리더십의 형성 과정을 보게 된다.

더 나아가 여호수아의 삶은 하나님의 리더십과 인간의 리더십 사이의 역동적 관계를 엿볼 수 있게 한다. 하나님께서는 리더십을 직접 드러내기도 하시지만 어떤 때는 그분이 세운 지도자를 통해서 드러내셨다. 여호수아는 자신의 삶을 통해 하나님의 역사와 개입에 반응하고, 교통하며 순종하였다.

가나안을 향한 대장정과 가나안을 정복하는 격변의 시기를 거치면서 여호수아는 하나님의 종으로 세움을 받는 모든 지도자에게 중요한 모델이 되고 있다. 여러 사건들이 독특하게 그리고 상호 연관적으로 여호수아의 삶을 만들어 갔다. 전체적으로 보면 모세를 통한 지도자 훈련과 성공적인 리더십 계승 후에, 여호수아의 믿음과 용기와 순종의 견고한 리더십이 드러나고 있다. 이러한 여호수아의 삶을 애굽에서 생활하던 시기, 출애굽과 광야 체험 시기, 가나안 정복과 정착의 세 시기로 구분하여 살펴볼 수 있다.

애굽에서 생활하던 시기: 가치관과 사역의 기초가 세워짐

여호수아는 생애 전반기를 애굽에서 보냈다. 그는 타지에서 억압받는 백성 중의 한 사람으로서 삶의 고통을 직접 경험할 수 있었다. 이것이 그의 생애에 귀중한 교훈으로 남겨졌다. 반면에 이러한 비천한 삶 가운데에도 풍성한 유산이 여호수아에게 전해졌다.

이 시기 동안 여호수아의 가치관과 사역의 기초가 세워졌다고 할 수 있다. 하나님께서는 여호수아를 세우기 위해서 역사적 사건, 상황적 배경, 그리고 가족들의 영향을 통해 일하셨다. 그의 인격적 자질이 형성되고, 기본적인 사역 기술이 숙달되고, 가치관이 세워졌다. 이들 모두가 여호수아가 지도자로 세워진 이후에 직간접적 영향을 미치게 된다. 특별히 이 시기 동안에 주목해서 볼 것은 '리더십의 기초가 어떻게 다져졌는가?' 하는 점이다. 이것은 하나님의 음성을 듣는 법, 기본적 기술, 성품의 형성, 정확한 시점에 대한 이해 등과 관련된다.

1. 여호수아의 출생과 성장

한 개인의 이름은 성경에서 깊은 의미를 담고 있다. 이름은 중요한 사건, 목적, 속성 등을 나타낸다. 이것이 여호수아의 경우에도 적용된다. 여호수아는 본래 '호세아'(הוֹשֵׁעַ)라는 이름을 가졌다. '호세아'는 '해방' 또는 '구원'을 의미한다. 그는 요셉의 후손인 에브라임 지파에 속했고(민 13:8), 아버지는 '눈'이고 할아버지는 '엘리사마'였다.

호세아는 해방에 대한 민족과 부모의 염원을 담고 있는 이름이다. 새로운 앞날에 대한 부모의 소망과 믿음이 아들의 이름을 지으면서 표현되었다. 그의 이름은 해방에 대한 민족적 소망의 구체적 표현이었다. 여호수아 존재 자체가 장차 있게 되는 일들의 그림자이고 위대한 사역의 예시였다. 비록 처음에는 희미했지만, 여호수아 스스로도 지도자의 위치에 오르면서 조금 더 분명하게 자신의 이러한 소명을 확인할 수 있었다. 결국 여호수아를 통해 그 소망은 현실화되었다.

이후 모세에 의해서 그의 이름은 여호수아로 바뀐다(민 13:8, 16). '호세아'(구원)가 '여호수아'(여호와께서 구원하신다)가 되었다. 이름의 변화는 중대한 의미를 가지고 있다.

첫째, 새 이름은 예언적인 성격이 있다. 여호수아는 그의 삶 가운데 하나님의 구원하심을 여러 번 체험한다. 이 이름은 '예수'라는 이름의 구약의 표현이었다. 그의 삶이 그리스도와 그분의 구속적 사역을 예시한다는 것을 보게 된다. 여호수아가 성경 전체를 통해 구원 역사의 한 축을 담당하는 것을 보게 된다.

둘째, 새 이름은 믿음으로 도전하도록 격려하는 것이다. 여호수아에게는 하나님의 능력에 근거해서 확신의 발걸음을 옮겨야 하는 도전이 계속된다. 열두 명의 정탐꾼으로 보내지는 시점에서 개명이 이루어진 것이 우연이 아니다. '하나님께서 구원하실 것'이라는 이름이 하나님께 대한 믿음을 점검받는 시점에 주어졌다.

셋째, 새 이름은 여호수아의 소명을 드러낸다. 그는 자신이 스스로 지명한 해방자가 아니고, 하나님께서 임명한 구원자였다. 그분이 능력을 주면서 사용하실 것을 이 이름이 암시해 주고 있다. 예언자적 통찰을 소유한 모세가 여호수아의 소명을 확증하고 그 내용을 분명하게 한 것이다. 또한 이름을 바꾸는 것은 여호수아에 대한 모세의 기대를 반영한다. 미래 이스라엘의 지도자 여호수아는 이 기대대로 세워지는 것을 보게 된다.

여호수아는 이중 문화적 환경에서 태어나고 자랐다. 그는 애굽이라는 나라에서 이스라엘 사람으로 태어났다. 애굽은 당시 정치적 능력, 영향력, 웅장함, 화려함에서 정점에 있었다. 반면에 이스라엘은 열강의 소용돌이 속에서 애굽의 노예로 삶을 이어가고 있었다. 그러나 하나님께서는 이후 백여 년 동안 일어날 사건들을 위해 무대 장치를 준비하고 계셨다. 애굽에서 해방되는 과정을 통해 명백한 하나님의 역사가 증거 된다. 즉 작은 자 이스라엘이 큰 자인 애굽을 무색하게 하는 사건이었다.

하나님께서는 가나안이라는 새로운 터전으로 이스라엘을 인도할 준비를 하고 계셨다. 변화는 애굽과 가나안의 지속적인 접촉을 통해 이미 일어나고 있었다. 가나안의 언어, 문화, 그리고 지형이 이스라엘 사람들에게 낯선 것이 아니었다. 여호수아와 하나님의 백성들은 기적적인 해방과 약속의 땅의 입성을 위해 준비되고 있었다.

여호수아는 특별히 지도자로 준비되고 있었다. 여호수아의 정체성은 이스라엘로부터 온 것이다. 노예의 신분은 여호수아의 성격과 관점을 구성하는 토대가 되었다. 비록 당시 근동 지역의 노예들이 기본적인 권리를 가지고 있었다고 하지만, 낮은 신분과 과중한 노역은 그를 무겁게 짓눌렀다. 결과적으로 그의 성격에 겸손과 오래 참음이 각인되었다.

겸손의 자세는 이후 여호수아의 삶을 주도한다. 그는 따라가는 일에 불평이 없었다. 그는 모세에게 순종했고, 권위와 관련해서 어떤 문제를 보이지 않았다. 겸손은 인내에 의해서 강화된다. 인내는 환난 가운데 발전하며(롬 5:3), 좋은 군사의 중요한 요소이다(딤후 2:3). 노예로서의 고난과 함께 하나님의 약속을 소망하는 것이 여호수아를 인내의 사람으로 만들었다. 겸손과 인내가 여호수아의 지도자적 역량에 귀한 기초가 되는 것을 보게 된다.

2. 여호수아의 지파와 가족

여호수아의 가족과 조상의 영향력 역시 유산으로 전해졌다. 세대를 통해 이어 내려온 독특한 영향력은 여호수아에게 이스라엘 사람으로서의 뿌리 깊은 정체성을 갖게 했다. 더불어 여호수아는 요셉의 후손인 에브라임 지파로서 자기 인식을 갖고 있었다. 이스라엘 백성들은 자부심과 자긍심을 소유한 이들이다. 이것은 하나님의 축복의 말씀(창 12:1~3)과 약속(창 15장)에 근거해서 시작되었다. 이스라엘 사람들은 하나님께서 축복하시기 위해 택한 이들이고, 이들을 통해 하나님께서는 다른 사람들을 축복하시게 된다. 이스라엘 민족을 모든 나라 중에 특별히 구별해서 부르고 택하셨고, 여호수아는 그 공동체의 한 구성원이었다.

이스라엘의 역사는 여호와 하나님으로 시작되었고 그분을 중심으로 이어 내려왔다. 이러한 역사의식이 여호수아에게 신앙적 닻을 제공한다. 여호수아는 노예로서의 현재의 모습이 아닌 하나님의 말씀과 하나님의 행하심에 그의 정체성을 세웠다. 그의 환경이 그를 우겨싸고 있었지만, 그의 세계관은 현재의 암울한 상태를 뛰어넘어 약속된 미래를 보고 있다.

또한 한 사람의 이스라엘인으로 여호수아는 소명에 대한 인식이 있다. 믿음의 아버지 아브라함에게 주신 하나님의 약속은 이러한 소명에 대한 그림을 그리게 하였다. 그 약속은 큰 민족을 이루고(창 12:2), 뭇별과 같은 자손이 생기며(창 15:5), 약속의 땅을 소유하게 되는 것이다(창 15:7). 이러한 약속은 고난의 때에 소망이 되었으며, 여호수아는 소망과 기대 속에서 자라났다. 그가 경험하는 노예의 삶조차도 뒤이은 해방과 땅의 소유와 함께 이미 예시된 것이었다.

소명에 대한 인식은 여호수아가 속한 지파의 유산으로 인해 더해진다. 야곱은 요셉의 둘째 아들인 에브라임에게 장자의 축복을 주었다. "그 아우가 그보다 큰 자가 되고 그 자손이 여러 민족을 이루리라"(창 48:19). 그 결과 이 지파는 칭송받는 중요한 위치를 점유하게 되었다. 에브라임의 후손으로 태어난 사람은 누구이든 이스라엘 족속 가운데 갖게 된 이러한 위대한 유산과 특권적 위치를 염두에 두지 않을 수 없었다.

이들은 요셉의 유언을 지속적으로 상기하고 각인하였다. "너희는 여기서 내 해골을 메고 올라가겠다 하라 하였더라"(창 50:25). 여호수아가 요셉의 석관을 기억할 때마다 그의 미래의 소명을 재확인하였다. 어느 날인가 그들은 요셉의 관을 메고 약속의 땅으로 나아가게 될 것이라고 소망했다. 과거의 위대한 지도자이자 믿음의 사람이었던 요셉이 현재의 젊은 여호수아에게 영향을 끼쳤다.

또한 여호수아에게는 지도자적 모델로 리더십 형성에 영향을 끼친 가족이 있었다. 성경은 여호수아의 조부인 엘리사마를 등장시키고 있다. '엘리사마'라는 이름의 의미는 '들으시는 하나님'이다. 이 이름은 애굽의 압제하에서

신음하는 이스라엘의 현실에 동참하는 부모의 믿음의 고백이었다. 하나님께서 그들의 부르짖음을 듣고 계신다는 사실을 생각나게 하는 이름이었다. 여호수아 역시 이 이름을 들을 때마다, 하나님께서 들으신다는 것을 기억했다.

출애굽의 여정이 시작될 때, 엘리사마는 40,500명으로 구성된 에브라임 군대의 두령이었다(민 1:10; 2:18). 그의 아들 눈과 손자 여호수아가 그를 돕는 중요한 위치에 있었을 것이라고 생각할 수 있다. 여호수아는 결정을 하는 과정, 전략 구상, 조직 운영, 갈등 해결 등을 가까운 곳에서 지켜볼 수 있었다. 그는 지도자의 내적 갈등을 가까이서 지켜보았다. 개인적 확신이 주는 능력도 경험할 수 있었다. 조부의 영향력이 그의 삶에 흘러들어 왔다.

출애굽과 광야 체험 시기: 이스라엘의 지도자로서의 자신의 위치 확인

여호수아가 지도자로 준비되는 또 다른 시기는 출애굽과 광야에서의 체험 시기였다. 이 시기 동안 여호수아는 이스라엘의 지도자로서 자신의 위치를 확인하는 단계에 이르게 된다. 그는 다양한 지도자적 역할을 경험하고 모세와 함께 중요한 인물로 부각된다.

1. 출애굽 체험

우리는 약속의 땅을 향해 애굽을 떠나는 수많은 백성들을 그려 볼 수 있다. 여호수아는 그 행군 가운데 에브라임 지파의 지도자인 할아버지와 아버지가 요셉의 유골과 함께 걸어가는 모습을 자랑스럽게 지켜볼 수 있었다. 출애굽 가운데 일어난 여러 사건들은 여호수아에 대한 역사적 기록이 구체적으로 등장하기 이전에 벌어진 일들이었다. 그러나 여호수아에게 적어도 두 가지를 깨닫게 한다. 첫째, 하나님의 신실하고 진실하심, 그리고 능력이다. 하나님의 능력이 나타났던 열 가지 재앙은 여호와 하나님께 대한 소망을 새롭게 하는 것이다. 홍해가 갈라지는 것에서 이것이 정점에 이른다. 둘째, 일련의 출애굽 사건들을 통해 하나님의 대언자로 세워지는 지도자 모세를 지켜보는 경험을 갖게 된다. 모세에게는 하나님의 권능의 손이 함께했다. 모세는 여호수아에게 지도자의 모습을 가르쳐 주는 생생한 모델이었다.

초기 리더십 수업이 이루어진 출애굽 당시의 사건들을 리더십과 관련해서 위기, 갈등, 능력으로 특징지을 수 있다. 바로 왕과의 대결(출 7:1~12:31), 출애굽 상황(출 12:31~14:31), 마라의 사건(출 15:22~27), 신 광야에서의 채우심(출 16장), 르비딤에서의 사건(출 17:1~7) 등이 기록되고 있다. 각각의 위기는 갈등을 낳지만(리더십에 대한 반발), 기도하는 지도자에게 하나님께서 응답하심으로 지도자의 권위는 든든히 세워진다. 이 순환을 지켜보는 여호수아에게 미래의 리더십과 소명의 완수를 위한 신앙적 기초가 세워졌다. 하나님의 능력이 나타난 사건들은 하나님의 보호(출 8:22; 9:26; 10:23), 예비하심(출 11:2; 12:35, 36; 15:25; 16:4; 17:6), 구원(출 14:5~31), 그리고 인도하심을 보여주는 것이었다.

여호수아가 가나안을 정복하기 위해서는 하나님의 개입과 능력을 확신할 필요가 있었다. 그는 바로의 완악함을 무색하게 하시는 하나님의 역사를 보았다. 여호수아는 그 기억으로 불가능할 것처럼 보이는 싸움을 싸울 수 있었다(출 17:8~16; 수 6장). "여호와는 용사시니 여호와는 그의 이름이시로다"(출 15:3)라는 말씀과도 같이, 여호수아는 자신의 백성들을 위해 싸우시는 용사이신 하나님을 체험했다. 여호수아가 이 말씀을 온전히 확신할 때까지 하나님의 가르침은 계속되었다(출 17:8~16; 수 5:13~15). 하나님의 능력에 대한 확신은 군대 장관으로서의 자신의 리더십과 군대에 대한 그의 이해에 있어서 기초이자 본질이 되는 것이었다.

권위와 관련된 교훈 역시 배우게 된다. 여호수아의 리더십 아래서는 모세의 때에 자주 발견되는 갈등이 거의 나타나지 않았다. 여호수아는 모세를 통해 권위에 관련된 긍정적인 모습은 물론 부정적인 모습을 배울 수 있었다. 그는 권위의 근거(하나님), 권위의 목적(하나님의 뜻을 행하고 사람들의 필요를 채워 주는 것), 권위의 훈련(온유, 기도), 그리고 영적 권위를 지속하는 방법(하나님과의 기도를 통한 교제)을 훈련했다.

공동체가 지켜야 하는 절기가 이 시기에 시작되었다. 하나님의 능하신 손길을 기념하는 것은 현재와 미래의 세대에게 기억을 새롭게 하는 역할을 한다. 유월절이나 안식일을 지키며 여호수아와 이스라엘 백성들은 과거의 하나님의 인도하심을 감사하였다. 또한 미래에 누리게 될 안식을 미리 맛보는 기회를 가졌다. 만나를 보관하는 것도 하나님의 예비하심을 기억하는 상징적 내용을 담고 있었다(출 16:31~36). 이러한 예식과 기념물은 여호수아가 지속적으로 믿음을 새롭게 하는 도구가 되었다. 더 나아가 지도자로서 그는 따르는 이들과 오는 세대가 기억을 새롭게 하는 것이 중요함을 인식하였다. 기회가 될 때마다 믿음의 닻을 내리게 하는 기념적 예식을 행하는 것을 보게 된다(4장; 8:28~32; 24:25, 26).

2. 광야 체험

출애굽 이후 광야에서의 일련의 경험은 여호수아가 이스라엘의 지도자로서 자신의 위치를 견고하게 하는 훈련이 되었다. 그는 광야에서 40여 년 동안 리더십을 훈련받는 기회를 가졌다. 그는 깊은 헌신과 성숙의 훈련과 특히 배우려는 자세를 지속적으로 견지했다. 리더십의 씨앗은 여린 새싹으로 발아하기 시작했다. 건강한 리더십은 하나님의 말씀, 모험이 요구되는 도전, 크고 작은 사역의 성취라는 비옥한 토양에서 열매를 맺는다.

하나님께서는 여호수아에 대한 검증을 구체적으로 시작하셨다. 출애굽 후 불과 한 달 남짓 지나자 여호수아는 아말렉과의 싸움에서 군대를 이끄는 기회를 갖게 된다. 지도자의 능력은 리더십을 발휘할 기회가 제공되면서 싹을 내게 된다. 내적 성품과 외적 기술을 실제로 발휘하는 기회가 주는 유익이다.

과업이 주어지면서 검증과 훈련은 시작되었다(출 17:8~16; 민 13, 14장). 과업을 통해 자신의 잠재된 리더십을 확인하고 기본적인 리더십의 자질을 형성하는 것이다. 과업 안에 주어진 시험은 여호수아의 내적인 삶, 그의 믿음과 순종을 발전시켰다. 아말렉과의 싸움을 위해 그는 족속 가운데 사람들을 택하는 과업을 수행한다. 수동적인 위치에서 능동적 역할이 주어졌다. 그의 리더십이 음지에서 양지로 펼쳐지는 전환의 시기였다. 그는 리더십을 완수할 수 있다는 것을 스스로 증명했다. 이 시점부터 그는 모세와 밀접한 관계를 맺으며 리더십 팀에 동참한다.

군사 활동과 관련된 두 번째 사명이 민수기 13, 14장에 나타난다. 하나님께서는 여호수아의 신실함과 순종을 시험하였다. 다시 한 번 여호수아의 내적 역량이 강화되는 훈련을 갖게 된다. 주어진 과업을 수행하면서, 이스라엘을 약속의 땅으로 이끌고 가는 능력에 대해서 평가받을 수 있었다. 주어진 사명에 대한 그의 대응이 적합하지 않았다면 모세의 후계자로 세워질 수 없었을 것이다.

3. 모세와 여호수아

지도자 여호수아는 하나님의 주권적 역사, 삶의 체험, 그리고 모세의 멘토링과 함께 세워져 갔다. 광야에서 여호수아는 주로 모세를 따르고 돕는 역할을 하였다. 많은 실제적 교훈과 리더십 수업이 이러한 멘토링 관계를 통해서 생겼다. 여호수아는 모델링, 멘토링, 그리고 비공식직인 도제 관계를 통해서 모세의 체험을 공유한다. 여호수아의 리더십 형성 과정에서 모세와 함께한 몇몇 중요한 사건을 구분해 볼 수 있다.

출애굽기 24:9~18에 나타난 하나님의 산으로 모세와 함께한 여호수아의 여정은 중요한 사건이었다. 여호수아는 여호와를 대면하는 장로들과 함께 거하다가(9절) 모세와 함께 산에 오르며 멘토링을 받는 특권을 받는다. 이 구체적인 만남으로 여호수아는 목적과 소명을 확고하게 가질 수 있었다. 미래에 대한 그의 이해가 넓어지고, 리더십의 특징과 가치를 발전시키는 중요한 만남이었다.

이후 사십 주야 동안 구름 속에서 하나님과 모세가 함께할 때, 여호수아는 홀로 남았다. 이 시간 동안 여호수아는 모든 통상적인 활동에서 제외되었다. 다른 모든 관계에서 떨어져서 홀로 있는 시간을 가졌다. 때로 하나님께서는 사역의 스트레스와 압박 가운데서 중요한 교훈을 주기 위해 홀로 두신다. 이것은 여호수아에게도 적용되었다. 그가 모세의 모습을 통해, 또 그 자신의 경험을 통해 배워야 하는 시간이었다. 하나님께서는 여호수아를 더 깊은 관계의 장으로 인도하셨다. 홀로 있음은 그가 경험했던 하나님을 깊게 묵상하는 기회를 제공하였다. 새로운 관점을 다듬고, 소명을 새롭게 불태우며, 기도로 자라가는 기회였다. 하나님께서는 홀로 있는 시간을 통해 그분의 미래의 지도자를 만들어 가신다.

여호수아는 모세에게 순종하였다. 그는 권위에 순종하는 것을 배우고, 권한이 배분되는 것에 대한 통찰을 얻는다. 군사들은 여호수아의 통솔 아래 있고, 여호수아는 모세의 휘하에 있고, 모세는 하나님의 통치를 받았다. 대부분의 경우 리더십은 이러한 권위 구조 내에서 발휘된다. 아론과 훌은 최고 지도자 모세를 옆에서 지탱하였다. 여호수아는 후에 제사장 엘르아살에 의해서 이러한 지지를 받게 된다(민 27:21). 중요한 것은 여호수아가 모세의 권위의 근원을 발견해 가는 점이다. 이 권위는 들어 올린 손에 의해서 증명되듯이 기도를 통해서 온 것이다(출 17:11). 가장 중요한 힘의 근원으로 영적 권위의 중요성을 보여 준다.

출애굽기 32:15~35에서 권위에 대한 이해가 확대된다. 권위를 드러내는 원리가 제공되는 것이다. 첫째, 직접적이고 즉각적인 권한의 발휘는 위기의 순간에 적합하다(20, 26, 27절). 둘째, 책임 전가는 안 된다(아론은 백성들에게 책임을 돌렸다, 22~24절). 셋째, 권위를 행사하는 것을 두려워하면 안 된다. 넷째, 지도자는 위기의 사건에서 헌신된 이들을 구별하고 이 점이 드러나도록 도와야 한다(26절).

여호수아는 모세를 섬기는 특별한 위치로 인해 섬기는 자세를 발전시킬 수 있었다. 신앙 공동체의 리더십은 섬김의 정신으로 주도되어야 한다. 섬김의 중요성은 결코 평가 절하 될 수 없다. 예수님은 이 원리를 분명하게 하신다. "너희 중에 누구든지 으뜸이 되고자 하는 자는 모든 사람의 종이 되어야 하리라"(막 10:44). 여호수아는 미래에 지도자가 될 사람이었지만, 그전에 따르는 자가 되고 섬기는 자가 되는 것을 배워야 했다.

모세를 통해서 리더십을 배울 수 있었던 또 다른 사건은 민수기 11장에 기록되어 있다. 엘닷과 메닷이 진중에서 예언을 하였다. 이 소식에 대해서 모세의 종 여호수아는 모세의 리더십에 해가 될 것을 염려하였다. 그러나 모세의 대답을 통해서 지도자의 자세를 배운다. 모세는 예언을 받은 사람들을 시기하지 않았다. 모세의 관심은 하나님의 일하심이 드러나는 것이었다. 그는 자신의 유익을 위해서 과장하거나 남을 시기하는 사람이 아니었다. 그는 자기 자신이 아닌 이스라엘의 회복에 마음을 모았다. 그는 다른 사람들이 하나님이 주시는 기이한 은사를 받는 것을 흔쾌히 여겼다.

여호수아는 진정한 영적 리더십은 자신을 드러내는 것이 아님을 배운다. 누구든지 하나님의 영광을 가리는 것을 주의해야 한다. 다른 사람들의 은사를 시기하거나 비난해서는 안 된다. 오히려 기뻐해야 한다. 진정한 영적 리더십은 다른 사람들을 존중하고 그들의 은사를 수용하는 것이다.

한편 여호수아는 관계로 인해 리더십이 훼손되지 말아야 한다는 것도 배웠다. 이 점은 민수기 13장과 14장의 체험을 통해 나타난다. 모세, 아론, 갈렙과 여호수아를 제외한 온 이스라엘 백성들이 하나님의 뜻이 아닌 다른 의견을 따르려 했다. 그들은 약속의 땅에 들어가는 것을 두려워했는데, 이것은 하나님의 명령에 거역하는 것이다. 지도자가 결정을 할 때 관계로 인한 영향력을 분별해야 하는 것을 깨닫는 순간이었다. 그는 다수의 의견이 항상 옳은 것이 아님을 배우게 되었다.

여호수아가 모세를 보좌하는 기간 동안 적어도 두 번의 위기를 경험했다. 첫 번째 사건은 모세와 여호수아가 시내산을 내려왔을 때 벌어졌다(출 32:15~35). 그들의 40일 공백 기간 동안 이스라엘 백성들은 우상을 만들어서 숭배했다. 이 위기는 여호와를 거역하는 공동체적 반역이었다. 하나님의 현존을 체험한 후 모세와 여호수아에게 닥친 심각한 시험의 순간이었다. 그들의 거룩한 체험은 이스라엘 백성들의 우상 숭배와 정면으로 대치되는 것이었다. 아마도 하나님께서는 놀라운 영적 체험 후 그들에게 겸손을 훈련시키기 원하셨던 것 같다.

이 사건은 여호수아가 가나안에 대한 정탐 결과에 대해 다른 보고를 했을 때 경험하게 되는 극심한 반대에 앞선 준비 테스트와 같은 것이었다. 약속의 땅에 대한 여호수아와 갈렙의 보고는 또 다른 위기를 가져왔다. 그들의 보고는 달랐고 곧 반대에 직면했다. 백성들 가운데 혼동이 일어나고 원망이 터져 나왔다. 리더십에 대한 반발과 함께 위기가 찾아왔다. 사람들은 그들을 돌로 치려 했다(민 14:10). 여호수아는 이와 비슷한 상황을 극복하는 모세를 보아 왔다. 이제 체험이 얼마나 현재의 상황에 적용될 수 있는가를 발견하는 기회를 갖게 된다. 이전에 모세의 경우에도 그러했듯이 하나님께서 개입하셨다. 여호수아의 하나님은 위기 가운데 그를 만나셨고 그를 위해 간섭하셨다.

여호수아는 하나님의 편에 굳게 서는 결단을 내린다. 위기 가운에 흔들리지 않는 것은 미래의 가나안 정복 과정에도 필요로 하는 것이었다. 하나님께서는 반대에 직면했을 때 신념을 지켜 가는 것을 훈련시키셨다. 리더십을 위한 성품은 호된 위기와 갈등의 용광로 속에서 정련되어진다.

가나안 정복과 정착 시기: 리더십을 이양받음

모세가 세상을 떠나고 여호수아는 이스라엘의 지도자가 되었다. 모세는 리더십을 바르게 이양하기 위해 힘썼다(신 1:38; 3:21, 22; 31:3). 하나님께서는 여호수아에게 힘을 주실 뿐 아니라 그가 짊어지고 가야 할 과제를 부여하신다(신 31:15, 23; 수 1장). 연속성을 위한 디딤돌 역시 모세로부터 여호수아에 이르는 성공적인 전환을 위해 제공되었다. 이러한 디딤돌은 하나님의 약속, 현존, 말씀, 그리고 사람들이었다(1장). 이것은 여호수아를 위해서만이 아니고 이스라엘을 위한 것이었다. 급변의 시간에 안정을 가져다주는 역할을 하였다. 비록 모세는 세상을 떠났지만 이러한 디딤돌은 여호수아와 이스라엘이 딛고 가야 할, 변하지 않는 터전이었다. 백성들은 하나님의 약속을 소망하며 새로운 지도자를 따르게 되었다.

1. 리더십 계승

한 지도자가 물러나면 다음 지도자가 그 뒤를 잇는다. 계승은 끝나는 것과 함께 시작되고, 과도기를 지나 새로운 출발로 마무리된다. 모세와 여호수아의 지도력 계승에 있어서 모세 리더십의 마무리는 이미 모세가 약속의 땅에 들어가는 것이 거부되었을 때 시작되었다(민 20:12). 그리고 하나님께서 모세의 후계자로 여호수아를 선택하셨을 때 구체적으로 전개되었다(민 27:12~17).

리더십에서는 리더십을 마무리할 때 필요로 하는 세 가지 과제를 다음과 같이 이야기한다.

첫째, '해방됨'(disengage)이다. 애굽에서 나왔을 때 이스라엘은 물리적 해방을 경험했다. 모세는 공개적으로 여호수아에게 위임하면서, 이스라엘의 다음 세대가 자신에게서 해방되도록 한다. 여호수아의 위임은 백성들로 하여금 그들의 충성의 대상을 바꾸게 했다. 옛 통치와 옛 사람에게서 벗어나야 한 시대의 리더십은 끝을 맞이하게 된다.

둘째, '정체성의 전환'(disidentify)이다. 이것이 이스라엘 백성들에게는 그리 어려운 것이 아니었다. 그들의 정체성은 개인이 아닌 그들의 하나님께 중심을 두고 있었기 때문이다. 모세의 죽음 이후에도 하나님의 약속과 현존과 말씀이 그토록 강조되었던 이유가 여기에 있다. 하나님께 정체성이 뿌리박혀 있으면, 지도자가 바뀌어도 흔들리는 공동체가 되지 않는다. 모세에게서 여호수아에게로 의지의 대상이 바뀌었지만, 이스라엘의 온전한 의지의 대상은 오직 하나님이 되셔야 했다.

셋째, '환상에서 깨어남'(disenchantment)이다. 과거가 미래에 다시 반복되는 것이 불가능함을 인식하는 것을 의미한다. 광야의 이스라엘이 실패했던 요소 중 하나가 바로 과거를 떨쳐 버리지 못한 것이다. 그들은 옛 정취에 빠져 있었고, 애굽에서의 험악한 실상을 다 잊고 그 시절을 그리워하고 있었다(출 17:3). 모세와 여호수아의 계승이 이루어지면서 그들은 새로운 상황에 초점을 모아야 했다. 모세의 리더십은 다시 찾아오지 않는다. 그들은 과거가 아닌 미래에 마음을 서서히 돌리기 시작한다. 앞에 있는 것에 중점을 두고 가나안 정복에 힘을 기울이게 된다.

한 세대의 리더십이 떠나가면서 과도기가 함께 다가온다. 이 시기는 사람들이 변화에 적응하는 일종의 중간 휴식 기간이다. 옛 시절을 종결하고 새로운 행동 패턴을 시작하는 재교육이 이루어진다. 광야 세대는 약속의 땅에 들어가지 못했다. 반대로 새 세대는 리더십 계승과 함께 중간 휴식 기간을 갖게 되고, 변화에 적응하는 기회를 얻게 된다.

2. 가나안 정복

새롭게 출발하는 지도자 여호수아에게 주어진 과업은 두 가지였다. 첫째로는 그 땅을 정복해야 했고(약속을 붙잡고), 둘째로는 그 땅에 정착하는 것이었다(약속을 성취하는 것).

땅을 정복하는데 대략 7년의 시간을 필요로 했다(1~12장). 이 시기 동안 여호수아의 탁월한 군사적 통솔 능력이 두드러지게 드러났다. 믿음, 순종, 그리고 용기의 순전함이 약속의 땅을 정복해 가는 도전적 사명을 이루어 가면서 활짝 피어났다. 이전의 훈련을 통해서 준비된 부분들이 펼쳐졌다. 여호수아의 역할은 그의 능력과 훈련된 기술에 적합했다. 그의 영향력은 확대되었고 영적 그리고 정당한 권위가 견고해졌다. 실수가 있었지만(7, 9장), 승리는 계속되었고 오랫동안 기다리던 약속은 성취되어 간다.

여호수아서는 이러한 과정을 가나안 정복 준비, 정복을 위한 싸움, 정착, 유지라는 네 단계로 그려 주고 있다.

첫째, 여호수아는 가나안 정복을 위한 준비를 시작했다. 준비 과정의 하나인 할례는 새로운 영적 갱신을 상징하는 것이다. 광야의 음식인 만나가 그친 것은 새로운 삶이 전개된다는 의미였다. 둘째, 땅의 정복은 군사 활동을 통해 이루어진다. 이 공격은 약속의 쟁취를 위한 진군이었다. 셋째, 땅에 정착하는 세 번째 시기는 정복한 땅에 이스라엘 사람들이 뿌리를 내리는 것이었다. 한편에서는 땅의 정복이 여전히 계속되고 있었고, 또 다른 한편에서는 땅이 분배되고 그곳에서 하나님의 백성의 공동체가 형성되었다. 여호수아의 인생에 있어서 마지막 단계는 땅을 유지하는 것이었다. 그는 그의 죽음 이후를 계획하였다. 여호수아의 관심은 그 땅에서 하나님의 거룩한 공동체가 든든하게 유지되는 것이었다.

모세의 죽음과 함께 가나안 진군을 위한 준비는 시작되었다(신 34장; 수 1:2). 전쟁을 위한 준비를 하면서 힘이 비축되고 확인되었다.

리더십과 관련된 핵심적인 요소들은 다음과 같다.

3. 리더십의 핵심 요소

1) 순종

가나안 정복의 준비 과정에서 순종이 점검된다. 여호수아와 이스라엘 백성들은 하나님께 헌신을 다짐하였다(1장). 그들은 땅을 취하려는 열정으로 가득 찼다. 하나님께서는 멘토의 도움이 사라진 새 지도자를 점검해 보기 원하셨다. 자신의 의도가 아닌 하나님께서 인도하시는 길을 따라가는지를 지켜보셨다. 모세에게 귀를 기울이고 순종하던 것에서 이제 하나님의 음성을 알아차리고 순종을 결단하는 것이다. 모세는 세상을 떠났고, 여호수아는 스스로 하나님의 음성에 귀를 기울여야 했다. 더 나아가 들은 음성에 순종하며 나아가야 했다.

하나님께서는 이스라엘 백성들의 순종 역시 점검하셨다. 이것은 여호수아와 백성들의 준비를 확인하는 가운데 이루어지는 것이었다. 여호수아와 백성들 모두 이에 대해 적극적으로 반응하였고 하나님의 계획의 다음 단계로 나아갈 수 있었다. 하나님께서는 돌을 세울 것을 말씀하셨다. "백성의 매

지파에 한 사람씩 열두 사람을 택하고 그들에게 명하여 이르기를 요단 가운데 제사장들의 발이 굳게 선 그곳에서 돌 열둘을 취하고 그것을 가져다가 오늘밤 너희의 유숙할 그곳에 두라 하라"(4:2, 3).

여호수아는 그 지시에 순종하였고, 여기에 포함된 하나님의 의도를 인식하고 그것을 백성들에게 전하였다. 그 결과 하나님께서는 모든 이스라엘 앞에서 여호수아를 크게 하셨다(4:14). 성숙한 리더십의 표징은 하나님의 지시와 함께 그분의 의도를 분별하는 것이다. 지도자가 맹목적인 순종을 요구하는 것은 지혜롭지 못하다. 특정한 행동에 대한 이유를 찾아내고 그 의미와 가치를 캐내야 한다. 그리고 그것을 전달할 때, 따르는 이들은 기꺼이 순종할 수 있다.

길갈에서의 할례 역시 순종과 관련되어 있다(5:1~12). 하나님께서는 여호수아에게 이렇게 말씀하셨다. "너는 부싯돌로 칼을 만들어 이스라엘 자손들에게 다시 할례를 행하라"(5:2). 이것은 가나안으로의 진군 이전에 넘어야 했던 마지막 고비였다. "온 백성에게 할례 행하기를 필하매 백성이 진중 각 처소에 처하여 낫기를 기다릴 때에"(5:8). 히브리어에서 '치유'는 두 가지 의미를 가지고 있다. '상처에서 낫는 것'과 '전인적 회복'이다. 이스라엘은 할례라는 육체적 상처에서 낫는 것뿐 아니라, 언약을 새롭게 확인하는 시간을 가졌다. 할례는 영적 온전함에 이르는 과정이었다. 여호수아는 민감한 순종을 통해 사람들을 약속의 성취로 이끌 수 있었다.

지도자가 하나님의 인정을 받기 위해 할 수 있는 일은 없다. 단지 순종할 뿐이다. 더욱 열심히 일하겠다는 각오는 사람들이 스스로 할 수 있는 결심이다. 지도자는 하나님을 의지하고 하나님의 뜻을 위해 온전히 자신을 버리고 순종해야 한다. 여호수아는 장수와 영광과 명예를 구하지 않았지만, 하나님은 그것을 주셨다. 여호수아의 모든 성공은 하나님의 공로였다. 여호수아의 공적은 하나님께로부터 온 것으로, 주인공은 하나님이었다. 여호수아가 한 것은 순종이었다. 영적 성공은 순종 여부에 의해서 결정된다.

2) 하나님의 말씀

여호수아서는 하나님께서 여호수아에게 말씀하신 것을 구체적으로 기록하고 있다(1:1~9; 3:7, 8).

여호수아가 약속을 붙잡고 나아가도록 권고하는 말씀이 생생히 기록되어 있다(1:1~9). 사역의 목적과 지시, 약속, 하나님의 뜻, 그리고 격려가 제시되었다. 이 모든 것이 여호수아가 리더십을 수행하는데 절대적으로 필요한 것이었다. 말씀이 주어지고 그는 행동했다. 그는 사람들을 준비시켰다. 사람들은 그의 인도를 따르고 온전한 충성을 표하였다. 하나님께 제시하는 목적은 분명했다. 목적이 분명하고 이것을 따르는 이들이 동의하면 지도자의 일은 쉬워진다. 중요한 신앙적 진리 역시 전달되었다. "내가 너를 떠나지 아니하며 버리지 아니하리니… 모세가 네게 명한 율법을 다 지켜 행하고 좌로나 우로나 치우치지 말라 그리하면 어디로 가든지 형통하리니"(1:5~7).

하나님의 말씀을 듣고 기억하고 기록하는 것은 모세가 이미 여호수아에게 명령한 훈련 중의 하나였다. 아말렉과의 싸움 후에(출 17:8~16) 여호와께서 모세에게 말씀하셨다. "이것을 책에 기록하여 기념하게 하고 여호수아의 귀에 외워 들리라"(출 17:14). 기록된 문서가 당시에 활용된 것이 분명하다. 모세오경이 되는 하나님의 말씀이 기록되고 있었다. 여호와께서는 르비딤에서의 전쟁 역시 기록하게 하고 그것을 여호수아가 듣도록 했다(출 17:14). 기록된 말씀은 하나님의 승리를 기억하게 하는 것이었다. 하나님께서는 미래의 시험과 여러 도전에 대한 믿음의 닻을 여호수아에게 주기를 원하셨다. 이는 장차 있게 될 비슷한 종류의 승리에 대한 보증이기도 했다.

말씀은 소명을 성취하도록 하는 강력한 도구이다. 여호와께서는 이 도구가 여호수아의 손에 전해지기를 원하셨다. 말씀은 하나님의 사람들이 가야 할 길이 제시되어 있는 문자적 기념물이며, 소명의 길을 밝히는 빛과 같고 섬기는 하나님에 대한 증거물이다. 하나님께서는 모세의 기록을 통해서 여호수아를 지속적으로 인도할 수 있었다. 이 말씀을 통해서 여호수아는 삶과 사역에 적용 가능한 교훈을 제공받을 수 있었다. 단순히 멘토가 생존해 있을 때만이 아니고 이후에도 그 영향력이 지속되는 것이다. 기록된 말씀은 여호수아가 사는 날 동안 영향을 미친다.

여호수아의 소명은 "내가 모세에게 말한 바와 같이 무릇 너희 발바닥으로 밟는 곳을 내가 다 너희에게 주었노니"(1:3)였다. '밟는다'는 단어인 '다라크'(דרך)는 정복자가 아니라, 선물로 땅을 받은 거주민의 행동을 나타내는 것이다. 하나님께서는 가나안 땅을 여호수아에게 주기로 약속하셨다. 여호수아의 일은 정복을 통해 그 선물을 받는 것이다. 그리고 그 땅에 새롭고 거룩한 새 공동체를 세우는데 헌신하는 것이었다. 그 땅의 범주가 그려졌고(1:4), 승리가 확증되었다(1:5). 하나님께서는 여호수아에게 이렇게 말씀하셨다. "너는 이 백성으로 내가 그 조상에게 맹세하여 주리라 한 땅을 얻게 하리라"(1:6). 하나님께서는 여호수아의 소명의 역사적 성격을 밝혀 주셨다. 그의 미래는 역사적 실재와 연결되어 있었다. 현재와 미래의 결과가 과거의 약속에 닻을 내리고 있었다. 지도자는 홀로 떨어져 있는 개인이 아니라 시간에 제한받지 않는 하나님의 계획에 연결되어 있다.

가끔 위대한 발걸음은 촉매 작용을 하는 전환점을 필요로 한다. 여호수아의 리더십에 있어서 하나님의 말씀은 열정에 불을 붙이는 역할을 했다. 앞으로 나아가게 하는 불길이 되었다. 불길은 타올랐고 여호수아는 행동하기 시작했다. 특히 3:7~8은 1장에서 시작된 불길에 연료를 더하는 것이었다. 하나님께서는 그가 세운 지도자를 높여 주실 것을 약속했고, 요단을 건너는 몇 가지 지침을 주셨다. 계속해서 믿음의 행진을 결단할 것을 격려한다.

하나님께서는 지도자 여호수아에게 여기서만 율법 책의 중요성을 강조하신 것이 아니었다(1:8). 이후에도 율법의 중요성에 대해서는 순간순간 말씀하셨다(8:32~35; 24:25~27). 지도자가 겪게 되는 모든 상황에 대해서 율법의 말씀은 안내, 명령, 가르침을 주고 있다. 하나님의 가르침인 율법은 그 자체가 하나님의 권능을 담고 있다. 그렇기 때문에 여호수아의 리더십의 성공 또는 실패를 결정짓는데 너무나 중요한 요소였다. 그는 율법을 알아야 했을 뿐 아니라 묵상해야 했다.

하나님께서는 하나님의 말씀을 '그 입에서 떠나지 말게 하라고'(1:8) 하셨다. 이것은 두 가지 의미를 가지고 있다. 첫째, 입은 먹는 일을 한다. 율법이 소화가 되고 그의 삶의 일부가 되는 것이다. 둘째, 입은 말하는 일을 한다. 여호수아는 하나님의 말씀을 다른 사람들에게 전달하는 책임을 부여받은 것이다(8:30~35).

하나님의 말씀에 대한 지속적인 묵상이 하나님의 약속을 성취하는데 필요하다. 바로 순종을 가능하게 하는 능력이 되기 때문이다. 하나님께서는 하나님의 사람을 인도하고 교훈하기 위해서 계속해서 이 말씀을 사용하신다. 말씀은 그의 삶과 리더십을 지속하게 하는 핵심 요소였다. 여호수아는 하나님의 백성들에게 남기는 마지막 유언에서도 율법을 강조하는 것을 본다. 믿음의 여정을 위해서 하나님의 말씀이 필요하다는 것을 그 스스로가 절감했기 때문이다(22:5; 23:6).

3) 영적 권위

하나님께서는 여호수아가 새로운 역할을 담당할 때 그의 영적 권위와 능력을 세워 주셨다. 이것은 지도자의 위치에 오르게 된 사람에게 꼭 필요한 것이었다. 하나님의 말씀에 순종하면(3:7, 8) 하나님의 능력이 나타난다(3:15, 16). 이러한 초자연직 역사는 여호수아의 리더십을 확증하게 했다. 영적 권위는 두 가지 이유에서 확고하게 되었다.

첫째, 여호수아는 새로운 차원에서 하나님을 체험했다. 하나님의 능력이 그의 리더십과 함께 드러났다. 백성들은 하나님께서 일하심을 보았고 여호수아의 사역에 하나님이 함께하심을 인정하게 되었다.

둘째, 여호수아는 이전의 하나님의 사람 모세와 같은 역할을 수행하였다. 모세에게 임했던 능력이 이제 그에게 임하고 있었다. 모세를 위해서 역사하셨던 하나님께서 여호수아와 함께 역사하고 계셨다. 사람들은 이전에 모세를 바라보듯이 그를 바라보았다. 모세는 없지만 여호수아에게서 사람들은 동일한 능력의 사람을 발견하였다.

요단을 건넌 후 즉시 하나님의 명령에 따라 돌이 세워졌다(4장). 이 돌은 하나님의 구원하심에 대해서 기념하는 것일 뿐 아니라, 자신들의 지도자에 대한 존중을 확인하는 것이었다. 백성들은 하나님의 역사를 선포했고, 지도자의 능력에 대해서 두려워하게 되었다.

이스라엘 사람들은 여호수아를 통해서 나타나는 하나님의 능력(3장), 지혜(4장)를 보았다. 주변 민족들 역시 요단강의 사건에 대해서 들을 수 있었다. 이미 여호와를 두려워함으로 간담이 녹을 지경이었다(2:24). 여호수아가 백성을 이끌고 나갈 때마다 적들의 마음은 두려움이 가득했고(2:11), 적들은 패주했다. 여호수아의 군대가 이길 수 있도록 하나님은 기적으로 개입하셨다(6:20; 10:13) 하나님께서 여호수아의 군대를 돕고 계심을 누구나 알 수 있었다. 이스라엘의 승리가 하나님의 능하신 임재 때문인 것은 의심의 여지가 없었다. 영적인 권위는 세워져 갔고, 하나님께서는 여호수아의 권한을 강화시켜 주셨다. 그의 영향력은 이스라엘과 주변 민족 가운데 커져 갔다. 하나님께서 리더십을 인정하시는 것이 가장 분명한 영향력이었다.

4) 하나님의 확증

하나님께서는 여호수아에게 확신을 주고 있다. 확신은 과도기의 시간과 새롭게 도전하는 일들을 만나게 될 때 특별히 중요하다. 놀라운 능력을 보인 지도자의 뒤를 잇는다는 것은 힘든 일이다. 추앙받는 지도자 모세의 자리를 물려받는 것은 큰 부담이 되는 일이었다. 더구나 그의 앞에 있는 막강한 적군은 철 병거와 요새로 든든히 무장하고 있었다. 여호수아는 자신의 역할을 수행하며 수없는 결정을 내려야 했다. 다양한 변화가 생겼고 격려와 지지가 필요했다. 불안해 하는 여호수아에게 하나님께서는 확신을 심어 주기 원하셨다.

하나님은 여호수아를 그저 추켜세우시거나, 그에게 그 장점과 능력으로 자신감을 얻으라고 하시는 것이 아니었다. 모든 일이 하나님의 손안에 있기에 여호수아가 두려워할 필요가 없다고 하셨다. 여호수아는 절대적 확신 속에서 이스라엘을 이끌 수 있었다. 자신의 리더십 기술에 대한 확신이 아니라 하나님의 임재에 대한 확신이었다.

하나님의 확증은 말씀(1:1~9)을 통해, 그리고 이스라엘 백성들의 충성 (1:16~18), 정탐꾼의 극적인 보고(2:24), 능력의 역사(3:14~17), 하나님이 크게 하심(4:14)을 통해 이루어졌다. 이러한 확인 과정 속에서 여호수아는 하나님의 약속, 현존, 말씀, 사람, 능력의 연속성을 확신하였다. 연속성을 위한 이러한 디딤돌은 과도기에 처한 그의 리더십에 견고함을 주는 것이었다. 여호수아는 더 이상 멘토의 지혜와 지지를 받지 못했지만, 낙심하거나 두려워할 필요가 없었다. 비록 모세는 없지만 디딤돌은 든든했다. 이미 오랜 시간 동안 이 디딤돌은 그들의 조상의 믿음의 여정을 지켜 주던 것이었다.

이스라엘 백성들은 모세처럼 이끌어야 된다고 여호수아에게 훈수를 두지 않았다. 장단점을 거론하며 비교하지도 않았다. 그들은 충성을 다짐했다. 그들의 지도자에게 임하는 하나님의 기적을 충분히 보았고 자신들이 인간 여호수아가 아닌 하나님을 따르고 있다는 것을 알았다. 사람들은 하나님의 임재를 선명히 보여 주는 영적 리더를 찾고 돕는다.

하나님의 인정이 무엇보다 중요하다. 이것이 하나님이 쓰시는 지도자를 확증해 주는 근거이다. 이를 위해 지도자는 반드시 자신을 평가해서 하나님이 인정하시는 증거를 확신해야 한다. 영적 리더십에 대한 연구에 의하면, 하나님이 인정하는 지도자는 다음과 같은 증거가 나타난다.

첫째, 하나님께서 지도자와 그 공동체에 하신 약속을 성취하신다. 지도자가 새로운 구상과 비전을 제시하고 시간이 지나가도 성취를 보지 못한다면, 그것이 하나님의 비전이 아니라 자기 비전을 제시하는 게 아닌지 살펴보아야 한다. 하나님께서 그 공동체에 행하고자 하시는 바로 그것을 찾고 확신하고 나아가면 반드시 하나님께서 이루어 주신다.

둘째, 하나님께서 인정하시는 지도자는 때가 되면 그 명예가 회복된다. 지도자는 도전과 비난에 직면한다. 이것이 반드시 리더십이 부족하다는 신호는 아니다. 하나님을 거부하는 사람들에게서 나온 비난일 수도 있기 때문이다. 성령의 인도를 받는 리더라면 결국 하나님께서 결백을 입증해 주신다.

셋째, 지도자의 삶에 나타나는 하나님의 임재로 인해 따르는 이들의 삶이 변화된다. 따르는 이들은 성령의 능력으로 이끌어 가는 지도자를 좇아가면서 마음이 변화되고 새로운 차원에서 하나님을 체험하게 된다. 감동을 주거나 동기를 불어넣는 것은 지도자의 인간적 재능에 의해서도 가능하다. 그러나 사람들의 영적 진보가 나타나는 리더십은 하나님에게서 와야 한다.

넷째, 사람들이 지도자와 함께 일하시는 하나님을 알게 된다. 하나님께서는 즐거이 순종하며 약속을 믿는 지도자를 택하신다. 그리고 그를 통해 강하게 역사하신다. 지도자가 자기 힘만 가지고 일하고, 자기 생각을 펼쳐 간다면 하나님의 역사가 일어날 수 없다. 믿음으로 행하는 지도자들이 하나님의 기적을 경험할 수 있다.

다섯째, 하나님이 인정하시는 지도자는 그리스도의 방식으로 행하고 그리스도를 닮는다. 더 나아가 그를 따르는 사람들도 점점 그리스도를 닮아 간다. 지도자의 성공의 기준은 숫자나 교세가 아니다. 공동체의 구성원들이 변화되어 그리스도를 닮아 간다면 그 지도자는 성공한 것이다.

5) 도전의 용기

가나안 정복은 도전과 응전의 반복적 과정이었다. 도전은 결코 만만한 것이 아니었다. 요단강을 건너는 것은 한번 결정하면 다시 돌이킬 수 없는 선택이었다. 후퇴 자체가 없어져 버리는 것이다. 여호수아는 결단을 내렸다. 약속을 성취하기 위한 믿음의 결단을 했다. 여호수아는 이 도전에 대해서 이렇게 말한다. "사시는 하나님이 너희 가운데 계시사 가나안 족속과 헷 족속과 히위 족속과 브리스 족속과 기르가스 족속과 아모리 족속과 여부스 족속을 너희 앞에서 정녕히 쫓아내실 줄을 이 일로 너희가 알리라"(3:10). 하나님께서는 이들이 요단강을 건너게 하시면서 믿음으로 살아야 하는 삶의 근거를 세워 주신다. 요단강을 건너게 하신 하나님께서 아모리 족속도 내쫓으실 것이다. 그분이 땅에 들어가게 하신다면, 그 땅을 취하게도 하실 것이다.

여호수아는 연이어 도전에 직면한다. 여리고성(6장)과 아이성(8장)이 가로막혀 있었다. 각각의 경우에 하나님께서는 구체적인 지시를 주신다. 여호수아에게 하나님의 말씀에 따라서 매순간 행하는 것이 도전으로 주어졌다. 여리고성에서도 여호수아는 불가능할 것 같은 상황에 처한다. 여리고는 굳게닫혔고 난공불락의 성이었다. 하나님께서는 약속의 말씀으로 격려한다. "여호와께서 여호수아에게 이르시되 보라 내가 여리고와 그 왕과 용사들을 네손에 붙였으니"(6:2). 그리고 곧 하나님의 지시가 뒤따른다. "너희 모든 군사는 성을 둘러 성 주위를 매일 한 번씩 돌되 엿새 동안을 그리하라"(6:3).

요단강에서의 체험을 통해 도전하는 여호수아의 용기는 강해졌다. 하나님의 지시에 순종하고 결국 믿음의 승리를 거둔다. 단지 군사적 탁월성에 의해서가 아니라 하나님의 도움으로 이루어졌다. 여리고에서 중요한 교훈을 얻는다. 언약궤를 중심으로 행군을 하면서 그들의 믿음이 하나님의 임재에 근거해야 한다는 것을 배운다. 여리고성을 열세 바퀴 돌면서, 믿음은 온전한 의존에 의해 가장 잘 발휘된다는 것을 배운다.

7장은 아이에서의 이스라엘의 패배를 묘사하고 있다. 패배의 이유는 범죄였다. 일말의 자기 확신도 위험하다는 것을 배우고 겸손을 배우는 경험이었다. 여리고에서의 승리가 불가능한 것처럼 보였지만 이스라엘은 승리했다. 아이에서의 승리는 틀림없을 것 같았지만 실패했다. 여호수아는 이스라엘이 치르는 싸움의 본질에 대해서 재차 배울 수 있었다. 아이성에서의 패배는 여호와를 의뢰하는 믿음을 다시 한 번 재조정하는 기회가 되었다.

6) 기도의 능력

아말렉과의 전쟁을 이끌며 초기 리더십을 훈련하던 여호수아는 하나님을 위한 사역의 중심에 기도가 있어야 한다는 점을 배웠다(출 17:8~16). 여호수아가 군대를 이끌었던 때에, 모세는 기도의 자세로 하늘을 향해 손을 들었다. 승리는 모세가 여호와를 향해 손을 들고 있는 한 계속되었다. 약속의 땅을 정복하려는 시점에 누구보다도 지도자는 기도의 능력을 알고 확신해야 했다.

가나안 정복은 주로 역동적인 '행함'이 중심을 이루고 있다. 강조점이 지도자로서의 여호수아의 활동에 있었다. 그는 전쟁으로 인해 분주했다. 그러나 하나님께서는 그와 만나기 원하셨다. 아이성에서 패배한 후에 그는 곧 하나님께로 나아갔다(7:6, 7). 여호수아는 패배 후에 죄의 심각성을 인식하고 하나님께 겸손히 나아가는 기도의 자세를 보였다.

아모리의 다섯 왕은 이스라엘과 화친을 맺은 기브온을 치기 위해 연합군을 형성했다(10장). 기브온 사람들은 여호수아에게 도움을 요청했다. 비록 속임수에 의한 화친이었지만, 여호수아는 계약 관계를 충실하게 수행했다. 모든 군사와 용사로 더불어 도움을 주러 갔고, 여호와께서 승리의 약속까지 더해 주셨다. 그리고 하나님께서는 다시 한 번 이스라엘을 위해 직접 싸우시는 모습을 보여 주셨다(10:9~27). 이 승리의 과정에 여호수아는 기도에 응답하시는 하나님의 기이한 능력을 체험하게 된다(10:12~14).

아모리 사람을 이스라엘 백성에게 붙이시던 날에 여호수아가 "태양아 너는 기브온 위에 머무르라 달아 너도 아얄론 골짜기에 그리할지어다"(10:12)라고 간구했다. 그리고 그 기도는 응답되었다. 여호수아는 단지 이스라엘 군대의 수장만이 아니었고, 영적 영역에 대해서도 그 영향력이 확대되었다. 이 전무후무한 사건은 다름 아닌 여호와께서 직접 싸우셨다는 분명한 증거였다. 또한 하나님께서 사람의 간구에 응답하신다는 것을 보여 준다.

4. 가나안 정착

가나안 정착이라는 두 번째 과업은 좀 더 점진적으로 이루어졌고 18년의 시간을 필요로 했다. 정복을 위한 싸움이 여전히 지속되었지만, 전쟁이 이제 주된 주제가 아니었다. 13~22장 말씀은 땅의 분배와 정착을 강조한다. 땅에 정착하는 과업을 두 단계로 나누어 생각할 수 있다. 첫째는 땅의 분배(13~22장), 둘째는 그 땅에서 오직 여호와를 섬기며 땅에서 복을 누리는 것이다(23, 24장).

땅의 전반적인 재편이 이루어졌다. 땅은 분배되었고, 이를 위한 전략 역시 구체화되었다(17:17, 18; 18:4, 5). 지파와 가족에 따른 분배가 이루어지면서, 그들은 재통합되고 강화되었다. 지파에 따른 분배(13:15, 23)는 그 땅의 사회적 구조가 새롭게 재편되는 것을 의미했다. 당시 가나안의 토지 구조는 소수의 권력자가 대부분의 땅을 소유한 형태였다. 거주민들은 부채 관계나 소작 등으로 인해 여러 가지 어려움을 겪고 있었다. 경제적 어려움과 함께 가족을 중심으로 한 사회 구조는 무너져 내렸다. 가난한 이들은 무시되었다. 그 땅에서 이스라엘의 지파는 가족 관계를 중심으로 사회를 재통합하고 강화하며 응집하였다. 가족의 보호와 군사적 연합이 이러한 공동체를 통해 가능해졌다. 각 공동체는 서로 간에 도왔고, 경제적 손실과 외적의 침입으로부터 구성원들을 보호하였다.

이 시기를 맞으면서 지도자의 자기 인식과 리더십의 역할이 변화될 필요성이 있었다. 다방면의 리더십이 요청되었다. 전쟁은 승리에 초점을 모으면 되었지만, 정착은 다각도의 주의를 요하는 것이었다. 여호수아는 강력한 군사를 호령하는 두령이 아니라, 견실한 관리자가 되어야 했다. 정복자의 용기가 통치자의 인내로 발전해야 했다. 여호수아의 역할의 변화는 약속의 성취를 완수하는 필수적 요소였다.

역할은 필요에 의해서 변하게 된다. 여호수아는 적합한 지도자가 되기 위해서 일인다역을 해야만 했다. 그는 과거의 경험과 이전의 역할들을 총동원하였다. 이 역할의 기초는 섬김이었다. 여호수아는 많은 시간을 모세의 종으로 주로 보좌하는 역할을 하였다. 이제 여호수아는 모세의 종이 아니라 주님의 종으로 하나님과 이스라엘 백성들을 섬겨야 했다(24:29). 땅의 분배는 전쟁과 같이 역동적이고 흥분되는 사명은 아니었다. 그러나 관리하고 행정을 하는 것 역시 섬김에 대한 깊은 헌신이 요구되는 것이었다. 여호수아는 이미 관리자로서의 이전의 경험을 자원으로 가지고 있었다. 모세를 돕는 위치에 있으면서, 그는 모세의 지시를 세분화하고 적용하는데 일조하였다. 사실 여호수아의 숙제는 모세가 하나님과의 대화를 통해 알게 된 하나님의 목적을 수행하는 것이었다. 여호수아의 리더십의 초점은 이러한 지시들에 대한 성취에 있었다.

힘의 분배가 시작되었다. 이 점은 모세가 이미 여호수아에게 리더십을 물려줄 때 가르쳐 주고 시작된 것이었다. 여호수아는 팀 리더십의 중요성과 필요성을 알고 있었다. 시내산에서 그는 장로 70인 중의 하나였다(출 24:9~18). 그는 다른 지도자들과 함께하는 것이 어떤 것인지 알고 있었다. 모세는 여호수아와 함께 제사장 엘르아살을 지도자로 세우면서 역할은 다르지만 상당한 권한을 허락하였다(민 27:21). 또한 모세가 가나안 정복과 관련된 지침을 줄 때에도, 여호수아와 함께 각 지파의 두령들을 불러 모은 것을 보게 된다(민 32:28).

여호수아 역시 제사장 엘르아살과 각 지파의 두령들에게 땅의 분배의 책임을 부여한다(14:1; 21:1, 2). 이러한 땅의 분배와 함께 힘의 분배는 중요하다. 땅의 관리에 있어서 하나님만이 궁극적인 소유주가 되신다. 땅은 한 사람의 통치자가 아닌 모든 사람들에게 분배되어야 했다. 이 시기의 적절한 힘의 분배는 새로운 공동체를 향한 하나님의 의도에 들어맞는 것이었다.

사람들의 거주가 구체화되고, 각 지파의 경계가 조정되었다(17:14~18). 각 지역의 지도자들에게 지침이 주어졌다(23장; 24:25~26). 그리고 미래를 위한 다짐이 새롭게 되었다. 이러한 권고는 하나님의 말씀(24:2~13)과 언약의 갱신(24:14~24), 그리고 증거의 돌(24:25~27)로 재확인되었다. 여호수아는 그의 생을 마무리하면서, 과거에 하나님께서 행하신 역사와 또 장차 행하실 미래의 약속을 이스라엘 백성들에게 상기시켰다.

모세의 율법 책에 순종하라는 권고는 하나님께서 이전에 그에게 주신 말씀과 같은 것이었다(1:8). 하나님 여호와를 '친근히 하고 사랑하라'(23:8, 11)는 요청은 그들의 사랑을 지켜 가라는 호소였다. 모세가 기록을 통해 가르침을 전수하였듯이, 여호수아 역시 모든 말씀을 하나님의 율법 책에 기록하도록 하였다(24:26). 미래에 그들은 이 약속과 충성을 기억할 것이다. 이러한 과정은 과거에 대한 반추와 함께 미래의 기대를 바라보는 것이었다.

마지막 권고와 요청의 주된 대상은 이스라엘의 지도자에게 향한 것이었다. 여호수아는 나라의 회복과 발전이 내일의 리더십을 책임진 지도자의 어깨에 달려 있다는 것을 알았다.

맺는 말

신약은 여호수아를 하나님의 섭리를 드러냈던 믿음의 조상으로 기록하고 있다. 사도행전 7:45은 여호수아가 이스라엘 역사의 새 장을 여는 연결 고리와 같은 역할을 했다고 증거 한다. 여호수아는 이스라엘 역사를 통해 계속 등장하는 지도자들의 한 축을 이루고 있었다. 여호수아를 통해 장막으로 상징되는 하나님의 임재하심이 세대를 거쳐 끊어지지 않고 이어질 수 있었다. 그는 모세라는 위대한 지도자의 뒤를 이어 하나님의 약속을 성취하였다. 그 과정에서 여호수아는 하나님의 임재와 말씀과 현존을 직접 체험한다. 그 상징이 되는 장막이 정착할 땅을 정복하고, 그것을 그다음 세대에 전달하는 귀중한 역할을 담당하고 있다.

히브리서 4:8에서는 여호수아를 장차 있게 될 일을 보여 준 예표적 지도자로 언급한다. 여호수아는 가나안이라는 안식의 땅으로 사람들을 이끌었다. 예수님께서는 하나님께서 주시는 온전한 안식으로 우리들을 이끄신다. 여호수아가 약속의 땅으로 들어간 것과 같은 방식으로 신자들은 믿음으로 하나님의 구속의 약속에 참여한다. 여호수아가 제공하는 안식은 완전하지 않았다. 예수님만이 하나님의 온전한 기업으로 사람들을 이끄는 지도자이시다. 여호수아는 사람들을 단지 이 세상의 기업으로 이끌 수 있었다. 예수님께서 모든 사람들을 위한 구원의 길이 되셨던 반면에, 여호수아는 선택된 사람들을 제한된 성취에로 이끌었다. 여호수아는 그리스도 안에서 현실화되는 충만한 성취의 그림자였다.

그가 행한 모든 일은 여호와 하나님을 향한 사랑에서부터 시작된 것이었다. 종으로 그가 섬길 수 있었던 것은 끊임없는 겸손과 순종이 있었기 때문이었다. 그는 하나님 없이는 군대를 지휘하는 역할을 감당할 수 없었다. 하나님의 명령에 대한 온전한 순종이 전쟁을 이기게 하고 관리자와 통치자로서의 역할을 수행하게 했다. 더 나아가 그는 영적인 지도자였다. 영적 지도자로서 그는 이스라엘이 하나님을 바라보게 하였다.

온갖 위험 가운데서도 하나님만을 의지하고 순종하며 강하고 담대하게 나아가는 여호수아의 리더십을 우리가 소망한다. 우리 역시 우리를 따르는 사람들을 영원한 약속의 땅 새 예루살렘성에 들어가게 하는 리더십을 가졌으면 한다. 이러한 리더십은 하루아침에 이루어지지 않는다. 지금 여기서 경험과 훈련과 배움을 통해 리더십이 준비되어야 한다. 그런 지도자가 리더십을 계승받고 또 계승하며, 하나님의 약속을 성취하는 아름다운 일들이 일어나기를 소원한다.

07

누가 이 전쟁의 주인인가?
(수 7~10장)

여호수아서에 다른 제목을 붙인다면 '전쟁과 평화'라고 할 수 있다. 책의 절반 정도는 전쟁에 관한 기록이고(11:23 "그 땅에 전쟁이 그쳤더라"), 절반은 전쟁에서 얻은 땅을 분배하는 내용이기 때문이다. 여기에서 다룰 부분은 주로 전쟁에 관한 내용이다. 이스라엘 백성들이 가나안 땅을 정복하며 어떤 일들을 겪었는지, 그리고 그들의 전쟁 이야기가 현대를 살아가는 우리와 무슨 연관이 있는지 함께 살펴보자. 사실 여호수아서에서 가장 유명한 전쟁의 장이 있다면 그것은 6장의 여리고성 점령 사건이다. 주일학교 설교를 하기에도 신나는 장면이며, 특히 이 작전은 선교지나 여러 사역지에서 기도의 전략으로도 많이 쓰이는 감동적인 영적 사건이다. 7장은 앞의 1~6장의 배경 속에서 이해되어야 한다. 특히 6장의 문맥과 연결시켜 읽을 때 그 진정한 의미가 드러난다. 이런 점들을 염두에 두고 7장과 8장을 먼저 살펴보자.

아이성에서의 패배와 승리(수 7:1~8:29)

1. 패배의 요인(7:1~11)

7장은 승승장구하던 6장의 여리고성 정복 장면과는 대조적으로 찬물을 끼얹었듯이 시작한다. 즉 "너희는 바칠 물건을 스스로 삼가라 너희가 그것을 바친 후에 그 바친 어느 것이든지 취하면 이스라엘 진으로 바침이 되어 화를 당케 할까 두려워하노라"(6:18)고 한 여호수아의 경고를 상기시키며, "이스라엘 자손들이 바친 물건을 인하여 범죄 하였으니"(1절)라는 불길한 서두로 시작한다. 7장은 바로 이 범죄가 어떤 결과를 초래했는지를 철저히 보여 준다. 아이성과의 전쟁을 치르기 전에 저자는 먼저 아이성이 얼마나 쉽게 정복될 수 있었던 성인가를 정탐꾼의 보고를 통해 보여 준다. "백성을 다 올라가게 말고 이삼천 명만 올라가서 아이를 치게 하소서 그들은 소수니 모든 백성을 그리로 보내어 수고롭게 마소서"(3절). 그러나 전쟁의 결과는 너무도 뜻밖이었고(surprise) 여호수아조차도 이해하지 못할 정도로 상상 밖이었음을 그의 비통한 반응을 통해서 보여 준다. "여호수아가 옷을 찢고… 우리를 아모리 사람의 손에 붙여 멸망시키려 하셨나이까"(6, 7절). 패배로 인한 인명 피해와 아이 사람 앞에서 쫓겨 도망가는 이스라엘 백성들의 처참함은 "백성의 마음이 녹아 물같이 된지라"(5절)라는 표현에 잘 묘사되어 있다. 이는 가나안 백성들이 이스라엘 백성들을 두려워할 때 썼던 것과 똑같은 표현으로, 분위기가 완전히 역전된 상황을 잘 그리고 있다(비교 2:11; 5:1). 하나님께서는 이렇게 된 요인을 정확하게 밝히신다. 즉 그들이 하나님의 명령을 어김으로(불순종) 하나님 앞에 범죄 한 것이 그 원인이다(11절). 그렇기 때문에 저자는 7장에서 아이성 전쟁의 결과와 6장에서 어리고성 전쟁의 결과를 대조시키고 있다.

2. 승리의 조건(7:12~26)

하나님께서는 여호수아의 "주의 크신 이름을 위하여 어떻게 하시려나이까"(7:9)라는 부르짖음에도 불구하고 범죄에 대해 결코 타협하지 않으신다. 하나님의 해결책은 두 가지다. 첫째는 범죄 한 것을 멸하시는 것이요(12절), 둘째는 나머지 백성들을 성결케 하라는 것이다(13절). 저자는 말씀을 읽는 우리들로 하여금 중요한 요점들을 놓치지 않도록 요약적으로 다시 한 번 상황을 설명한다. 이스라엘이 패배한 이유는 범죄 때문이요(13절), 범죄 한 자는 처벌을 받을 것이며(15절), 그 처벌의 이유는 여호와의 언약을 어기고 이스라엘 가운데서 망령된 일을 하였기 때문이라는 것이다(15절). 저자는 아간이 발각되는 장면을 설명한다(14~18절). 이스라엘 지파 중 유다 지파, 그중에 세라 족속, 삽디의 가족, 그리고 마침내 아간이 뽑힌다. 마치 샅샅이 뒤진 결과 범인이 잡히듯, 긴장감을 더해 가며 차례로 아간이 뽑히는 모습을 우리 눈앞에 생생하게 보여 줌으로써 저자는 비록 아무도 모르게 범죄 할지라도 결국 하나님 앞에서 드러나지 않는 죄가 없다는 것을 가르쳐 주고 있다.

3. 승리의 근원(8:1~2)

7장에서의 범죄가 해결된 후 하나님께서는 마치 여호수아 1장에서 가나안 땅을 정복하기 전에 여호수아를 격려하신 것과 같이(1:5~6) 새로운 격려와 함께 승리를 약속하신다. 8장은 7장의 아간 사건만 없었다면 여리고성 점령(6장)의 멋진 연속편이 되는 장이다. 이 짧은 구절 속에서 몇 가지 중요한 영적 가르침들을 생각해 보자.

첫째, 여호수아서에서 계속적으로 강조되고 있는 것 중 하나는 전쟁의 궁극적 승리의 근원이 되시는 분은 바로 하나님이시라는 것이다. 하나님이 승리를 주셔야만 그들은 이길 수 있다(1절 "다 네 손에 주었노니").

둘째, 여리고성 점령 때와는 달리(비교 6:18) 아이성에서는 하나님께서 탈취한 물건과 가축을 취하라고 명령하신다. 여기서 아이러니한 비극적 감정이 교차된다. 아간이 그의 탐욕과 범죄의 유혹을 조금만 더 참고 물리쳤더라면 아간의 가족과 이스라엘 백성들은 하나님의 축복과 전쟁의 승리와 필요한 물질을 다 얻을 수 있었을 것이다. 아간은 탐욕의 유혹을 물리치는 데 실패했을 뿐만 아니라, 정하신 때에 필요한 것을 채워 주시는 하나님의 은총을 신뢰하지 못했다. 우리는 우리의 방법으로 원하는 것을 얻으려 할 때 우리 개인뿐 아니라 우리가 속한 믿음의 공동체에 엄청난 고통을 가져올 수 있다는 것을 명심하여야 한다.

4. 승리의 전략(8:3~29)

여리고성 점령 때와 또 한 가지 달라진 점이 있다면 그것은 아이성을 점령하는 데 있어서 조심스럽게 계획된 군사 전략이다. 8장에서는 이런 전쟁의 전략과 실전을 매우 상세하게 묘사하고 있다. 저자의 의도는 6장에서의 여리고성 점령과의 대조를 보여 주는 데 있다. 더 이상 제사장들이 여호와의 궤를 메고 나팔을 불며 행진하는 모습이 아닌, 보통의 전쟁들처럼 치밀한 군사 전략을 통한 전쟁을 치르게 된 것이다.

그렇게 된 원인 제공은 7장의 아간의 범죄 사건이다. 아간의 범죄가 처리된 이후에도 죄의 결과(consequence)는 계속된다. 이제는 평화로운 시위로 기적적인 전쟁을 치르는 것이 아니라 숨 막히는 접전과 아슬아슬한 작전을 통해서 전쟁을 치르는 것이다. 그럼에도 불구하고 8장에서 저자는 전쟁의 방법과는 관계없이 궁극적으로 전쟁을 승리로 이끄시는 분은 여호와 하나님임을 강조하고 있다. 그것은 하나님께서 직접 전쟁의 방법론을 지시하시는 것에서도 나타나고(8:2 "너는 성 뒤에 복병할지니라"), 결정적인 순간에 하나님께서 직접 진두지휘하며 승리를 약속하시는 것에서도 나타난다(18절 "네 손에 잡은 단창을 들어 아이를 가리키라 내가 이 성읍을 네 손에 주리라"). 또한 "아이 거민을 진멸하기까지 여호수아가 단창을 잡아 든 손을 거두지 아니하였고"(26절)라는 기록을 통해 여호수아의 행동을 과거 모세의 모습과 연결시킴으로써(출 17:10~16) 이 전쟁의 궁극적 승리를 주시는 분은 모세 때에 아말렉 군대와의 전쟁에서 승리를 주셨던 바로 그 여호와 하나님(여호와닛시)임을 분명히 하고 있다.

마지막으로 아이 전쟁을 마침에 있어 이제는 모든 면에서 이스라엘 백성들이 하나님께 순종하는 모습으로 결론을 맺는다(27절 "여호와께서 여호수아에게 명하신 대로").

순종의 다짐(수 8:30~35)

여기서는 하나님의 말씀에 순종한다는 주제의 연장선에서 모세가 신명기 27장에서 여호수아에게 명한 대로 에발산에 제단을 쌓고 모세의 율법을 기록하여 축복과 저주의 모든 말씀을 낭독하는 장면이 나온다. 에발산과 그리심산에서 행해진 의식의 중요성을 다음과 같이 지적해 볼 수 있다.

첫째, 이스라엘 백성들은 이제 여리고성을 점령했고, 우여곡절 끝에 간신히 아이성을 점령하면서 하나님의 명령에 순종하는 것이 얼마나 중요한가에 대한 교훈을 얻었다. 그렇기 때문에 약속의 땅에 첫발을 내디딘 여호수아와 이스라엘 백성들은 에발 산에서 하나님께 제사를 드리고 율법을 낭독함으로 모세의 명령(신 27장), 즉 하나님의 말씀에 순종하고자 하는 진지한 자세를 보여 준다. 저자는 여호수아가 얼마나 조심스럽게 하나님의 기록된 말씀을 상세히 따르고 있는지를 보여 주기 위해 "모세의 율법 책에 기록된 대로"(31절), "모세가… 명한 대로"(33절), "율법 책에 기록된 대로"(34절)라는 표현을 반복적으로 사용하고 있다.

둘째, 위에서 강조하고 있는 것이 '순종'이라면, 여기서는 '하나님의 말씀'을 강조한다. 저자는 이스라엘 백성이 약속의 땅에서 그들에게 분명한 가르침과 지침서(guideline)가 있음을 강조하고 있다(1:8 '모세의 율법 책'). 그들에게는 이제 하나님의 말씀이 있고 그 말씀에 대한 순종의 여부가 그들 앞길의 축복과 저주를 결정할 것이다. 이스라엘 백성들은 비로소 가나안을 정복할 완벽한 준비를 갖추었다. 그들은 이미 약속의 땅에 발을 딛고 있고, 약간의 전쟁 경험과 전적을 가지고 있으며, 하나님 앞에서 에발산에서 신고식을 마쳤고, 기록된 하나님의 말씀(32, 35절)을 소유했다. 이런 준비된 이스라엘 백성들에게 제일 먼저 다가온 사건이 무엇인지 9장의 기록을 통해서 살펴보자.

기브온 거민의 사기극(수 9장)

1. 가나안 땅에 거하는 왕들의 반응(1~2절)

이스라엘 백성들의 가나안 땅 출현으로 그곳에 거하던 왕들 사이에 여러 가지 반응이 나타난다. 그중에서도 서편 산지와 평지, 그리고 레바논 앞까지 뻗은 해변에 있는 족속들의 왕들이 모여 이스라엘 백성들과 대적할 채비를 한다.

2. 기브온 거민의 속임수(3~15절)

기브온 거민들은 위의 왕들의 모습과는 다른 전략을 세운다. 곧 속임수를 써 동맹을 맺기를 꾀한 것이다. 그들은 원방에서 온 것처럼 겉모습을 꾸몄을 뿐 아니라 여호와의 명성과 행하신 일(9~10절, 비교 민 21:21~35; 신 2:26~3:17)들을 들먹임으로 심리적으로도 영향력 있게 여호수아에게 접근해 들어간다. 이스라엘 백성들은 의심의 눈초리로 더 심문해 보기도 하고 테스트도 해보고 물증도 검토해 보는 신중성을 보이지만(8~13절) 실망스러운 결론을 맺는다. 이 장을 통해 배울 수 있는 것은 다음과 같다.

첫째, 기브온 거민들의 계획은 신명기 20장에 근거한다(신 20:10~18). 신명기 20장에서 하나님께서는 이스라엘 기업으로 주신 민족의 성읍들에게는 호흡 있는 자를 하나도 살리지 말 것을 명하신다. 그 이유는 "그들이 그 신들에게 행하는 모든 가증한 일로 가르쳐 본받게 하여 너희로 너희의 하나님 여호와께 범죄케 할까 함이니라"(신 20:18)고 말씀하신다. 그러므로 이 기브온 거민들의 속임수는 모세 오경에 나오는 하나님의 명령과 계획을 좌절시킬 수 있는 중대한 전환 사건이 될 수 있는 것이다.

둘째, 아이러니한 것은 이 사건이 8장 마지막의 에발산과 그리심산에서의 하나님의 율법의 모든 말씀을 낭독한 이후에, 또한 백성들이 그 말씀을 순종할 것을 다짐한 이후에 기록되었다는 사실이다. 즉 백성들은 여리고성과 아이성의 사건을 통해 하나님의 말씀을 순종하는 것의 중요성을 경험적으로 체험하고 또한 말씀의 낭독을 들음으로 말씀을 순종하는 것의 중요성을 재인식하고 강화한 이후에 바로 이 사건이 터진 것이다. 여호수아와 이스라엘 백성들은 하나님의 말씀으로 충분히 무장되어 있었고 말씀에 대한 지식도 있었다. 그렇기 때문에 이스라엘 백성들도 나름대로는 조심스럽게 조사한 것이다.

셋째, 그러나 결론적으로 그들은 치명적인 실수를 범하고 만다. 여호수아서 저자는 우리들에게 그 실수가 무엇인지를 분명하게 지적해 준다. "무리가 그들의 양식을 취하고 어떻게 할 것을 여호와께 묻지 아니하고"(9:14). 여호수아와 이스라엘 백성들은 어떻게 할 것을 여호와께 묻지 않았다. 여호수아서를 읽는 독자들이 보기에 가장 중요하게 보이는 결정을 해야 하는 시점에서 왜 그들은 여호와께 물어보지 않았을까? 저자는 그 이유에 대해서는 설명 없이 지나간다. 이유가 무엇이었든 간에 하나님께 물어보지 않은 것은 중대한 실수임을 보여 주고 있다. 하나님의 말씀을 따르는 것의 중요성을 인식한 바로 그 이후에 그들은 하나님의 말씀을 듣고 따르는 것을 잊어버린 것이다. 결국 여호수아는 "그들과 화친하여 그들을 살리리라는 언약을 맺고 회중 족장들이 그들에게 맹세"(9:15)하도록 했다.

3. 사기극의 결말(16~27절)

결국 이 속임수는 발각되었다. 3일 후 그들이 하나님이 멸하라고 명령하신 족속들 중 하나임이 밝혀진 것이다. 이스라엘 자손이 기브온에 갔을 때 족장들은 이미 여호와의 이름으로 맹세하였기 때문에 그들을 치지 못했다. 비록 속임수로 인하여 계약을 맺기는 했지만 그렇다고 해서 계약 자체를 일방적으로 파기할 수 없다는 것이 이스라엘 지도자들의 주장이었다. 그 대가로 여호수아는 기브온 족속들로 하여금 이스라엘의 영원한 종이 되도록 만든다. 이 사건은 구약의 다른 부분과 연결되어 있다.

첫째, 기브온 족속을 종으로 삼은 여호수아의 결정은 원방에 사는 족속들과 화친했을 때에 종을 삼으라고 명령하신 하나님의 말씀(신 20:11)에 따라 행한 것이다. "그 성읍이 만일 평화하기로 회답하고 너를 향하여 성문을 열거든 그 온 거민으로 네게 공을 바치고 너를 섬기게 할 것이요"(신 20:11). 그러므로 여호수아와 족장들은 '여호와께 묻지 아니한' 실수를 범했지만 그 이후의 절차에 있어서는 하나님의 명령과 말씀에 순종하고 있는 모습을 보여 준다.

둘째, 사무엘하 21장을 보면 여호수아서에서 맺은 이 계약을 무시하고 사울이 기브온 족속을 죽인 일로 하나님께서는 다윗의 통치 기간 중 3년 동안 기근을 보내신다(삼하 21:1~2). 이 문제를 해결하기 위해 다윗은 기브온 사람들로 하여금 사울의 후손 일곱을 죽이도록 허용한다(삼하 21:6). 이것은 하나님의 이름으로 맺은 계약 관계는 영원한 효과가 있으며 이를 어기는 자는 하나님께서 기뻐하지 않으심을 보여 준다.

셋째, 이 사건은 창세기 9장에 나오는 "가나안은 저주를 받아 그 형제의 종들의 종이 되기를 원하노라"(창 9:25)고 한 노아의 저주와 연결되어 있다. 비록 속임수에 의해 이스라엘 백성들이 기브온 족속에 대하여 종을 삼는 선택을 했지만 결과적으로는 하나님의 말씀이 성취된다.

넷째, 이 사건 속에서 주목해야 할 점은 여호수아가 기브온 족속을 "여호와의 택하신 곳에서… 여호와의 단을 위하여 나무 패며 물 긷는 자를 삼았더니"(9:27)라는 대목이다. 기브온 족속이 하나님의 백성과 연결되었을 때 비록 종으로의 섬김이 저주같이 보이지만 궁극적으로는 하나님의 전('여호와의 단')에서 하나님께 예배하는 장소를 섬기는 자의 축복으로 전환된 것을 볼 수 있다. 이들은 후에 다윗 시대부터 시작하여 에스라 시대에도 있었던 성전 수종자들로써(스 2:43; 8:20) 하나님의 언약 백성들과 함께 하나님의 성전을 섬기는 '종'인 동시에, 그 어원을 같이하는 '예배자'가 되었다. 하나님 안에서는 저주도 얼마든지 축복으로 바뀔 수 있다. 이 사건으로 가나안 땅의 완전한 정복은 좌절된 듯이 보이지만 궁극적으로 "땅의 모든 족속이 너를 인하여 복을 얻을 것이니라"(창 12:3)는 아브라함과의 언약이 성취되는 것을 볼 수 있다. 즉 인간들의 실수를 포함한 어떤 것도 하나님의 계획을 좌절시킬 수는 없는 것이다.

남쪽 연합 아모리 왕들과의 전쟁(수 10장)

1. 약속하시는 하나님

기브온 족속이 여호수아와 이스라엘 자손과 화친한 소식을 듣고 아모리 다섯 왕들이 기브온 족속을 대적하여 싸우기로 결정한다. 기브온 사람들은 즉시 여호수아에게 도움을 요청한다. 비록 속임수에 의해 화친은 맺었으나 여호수아는 계약 관계를 충실하게 수행한다. 이 다섯 왕들은 남쪽 연합 군대를 형성함으로 이스라엘 백성들에게 가나안 정복에 있어서 이들을 한꺼번에 맞서 싸울 수 있는 기회를 제공해 준다. 전쟁에 임하기 전 여호와께서 여호수아에게 "그들을 두려워 말라 내가 그들을 네 손에 붙였으니 그들의 한 사람도 너를 당할 자 없으리라"(8절)고 약속하신다. 10장에서는 이와 똑같은 표현을 세 번씩 반복해 사용함으로(8, 19, 25절) 다시 한 번 이 전쟁에 승리를 주시는 분은 여호와이심을 분명히 한다. 또한 이 말씀 속에는 이스라엘 백성에게 가나안 땅을 주겠다고 한 약속을 지키는 하나님의 신실하심이 잘 나타나 있다.

2. 약속을 행하시는 하나님

10장에서 주목할 것은 하나님께서 전쟁의 승리를 약속하셨을 뿐만 아니라 또한 이스라엘을 위하여 직접 싸우시는 모습이다. 여호수아가 아모리 왕들과 군대들을 쫓을 때에 하나님께서 큰 우박이 내리게 하심으로 "그들이 죽었으니 이스라엘 자손의 칼에 죽은 자보다 우박에 죽은 자가 더욱 많았더라"(11절)고 기록하고 있다. 여기에 유명한 사건이 하나 더 나오는데 그것은 여호와께서 아모리 사람을 이스라엘 자손에게 붙이시던 날에 여호수아가 "태양아 너는 기브온 위에 머무르라 달아 너도 아얄론 골짜기에 그리할지어다"(12절)라는 요청을 하는 부분이다. 그리고 "태양이 중천에 머물러서 거의 종일토록 속히 내려가지 아니하였다"(13절)라고 설명하고 있다.

이 부분에 대하여 실제로 어떠한 기적이었는가에 대한 여러 견해들이 제시되어 왔다. 수많은 학자들의 이론을 여기에서 일일이 다루기보다는 본문에서 분명하게 보여 주는 두 가지 면을 짚어 볼 수 있다. 첫째, 여호수아의 말은(12절) 시적인 문구로 서술문과 분리되어 있다는 점이다. 즉 이런 시적인 문구를 통해 표현하고자 했던 저자의 의도가 어떤 것인지는 본문 자체를 통해서는 명확하지 않다. 둘째, 그러나 이날의 기적에 대하여 저자는 분명히 우리에게 그 해석을 전달한다. "여호와께서 사람의 목소리를 들으신 이 같은 날은 전에도 없었고 후에도 없었나니 이는 여호와께서 이스라엘을 위하여 싸우셨음이니라"(14절). 이 표현을 통해 저자는 우리로 하여금 최소한 한 가지를 분명히 이해하기를 원한다. 이날의 전무후무한 사건은 다름 아닌 '여호와께서 사람의 목소리를 들어주심'이라는 것이다. 그리고 이것은 여호와께서 이스라엘을 위하여 싸우셨다는 것의 분명한 증거로 제시되고 있다. 같은 표현을 10장의 결론 부분에서 반복함으로(42절 "여호와께서 이스라엘을 위하여 싸우신 고로") 저자는 '누가 이 전쟁을 하는가'에 대해 분명한 신학적 교훈을 우리에게 가르치는 데 초점을 맞추고 있다.

3. 이스라엘을 위하여 싸우시는 하나님(10:28~43)

여기에서 선택된 일곱 도시들은 그 이름의 명시를 통하여 이 기록이 역사적 사건이라는 것을 분명히 함과 동시에, 또한 일곱이라는 숫자를 선택함으로 완전한 정벌임을 시사하고 있다. 본문 속에서 '모든 사람을 진멸하여 한 사람도 남기지 아니하였다'라는 비슷한 표현들을 반복적으로 사용함으로(28, 30, 32, 33, 35, 37, 39절에서 7번 반복, 그리고 40절 결론 절에서 한 번 더 반복) 가나안 땅의 정복이 하나님이 약속하신 대로 완벽하게 진행되고 있음을 보여 준다. 결론 부분(40~43절)에서는 요약적으로 이스라엘 백성들의 정복 범위가 가나안 전역에 걸쳐 상당히 넓게 이루어지고 있음을 보여 준다. 저자는 이런 승리의 이유를, 첫째는 여호수아가 이스라엘 하나님 여호와의 명령에 순종하였기 때문이요(40절), 둘째는 이스라엘의 하나님 여호와께서 이스라엘을 위하여 싸우셨기 때문이라고(42절) 가르쳐 준다.

현대 그리스도인들에게 필요한 적용

본문은 구약성경 중에 비교적 잘 알려진 내용이므로 여기서는 몇 가지만 더 제안해 보고자 한다.

첫째, 여호수아서를 통해 먼저 생각해 보아야 할 점은 하나님은 어떤 분이신가에 대한 질문이다. 그는 자신의 약속을 지키는 신실하신 분이며, 죄를 간과하지 않으시는 분이며, 그의 백성을 위해 싸우시는 분이다. 또한 그분만이 전쟁에서 승리를 주실 수 있다. 그러나 그러기 위해서 하나님께서 그의 백성들에게 요구하는 조건이 있다. 그것은 하나님의 명령과 말씀에 대한 철저한 순종과 그 결과로 얻어지는 성결한 삶이다. 만약 이러한 삶의 모습이 없다면 우리는 영적인 전쟁을 치르는 데 있어서 결코 승리를 기대할 수 없다. 또 다른 측면으로는 우리가 하나님의 말씀을 순종하며 살 때 여호수아서에서 보듯이 하나님께서 우리를 지키시며, 우리를 위해 싸우시며, 우리에게 승리를 주신다는 사실을 신뢰하고 그 확신 속에서 살아야 한다는 것이다.

둘째, 우리는 우리 자신과 아간(7장)의 모습을 비교해 보아야 한다. 아간은 하나님이 어떤 분이신지 이해하지 못하고 몰래 죄를 범하여 물건을 감춤으로 모든 것이 해결되었다고 생각할 만큼 어리석었다. 그는 하나님의 말씀에 불순종하였으며, 물질의 유혹에 약한 인간이었다. 그가 백성들 앞에서 제비 뽑힐 때의 모습과 심정을 상상해 보라. 어떤 죄의 경우, 용서는 받을 수 있어도 이미 그 죄의 결과가 너무 엄청나기 때문에 많은 고통을 피할 수 없다는 사실도 기억해야 한다. 그렇기 때문에 하나님의 백성들은 죄 문제를 결코 가볍게 생각해서는 안 된다.

셋째, 7장을 통하여 우리는 그리스도인들이 겪는 고통의 또 다른 측면을 보게 된다. 억울하게 죽임을 당한 약 36명(7:5)의 이스라엘 백성들의 입장을 생각해 보라. 하나님께서는 또한 아간의 범죄를 '이스라엘 전체가 범죄 한 것'(7:11)으로 일치시키신다. 때로는 한 사람의 죄가 그가 속한 교회, 단체, 집단, 그룹 전체에 고통을 가져올 수 있다. 그렇기 때문에 우리는 우리 각자가 그리스도의 몸에 속한 지체들이라는 개념을 가지고 경건한 삶을 살도록 노력해야 하며 또한 지체들 간에 서로를 격려하고 세우는 성장의 노력을 부단히 해야 한다.

넷째, 기브온 족속의 사기극(9장)을 보며 우리가 싫다고 생각했을 때에 넘어질 것에 대해 주의하자는 것이다. 사탄이나 세상이 내미는 '낡은 옷'과 '곰팡이 난 떡'(9:5)도 주의해야 한다. 인간적인 노력을 다했을지라도 최종적으로 하나님께 의뢰하지 않으면(9:14), 기도하지 않고 성령의 인도를 받지 않으면, 우리는 결코 하나님의 뜻대로 일이 진행되기를 기대할 수 없다.

다섯째, 기브온 족속의 결말을 보며 우리는 또한 저주를 축복으로 전환시키시는(종에서 예배자로) 하나님의 은혜를 바라보아야 한다. 그러한 역사를 행하시는 그분을 찬양하며 어떠한 상황 속에서도 소망을 버리지 말아야 할 것이다.

여섯째, 여호수아는 비록 속임을 당하여 기브온 족속과 화친을 맺는 실수를 했지만, 그럼에도 불구하고 계약을 충실히 지켰고(10장, 기브온 족속을 도와줌) 하나님께서도 그것을 인정하신 것을 볼 수 있다(10:8). 우리에게도 우리가 약속한 것이 사람에 대한 것이든 하나님께 대한 것이든 비록 그것이 우리에게 손해가 날지라도 반드시 지키려는 모습이 요구된다. 행함보다는 입술로만 살아가려는 경향이 있는 이 시대에 여호수아서 말씀은 귀한 도전이 된다.

08

기브온의 속임과
이스라엘과의 조약
(수 9장)

　가나안 땅을 정복해 들어가는 이스라엘의 활동 영역이 점점 더 넓어지면서 가나안 왕들의 반격도 점점 더 커진다. 이전에는 개별적인 도시들로부터 이스라엘을 치려는 대적들이 나왔다면 이제는 가나안의 도시 국가들이 연합해서 이스라엘을 대적한다. 9장에서는 여섯 왕들이 연합해서 이스라엘과 싸우려 한다(1~2절). 그리고 10장에서는 남방의 다섯 왕이 연합하여 이스라엘과 기브온 사람들을 치려 하고(10:1~5), 11장에서는 북방의 수많은 왕들이 연합하여 이스라엘과 싸움을 벌이려 한다(11:1~5). 이들은 모두 여호수아가 이끄는 이스라엘 사람들이 가나안 땅을 정복해 가는 승리의 소식을 듣고 이같이 대응하는 것이다(1절; 10:1; 11:1).

　이스라엘의 승리에 대한 소문은 이미 가나안 땅에 널리 퍼졌다. 이전에는 가나안 사람들이 이스라엘에 대한 소식을 들었을 때(2:9~11; 5:1) 두려움에 젖어 그 마음이 녹았다. 그러나 이제는 반대로 이스라엘이 여리고와 아이에서(6, 8장) 승리한 소식을 듣고도 그들은 이스라엘을 두려워하기보다 오히려 대적하여 싸우려 한다. 이스라엘의 계속되는 승리의 소식을 듣고 가나안 왕들이 서로 연합하여 군사 동맹을 맺는다.

　이것은 가나안 사람들에게 있어서 괄목할 만한 변화이다. 아마도 이런 변화는 가나안 사람들이 아이성에서 이스라엘에 대해 승리했기 때문인 것 같다. 아이성에서의 승리가 그들의 두려움을 감소시키고 싸울 용기를 북돋워

준 것이다. 아이성에서의 패배는 이스라엘에게 범죄의 결과가 얼마나 큰지를 보여 준다. 만일 아간의 범죄가 없었더라면 이스라엘이 아이성에서 패배를 경험하지 않았을 것이다. 그리고 여리고를 점령했듯이 나머지 가나안 땅도 큰 희생을 치르지 않고 점령해 갈 수 있었을 것이다.

그런데 가나안 모든 사람들이 두려움에 떤 것도 아니고 이스라엘과 싸우려 한 것도 아니지만, 그중에 특히 기브온 사람들이 예외적이었다. 기브온 거민들은 이스라엘의 승리 소식을 들었을 때 가나안 왕들과 연합하지 않았다. 그들은 이스라엘에 대한 두려움 때문에 멸절당하는 것을 피하기 위해 계략을 꾸며 이스라엘을 속이기로 계획한다(3~5절).

기브온 사람들은 멀리서 온 것처럼 꾸며 여호수아를 속이고, 이를 근거로 자기들을 진멸하지 않도록 그에게 목숨을 구한다(6~15절). 여호수아가 이들과 조약을 맺은 후에야 이들의 속임수가 드러나고, 그 결과 기브온 사람들은 그것에 대한 책임을 지게 된다(16~21절). 기브온 주민들은 여호수아에게 은혜를 입지만 대를 이어 여호와의 제단에서 나무 패고 물 긷는 종의 일을 감당해야 했다(22~27절). 반면에 이스라엘은 조약 때문에 기브온 사람들을 죽이지 못할 뿐 아니라(18절) 기브온 사람들이 공격을 당할 때 구해 주어야만 했다(10:1~27).

결국 9장은 1~2절이 서론과, 3~27절의 본문으로 나눌 수 있다.

1~2절은 9장을 8장의 아이성에서의 승리 이야기와 연결시켜 주는 동시에, 10장으로 이어 주는 기능을 한다. 서론에서 언급된 가나안 연합군의 이야기는 9장에서 전개되지 않는다. 9장에서는 기브온에 대한 이야기만 나올 뿐이다. 연합군의 이야기는 오히려 10장에서 이어진다. 따라서 9장의 중심 주제는 '기브온 사람들이 어떻게 이스라엘 가운데 살게 되었는가'이다.

3~27절은 두 단락으로 나뉜다. 기브온 사람들이 이스라엘을 성공적으로 속이고 그들과 평화의 조약을 맺는 이야기와(3~15절), 그들이 이스라엘을 속인 대가로 이스라엘의 종이 된다는 이야기이다(16~27절).

본문 주해

1. 서론(1~2절)

가나안 왕들은 이스라엘의 승리 소식을 듣고 여호수아와 이스라엘을 대적하기 위해 연합군을 구성한다. 이스라엘에 대한 소식은 아마도 여호와께서 요단 강물을 멈추게 하고 이스라엘 백성들을 가나안 땅으로 안전하게 건너게 하셨다는 소식일 것이다(참고 5:1). 여호와의 크신 능력을 앞세워 가나안 땅으로 진격해 오는 이스라엘 백성들을 보고, 가나안 왕들은 두려움에 빠져 동맹군을 형성하게 된 것이다. 가나안 연합군과의 싸움은 10장 이하에 서술된다.

1~2절에서는 이전에 가나안 왕들이 이스라엘을 두려워하던 모습과는 (5:1) 대조적으로 호전적인 모습을 보여 준다. 이스라엘에 대한 소문 때문에 두려워하던 가나안 사람들이 아간의 범죄를 전환점으로 이제는 반대로 이스라엘에게 적대적인 모습을 보이는 것이다.

'요단 서편'은 '요단 건너편'이라는 뜻이다. 그런데 여기서는 요단 서편을 가리키는 의미로 사용되었다. 여호수아서에서 13회 사용된 이 말은 요단 서쪽을 의미하기도 하지만(5:1; 9:1; 12:7; 22:7), 일반적으로는 요단 동쪽 지역을 의미한다(1:14~15; 2:10; 7:7; 9:10; 12:1; 13:8; 22:4; 24:8). 원래 그 지역의 방향 설정은 사람이 서 있는 곳을 기점으로 하는 것이 일반적이기 때문에 책에서 서술할 때는 불분명할 수 있다.

본문에서 서술되는 지역들은 이스라엘을 대적하는 왕들이 가나안 땅의 곳곳에서 왔음을 보여 준다. 그들은 산지 곧 중앙 산악 지대와, 서편의 구릉 지역 곧 중앙 산악 지역에서 해변으로 내려가는 구릉지(쉐펠라)와, 레바논까지 이르는 지중해의 모든 해변 지역에서 왔다. 이들이 가나안 전 지역에서 왔다는 것은 이스라엘이 가나안에 들어가서 점령할 땅이 광범위하다는 것과(1:4) 서로 대응을 이룬다. 그리고 여호수아가 정복한 지역들에 대한 목록 (10:40~42)은 이 구절에서 서술된 지역들을 연상시켜 주는데 이스라엘이 가나안 전역에서 승리를 거뒀음을 간접적으로 말해 준다.

하나님은 가나안 땅으로 들어가게 될 이스라엘 백성들에게 그곳의 백성들을 하나도 살려 두지 말라고 모세를 통해 말씀하시면서, 만일 그렇게 하지 않으면 가나안 사람들이 섬기는 이방 신들의 가증한 것을 본받아 하나님께 범죄 하게 될 것이라고 경고하셨다(신 20:16~18). 1~2절에 언급되는 가나안 족속들의 목록은 신명기 20:17에서만 서로 상응된다. 따라서 이제 이 단락에서 가나안 왕들과의 싸움이 언급되는 것은 이스라엘 백성들이 하나님이 명하신 대로 그들을 멸절시키는지 시험하는 잣대가 된다. 이런 면에서 이스라엘이 기브온 사람들과 평화의 조약을 맺는 것은 하나님이 신명기에서 주신 명령을 어기는 것이 된다.

가나안 연합군들은 이스라엘과 싸우기 위해 모인다(2절). 이들은 '일심으로' 하나가 되어 이스라엘에게 대적한다. 여기서 '일심으로'라는 말은 '한 입으로'라는 의미이다. 이스라엘과 싸우는 일에 이들은 이견이 없이 완전히 일치된 마음을 가졌다는 말이다. 그러나 가나안 왕들이 이스라엘과 싸우는 구체적인 이야기는 나오지 않고 바로 기브온 사람들의 이야기로 넘어간다. 그리고 10~11장에서 다른 가나안 왕들의 연합군이 언급된다. 그런데 11:1에서 9:1과 같이 여섯 나라의 가나안 연합군이 언급되는 것은 이들과의 싸움이 9장의 싸움을 대변함을 보여 준다. 여호수아가 물리친 왕들 가운데는 (12:1~6, 7) 1~2절에 언급된 왕들이 포함되어 있다.

2. 본론: 기브온의 계략(3~15절)

가나안 왕들이 이스라엘 백성과 전쟁을 하려는 이야기가 기브온 사람들이 이스라엘과 평화의 조약을 맺기 위해 그들을 속이는 이야기로 이어진다. 이 단락에서는 기브온 사람들이 이스라엘과 조약을 맺게 되는 구체적인 과정이 서술된다. 기브온 사람들도 이스라엘의 승리 소식에 대해 들었지만 1~2절에 나오는 가나안 왕들과는 대응이 달랐다. 그들은 이스라엘과의 전쟁을 통해 멸망할지도 모르는 위험을 무릅쓰기보다, 오히려 이스라엘을 속여서라도 그들과 평화의 조약을 맺으려 한다. 기브온 사람들은 계획을 성공으로 이끌어 이스라엘 가운데 평안히 거할 수 있게 된다(27절). 그들이 이스라엘 가운데 이방인으로 살 수 있다는 가능성은 이미 8:33에서 '이방인'이 이스라엘 백성에 속한 것으로 서술될 때 예견된다.

1) 3~5절

기브온은 예루살렘에서 북서쪽으로 약 9km 떨어진 곳으로, 아마도 히위 사람들이 거주했던 지역으로 보인다(참고 7절). 기브온은 아이성에서 그리 멀지 않은 곳에 위치했다. 기브온이라는 지명은 구약성경에서 이곳에 처음으로 나오는데, 이 단락과 이어지는 전쟁 이야기에서(10:1~27) 언급된다. 기브온은 베냐민 지파가 차지한 땅의 일부에 속하고(18:25), 레위 지파를 위해 베냐민 지파에서 배당된 도시이기도 하다(21:17).

기브온에 대한 고고학적인 발굴을 살펴보면, 후기 청동기 시대나 초기 철기 시대에 이곳은 활발한 거주지가 아니었지만, 주전 9~6세기 사이의 중기 철기 시대에는 활발한 건축 활동이 있었다. 따라서 여호수아 시대에는 아마도 기브온이 견고한 나라를 이루지 못했을 것이다. 기브온은 예루살렘이 중심 도시로 등장하기 전에 이스라엘의 제의적 중심지 역할을 했던 곳으로 왕이 순례를 하여 제사를 드렸던 것 같다. 솔로몬이 성전을 완성하기까지 기브온은 국가의 중심 성소로 사용되었기 때문이다(참고 왕상 3:4).

가나안 왕들과 마찬가지로(1절) 기브온 사람들도 여호수아와 이스라엘이 아이성에서 승리를 거뒀다는 소식을 듣는다(3절, 참고 24절). 이스라엘 사람들의 위협적인 성공 소식을 듣고 기브온 사람들은 이스라엘을 속여 평화의 조약을 맺을 수 있도록 계략을 꾸민다. 기브온 사람들이 생각해 낸 계략에 대한 자세한 설명을 통해, '그들의 목표가 무엇인가'라는 궁금증을 독자들에게 자아낸다. 그러면서 이 이야기는 독자들이 기브온 사람들에게 공감대를 형성하도록 만들어 준다. 기브온 사람들은 해어진 전대와 낡아 빠져 기운 포도주 부대를 나귀에 싣고 마르고 곰팡이가 난 빵을 준비하여 길을 떠난다(4~5절).

2) 6절

오랫동안 먼 길을 여행한 것처럼 꾸민 그들은 여호수아와 이스라엘 사람들에게 가서 자기들이 먼 나라에서 왔다고 주장한다. 그들은 이스라엘로부터 멀리 산다는 것을 근거로 '조약'(ברית베리트)을 맺으려 한다. 기브온 사람들은 이스라엘과의 조약을 통해서 생존을 도모하려는 것이다.

이스라엘은 멀리 떨어진 도시들은 완전히 멸하지 않고 조약을 맺을 수 있었지만, 점령해야 할 도시의 사람들과는 평화 조약을 맺지 말도록 분명한 명령을 받았다(출 34:11~12; 신 20:10~18). 만일 기브온 사람들이 6절에서 주장하듯 먼 나라에서 온 것이 사실이라면 이스라엘이 그들과 맺은 조약에 문제가 없었을 것이다. 그러나 독자들도 알듯이 이들의 주장은 사실이 아니었다.

기브온 사람들은 이스라엘의 법에 대해 잘 알고 있었던 것 같다. 그들이 오경에 나오는 법률에 부합되게 행동하며 주장하고 있기 때문이다. 그들이 이스라엘의 법에 대해 어떻게 알게 되었는지 분명치 않지만, 이스라엘에 대한 두려운 소문이 그들로 하여금 이스라엘에 대해 연구하게 했을 것이다(참고 2:9~11; 9:9~10). 기브온 사람들은 이스라엘의 공격으로부터 자신들을 지키기 위해 필요한 모든 수단을 강구해서 평화의 조약을 맺기까지 주도면밀하게 자기들의 계획을 성공적으로 이끌었던 것이다.

이스라엘이 하나님과 맺는 '언약'(베리트)과는 다른 개념의 조약이 여기서 처음 사용된다. 이스라엘이 기브온과 맺는 조약에 대해 9장은 네 번이나 언급한다(6, 7, 15, 16절). 하나님과 맺은 '언약'과 달리 기브온과 맺은 것은 '조약'이라고 번역하는 것이 합당한데, 조약은 두 당사자가 일치된 합의에 이르는 것을 의미한다. 반면에 언약은 당사자의 동의를 구하지 않는 하나님의 일방적인 명령이나 약속의 의미를 갖는다.

기브온 사람들은 길갈에 있는 이스라엘을 찾아온다. 길갈은 이스라엘이 요단강을 건넌 기념비를 세우고 할례를 행했던 곳으로(4:19~20; 5:9~10), 이렇게 본다면 이스라엘은 전진하지 않고 그들이 출발했던 세겜에서(8:30~35) 오히려 뒤로 후퇴한 것이 된다. 이같이 이스라엘이 뒤로 물러난 것이 의아스럽다. 따라서 이곳은 이름만 같은 다른 지역의 길갈로, 아마도 이스라엘이 언약을 갱신했던 에발산과 그리심산(8:30~35) 근처의 어느 지역으로 보인다.

성경에서는 길갈이란 이름이 세 곳에서 언급된다. 먼저 여호수아 4~5장과 사무엘상 7:16; 11:14~15; 13:3~4에 나오는, 요단강 주변에 있는 길갈이 주된 곳이다. 그리고 엘리야와 엘리사가 머물렀던 벧엘 북쪽의 산악 지역에 길갈이 있고(왕하 2:1), 또 유다 지파의 경계에 속한 예루살렘과 여리고 사이의 길갈이 있다(15:7).

그런데 6절의 길갈은 이들과 또 다른 곳으로, 에발산과 그리심산 그리고 모레 상수리와 가깝다(신 11:29~30). 모레 상수리는 에발산과 그리심산의 세겜과 가까운 곳에 있는 지역이다(창 12:6).

3) 7절

이스라엘 사람들은 기브온 사람들의 주장을 의심하며 그들이 자기 가운데 살지 않느냐는 질문을 한다. 이 말은 이 지역이 이미 이스라엘의 영토가 된 것 같은 인상을 준다. 이같이 이스라엘 사람들은 가나안 땅이 자기들의 영토가 된 것으로 믿고 있었던 것을 볼 수 있다.

이스라엘 사람들은 "우리가 어떻게 너희와 조약을 맺을 수 있겠느냐?"고 말한다. 출애굽기 34:11~12와 신명기 20:15~18에 근거하여 가까이 살고 있는 기브온 사람들과는 조약을 맺을 수 없다는 것이다. 이스라엘 사람들은 가나안 사람들과 친밀한 관계를 맺을 수 없는 것을 잘 알고 있었다.

그런데 본문은 기브온 사람들을 '히위' 사람들로 취급한다. 히위 사람들은 이스라엘이 진멸해야 할 민족에 속하고(출 34:11; 신 20:17; 수 3:10), 또 이스라엘을 대적하려는 가나안 연합군에도 속한다(1절). 성경은 특별히 히위 사람들을 세겜(창 34:2)이나 기브온(11:19) 그리고 북쪽의 산악 지역(삿 3:3; 수 11:3)과 연관시킨다. 본문이 기브온 사람들을 히위 사람으로 부르는 것은 이스라엘이 그들과 평화의 조약을 맺어서는 안 됨을 강조하는 것이다.

4) 8절

기브온 사람들은 여호수아에게 "우리는 당신의 종들입니다" 하며 상황을 유리하게 이끌어 가려 한다. 자신을 종이라고 부르는 것은 복종의 의미를 지닌다. 그들은 마치 속국의 왕이 종주국의 왕에게 하듯이 여호수아를 대한다. 그러나 여호수아는 "너희는 누구며 어디서 왔느냐?"라고 물으며 의심을 거두지 않는다.

기브온 사람들은 6절에서 자기들이 먼 나라에서 왔다고 말한다. 이것은 그들이 목적지인 이스라엘에 마침내 이르렀다는 내면적인 의미를 갖는다. 그러나 여호수아는 그들이 이스라엘에 정착하기보다 이스라엘을 지나쳐 다른 곳으로 계속 가려 한다고 생각했을 것이다. 이런 이해의 차이가 기브온 사람들의 계략을 성공적으로 이끄는 시발점이 된다.

5) 9~13절

여호수아의 질문에 대해 기브온 사람들은 이스라엘과 조약을 맺을 수 있도록 자기들의 행동을 정당화하기 위해 장황한 설명을 한다. "종들은 당신의 하나님 여호와의 이름을 인하여 심히 먼 지방에서 왔사오니"(9절). 그들은 자기들이 먼 나라에서 왔다는 주장을(6절) 반복하면서 이스라엘의 하나님 여호와의 이름 때문이라고 덧붙인다(9절). 여호수아서에서 여호와에 대한 소문, 즉 하나님의 두려운 이름에 대해 직접 언급하는 두 곳 중 하나가 이곳이다(참고 7:9). 이는 여호와가 애굽에서 행하신 출애굽 사건들과 요단 동편에서 아모리 왕들인 헤스본 왕 시혼과 바산 왕 옥에게 하신 일에 대한 것이다(참고 2:10). 그들은 여호와의 권능이 얼마나 큰지 익히 그 이름을 들어 알고 있었던 것이다.

기브온 사람들은 장로들의 말에 따라 여기까지 왔다고 말한다. 이 말은 기브온을 다스리는 장로들에 의해 파견된 공적인 대표라는 것이다. 이들에게 장로들의 권위가 높았던 것을 볼 때, 이들이 몇몇 가나안 도시 국가들과 같이 공화정과 유사한 통치 구조를 가지고 있었던 것처럼 보인다. 그러나 이들이 왕정을 가진 도시 국가였을 가능성도 배제할 수는 없다. 이들이 장로들의 권위를 강조하는 것은 다른 가나안 국가들과의 차별성을 강조하는 것처럼 보인다.

여기서 기브온 사람들이 한 말은 그들이 4~5절에서 한 말과 상응한다. 그러나 4~5절에서는 떡이 제일 나중에 언급되지만, 여기서는 제일 처음에 언급된다. 그들이 오랫동안 여행한 것처럼 옷과 물품들을 꾸미는데, 이런 계략은 이미 독자들에게 알려졌다. 그럼에도 이런 계략을 다시 서술하는 것은 독자들에게 새로운 긴장감을 불러일으킨다.

9~10절에서 기브온 사람들은 라합이 한 것과 비슷한 말을 한다(2:9~11). 애굽에서 행한 하나님의 크신 능력과, 시혼과 옥에 대한 이스라엘의 승리에 대해 이미 들었다는 것이다. 그들이 어떻게 이런 소식을 들었는지 구체적으로 서술되지는 않았지만, 24절은 하나님이 이스라엘을 위해 하신 일에 대해 그들이 자세히 알고 있었음을 명확하게 보여 준다.

라합이 오직 시혼과 옥에 대해서만 언급할지라도 그녀도 분명히 애굽에서의 일에 대해 알고 있었을 것이다. 왜냐하면 애굽에서의 일이 시혼과 옥에 대한 승리의 소식보다 더 중요한 사건이었기 때문이다. 기브온 사람들이 여리고와 아이에 대한 승리 등 최근의 사건이 아니라 가나안 밖에서 일어난 이전 사건들만 언급하는 것은, 자기들이 가까운 나라에서 온 것이 아니기 때문에 최근의 일에 대해 알지 못한다고 이스라엘 사람들이 믿도록 하는 의도적인 계획일 것이다.

11~13절에서 기브온 사람들이 꾸민 계략이 구체적으로 드러난다. 너무 먼 길을 오느라 빵이 마르고 곰팡이가 폈으며 가죽 부대도 찢어지게 되었다고 말한다(12~13절). 모든 거짓말이 그렇듯이 여기서 기브온 사람들도 부분적으로는 진실을 말하고 있다. 그들은 장로들이 지시하는 대로 여행할 양식을 지참했고(4~5, 11절), 이스라엘에 대한 이야기도 들었다(참고 3, 9절). 이 말은 진실이다. 그러나 기브온 사람들의 말은 전체적으로는 진실이 아니었다. 독자들은 본문을 통해 그들이 거짓을 말한다는 것을 알지만, 여호수아와 이

스라엘 사람들은 눈치채지 못했을 것이다.

6) 14절

이스라엘 사람들은 기브온 사람들이 가져온 양식을 별 생각 없이 받은 것처럼 보인다. 양식을 받았다는 것은 이스라엘 사람들이 기브온 사람들의 식사에 참여했다는 것을 의미하고, 이것은 그들을 공동체에 받아들인다는 것을 상징한다. 한편 양식은 좀 더 넓은 의미에서 기브온 사람들이 가져온 공물의 개념으로도 이해할 수 있다. 여하튼 그들은 기브온 사람들을 공동체에 받아들여 관계를 형성하는 데 있어서 여호와께 묻지 않았다. 이스라엘 사람들이 기브온 사람들의 양식을 자세히 검사해 보지 않고 그들의 말을 그대로 믿는 데서부터 기브온과의 관계가 처음부터 잘못되었음을 보여 준다.

이스라엘의 결정적인 실수는 그들이 여호와께 묻지 않았다는 것이다. 이 말을 직역하면 '그들이 여호와의 입을 요구하지 않았다'는 말인데, 이스라엘 사람들이 하나님과 의논하며 여호와의 말씀을 듣지 않았다는 뜻이다. 하나님은 여호수아에게 하나님의 뜻을 분변하기 위해서 자신과 먼저 의논하라고 말씀하셨다. 이 의논의 과정은 여호수아가 먼저 제사장 엘르아살에게 가고, 제사장은 우림을 통해 하나님의 뜻을 물어 여호수아에게 알려 주는 것이다(민 27:21). 그런데 이스라엘은 기브온 사람들의 주장을 자기들의 능력만 가지고 주도적으로 판단했다. 이스라엘과 여호수아의 잘못은 그들이 기브온에게 단순히 속았다는 사실이 아니라, 이 일에 대해 판단하기 전에 하나님과 의논하지 않았다는 것이다. 하나님의 뜻을 알기 위해 하나님과 먼저 의논해야 하는 것은 모든 사람들에게 해당되는 경고다. 우리가 하나님을 찾으면 하나님의 뜻을 찾게 되지만, 우리가 하나님을 찾지 않으면 그에게 버림받게 될 것이기 때문이다(참고 대상 28:9; 대하 15:2; 18:4; 20:4 등).

7) 15절

여호수아는 기브온 사람들과 평화를 맺고 또 그들을 살려 준다는 조약도 맺는다. 여호수아가 여호와께 묻지 않고 기브온 사람들과 '평화'(미ㄱ미ㄹ쌀롬)의 조약을 맺은 것이다. 여기서 평화의 조약은 단순히 그들의 목숨을 살려 준다는 의미 이상을 갖는다. 평화의 조약은 전쟁을 하지 않고 평화로운 관계를 맺는다는 의미도 갖지만, 그것을 넘어서서 영원토록 공존함을 보장하는 것이다. 즉 이스라엘이 기브온과 맺은 평화의 조약은 앞으로 그들에게 영구적인 생존을 보장한다는 약속이 되는 것이다.

여호수아와 회중의 족장들은 기브온 사람들의 양식을 보고 그들의 말을 그대로 믿은 것 같다. 여기서 여호수아와 회중의 족장들이 구별된다. '회중의 족장들'(נְשִׂיאֵי הָעֵדָה 네시에이 하에다)이라는 말은 구약에서 모두 11회 나오는데 여호수아서에서 4회(9:15, 18, 19; 22:30), 민수기에서 5회(4:34; 16:2; 27:2; 31:13; 32:2) 나온다. 족장은 일반적으로 지도자, 우두머리 등으로 번역된다.

여기서 여호수아는 기브온에 대해 두 가지 행동을 한다. 먼저 그는 기브온 사람들과 '화친하고'(평화를 맺고), 그리고 그들과 '조약을 맺는다.' 이것은 기브온 사람들의 목숨을 살려 주는 결과를 가져오는데 기브온 사람들이 처음부터 의도한 계획이었다. 그리고 이스라엘의 족장들이 맹세하면서 이 조약에 대해 비준한다.

여기서 조약을 맺는다는 말에 '자르다'는 동사를 사용했다. 자른다는 말은 그 당시 조약을 맺을 때 행한 의식을 반영하는데, 조약의 당사자들이 둘로 자른 동물의 사이를 지나가며 누구든지 조약을 어기는 자는 이 동물과 같이 죽임을 당할 것이라고 약속을 하는 것이다(참고 창 15:17; 렘 34:18).

본문에서 이스라엘 회중을 가리키는 말로 '카할'(קָהָל, 8:35) 대신 '에다'(עֵדָה)를 사용한다. 두 단어는 근본적으로 같은 의미를 갖는 동의어이다. 그러나 '에다'는 어원적으로 어떤 특별한 목적을 위해 모인 이스라엘 공동체를 가리키는데, 본문의 경우에는 기브온에 대한 일로 모인 공동체를 의미한다.

3. 기브온에 대한 저주(16~27절)

16~27절은 기브온 사람들이 이스라엘의 종이 되는 내용으로, 두 단락으

로 나뉜다.

첫째 단락은 이스라엘이 기브온 사람들의 속임수를 알게 되고 그로 인해 파생되는 이스라엘의 갈등을 서술한다(16~21절). 기브온의 속임수에도 불구하고 이스라엘은 그들에게 맹세했기 때문에 조약을 지켜야만 했다. 18~21절에서 전적으로 맹세에 대한 문제만 다루고 있는 것으로 보아 맹세가 얼마나 중요한 것인지 알 수 있다.

이스라엘 회중은 족장들이 이런 일을 행한 것에 분노하지만(18절), 그러나 그들이 한 맹세에 묶여 있을 수밖에 없었다. 이런 사실이 구체적이고도 명확하게 다시 한 번 반복된다(19~20절). 그런데 이런 이야기에서 여호수아는 전혀 언급되지 않는다. 실제적으로 평화의 조약을 맺은 사람이 여호수아임에도 불구하고, 모든 책임은 기브온 사람들에게 맹세한 족장들에게 있는 것처럼 보인다(참고 15절). 사실 여호수아와 족장들 모두에게 책임이 있었지만 본문은 족장들에게 더 큰 책임을 묻는 것 같다. 아마도 이것은 여호수아서에서의 여호수아의 지도자적 위치 때문인 것으로 보인다.

둘째 단락은 여호수아가 기브온 사람들을 책망하며 행한 일에 대해 서술한다(22~27절). 이 단락은 족장들이 기브온 사람들에 대해 행한 일과(16~21절) 상응된다. 족장들과 여호수아는 기브온 사람들과 평화의 조약을 맺는 일에 각각 독립적으로 행동한 것 같나(참고 15절). 그러나 이로 인한 결과는 동일한 것으로, 모두 기브온 사람들의 목숨은 살려 두되 그들을 이스라엘 진영의 종으로 삼는다는 결론을 맺는다(21, 26~27절). 결과적으로 기브온 사람들은 여호수아서에서 이방인들이 이스라엘에 동화되는 새로운 예를 보여 준다.

1) 16절

기브온 사람들의 속임수가 발각된다. 이전에 가나안 왕들과 기브온 사람들이 이스라엘 사람들의 큰 승리에 대해 들었듯이(1, 3절), 이스라엘 사람들도 기브온의 속임에 대해 듣게 된 것이다. 이스라엘 사람들은 3일이 지나서야 기브온 사람들이 자기들과 함께 거주하는 이웃이라는 것을 알게 된다. 여기서 '3'은 상징적인 수로(참고 2:22; 3:2) 앞으로 진행될 과정 가운데 전환이 있을 것을 보여 주는 표식이다. 이것은 이스라엘 사람들이 이미 가졌던 의혹을(7절) 확인시켜 준다. 그러나 이것은 이야기가 기브온 사람들에게 유리하게 흘러간다는 것을 독자들에게 보여 준다.

2) 17절

기브온과 함께 그비라와 브에롯과 기럇여아림은 예루살렘 북쪽 베냐민 지역의 네 개의 중심 도시다. 이 지역들은 모두 베냐민 지파의 영역에 속한다(18:25~26, 28). 이 도시들은 예루살렘 북서쪽으로 8~16km 지역에 모두 모여 있다. 기브온의 국가 형태에 대해 알려진 것은 없지만 이들 도시들에 대한 언급은 그들이 느슨한 연방제를 유지했던 것을 추측하게 해 준다. 그리고 그들의 지도자로 '장로들'이 언급되는 것도(11절) 이런 추측을 뒷받침해 준다. 블레셋도 기브온과 유사하게 '가사, 아스글론, 아스돗, 에그론, 가드' 다섯 도시의 연방체로 이루어진다(참고 수 13:3; 삿 3:3; 삼상 6:16~18 등).

3) 18절

기브온 사람들은 이스라엘 족장들의 맹세 때문에(15절) 죽음을 면할 수 있었다. 구약에서 맹세는 대단히 엄중한 의미를 갖는다. 맹세는 자기가 약속한 것은 무슨 일이 있어도 지킨다는 신성한 약속을 의미하기 때문이다. 하나님께서도 종종 자신이나, 자신의 거룩한 이름을 걸고 어떤 일을 하시겠다는 맹세를 하신다(창 22:16~18; 신 6:10, 18, 23; 시 89:35; 렘 44:26 등).

거짓 맹세는 매우 무거운 죄에 속한다(겔 17:16~21; 슥 5:3~4; 말 3:5). 비록 기브온 사람들이 속임수를 통해 얻은 것일지라도 맹세란 신성하고도 어길 수 없는 성격을 갖기 때문에 이스라엘은 조약을 무효로 돌릴 수 없었다. 우리는 이런 유사한 예를 야곱의 경우에서도 볼 수 있다. 야곱이 속임수를 통해 이삭에게서 축복을 받아 내지만, 이삭은 자기의 축복을 무효로 돌릴 수 없었고, 에서도 자기가 받아야 할 축복을 받아 낼 수 없었다.

이 일로 인해 온 회중이 족장들을 원망한다. 여기서 '원망'을 의미하는 '룬' (לוּן)이라는 말은 구약에서 약 20회 사용되는데, 이곳과 시편 59:15을 제외하고는 모두 출애굽기와 민수기에서 백성들이 광야에서 한 불평과 원망을 나타낸다. 광야에서의 불평은 백성들이 잘못한 것이지만, 이곳에서의 불평은 지도자들이 잘못한 것이다. 회중들의 불평은 잘못된 조약 체결 때문이라기보다는 기브온 사람들을 죽이지 못하기 때문이다(19~21절). 여호수아가 기브온 사람들을 "이스라엘 자손의 손에서 건져"(26절) 냈다는 말이 회중들이 기브온 사람들을 죽이려 했다는 의도를 확증해 준다.

4) 19절

족장들의 대답은 그들이 처한 상황을 잘 보여 준다. 그들의 변명과 실망과 좌절을 간접적으로 드러낸다. 그들은 조약을 맺은 당사자로서 하나님 앞에 맹세했기 때문에 그것을 되돌릴 수 없다고 변명한다. 우리가 맹세 때문에 기브온 사람들을 건드려서는 안 된다는 것이다. 하나님께 묻지도 않고 조약을 맺었지만, 하나님 앞에 맹세했기 때문에 그 조약을 깰 수 없다는 아이러니한 상황이 전개된다.

사람들은 자기의 거짓말에 대해 변명하려는 것이 일반적이지만, 그러나 여기서 족장들은 자기들이 잘못한 일에 대해 부인하지 않는다. 그들의 대답은 18절의 말과 거의 동일하다. 그들이 자기들의 잘못을 부인하지는 않지만, 맹세 때문에 조약을 조금이라도 바꿀 수 없는 상황에 대해 변명하는 것이다. 18~19절에서 반복되는 "하나님 여호와로"라는 말은 그들이 한 맹세의 성격이 얼마나 엄중한 것인지를 강조해 준다. 하나님의 이름으로 맹세한 것은 결코 깰 수 없다.

5) 20~21절

족장들은 자기들에게 주어진 책무에 대해 인식하면서 기브온 사람들의 목숨을 살려 줄 수밖에 없었다. 만일 그들이 기브온 사람들을 죽인다면 하나님께 한 맹세를 깬 모든 책임과 그의 진노를 감당해야 할 것이다. 오랜 후 다윗 시대에 사울 왕이 맹세를 깨고 기브온 사람들을 죽인 것 때문에 하나님이 이스라엘 땅에 기근을 보내시는데(삼하 21:1), 족장들이 두려워하는 것이 바로 이런 종류의 진노였다.

이스라엘 회중의 족장들이 맹세했기 때문에 기브온 사람들을 죽일 수 없었다. 족장들은 기브온 사람들에게 목숨을 살려 두는 대신에 나무 패며 물 긷는 종이 될 것이라고 말한다. 나무를 패고 물 긷는 자들은 아마도 제의 봉사에 종사하는 특별한 종들을 가리키는 것으로 보인다. 이것은 에스겔의 성전 봉사에도 언급된다(겔 44:11). 족장들이 기브온 사람들에게 한 이 말을 이스라엘 회중이 존중하여 그들로 이스라엘의 종이 되게 한다(21절). 이스라엘과 평화를 맺은 도시들은 다 이스라엘의 종이 되어야 했다(신 20:10~11). 모세도 하나님의 언약을 따르라는 명령을 하면서 이 명령에 이스라엘 자손뿐 아니라 '나무를 패고 물 긷는 이방인들'도 포함시켜 말한다(신 29:11).

6) 22~23절

16절과 연관하여 기브온 사람들은 재판관인 여호수아의 법정에 서게 된다. 그는 기브온 사람들이 이스라엘을 속인 계략을 정죄한다. 그가 정죄하는 내용은 '외국인'(노크림)과 '이방인'(게림)을 구별하는 것을 연상시킨다. 여호수아의 저주의 말은 기브온 사람들이 종속된 민족으로서 자유가 없는 천한 계층의 사람이 된다는 것을 말한다(23절, 참고 신 27장).

이 구절들은 21절을 반복하는 것처럼 보이지만 새로운 요소들을 첨가시켜 준다. 기브온 사람들이 이스라엘을 속인 것에 대한 여호수아의 질책은(22절) 이미 이전에 한 질문(8절)과 기브온 사람들의 대답(9절)과 그들이 자기 고향을 먼 나라로 속인 것을 모두 반영한다. 여기서는 기브온 사람들이 종이 되는 것을 저주로 표현하는데, 이것은 하나님의 언약을 어긴 사람들에게 선포되는 저주와 맥락을 같이한다(참고 신 27~28장). 기브온 사람들은 '하나님의 집'을 섬기는 일을 하게 될 것인데(23절), 이것은 '온 회중'을 섬길 것이라는(21

절) 족장들의 일반적인 말과 차이가 난다. 그런데 27절은 그들의 봉사가 여호와와 회중 둘 다를 위한 것임을 보여 준다.

'하나님의 집'은 후에 솔로몬이 세운 성전(참고 대상 22:2; 23:28; 시 135:2; 미 4:2)과 포로 후에 재건한 성전(스 1:4; 3:8)을 의미한다. 그러나 여호수아의 시대에는 성전이 없었기 때문에 성막이나 아니면 성전이 세워지기 전에 하나님의 집이 있었던 실로와 같은 곳(삼상 1:7, 참고 수 18:1)을 의미할 수 있다.

7) 24~25절

기브온 사람들이 여호수아에게 왜 자기들이 이같이 행했는지 그 동기를 밝힌다. 그들은 라합이 자기의 신앙을 고백했듯이(2:9~11) 하나님이 이 백성들에게 어떻게 행할지 알고 있다고 말한다. 기브온 사람들은 여호수아에게 "당신의 의향에 좋고 옳은 대로 우리에게 행하소서"라고 자신들을 그의 손에 맡긴다.

이와 똑같은 표현이 예레미야에 의해 사용된다. 그는 유다의 고관들과 백성들에게 자기의 사명은 하나님께로부터 온 것이니 "너희 소견에 선한 대로, 옳은 대로 하려니와"(렘 26:14)라고 말한다. 그러나 만일 그들이 예레미야를 죽이면 그것은 '무죄한 피를 이 성과 이 성 주민에게 돌리는 것'이 된다(렘 26:15).

이런 정황은 기브온 사람들에게도 똑같이 적용된다. 그들이 죽음에서 보호받을 권리는 율법에 보장되어 있다. '누구의 눈에 옳게 행하다'라는 표현은 일반적으로 하나님의 눈에 옳게 행하는 것을 의미한다. 때때로 이 말은 결단을 촉구하는 말로 사용된다(수 9:25; 삼하 19:6; 렘 26:14; 40:4~5).

8) 26~27절

26절은 여호수아를 이스라엘 백성의 손에서 기브온 사람들을 건져 내는 구원자로 서술한다. 이스라엘 백성들은 분노하여 기브온 사람들과의 조약을 무효로 하고 그들을 죽이고 싶어 했다(18절). 여호수아가 기브온 사람들과 조약을 맺은 당사자임에도 불구하고 그는 백성들이 조약을 맺은 책임을 물을 때 전면에 드러나지도 않고(16~21절), 또 족장들과 달리 지도자로서의 그의 위치를 전혀 문제 삼지 않는다(18절).

27절은 기브온 사람들이 나무 패고 물 긷는 일이 21, 23절의 언급처럼 두 가지를 위한 것임을 보여 준다. 그들은 '온 회중을 위할'(세속적인 면) 뿐 아니라 '여호와의 제단을 위한'(종교적인 면) 의무를 갖는다. 이들의 의무는 "오늘날까지" 이르는 영속성을 갖는데 여호와께서 택하신 곳에서 이루어진다.

'여호와께서 택하신 곳'이라는 표현은 신명기에서 21회나 언급된다. 이것은 기브온 사람들이 실로(18:10)나 기브온(대상 16:39) 등 하나님이 종교적으로 허락하신 곳에서만 봉사할 수 있다는 것을 보여 준다. 그들은 가나안의 제의 장소에서는 봉사할 수 없었다. 이곳은 장막과 언약궤가 있는 곳으로 하나님이 임재하시는 장소이다. 그리고 예루살렘 성전이 세워진 후에는 예루살렘이 유일한 합법적인 예배 장소가 된다.

설교를 위한 적용

첫째, 9장은 이스라엘 사람들이 기브온 사람들에게 속아 조약을 잘못 체결했다는 책임을 묻기보다, 기브온 사람들이 어떻게 이스라엘 가운데 살게 되었는가를 설명하는데 그 초점을 맞추고 있다는 점이다. 기브온 사람들은 이스라엘에 속하기 위해 '꾀'를 내어 행동한다(4절). 여기서 '꾀'라는 말은 히브리어로 '오르마'(עָרְמָה)인데, 이 단어는 긍정적인 의미와 부정적인 의미를 모두 내포한다. 사울은 사람들이 다윗에 대해 '그가 지혜롭게' 행동한다는 말을 듣는다(삼상 23:22). 사울의 입장에서는 다윗이 간교하게 행동하는 것으로 느껴지지만, 그러나 다윗의 입장에서는 지혜롭게 행동하는 것이 된다. 이 단어는 성경에서 부정적인 의미뿐 아니라(욥 5:13; 시 83:4) 긍정적인 의미도 (잠 15:5; 19:25) 갖는다.

우리는 기브온 사람들을 간교하게 이스라엘을 속인 사람들로만 정죄할수는 없다. 그들은 여호와가 이스라엘에 하신 일을 듣고는 이스라엘 백성에속하기 위해 모든 수단을 동원한다. 그들이 여호와에 대한 경외심을 갖게 되었기 때문이다. 이는 다른 가나안 왕들이 두려워 떨기만 하든지 아니면 이스라엘에 적극적으로 대항한 것과는 상반되는 태도이다. 이것은 그들이 여호와의 공동체에 속하기를 원했다는 것을 보여 준다. 이스라엘의 정탐꾼들을숨겨 주어 구원을 얻은 라합의 고백과 기브온 사람들의 고백이 유사하다는것도 이것을 뒷받침해 준다.

예수님도 보물을 발견한 자는 그 보물을 얻기 위해 모든 값진 것을 팔아서라도 살 것이라고 말씀하신다(마 13:44). 천국 보물의 가치를 아는 자는 모든 수단 방법을 가리지 않고 그것을 쟁취하려 할 것이다. 기브온 사람들이이런 자세를 보여 준다. 그들은 이스라엘을 속여서라도 꾀를 내어 하나님의백성에 속하려 시도할 뿐 아니라, 그들의 종이 되는 한이 있더라도 이스라엘가운데 살기를 원한다. 이것은 기브온 사람들의 긍정적인 태도를 보여 주는것이다.

둘째, 사실 이스라엘이 혈통적으로 순수한 단일 민족이 아니었다는 점이다. 하나님이 아브라함에게 하나님 백성의 증표로 할례를 명령하실 때 이스라엘 혈통을 가진 자들에게만 요구한 것은 아니었다. 아브라함과 함께 사는남자들이라면 누구나 할례의 대상이었다(창 17:12~13). 이것은 이방인이라도아브라함의 집에 속하면 하나님의 백성이 됨을 보여 주는 것이다. 그리고 이스라엘이 출애굽할 때도 여러 잡족들(이방인들)이 그들과 동행했다(출 12:38).

하나님의 백성이 되는 데는 혈연이나 지연 등 아무 제한이 없다. 이방인이라도 이스라엘에 속해 하나님의 백성이 될 수 있는 것이다. 이스라엘 사람들은 가나안 정복 후에도 그곳에 남아 있는 가나안 사람들과 함께 살았고, 포로로 끌려갔을 때에는 이방 나라에서 온 이방인들과 섞여 살아야만 했다. 이방인의 문제는 이스라엘에게 처음부터 끝까지 존재했던 문제이다. 이방인의 문제에 있어 기브온 사람들이 좋은 예를 우리에게 제시해 준다. 진정한 이방인은 혈연의 문제가 아니라 종교의 문제가 된다. 하나님을 두려워하지 않는 사람들이 이방인이지 혈통이 다른 사람이 이방인은 아닌 것이다.

이스라엘 사람들은 기브온 사람들에게 평화의 조약을 맺고 같이 살 것을 하나님 앞에 맹세했기 때문에 그것을 어기지 않았다. 이러한 사실은 오늘날 우리들에게도 동일하게 적용될 수 있는데, 우리와 함께 있는 외국인도 하나님을 믿는 사람들은 누구든지 우리의 형제가 되는 것이고, 설사 하나님을 믿지 않는 사람일지라도 이스라엘이 기브온 사람들을 용납했듯이 우리 사회의 일원으로 받아들여야 할 것이다. 이스라엘 사람들이 기브온 사람들을 내쫓지 못한 것은 하나님께 한 맹세 때문이었다. 역설적으로 볼 때 하나님이 기브온 사람들을 이스라엘 가운데 살게 해 주신 것이다. 따라서 우리도 어떤 종교적인 이유로라도 이방인을 차별해서는 안 될 것이다. 그들은 우리가 문화적으로 종교적으로 정복할 대상이 아니라, 우리의 형제로 영원토록 용납해 주어야 하는 대상인 것이다.

셋째, 기브온 사람들이 이스라엘을 속이고 평화의 조약을 맺었다 해도 무작정 그들을 죽이려 해서는 안 된다는 점이다. 이스라엘의 지도자들은 그들과의 조약은 하나님께 맹세하며 맺은 것이기 때문에 무효로 할 수 없다고 백성들에게 설명한다. 우리는 속아서 한 맹세를 반드시 지켜야 할 의무가 있느냐는 의문을 가지게 된다.

이스라엘은 기브온 사람들의 말을 좀 더 자세히 알아보지도 않고, 즉 하나님께 묻지 않고 성급하게 조약을 맺었다. 여기에 이스라엘 사람들의 잘못이 있다. 그러나 이스라엘을 속인 기브온 사람들의 잘못이 더 크지 않을까? 그럼에도 기브온과의 약속을 꼭 지킬 필요가 있을까? 이런 질문이 생겨난다.

기브온 사람들이 이스라엘을 속인 것은 이스라엘에게 해를 끼치거나 어떤 이득을 얻어 내려 한 것은 아니었다. 그들은 자기들의 생명을 지키려 했고, 또 그런 결심을 한 데에는 하나님에 대한 경외의 마음이 있었기 때문이다. 이스라엘의 지도자들도 이것을 간파했을 것이다. 비록 속임수를 통해 조약을 맺었을지라도 이스라엘과 하나님에게 적대적이거나 위협을 주지 않는 사람들을 굳이 죽일 필요는 없었을 것이다. 이방인들을 죽이라는 명령은 그들의 영향을 받아 이방 신을 섬기게 될 위험 때문이었다. 그러나 기브온 사람들의 경우는 다른 예를 보여 준다.

우리는 사람들의 행동에서 그 속마음을 읽고 판단해야 할 것이다. 속였기 때문에 무조건 정죄해야 한다면 그것은 또 하나의 엄격한 율법주의가 될 것이다. 법은 사람을 살리기 위해 있는 것이다. 사람이 죽든지 살든지 상황을 가리지 않고 시행해야 하는 것은 아니기 때문이다. 이런 의미에서 이스라엘 사람들이 기브온 사람들의 속임수를 유연하게 대처했듯이, 우리도 모든 사람들의 잘못을 가부간의 수학적인 문제로만 판단할 일은 아닌 것이다.

09

땅 분배 과정에 나타난 설교 주제들
(수 16~21장)

　여호수아서를 설교하는 많은 이들이 여호수아와 이스라엘 백성들이 요단 강을 건넌 사건(1~5장), 여리고성을 함락시킨 사건(6장), 혹은 아이성 점령을 실패한 사건(7장) 등을 통하여 신앙적 교훈을 뽑아내는 데는 익숙하다. 뿐만 아니라 23~24장에 언급되는 여호수아의 마지막 설교를 현재화시키는 것을 좋아한다.

　반면에 16~21장의 내용으로 설교하는 일은 드물다. 그 이유는 각 지파별로 땅을 분배하고 경계를 정하며 도시들을 얻는 장황하게 되풀이되는 내용이 어려운 지금 이 시대를 살아가는 한국의 그리스도인들과는 무관한 일이라는 선입관이 강하기 때문이다. 더욱이 언급되는 여러 지명의 위치가 정확하게 파악되지 않는 시점에서 이스라엘의 각 지파들이 가나안 땅의 어느 지역에 정착하게 되었는지를 설명하는 것은 의미 없는 일이라고 생각한다.

　그러나 사실 이 부분이야말로 '하나님께서 약속하신 땅을 분배하다'라는 여호수아서의 핵심 주제가 가장 잘 입증되는 중요한 부분이다. 노트(M. Noth)의 말을 빌리자면, 출애굽기부터 여호수아서에 이르기까지 부각되는 신학적 주제들은 출애굽 사건, 시내산 계약, 광야에서의 인도, 그리고 약속된 땅의 진입 등인데 그중에서도 약속된 땅의 진입과 분배라는 주제를 밝히 보여주는 책은 여호수아서다. 그러므로 우리는 여호수아서를 설교할 때 이 책의 핵심 주제를 소개하고 있는 13~21장의 내용을 설교해야 한다.

여호수아 16~21장의 구조

16~21장은 여호수아서를 크게 세 부분으로 나눌 때 둘째 부분에 해당한다. 1~12장까지는 가나안 땅을 진입하여 땅을 정복하는 과정을 소개하고 있다. 이어서 13~21장까지는 각 지파 별로 땅을 분배하는 내용을 다루고 있다. 22~24장에서는 요단강 동쪽에 있던 지파들이 단을 쌓은 사건과 세겜에서 있었던 여호수아의 마지막 설교를 언급한다. 이러한 전반적인 구조를 통하여 여호수아서의 저자는 하나님께서 자신이 택하신 백성들에게 약속하신 것들을 지키시는데 있어 얼마나 성실하셨는지를 보여 주면서, 아울러 그 백성들이 하나님의 명령에 얼마나 불성실했는지를 지적하여 후세대들이 선조들의 불순종한 삶을 되풀이하지 않도록 경고하고 있다.

13~21장에 걸쳐 소개되는 땅의 분배 내용은 일정한 형태를 따르고 있다. 먼저 한 지파의 이름이 소개되고, 그들이 땅을 위하여 가족대로 제비를 뽑았다는 언급이 주어진다. 그다음에는 한 지파가 차지하게 된 땅의 사면 경계를 설명한 뒤에 그들이 차지한 성읍들의 이름을 열거하고 있다. 각 지파가 차지하게 된 지역은 다음 그림을 참고하라.

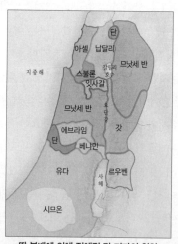

땅 분배에 의해 정해진 각 지파의 위치

해석을 위한 주의사항

성경의 다른 본문들에서도 마찬가지이지만 이 본문을 설교하기 위해 두 가지를 염두에 둘 필요가 있다. 첫째는, 유사한 문학 형태나 구조 반복으로 인해 강조된 내용이 무엇인지를 찾는 것이다. 둘째는, 기본적인 문학 형태를 탈피하여 독특하게 언급되는 내용들이 암시하는 의미들을 찾아보는 것이다. 다시 말해 16장부터 거듭 언급되는 '제비를 뽑았다'(16:1; 17:1~2; 18:11; 19:1, 10, 17, 24, 40)와 '실로 여호와 앞에서 제비를 뽑았다'(18:6, 10)는 것이 암시하는 신학적 교훈을 생각해야 한다. 또 한편으로는 16:10에 독특하게 언급되는 "그들이 게셀에 거하는 가나안 사람을 쫓아내지 아니하였으므로 가나안 사람이 오늘날까지 에브라임 가운데 거하며 사역하는 종이 되니라"는 구절이 암시하는 독특한 교훈도 유추해 보아야 한다.

설교할 수 있는 주제들

1. 신실하신 하나님(21:43~45)

여호수아서를 설교할 때 신실하신 하나님을 주제로 설교하는 일은 필수적이다. 왜냐하면 1~12장에 이르기까지 여러 곳에서 하나님께서 이스라엘 자손에게 땅을 주시고자 하셨다는 점을 주지시키고 있기 때문이다(1:2~3, 6, 11, 13, 15; 2:9, 24; 5:6; 6:2, 16; 8:1, 7; 10:8). 이어서 16~21장에서는 이스라엘의 여러 족장들에게 가나안 땅을 주겠다고 약속하신 하나님께서 드디어 그들로 하여금 그 땅을 차지하게 하심으로써 자신의 신실하심을 보여 주셨다고 증거 하기 때문이다(창 24:7; 26:3; 50:24; 민 11:12; 14:16, 23; 신 1:8, 35; 6:10). 여호수아서의 저자는 하나님께서 스스로 만드신 약속을 신실하게 지키시는 분이라고 소개하는 일을 자신의 저작 목적으로 삼았다. 아울러 이렇게 신실하신 하나님에 근거해서 불충성스럽게 반응한 그 백성들을 꾸짖는 일을 그의 사역으로 삼았다.

그러므로 자신이 택한 이스라엘 백성들과의 언약을 신실하게 지키신 하나님을 소개하면서, 마찬가지로 그 하나님께서 현재 우리 그리스도인들에게도 신실하게 약속을 지키시는 분이라고 선포하는 일이야말로 현대 설교자들의 책임이요 또한 즐거움이다.

16~21장에 걸쳐 볼 때, 이스라엘 백성들로 하여금 가나안 땅을 차지하고 분배하도록 주도하신 분이 하나님이시라는 사실을 강조하는 구절들이 있다. 그것은 각 자손이 제비를 뽑았다는 구절과 땅의 분배를 지체하는 지파들을 꾸짖는 구절(18:3), 그리고 땅의 분배를 마감한 시점에 언급되고 있는 해설 구절이다(21:43~45). 이스라엘 백성들이 하나님의 뜻을 찾을 때 제비를 뽑았던 전통에 따라 땅을 분배한 사건은 그들이 땅을 차지하여 분배하는 과정에 하나님께서 주권적으로 인도하셨다는 믿음이 있었음을 암시해 준다. 또한 땅을 분배받지 않은 일곱 지파에 대해 여호수아가 꾸짖었던 내용 역시 땅 분배의 주체가 하나님이시라는 점을 명확히 한다. "너희가 너희 열조의 하나님 여호와께서 너희에게 주신 땅을 취하러 가기를 어느 때까지 지체하겠느냐"(18:3).

그러나 13~21장에 걸쳐 소개되는 땅의 분배 과정을 마감하면서 그 사건의 신학적 의미를 분명히 밝혀 주는 21:43~45이야말로 이스라엘 백성들에게 가나안 땅을 가지도록 하신 주체가 하나님이시라는 점을 가장 밝히 드러내고 있다.

"여호와께서 이스라엘의 열조에게 맹세하사 주마 하신 온 땅을 이와 같이 이스라엘에게 다 주셨으므로 그들이 그것을 얻어 거기 거하였으며… 여호와께서 이스라엘 족속에게 말씀하신 선한 일이 하나도 남음이 없이 다 응하였더라"(수 21:43~45).

현재와 같이 어지럽고 어려운 우리의 현실 속에서 그리스도인에게 소망의 메시지를 주려 한다면, 설교자들은 애굽에서 고난 받던 이스라엘 백성들을 해방시키고 그들에게 가나안 땅을 주신 신실하신 하나님을 소개해야 한다. 그리고 오늘날 우리 민족이 하나님의 임재와 능력을 인정하는 가운데 그분을 신실하게 의지하고 살아갈 때 우리에게도 보다 밝은 미래를 약속해 주시는 분이라는 점을 주지시켜야 한다.

그런데 이 주제를 전달하는 설교자들이 주의해야 할 사항이 있다. 그것은 설교를 듣는 청중들에게 방랑 생활 40년 만에 영구히 정착할 땅을 차지하게 되었던 이스라엘 백성들이 느꼈던 감격을 조금이라도 느끼게 만들어야 한다는 점이다. 이 기쁨은 사글세 방을 전전하다가 전셋집으로 옮기게 된 자들의 기쁨이나, 전셋집에 살다가 자기 집을 장만한 자들의 기쁨과 비교할 수 없을 정도로 큰 것이다. 그럼에도 불구하고 자주 이사를 다녀야 하는 자들의 서러움을 설명하면서 40년 만에 정착 생활을 하게 된 이스라엘 백성들이 느꼈던 감격을 소개하고 아울러 그들이 하나님을 향하여 가졌던 감사의 마음을 상상하도록 하는 일은 그 무엇보다 중요하다.

2. 하나님 나라(수 13~21장; 요 14:1~3)

이스라엘 백성들에게 가나안 땅을 주신 주체가 되신 하나님께서는 정하신 때에 예수님을 이 땅에 보내셨다. 그리고는 하나님을 의지하는 이들을 위해 예비해 두신 하나님의 나라를 전파하게 하셨다. 요한복음 14:1~3에 언급되는 예수님의 가르침에 의하면 하나님의 나라에는 거할 집이 많고, 예수님은 자신을 따르는 이들을 위해 처소를 준비하러 먼저 그 나라로 가신 분이다. 이 세상에서의 삶을 마지막으로 간주하지 않고 죽음 이후에 펼쳐질 하나님의 나라를 기대하며 천로역정을 걷고 있는 그리스도인들에게 이 본문은 커다란 소망을 제공한다. 그런데 예수님의 이 약속에 더욱 신뢰성을 부여할 수 있는 구절이 바로 여호수아 13~21장이다. 이전에 하나님 백성들의 역사의 한 시점에서 신실하게 보호해 주시던 하나님의 역사를 보여 줄 때, 그리스도인들은 예수님을 통하여 자신들에게 제시된 하나님 나라에 관한 약속을 보다 쉽게 신뢰할 수 있을 것이다. 그러므로 여호수아 13~21장을 설교하는 이들이 요한복음 14:1~3을 결론 부분에서 언급할 수도 있겠고, 반대로 요한복음 14:1~3을 설교하는 이들이 여호수아 13~21장을 인용하여 하나님의 신실하심을 강조할 수도 있다.

3. 이스라엘 백성들의 불순종과 집단 이기주의(16~18장)

16~18장에서 이 주제는 반복적으로 언급된다(16:10; 17:12~13, 14~18; 18:3~4). 이 부분들에서 보여 주는 그들의 불순종의 모습은 자기 지파의 땅에 살고 있는 가나안 족속들을 쫓아내지 않은 것과 자기 지파의 땅을 더 달라는 요청이었다. 에브라임 자손이 게셀에 거하는 가나안 사람을 쫓아내지 않은 일(16:10)과 므낫세 자손이 그 성읍들의 거민을 몰아내지 않은 일(17:12)은 모세를 통하여 주어진 하나님의 명령에 불순종한 행위다(신 7:1~5). 하나님께서는 이스라엘 백성들이 가나안 족속들이 만든 이방 문화와 혼합 종교에 물들어 하나님의 백성들로서의 정체성을 잃어버리는 것을 염려하여 가나안 족속을 진멸하도록 하셨는데, 이스라엘 백성들은 이 명령을 경홀히 여겼다. 그 결과 그들은 우상 숭배에 빠지게 되었고, 세월이 흘러 사사 시대에는 잦은 전쟁에 시달리게 되었다.

17:14~18의 요셉 자손들이 한 분깃을 더 달라는 제안은 공동체에 있어서 흔히 나타나는 집단 이기주의를 대변한다. 이러한 부정적인 제안을 하는 단체들을 많이 지닌 공동체는 평안할 수가 없다. 그럴 때일수록 지도자는 용단을 내려 집단 이기주의를 바로잡아야 한다. 이런 점에서 볼 때 여호수아는 훌륭한 지도자였다. 요셉 자손들이 인구가 많다는 것을 빙자하여 자신들에게 할당된 땅보다 더 많은 땅을 요구하자 여호수아는 다른 지파들에게 해가 되지 않는 산간 지역과 가나안 족속들이 점령하고 있는 땅을 점령하여 개척하도록 제안했다. 요셉 자손들이 여호수아의 제안을 받아들였는지에 관해 본문은 언급하지 않는다. 그러나 공동체의 형평성을 고려하여 지나친 집단 이기주의를 막아 낸 여호수아의 지혜와 용기는 우리의 교회 공동체와 더 나

아가서 우리 사회 전반에 중요한 교훈을 제공한다. 요즈음 우리 정치가들이 자신들의 정치적 야욕을 채우기 위해 지역주의에 입각한 집단 이기주의를 부추기는 모습들을 보면서 우리 설교자들은 그들에게도 일침을 가하는 메시지를 본문으로부터 뽑아낼 수 있을 것이다.

4. 인권 존중과 평등한 사회(20장)

이 점은 모세가 시내산에서 가지고 내려온 율법들에서부터 분명하게 언급되고 있다. 구약 학자들은 오경 중에서도 출애굽기 20~23장, 레위기 17~26장, 그리고 신명기 12~26장에서 이러한 주제를 분명히 찾을 수 있다고 하여 이들을 '계약 법전'(covenant code, 출 20~23장), '성결 법전'(holiness code, 레 17~26장), '신명기 법전'(deuteronomic code, 신 12~26장)이라고 부른다. 애굽의 정치적, 신앙적 속박에서 고통당하던 백성들을 이끌어 내어 자유를 허락하신 하나님께서는 모세를 통하여 그들이 어떤 사회를 구성해야 하는지를 명백히 밝히셨다. 여호수아는 모세의 가르침을 옆에서 주의 깊게 들으면서 그 가나안 땅에 들어가면 모세의 율법대로 하나님을 신뢰하는 가운데 인권이 존중되고 각 지파 간에 평화를 누리는 사회를 만들기로 작정했다. 모세가 죽은 뒤에 여호수아의 지도력이 인정되었고 이스라엘 백성들은 그가 지시하는 대로 지파 간에 평화를 누리며 인권이 존중되는 사회를 위한 기초를 세웠다. 이스라엘 백성들이 지파 간에 평화로운 관계를 형성했다는 점은 그들이 신적인 주도하에 제비를 뽑아 땅과 성읍들을 나누게 되었을 때 커다란 불평이 없었다는 점을 통해서 알 수 있다. 다른 한편 인권 존중과 평등한 사회를 구축하고자 했던 점은 20장에 언급되는 도피성 제도를 통해 이해할 수 있다.

도피성 제도는 민수기 35장과 신명기 19장에서 이미 언급되고 있지만 여호수아 20장에서 비로소 구체적인 여섯 도시를 지정받게 된다. 도피성 제도는 실수로 사람을 죽인 자가 죽임을 당한 자의 가족들로부터 받을 수 있는 보복을 피하게 하여 정당한 재판을 받게 하는 것으로 분명히 그 사회에 속한 자들 중에서 약자나 곤경에 처한 자의 인권을 보호하려는 법적 장치였다. 아울러 공동체 구성원 간에 보복심에 불타 폭력이 난무하는 사회가 되지 않게 하려는 제도이기도 하다. 그리고 도피성에 있던 대제사장이 죽으면 그곳에 피했던 사람을 자유롭게 만들었던 이 제도는 오늘날 사면 제도의 형태를 취하고 있다. 도피성으로 선택된 여섯 도시들은 각 지역에서 가장 다다르기에 용이한 곳들이었다는 점에서도 어려움에 처한 자들의 인권을 최선을 다해 보장하려는 의도를 엿볼 수 있다.

그러므로 20장을 설교할 때 하나님께서 그의 백성들로부터 원하신 공동체가 예배와 선교 공동체인 동시에 인권과 공의가 이루어지는 공동체라는 점을 강조해야 한다. 오늘날 대중 언론을 통해 연일 보도되는 법조계의 비리는 우리 사회가 하나님의 뜻에 합당하지 않은 사회로 나타나고 있음을 단적으로 보여 준다. 한 나라의 공의를 책임지고 그 속에 존재하는 구성원들과 특히 약자들의 인권 보호의 주역이 되어야 할 법관들과 변호사들이 뇌물을 주고받으며 공의를 그르쳐 온 우리 사회를 공의의 하나님께서 어떻게 축복하실 수 있겠는가? 이렇게 어지러운 현 시점에 발맞추어 여호수아 20장과 민수기 34장, 그리고 신명기 19장에 언급되는 도피성 제도를 통해 그리스도인들이 솔선하여 우리 사회를 인권이 존중되는 사회로 회복시키자는 설교를 하는 것도 바람직할 것이다.

5. 우리의 도피성 되신 그리스도(20장)

많은 설교자들이 구약성경에 나타나는 인물이나 사건 속에서 그리스도의 표상(type)을 발견하여 기독론적으로 설교하는 일을 중요하게 간주하고 있다. 성경 해석의 역사를 보면 이러한 해석적 시도가 하나의 지배적인 전통으로 내려오고 있는 것이 사실이다. 필자는 이러한 해석적 시도를 일반적으로 수용하면서도 너무 지나친 시도를 자제하도록 권한다. 구약성경에 언급되는 모든 사건들과 모든 인물들로부터 그리스도를 발견하여 설교하려 할 때 '주석'(exegesis)이 아니라 '억지 해석'(eisgesis)이 될 가능성이 많기 때문이다.

그러므로 우리는 구약성경의 여러 곳에서 언급되는 메시아적 구절들이나 신약성경에서 인용된 구절들을 중심으로 기독론적 해석을 시도하고, 그 이외의 구절들에 대해서는 여러 주석가들의 견해를 참고하는 것이 좋다.

고대 이스라엘 사회를 인권이 존중되는 사회로 유지시키려는 하나님의 의도가 담겨 있는 도피성 제도를 기독론적으로도 해석할 수 있다고 본다. 죄 많던 인간들이 죄의 형벌로 고통당하고 있을 때 예수님을 그리스도로 믿고 그분 앞에 나아가기만 하면 누구든지 의롭게 만들어 주시는 하나님의 구원 계획을 생각해 보면 예수 그리스도는 분명히 우리의 도피성이시다. 특히 도피성에 존재하던 대제사장의 죽음이 그곳에서 피하였던 자의 자유를 의미한 점은 우리의 대제사장이신 예수 그리스도의 십자가에서의 죽음이 모든 믿는 자들의 죄를 대속하는 사건을 상징적으로 미리 보여 준 것이라고 할 수 있다(히 4:14~16). 이러한 점을 강조하기 위해서라면 20장은 중요한 참고 구절이 될 수 있다.

도피성으로 선택된 여섯 도시들의 어원적 의미들을 고려하면 또 하나의 기독론적 설교의 깊이를 더할 수 있다. 요단강 서쪽의 세 도시 중에 맨 위쪽에 위치한 게데스는 '거룩하다'라는 동사에서 파생되었다. 그러므로 우리를

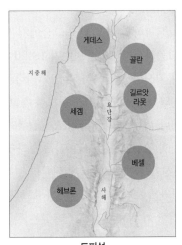

도피성

거룩하게 만들어 주시는 우리의 도피성 되신 예수님을 강조할 수 있을 것이다. 세겜은 '어깨에 짐을 메다'라는 동사에서 파생된 것으로, 우리의 죄의 짐을 대신 지고 십자가를 지신 우리의 도피성 되시는 예수님을 소개할 수 있다. 헤브론은 '친구'라는 단어와 연관이 있다. 그러므로 우리를 친구 삼아 주신 우리의 도피성 되시는 예수님을 소개할 수 있다(요 15:14). 요단강 동쪽의 맨 위쪽에 위치한 골란은 '기뻐하다'라는 동사에서 파생된 것으로 우리에게 참 기쁨을 주시는 우리의 도피성 되시는 예수님을 전할 수 있게 만든다. 라못은 '높이다. 영광스럽게 하다'라는 단어에서 파생된 것으로 우리를 영화롭게 만드시는 우리의 도피성 되시는 예수님을 암시한다고 볼 수 있다. 끝으로 베셀은 '요새'라는 뜻과 '금, 값진 보석'이라는 뜻을 가지고 있다. 그러므로 우리의 요새가 되시며 도피성 되신 예수님을 암시하거나 우리를 고귀한 자들로 만드시는 우리의 도피성 되신 예수님을 암시한다.

6. 목회자의 물질관(18:7, 21장)

18:7은 설교자들을 비롯한 목회자들의 물질관을 정립시켜 준다. 이스라엘의 다른 지파들은 모두 땅을 소유하게 하신 하나님께서 레위 족속에게는 땅을 소유하지 않게 하시고 단지 다른 지파들의 소유로 되어 있는 48개의 성읍에 기주할 수 있도록 허락하셨다. 그리고 그들에게 제사장 직분 자체가 그들의 기업이 된다고 말씀하셨다. 또한 민수기 18:20에서는 하나님께서 아론의 분깃이요 기업이 되신다고 약속하셨다. 그리하여 제사장들과 레위인들이 땅을 비롯한 물질의 소유에 연연하지 말도록 경고하셨다.

물질의 많고 적음이나 부동산의 소유 정도가 행복과 출세의 절대 기준이 되어 버린 자본주의 사회에 살고 있는 목회자들이 자칫 잘못 생각하여 삶의 목표를 물질이나 부동산을 늘리는 데 두게 된다면 영적 지도자로서의 자질과 권위를 상실하는 결과를 초래하게 될 것이다. 특히 물질적인 축복이 하나님 축복을 가늠하는 절대 기준처럼 강조되고 있는 한국 교계에서 목회자들이 솔선수범하여 하나님의 축복이 그러한 범주를 넘어선다는 점을 알려야 한다.

그러기 위해 우리 목회자들은 하나님께서 부여하신 목회 사역을 하나님께서 주신 최대 축복으로 간주하며, 그 자체에서 삶의 의미와 행복을 찾아야 한다. "여호와의 제사장 직분이 그들의 기업이 된다"는 말씀을 사역 가운데 뼈저리게 느끼며 감격에 겨워할 수 있는 목회자들이 되어야 하겠다. 이 세상의 수많은 사람들 중에 우리를 충성되이 여기셔서(딤전 1:12) 고난 가운데 살아가는 하나님의 백성들을 섬기도록 하신 하나님의 은혜를 생각할 때마다 감격하며 사역하는 기쁨에 겨워 하루하루 살아가는 목회자들이 되어야 하겠다. 그리하여 비록 성도들이 보기에는 목회자가 항상 가난한 살림을 꾸리는 것 같은데, 그가 강단에서 말씀을 전할 때나 성도들을 심방하여 그들을 위로하는 모습 속에 나타나는 영혼의 만족함을 바라보며 감동할 수 있도록 해야 한다. 사회가 전반적으로 어지럽고 어려울수록 사람들은 그 시대의 도덕적, 정신적 지주가 될 수 있는 지도자들을 찾게 된다. 물질욕이나 소유욕에 빠지지 않고 오직 하나님의 말씀을 대변하며 목양하는 것을 인생 최대의 축복으로 삼고 청렴하게 살아가는 목회자들이야말로 이 어두운 시대를 밝히는 등불이다.

10

우리가 정녕 여호와를 섬기겠나이다
(수 22~24장)

여호수아 22~24장의 위치

일종의 대칭 구조(chiastic pattern)를 형성하는 여호수아 전체를 놓고 볼 때, 22~24장은 1~5장과 대칭을 이룬다.[1] 1~5장(2장 제외)은 여호수아서의 서론으로, 지도자로서의 여호수아의 등장과 가나안에서의 언약적 삶을 출발하기 위해 들어가는 준비를 나타낸다. 그리고 22~24장은 이제 정복한 가나안에서의 삶이 시작되는 것을 나타낸다.

먼저 여호수아서의 시작인 1:1~9에서는 지도자로서의 여호수아의 등장을 다루고, 여호수아서의 끝인 24:29~33에서는 여호수아의 은퇴 장면을 그린다. 이어서 1:10~18에서 공적인 권위를 하나님과 백성으로부터 인정받은 여호수아가 공적인 권위를 행사하는 선포를 한다. 이것에 상응하는 것이 23~24장에 나타난 여호수아의 언약적인 유언과 그가 세겜에서 주도하여 실행한 언약 갱신이다.

3~5장에서는 요단강 도하라는 긴장을 통하여 가나안 땅에서의 언약적 삶을 시작할 준비를 갖추는 모습을 묘사한다. 여기에서 고대의 거석 문화 전통을 따라 이스라엘 열두 지파의 연합을 상징하는 열두 돌을 세우는 사건이 진행된다. 이것에 상응하여 여호수아서 후반에 나타나는 것이 바로 22장의 르우벤, 갓, 므낫세 반 지파들이 요단강을 역도하면서 볼 만한 큰 단을 쌓

는 것이다. 이것은 열두 지파가 비록 요단강을 통하여 지역적인 조건을 따라 두 부분으로 나누어져 있지만, 그러나 하나라는 것을 상징하는 의미로 세워진 것이다. 비록 이것이 열두 지파의 연합에 부정적인 영향을 끼치는 긴장을 조성했지만, 오히려 결국에는 열두 지파가 연합해야 한다는 중요한 교훈을 남기는 것으로 종료된다.

여호수아서의 중간 부분을 제외하고, 지금까지 언급한 내용을 정리하면 다음과 같은 구조로 제시할 수 있다.

[A] 1:1~18	**지도자로서의 여호수아의 등장**
1:1~9	지도자로서의 여호수아의 공적인 합법적 등장
1:10~18	지도자로서의 여호수아의 첫 공적 선포
[B] 3:1~5:15	**가나안에서의 언약적 삶의 출발**
3장	요단강 도하
4장	돌 사건: 요단에서 취한 열두 돌을 통해 언약 공동체가 견고해짐
5장	길갈에서의 할례와 유월절
***8:30~35**	***첫 번째 세겜 언약:** 새 땅에서의 언약 체결(비교 신 27장)
[B′] 22장	**가나안에서의 언약적 삶의 재출발**
22장	요단강 역도하와 돌 사건: 언약 공동체의 위기와 반전을 통해 견고해짐
[A′] 23~24장	**지도자로서의 여호수아의 은퇴와 선포**
23장	여호수아의 언약적 유언의 선포
***24장**	***두 번째 세겜 언약:** 새로운 세대를 위한 언약 체결
24:29~33	지도자로서의 여호수아의 은퇴

여호수아 22~24장의 특징: 많은 말들

이 본문의 중요한 특징을 살펴보자.

첫째는 사건을 묘사해 주는 사실적인 보고가 적은 반면, 사건의 주인공들이 하는 말(言)의 분량이 많다는 것이다. 23~24장에서는 여호수아가 언약적 유언과 같은 것을 남기는 내용을 다루는 것이 거의 대부분이므로 이 사실이 아주 분명하다. 22장은 이스라엘 언약 공동체에 해가 되는 사건이 일어날 뻔했으나 이것이 해소되는 중요한 내용을 담고 있다.

그런데 이것조차도 사건에 대한 보고는 총 서른네 구절 중에서 열여섯 구절에 해당하고, 나머지 열여덟 구절은 주인공들이 한 말들을 직접 담고 있다. 특히 여호수아가 많은 말을 하고 있는데, 이것은 여호수아의 선배인 모세가 신명기, 특히 후반부에서 은퇴하기 전(신 31~34장)에 많은 교훈을 하고 떠나는 것과 같다. 여기서도 여호수아는 철저히 자신의 선배를 의식하고 행동하는 것을 알 수 있다.

그러나 이 많은 말들 속에 나타나 있는 내용은 철저히 역사적이라는 것이다. 지나간 역사 속에서 하나님은 얼마나 신실했으며 사랑을 쏟았는지를 보이고 있으며, 미래에도 하나님은 그러할 것이다. 반면에 '이스라엘은 얼마나 그 언약에 충실하기 위해서 노력해야 할 것인가, 또 이스라엘이 그렇지 못할 경우에 하나님께로부터 받을 언약적 저주가 어떠한 것인가'를 언어로 표현하고 있다.

요단 동편 지파들이 거대한 단을 쌓고는 그렇게 한 행동에 대하여 설명하는 상황에서도 언약 공동체 안에 머무르기 원한다는 것을 미래적인 관점에서 적극적으로 표현하였다(22:21~29). 또한 여호수아의 고별 설교도 철저히 언약적이고 미래 지향적이다(23:5~16). 제2차 세겜 언약에 역사적인 성격이 드러나는 것은 아주 명확하다. 이 여호수아의 마지막 장들에서 말하는 역사는 일반적인 역사가 아니라 하나님과 이스라엘이 맺은 언약적인 역사를 말하는 것이다.

또 하나의 특징은 이 말들이 아주 자극적이고 생생하다는 것이다. 요단 동편 지파의 반복적이고 웅변적인 표현은 이 글을 읽는 사람에게도 당시 이 말씀을 들었던 사람들이 느낀 것과 같은 도전을 준다(22:21~29). 이스라엘의 언약적인 저주를 나타내기 위하여 이스라엘이 받은 축복인 아름다운 땅에서 속히 전멸될 것을 말한다(23:13~16). 여호수아가 이스라엘 백성에게 그들은 언약 백성으로서 살기 힘들 것임을 강조하는데, 이때에 여호수아의 설교는 그들로 하여금 남은 자존심을 다 버리게 할 정도이다(24:14~21).

또 다른 특징은 하나님의 속성과 거기에 대비된 이스라엘의 속성이 나타나 있다는 것이다. 즉 하나님은 철저히 언약적인 행동을 하신다. 즉 자비로우시고(사랑하시고) 신실하시다. 그러나 이스라엘은 언제나 언약의 대상인 여호와께 신실하기 위해서, 또 사랑하기 위해서 노력해야 한다. 그렇지 않으면 언약적인 저주에 빠질 것이다.

여호수아 22장의 메시지: 여호수아의 신명기적 메시지

여호수아의 표현들은 대단히 정형적이다. 그 대부분의 내용은 오경, 그 중에서도 신명기에서 나온 것이다. 여호수아서 자체도 여호수아가 전하는 신학적 메시지가 신명기에서 나온 것임을 다음과 같은 표현들을 통해 분명하게 드러내 준다. '여호와의 종 모세가 너희에게 명한 것을', '내 말을 너희가 청종하여', '명령과 규례를 행하여', '마음을 다하며 성품을 다하여'…. 이 같은 맥락에서 22장도 그와 비슷한 표현과 내용을 반복한다. 특히 하나님을 '사랑하고'(אהב아합), 그를 '친근히 하며'(בו ולדבקה울다브카 보), 그의 '계명을 지키는' 등의 표현과 의미는 철저히 신명기적이다(신 11:13, 22~23; 19:9; 30:22~23).

1. 사건 진행의 신속성과 묘사의 간결성

22장에서 중요한 사건은 르우벤, 갓, 므낫세 반 지파가 돌아가면서 요단 강변에 '볼 만한 큰 단을 쌓은' 것이었다. 그런데 의외로 이 사건의 진행이 아주 신속하게 진행되며, 그 묘사가 간략하게 단 세 구절로 묘사되고 있다. 단을 쌓음(10절), 다른 지파들이 소식을 들음(11절), 지파 간의 전쟁이 준비 됨(12절).

이런 점에서 이 사건을 기록한 목적이 단순히 그 사건의 진행상의 스릴이나 주인공들의 심리적인 갈등을 나타내는 데 있는 것이 아니라 이 사건과 관련된 교훈을 얻는 데 있다는 점이 명백해진다. 이것은 앞에서 지적한 대로 22~24장의 본문상 특징 가운데 하나인 주인공들의 설교로 이루어져 있다는 점과 관련된다.

2. 여호수아의 명령과 조치(2~9절)

원리적으로 볼 때 가나안 정복을 완료했다고 할 수 있는 여호수아는 이제 요단 동편의 지파들을 돌려보낼 때가 되었다. 이때에 행한 여호수아의 설교는 세 가지로 나누어진다. 첫째는 책임을 다한 것에 대한 인정(2~3절), 둘째는 귀환 명령(4절), 셋째는 마지막 교훈(5절)이다.

마지막 교훈에서 여호수아는 신명기가 말하는 근본적인 메시지를 반복한다. 즉 크게 삼갈 것, 명령과 율법을 준행, 여호와를 사랑함. 마음과 성품을 다하여 섬김이다. 이어서 그들에게 필요한 전리품들을 나누어 주고 돌아가게 한다(7~9절).

3. 선한 의도를 잘못 해석함으로써 생긴 긴장과 그 해소(10~34절)

선한 의도였지만 미처 주의 깊게 생각하지 못하고 취한 행동이 오해를 불러 일으켰다가, 나중에 그것이 해소되는 과정에서 오히려 전화위복이 되어 더 좋은 결과를 낳는 경우가 있다. 이 장의 사건이 바로 그런 경우이다. 요단 동편의 지파들이 떠나면서 이스라엘 공동체와의 연합을 상징하는 큰 단을 쌓은 것이 오해를 불러 일으켰고 그것이 급속하게 전쟁의 상황까지 가는 특이한 모습을 보이게 되었다(10~12절). 하지만 이 점은 오히려 양쪽에서 언약 공동체에 대하여 얼마나 깊은 확신과 헌신을 가지고 있는가를 보이는 계기가 되었다. 여기서 중요한 것은 양쪽에서 하는 '행동'이 아니라 그들의 '말'이었다.

요단 서편 지파들의 말(16~20절), 요단 동편 지파들의 말(22~29절), 양편의 말에서 공통적인 요소는 역사적이라는 점이다. 그러나 과거적인 의미에서가 아니라 미래적인 의미에서 역사적이다. 즉 그들이 지나온 과거를 염두에 둔 것이 아니라 미래에 일어날 일을 서로 염두에 두고서 하는 말들이었다. 이 장은 철저히 역사적인 이스라엘의 모습을 보여 준다.

우선 요단 서편 지파들의 말은 브올의 죄악을 서두로 꺼내고(17~18, 20절) 아간의 죄악을 마지막으로 언급하면서(21절) 경고성의 내용을 담고 있다. 그러나 중요한 것은 그 중간에 있는 언약 공동체로서의 공동 운명체임을 천명하는 내용이다(20절). 즉 요단 동편 지파들이 자신들이 배당받은 땅을 불만스럽게 여기면 요단 서편으로 모두 건너와 자신들의 영역들을 나누어 가질 것을 제의한 것이다. 이것은 엄청난 제의이다. 만약 이렇게 되면 영토 분배를 다시 해야 할 판이다. 이런 제의까지 하면서 이스라엘 공동체의 연합을 중요한 주제로 세기한 요단 서편 지파들의 말은 웅변적이라는 판단을 내리게 한다.

더 길게 기록된 요단 동편 지파들의 말은 언약 공동체를 향한 연합의 결의가 더 충만하다는 것을 드러내 준다. 우선 하나님의 이름을 두 번이나 부르고 스스로 서약하는 말을 두 번이나 하였다(22~23절). 이어서 그들은 마음속으로 혹시 미래에 요단 서편의 지파들이 지형적 방해물인 요단강 때문에 자신들을 언약 공동체에서 밀어낼 것을 염려하여 단을 쌓았고, 이것에 대해 아주 예민하게 변증하였다. 그리고 비정상적으로 큰 이 단의 목적이 실제 제사를 드리려는 것이 아니라 오히려 증거만을 위한 것임을 이중적으로 강조하였고(26, 28절) 피상적인 관찰로 생길 수 있는 오해를 풀려고 하였다(29절).

이 대답 후에 공동체 분열의 긴장이 없어지고, 오히려 이 사건이 이스라엘의 연합을 더욱 강조하는 결과를 초래하였다(30~34절). 그래서 그들은 즐거웠고 언약의 하나님을 찬송할 수 있었고(33절), 그 단을 대단히 언약적인 이름인 '에드'(עֵד), 즉 증거라고 부를 수가 있었다(34절).

여호수아 23장의 메시지: 여호수아의 언약적 선포

22장에서 마지막으로 있었던 긴장이 해소되고 모든 문제가 해결된 뒤 23장에 가서야 여호수아는 마지막 고별 설교를 할 수 있었다. 24장에서 행한 것은 공적인 언약 갱신이므로 23장은 개인적인 차원에서 지도자 여호수아가 말하는 마지막 기회였다. 23:1의 여호수아가 나이 많아 늙었다는 표현은 이미 13:1에 언급되었다. 여호수아의 메시지는 세 가지 내용을 담고 있다. 첫째는 하나님께서 행하신 역사(3~4절), 둘째는 이스라엘에게 하는 명령(5~11절), 셋째는 불순종에 대한 언약적인 저주(12~16절)이다.

먼저 하나님께서 행하신 역사를 언급하면서 하나님이 이스라엘을 위하여 싸우신 분임을 강조하고(3절), 여호수아가 각 지파에게 기업을 나누어 준 것을 소개한다(4절). 이어서 여호수아의 마지막 명령을 소개하는데(5~11절), 신명기에서 모세가 내린 명령과 유사한 내용을 담고 있다(신 29~31장). 즉 모세의 토라 책에 기록된 대로 행하라는 것이다. 이 상황에서 여호수아가 강조하는 내용은 이스라엘 중에 정복하지 못한 채로 남아 있는 가나안 백성들과 상종하지 말라는 것이다. 이것을 다양한 표현법을 통하여 강조한다(7절). '나라들에게로 가지 말라, 그 신들의 이름을 부르지 말라, 맹세하지 말라, 섬겨 절하지 말라.' 그러므로 오히려 이때까지 하던 대로 여호와를 가까이하고(8절), 여호와를 사랑해야 하는 것이다(11절). 이것은 전통적으로 조약적이고 언약적인 표현으로 사용되는 것들이다. 하나님이 이스라엘을 위하여 싸우실 것이므로 이스라엘 한 사람이 천을 감당할 것이다(10절). 이 명령을 요약하면,

가나안 족속과 전혀 상종하지 말라는 것이다. 그리고 여호와를 친근히 하는 대신에 그 민족들과 친근히 하면(12절) 언약적 저주가 내려질 것이 선포되었다(12~16절). 이것을 생생한 시각적 언어로 표현한다. 그들과 혼인하고 교통한다면 그것은 벗어날 수 없는 '올무'와 '덫'과 '옆구리에 채찍'이 되며, '눈엣가시'가 될 것이다. 이것은 신명기 29~30장에서 모세가 이스라엘의 미래를 내다보면서 내린 메시지와 유사한 성격을 지닌다. 부정적인 시각으로 미래를 바라보는 것이다. 즉 순종에 대한 선한 일이 임할 것이지만, 그 결과로 이스라엘이 하나님으로부터 받은 아름다운 땅에서 속히 진멸되는 지경까지 이를 것이다. 여기서 세 번이나 언급된 '아름다운 땅에서 멸망당한다'는 것은 잔인할 정도로 사실적인 표현이다(13, 15, 16절).

여호수아 24장의 메시지: 세겜에서의 언약 갱신

세겜에서의 제2차 언약 갱신은 세겜에서의 제1차 언약 갱신과 연관된다. 모세가 모압에서 기초를 놓았고 또 갱신된 언약인 모압(세겜) 언약(신 27장)을 여호수아가 가나안 땅에 들어오자마자 완성한 것이 세겜에서의 제1차 언약 갱신이다(8:30~35). 이것은 가나안에 들어온 출애굽 제2세대가 약속의 땅에서 처음으로 행한 것이다. 그러나 이제 또다시 역사는 흘러갔다. 지도자 여호수아는 나이 많아 늙었고 가나안 정복은 원리적으로 완결되었다. 그리고 세대는 다음으로 이어진 상황이다.

이런 상황에서 여호수아는 모세가 했던 역사적 행위를 반복하고 있다. 즉 모세는 이스라엘의 형성 초기에 최초의 언약인 시내산 언약을 맺게 했다가(출 19~24장) 자신의 삶의 마지막이자 새로운 상황의 전개인 약속의 땅 가나안 입성을 앞두고 언약을 갱신하였던 것이다. 이제 여호수아도 자신이 모세의 명을 따라서 완성했던 세겜에서의 제1차 언약에 근거하여 가나안에서의 하나님 나라의 역사를 이어가는 중요한 근거로써 제2차 세겜 언약 갱신을 단행하는 것이다. 모세의 경우는 이스라엘 백성에게 남긴 유언과 언약 갱신이 신명기에 기록되었지만, 여호수아의 경우는 그의 유언(23장)과 언약 갱신(24장)이 여호수아서 후반에 기록되었다. 세겜에서 언약 갱신을 하는 이유는 여러 가지 있다. 이곳은 오랫동안 그 지형적인 특성 때문에 조약, 언약, 결혼, 입양과 같은 공적인 관계를 맺는 장소로 유명하였다. 삼림이 울창한 그리심산과 돌로 이루어져 나무가 자랄 수 없는 에발산은 각각 고대인의 눈에는 축복과 저주를 상징하는 것으로 비쳤다. 그래서 이곳은 관계 형성의 축복과 저주를 의미하는 산들이 있는 곳으로 알려졌고, 이곳에 있는 바알을 '바알브릿'(언약 바알, 관계 형성의 바알)이라고 불렀다. 그러나 이보다 중요한 것은 하나님이 하나님 나라의 새로운 시작을 위하여 아브라함에게 처음으로 나타나셔서 가나안 땅을 주리라고 약속한 곳이 바로 이곳이기 때문이다(창 12:6~7). 또 여기에서 야곱이 돈을 지불하여 그 땅을 구입하였고, 그때는 하나님의 징계의 채찍을 맞았다(창 34장). 하지만 장차 이곳은 아브라함이 아내 사라를 묻기 위해서 산 막벨라 굴과 함께, 가나안 족속들이 범죄 하여 그 땅의 소유권을 상실하였을 때, 가나안 땅을 차지할 법적인 권한을 잃어버렸을 때, 그 땅을 차지할 법적인 권리를 가지게 하는 중요한 근거가 되었다.

보통 언약이나 조약 갱신을 기록할 때 언약 갱신에 필수적인 절차들을 모두 일정하게 기록해야 하는 것은 아니다. 그 당시의 현재적 상황에서 가장 중요한 사항들을 집중적으로 강조하게 되는 것이다.[2] 여기서 강조된 것은 이스라엘이 하나님과의 언약의 당사자가 되기에, 즉 그 언약을 지키는 자로 살기에 참으로 부족한 존재라는 사실이다.

일반적으로 생각해 보면, 24장은 여호수아서에서 언급한 가나안 정복전의 마지막 승전고를 울리며 개선 행진이 언급될 장이다. 그런데 예상과는 달리 이 장을 채우고 있는 내용은 승리한 장군이나 군사를 높이며 이스라엘이 얼마나 훌륭한 업적을 이루어 놓았는가 하는 것이 아니다. 오히려 이 장에서는 이스라엘이 얼마나 연약하고 부족한 백성인가를 자세히, 심지어는 자극적으로 언급한다. 이스라엘은 그 근원인 족장부터 탁월한 존재가 아니라 이방신들을 섬기던 자였다(2절). 또한 구속사에서도 이스라엘이 한 일은 거의 없고 대부분 하나님이 이스라엘을 위해서 이룬 내용들로 채워져 있다(3~13절). 이스라엘이 여호와 하나님과의 언약을 제대로 지키지 못할 것을 경고하며(19절), 그들이 실패했을 경우에 저주로써 질투하시는 하나님의 심판을 받으리라는 것도 명백하게 지적했다(19~20절). 이것을 위해서 이스라엘 백성 스스로가 언약의 증인이 되었고(22절), 세운 돌(巨石)이 증거로 세워지게 되었다(26절). 여기서 가장 중요한 것은 이스라엘이 언약에서 나오는 율례와 법도를 배우는 것이다(25절).

1. 언약을 맺기 위한 이스라엘의 공적인 도열(1절)

이제 족장의 언약적인 전통이 있는 이곳 세겜에 여호수아는 다시 이스라엘을 불러 모았다. 그 목적은 언약 갱신이었다. 새로운 세대가 등장하였고 이제 그 땅이 원리적으로 정복된 새로운 상황이 전개되었기 때문이었다. 여기서 단순히 이스라엘을 부른 것이 아니라, 두 단계로 모든 지파를 '모으고' 지도자들을 앞으로 '불렀으며', 그들은 하나님 앞에 보였다. 이런 표현들은 공적인 언약을 맺기 위해서 소명(召命)하며, 공적으로 도열해서 서는 것을 나타낸다(비교 출 19:7~8 백성의 대표들인 장로들과 백성들이 동시에 언급됨; 출 19:17 '섰더니').

2. 역사적인 서언(historical prologue 2~13절)

언약(조약)을 나타내는 공적 문서의 초반부에 등장하는 것은 언약 당사자 간의 과거의 관계를 나타내는 역사적인 서언이다. 세겜 언약에서는 이 부분을 위해서 전체 스물여덟 구절 중에서 열두 구절(2~13절)이 할애됨으로써 강조되고 있다는 것을 알 수 있다. 이 부분은 보통 종주권 조약(suzerainty treaty)에서 강대국이 약소국에 어떤 은혜를 베풀었는가를 강조하는 것과 동일하다. 여호와 하나님이 역사적으로 이스라엘의 족장 시대부터 애굽에서의 삶을 거쳐서, 출애굽과 광야 여행과 가나안 정복이라는 긴 여정을 통하여 얼마나 많은 은혜를 베풀었는가를 보인다.

여기서는 여호수아의 말이 제시된 것이 아니라 하나님이 여호수아에게 주신 말씀을 여호수아가 직접 인용하는 형식으로 소개되었다. 다시 말해 23장에서는 여호수아 자신의 유언이 소개되었으나, 이 부분은 하나님이 하신 말씀을 여호수아가 인용하는 형식을 취하므로 그 내용과 권위에 있어서 근본적으로 다르다. 그러므로 여기서 거의 모든 행동 주체는 '여호와 하나님이시다'(the divine monergism)는 사실이 자연스럽다.[3]

그런데 이 부분에는, 오경에 적극적으로 나타나지 않았던 내용인 이스라엘의 조상들이 "강 저편에서 다른 신들을 섬겼다"(2절)는 것을 고백한다. 즉 이스라엘의 원래 조상들은 혼합주의의 희생자였으나 하나님은 전격적으로 아브라함을 불러내어서 새로운 역사를 시작하셨음을 말하였다. 이처럼 그들의 조상이 근본적으로 얼마나 취약하였던가를 말한다는 것은 조금전까지 혁혁한 승리를 거둔 이스라엘 백성에게서 자존심의 뿌리 자체를 뒤흔드는 것이었다. 가나안 정복을 승리로 끝낸 이때 여호수아는 '너희 열조가 강 저편에서 섬기던 신'이라는 표현을 다시 사용하고 있다(15절).

또한 하나님이 섭리하시는 역사 가운데 이해할 수 없는 하나는 선택에서 제외된 에서의 후손에게는 세일을 소유로 주었으나, 이스라엘에게는 애굽으로 내려가게 했다는 사실에서 발견할 수 있다(4절). 이 사실과 관련되어 나타나는 역사의 과정(모세, 아론 등)은 아직 확실히 알 수 없는 하나님의 특별한 뜻 가운데서 주어진 것이다. 물론 가나안에 살던 아모리 족속의 죄악이 관영하기를 기다리시는 하나님의 뜻의 소극적 차원도 있지만(창 15장), 이스라엘이 민족으로의 충만한 숫자로 형성되기를 기다리는 하나님 뜻의 적극적인 차원도 있었다. 이 기간이 중요한 역사로 채워졌다. 즉 출애굽(5~7절)과 그때의 이적이 실감나게 다시 묘사되었다. 그러나 광야 생활 자체는 아주 짧게(7절 마지막) 묘사된 반면, 요단 동편에서의 발락과 발람의 사건(8~10절)과 요단 서편의 가나안 일곱 족속을 정복한 일(11~13절)이 자세하게 묘사되었다. 특히 가나안 정복에 대해서는 시내산 언약에서 약속한, 우리가 아직까지 해석하기 힘든 '왕벌'(출 23:28)이 중요한 역할을 할 것이라고 언급한다. 즉 모든 역사가 이스라엘의 힘으로나 능력으로 된 것이 아니라 하나님의 행동으로 된 것이다. 이것을 통해서 이스라엘은 최근까지의 모든 역사가 전적으로 하나님의 인도와 섭리로 되었음을 명백하게 깨닫게 될 것이다. 심지어 이스라엘이 '수고하지 않은 땅'과 '건축하지 아니한 성읍'에서 '심지 않은 포도원과 감람원의 과실'을 먹게 되는 축복을 누릴 것이다(13절). 이스라엘이 생존하는 데 있어 모든 삶의 조건을 이루기 위한 이스라엘의 무노력을 나타내는 반면, 하나님의 완벽한 준비를 드러낸다.

3. 언약적 서약, 결단의 시간(14~24절)

언약 형성에서 긴장되는 순간은 서약하는 때이다. 24장의 언약 갱신에서 이 점은 특히 강조되었다. 이것에 비해서 언약 갱신 때에 드려지는 제사(번제와 화목제, 피 뿌림)는 생략된 것에 비하면 그 중요도가 잘 드러난다. 이것은 조약이나 공적인 관계 형성에서 거듭 확인하는 태도와 동일하다. 먼저 여호수아는 이스라엘이 여호와를 계속 섬기기로 선택할 것인가를 두 번이나 물었고(14~15, 19~20절) 백성들은 두 번이나 응답해야 했다(16~18, 21절). 여기서 섬긴다는 것은 제사 드린다는 의미로 사용되는 좁은 의미가 아니라, 종주권 조약에서 약소국이 강대국과 소약 관계를 유지할 때의 태도를 나타낸다. 물론 종주권 조약에서 볼 수 있는 이기적이며 위선적인 내용은 하나님과 이스라엘 사이에는 없었다. 즉 이스라엘이 여호와를 언약의 대상으로 대하는 태도가 '섬기다'로 표현되었다.

그런데 여호와가 다른 신들과 세 번이나 비교되어 표현되었다. 애굽에서의 신들이나 강 저편에 조상들이 섬기던 신들이나 지금 살고 있는 가나안 지역의 신들과 여호와가 명백히 대조되었다. 그리고 이제는 택할 때임을 명백히 한다. 여기서 여호수아가 자신과 자신의 집은 여호와를 섬긴다는 말을 한 것은(24:15) 개인의 관점에서 보아야 할 본문이 아니다. 이 발언은 이스라엘이 여호와를 언약의 하나님으로 택하지 않을 경우 자신과 자신의 집을 통해서 언약의 역사가 이어져 간다는 내용이 들어 있다. 이스라엘이 범죄 했을 때 하나님이 모세를 통하여 언약 백성을 이룰 것을 제의한 것과 유사하다고 볼 수 있다(출 32:10).

이제 여호수아의 1차 제의에 대하여 백성들이 긍정적으로 선택하는 대답(16~18절)이, 2~13절의 하나님 말씀과 같이 역사적인 내용을 담고 있다는 점에서 흥미롭다. 즉 출애굽, 광야 여행과 가나안 정복을 언약의 하나님 여호와가 수행하셨던 것으로 기록하면서 그분을 언약의 하나님으로 섬길 것을 결의하였고, 그것을 언약적인 고백인 '그는 우리 하나님이다'라고 표현하였다.

그런데 이 대답을 들은 여호수아는 이스라엘의 자존심을 다시 한 번 완전히 꺾어 버린다. 즉 이스라엘이 여호와의 언약적 상대가 되기는 너무 힘들다는 것을 강조하였고, 동시에 이스라엘이 언약을 깨는 행동을 할 경우에 받을 언약적 저주를 표현하였다(19~20절). "복을 내리신 후에라도 돌이켜 너희에게 화를 내리시고 너희를 멸하시리라"(20절). 지극히 현실적이고 자극적인 표현이다. 이어서 백성이 다시 한 번 여호와를 언약의 하나님으로 섬기겠다고 말했을 때에, 여호수아는 이러한 언약적인 서약에 대하여 이스라엘 스스로가 증인이 될 것을 요구하였고 그들은 그것을 작정하였다(22절). 또 이러한 결단의 현실적인 적용을 하였는데 그것은 그들이 가지고 있던 이방 신상들을 제하는 것이었다. 여호수아의 이러한 요구에 대하여 백성들은 긍정적으로 답하였다(23~24절).

4. 간략하게 표현된 언약 체결 예식(25~28절)

이제 제2차 세겜 언약을 맺은 것을 결론적으로 말하고(25절), 그중에 중요한 내용을 단수로 표현된 언약법 '율례'(ph호크)와 '법도'(မᎯᎦᎷᎷᏄ미쉬파트)를 제시하였다. 모세를 통해서 이미 신명기에 제시된, 복수로 표현된 언약법 즉 '율례들'(ᎠᎯᎦᎣ후킴)과 '법도들'(ᎠᎯᎦᎷᎷᏄ미쉬파팀)을 근거로 하고, 여호수아 시대의 삶에 구체적으로 필요한 특수한 언약법을 제시한 것을 의미한다. 이어서 모든 말씀을 기록하고 돌(巨石)을 세운다. 그리고 그 돌을 이 모든 서약을 들은 증인으로 세우는 언약 체결식에서 흔히 있는 행동을 하였고(26~27절). 이 모든 것을 끝낸 뒤에 공적 언약체결 집회를 해산한다(28절).

5. '모세의 시종, 여호수아'에서 '여호와의 종, 여호수아'로(29절)

여호수아는 이 책의 첫머리에서 '모세의 시종'(1:1)으로 소개되었다. 그러나 이 책의 마지막에서 그는 '여호와의 종'(29절)으로 소개되었다. 이 칭호는 모세에게 전용되던 용어였는데 이제 여호수아에게 주어진 것이다. 여호와의 종을 섬기던 사환이었던 여호수아에게 이제 여호와의 종이라는 영광스러운 칭호가 주어진 것이다. 이러한 칭호를 자신의 역사의 마지막에 얻을 수 있었던 것은 그가 철저히 자신의 삶을 살아간 것이 아니었기 때문이었다. 오히려 하나님의 공동체가 자신의 미래의 삶의 근거인 땅을 얻는 과정을 언약의 원리를 따라서 수행해 나갔기 때문이었다.

그는 은혜의 언약 법칙을 따라서(2:14 "인자하고 진실하게" חסד ואמת헤세드 웨에멜) 이방인 중에서도 천하게 여겨지던 여인(라합)을 전격적으로 이스라엘 백성으로 편입시킬 줄 알았다. 또 그는 어떤 이스라엘 사람이 언약 법칙을 어길 때에(7:1 '바친 물건' חרם헤렘 거룩한 전쟁 행위) 그 사람이 비록 강력한 유다 지파의 자손이라고 할지라도 아골 골짜기에서 처형할 줄 아는 공정성도 가졌다.

또 가나안 땅에 들어가자마자 마무리하지 못한 모압(세겜) 언약을 완성하였다(8:30~35). 비록 기브온 족속의 속임수로 그들과 조약을 맺었지만 그 약속에 신실하여서 오히려 가나안 정복을 전격적으로 이룬 지도자였다. 또 땅 분배를 온전하게 마무리하였으며, 요단 동편의 자손들도 하나님의 언약 공동체에 들도록 지도한 사람이었다. 그는 모세와 같이 마지막 교훈을 하며(23장), 이제 다음 세대, 이스라엘 제3세대가 가나안 땅에서 언약을 따라 살게 하기 위하여 그들을 세겜에 불러 모아 언약을 새롭게 한 사람이었다(24장). 이때 이스라엘이 이룬 승전을 축하하는 분위기는 전혀 나타나지 않으며 오히려 미래에 이스라엘이 하나님을 섬기고 그 언약을 지키는 것이 얼마나 어려운지를 강조하는 실천적인 역사의식을 가진 지도자였다. 이런 위대한 지도자에게 각 시대에 중요한 사람이 얻게 되는 역사적 칭호를 돌린 것은 지극히 정당한 것이리라.

II. 본문연구

01

요단을 건너라

여호수아 1~4장 주해와 적용

하나님의 준비하심(수 1장)

출애굽의 지도자 모세의 죽음에 대한 언급(1절) 이후 야웨께서 여호수아를 모세의 후계자로 세운다. 신명기 역사가는 새로운 지도자 여호수아의 지도력 아래 정복의 역사가 새롭게 시작될 것임을 여호수아 1장을 통해 암시한다. 1장은 네 번의 연설들(speeches)로 구성되어 있다. 즉 하나님께서 여호수아에게 행한 연설(2~9절), 여호수아가 백성의 관리들에게 행한 연설(10~11절), 여호수아가 르우벤 지파 사람들과 갓 지파 사람들과 므낫세 반 지파 사람들에게 행한 연설(12~15절), 그리고 이들의 답변(16~18절)이다. 이 네 개의 연설들은 여호수아서를 읽는 독자들에게 신학적 정보를 제공해 준다. 백성의 믿음과 행동에 상관없이 하나님의 약속(promise)과 선물(gift)이 주어지게된다. 다만 여호수아와 백성들은 담대함으로 반응하기만 하면 된다(6~7, 9, 18절). 또한 현재 이들에게 필요한 것은 민족적 결속과 하나님께서 임명하신 지도자에 대한 복종, 율법에 대한 순종, 모든 백성을 위한 자기희생이다.

1. 본문 사역과 비평
[1:1] ª야웨의 종ª 모세가 죽은 후 야웨께서 모세의 시종자 눈의 아들 여호수아에게 말씀하여 이르시되

[1:2] 나의 종 모세가 죽었으니 너는 이제 일어나 이ᵃ 요단을 건너가라 너와 이 모든 백성들은 내가 ᵇ이스라엘 자손에게ᵇ 줄 그 땅으로 (건너가라)

[1:3] 내가 모세에게 명했던 것처럼 너희 발ᵇ바닥이 밟는 모든 곳을 너희에게 주었으니

[1:4] 광야와 이ᵃ 레바논에서부터 큰 강 유브라데강까지 ᵇ헷 족속의 온 땅ᵇ과 해가 지는 큰 바다까지 너희 영토가 되리라

[1:5] 네ᵃ 평생에 너를 당할 자가 없으며 내가 모세와 함께 있었던 것처럼 너와 함께 있어 너를 떠나지도 너를 버리지도 아니하리라

[1:6] 너는 강하고 담대하라 내가 이 백성으로 조상에게 주리라고 맹세한 그 땅을 너는 차지하리라

[1:7] 오직 강하고 극히 담대하라 나의 종 모세가 너에게 명한 모든 율법들을 지켜 행하고 우로나 좌로ᵃ 치우치지 말라 그러면 네가 어디로 가든지 형통할지라

[1:8] 네 입으로부터 이ᵃ 율법 책을 떠나지 말며 그것을 주야로 묵상하여 그 안에 기록된 모든 것대로 지켜 행하라 그러면 네 길을 성취할 것이며 그때 네가 형통하리로다

[1:9] 내가 네게 명하지 아니하였느냐? 강하고 담대하라 두려워 말고 놀라지 말라 야웨 네 하나님이 네가 가는 어디든지 너와 함께 있기 때문이다

[1:10] 그때 여호수아가 백성의 유사들에게 명하여 이르기를

[1:11] 진중으로 다니며 그 백성에게 명하여 이르기를 너희는 식량을 준비하라 너희는 삼 일 안에 이 요단을 건너 너희 하나님 야웨께서 너희가 차지하도록 주실 그 땅을 차지하기 위해 들어갈 것이다 하라

[1:12] 여호수아가 르우벤 지파 사람들ᵃ과 갓 지파 사람들ᵃ과 므낫세 반 지파 사람들ᵃ에게 말하여 이르되

[1:13] 야웨의 종 모세가 너희에게 명했던 그 말씀 곧 너희 하나님 야웨께서 너희에게 안식을 주시며 이 땅을 너희에게 주실 것이라는 것을 기억

하라

[1:14] 너희 아내들이나 너희 아이들과 너희 가축들은 요단 건너편 모세가 너희에게 주었던 그 땅에서 머물 것이며 너희 모든 용사들ª은 너희 형제들보다 앞서 무장하고ᵇ 건너가서 그들을 돕고

[1:15] 야웨께서 너희처럼 너희 형제들을 안식케 하며 너희 하나님 야웨께서 그들에게 주실 그 땅을 그들이 또한 차지하거든 너희는 너희 소유지 곧 야웨의 종 모세가 너희에게 주었던 요단 건너편에 있는 해 돋는 곳으로 돌아와서 그것을 차지할지니라

[1:16] 그들이 여호수아에게 대답하여 이르되 당신이 우리에게 명한 모든 것을 우리가 행할 것이라 그리고 당신이 우리를 보내는 어디든지 우리가 가리라

[1:17] 우리가 범사에 모세에게 순종했던 것처럼 그렇게 우리가 당신께 순종할 것이며 오직 당신의 하나님 야웨께서 모세와 함께하셨던 것처럼 당신과 함께하시길 원하나이다

[1:18] 당신의 명령을 거역하며 당신의 말씀들에 순종하지 않는 자는 누구든지 ª죽게 될 것이니ª 오직 강하고 담대하소서

[1ª~ª] 70인역에서는 이 표현이 생략되어 있다.

[2ª] 70인역에서는 지시 대명사 "이"가 생략되어 있다.

[2ᵇ~ᵇ] 70인역에서는 이 표현이 생략되어 있다.

[3ª] 일부 히브리어 필사본, 70인역에서는 '너희 발들'이라는 복수형을 사용하고 있다.

[4ª] 70인역과 불가타역 그리고 신명기 11:7에서는 지시 대명사 "이"가 생략되어 있다. 여기서 말하는 "이 레바논"이 정확히 어디서 어디까지를 말하는지 정확한 경계를 알 수 없다.

[4ᵇ~ᵇ] 70인역에는 "헷 족속의 온 땅"이라는 표현이 없다. 이 표현은 히브리어 성경의 주해로 보인다.

[5ᵃ] 70인역, 불가타역, 페쉬타에서는 2인칭 복수 형태를 취하고 있다. 이는 앞 절의 수(number)와 일치시키려는 의도이다.

[7ᵃ] 개역한글은 "좌로나 우로나"로 번역하고 있다. 그러나 히브리어 성경에서는 그 순서가 '우로나 좌로'라고 기록되어 있다. 70인역과 불가타역 또한 히브리어 성경을 따른다.

[8ᵃ] 본문에서 히브리어 구약성경은 지시 대명사가 남성 단수 형태로 되어 있다. 이를 직역하면 '율법의 이 책'이 되어야 한다. 그러나 일부 히브리어 필사본, 70인역, 불가타역에서는 "이"라는 지시 대명사가 '율법'(토라)과 연계되어 있어서 "이 율법 책"이라는 표현으로 쓰이고 있다. 그 경우 히브리어 지시 대명사는 여성 단수 형태(הזאת하조트)로 쓰여야 한다.

[12ᵃ] 히브리어 본문에서는 각 지파가 아닌, 지파의 사람들을 말하고 있다.

[14ᵃ] 히브리어 '깁보레 하하일'(גבורי החיל)은 '군대의 용감한 자', 곧 "용사"를 의미한다.

[14ᵇ] 게제니우스(Gesenius) 히브리어-아람어 사전에서는 히브리어 '하무쉼'(חמשים)을 우리말로 "무장하고"라고 사용하고 있다. 그러나 이 히브리어 단어는 문자적으로 보면 '50으로 배열해서'라는 뜻이다. 이는 전쟁을 위해 군사들의 각 단위를 50명씩 나눈 것을 의미한다고 볼 수 있다.

[18ᵃ~ᵃ] 히브리어 성경을 직역하면 '당신이 그가 죽을 것이라고 명하다'로 번역된다. 이를 번역의 편의상 '죽게 될 것이니'라고 표현했다.

2. 본문 이해

1) 야웨께서 여호수아를 모세의 후계자로 세우시고, 그에게 행한 연설(1~9절)

1절에서 여호수아는 모세처럼 어떤 중재자 없이 야웨로부터 직접 지시를 받는다. 이러한 모습은 여호수아서에서 자주 볼 수 있다(4:1; 5:2; 6:2; 7:10;

8:1). 1절은 여호수아가 모세의 후계자로서 등장하는 것인데, 이는 이미 오경의 앞선 본문들(출 24:13; 33:11; 민 11:28)에서 암시되고 있었다. 1절에서는 이전 리더십과 새로운 리더십의 교체를 말하고 있는데, 신명기 사가의 지도력의 이양에 대한 본문을 사무엘상 3:1(엘리와 사무엘)에서, 그리고 열왕기상 19:21(엘리야와 엘리사)에서도 볼 수 있다.

2~9절은 야웨께서 여호수아에게 행한 연설이며, 여호수아는 이 내용을 백성들에게 전하고(10~15절), 이스라엘은 이 명령에 순종한다(16~18절). 이러한 세 가지 유형은 3, 4, 6, 8장에서도 나타난다.

2절에서 여호수아에게는 두 가지 임무가 주어지게 된다. 첫째는 요단을 건너 이스라엘 백성을 가나안 땅으로 인도하는 것이고, 둘째는 이스라엘에게 그 땅의 소유가 되도록 하는 것이다.

3~4절에는 인칭의 변화가 나타난다. 즉 2인칭 단수에서 2인칭 복수로의 변화이다. 이는 이스라엘 민족 전체와 여호수아서를 읽는 독자들에게로까지 적용시키기 위한 의도이다(R. D. Nelson).

3~9절은 신명기 본문과 비교할 만한 내용이 많다. 3~5상절은 신명기 11:24~25에 기초하고 있으며, 5하~6, 9절은 신명기 31:6~8을 기초하고 있다. 또한 7~8절은 신명기 17:18~19의 왕에 대한 교훈과 유사하다.

3절에 언급된 "너희 발바닥이 밟는 모든 곳을 내가 다 너희에게 주었으니"라는 표현은 땅 소유를 위한 당시 법적인 권리로 보인다. 주전 13세기 고대 가나안 땅에는 저지대를 중심으로 주민들이 살았으며, 대부분의 고지대에는 사람들이 거의 살고 있지 않았다. 따라서 가나안의 고지대는 출애굽 이주민들이 정착하기에 가장 적격이었으며, 그들은 중앙 고지대를 중심으로 땅에 정착해 나가게 된다. 3절은 창세기 13:17과 비교해 볼 때 땅을 밟는다는 의미는 땅의 소유를 의미한다고 볼 수 있다.

4절은 신명기 11:24을 기초하고 있으며, 이스라엘 백성이 차지해야 할 지역적 경계를 알려 준다. 먼저는 남쪽에서 북쪽, 즉 광야에서 레바논을 지나 유프라테스까지를 말하며, 그다음에는 동쪽에서 지중해가 있는 서쪽까지를 말한다. 이러한 경계는 이스라엘의 전통적인 영역 언급 중 가장 확장된 경계 지역이다(창 15:18; 신 1:7). 이 경계는 고대 이스라엘 역사에서 실현되지 않았지만, 그러나 통일 왕국 시대에는 가장 넓은 영토를 확보해서 당시 주변 국가들로부터 조공을 받았던 것으로 보인다(참고 삼하 8:3~12; 왕상 4:21, 24; 8:65). 그러나 여호수아서에는 이 영토를 실제로 여호수아가 정복했다고 보고하고 있다(10:40~41; 11:16~17, 21~22; 13~19장).[1]

5절의 "너를 능히 당할 자 없으리니"라는 표현은 신명기 20:1~4을 반영하는 것으로 이는 신적 전쟁을 암시한다. 야웨는 전쟁에 임하는 상황에서 '너는 마음을 강하고 담대히 하라', '두려워 말라', '내가 주었다', '너를 떠나지 아니하시며 버리지 아니하리니' 등의 말로 격려한다(비교 신 1:29~31; 2:24~25; 31:1~8). 따라서 이스라엘 백성들이 갖춰야 할 자세는 하나님에 대한 강한 신뢰이면서, 동시에 강인한 정신력이다. 그러나 적들은 그러한 모습을 지니지 못해서 패하게 된다(2:9, 24; 5:1; 10:2).

7절은 토라에 대한 철저한 순종을 말하고 있다. 이 순종을 위해 7절에서는 히브리어 '라크'(רק), 즉 "오직"이라는 말로 시작한다. 그리고 6절에서 언급했던 "마음을 강하게 하라 담대히 하라"는 말을 다시 한 번 반복한다. 그런데 7절에서는 마음을 강하고 담대히 할 것 외에 요구 사항이 있다. 그것은 "나의 종 모세가 네게 명한 율법을 다 지켜 행하고 좌로나 우로나 치우치지" 않는 것이다. 그럴 경우 "어디로 가든지 네가 형통"케 될 것이다. 7절은 6절과 달리 전쟁의 승패가 토라에 대한 순종의 결과임을 알려 준다. 이 토라는 하나님께서 모세에게 주신 것이며(신 1:1~5), 모세가 기록한 것이다(신 31:24). 신명기에서 가장 중요한 주제 중 하나인 토라에 대한 순종 주제가 여호수아서를 시작하면서 다시 언급된다. 이는 여호수아서가 신명기 사가의 저작이기 때문이라 볼 수 있다(M. Noth).

9상절은 6절과 수미쌍관(inclusio)을 이룬다. 즉 '마음을 강하게 하고 담대히 하라'가 반복된다. 9하절에서 임마누엘 사상('네 하나님 야웨가 너와 함께하느니라')이 나타난다. 9절의 전체적인 상황과 주제는 열왕기상 2:1~4에 나타난

다윗이 그의 계승자 솔로몬에게 행한 마지막 권면과 유사하다. 이는 율법에 대한 순종이 신명기 역사가의 중요한 주제이기 때문에 여호수아서에서 계속해서 반복된다(8:31; 22:5; 23:6).

2) 여호수아가 백성의 관리들에게 행한 연설(10~11절)

10~11절은 야웨께서 행하신 연설이 여호수아에 의해 전달된 첫 번째 명령이다. 그 내용은 백성의 관리들(10절)에게 전쟁 준비를 하라는 것이다(11절). 이 관리들은 신명기 1:15에서 "패장"이라는 단어로 언급된 자들이다. 히브리어로는 '쇼테르'(שטר)이다. 이 '쇼테르'는 신명기 16:18에서 재판관을 돕는 "유사"로 불리기도 하며, 때로는 "장관"(신 20:9), "영장"(대하 26:11), "간역자"(잠 6:7)로도 불렸다. 이들을 중앙 권력에서 임명한 관리로 볼 수 있다.[2]

11절에서 '삼 일'이라는 시간이 주어지며, 삼 일이 끝나면서 관리들이 진중에 돌아다니면서 백성들에게 다른 명령들을 행한다(수 3:2). 이들의 기능은 이것으로 끝나게 되고, 이들은 수동적인 청중의 역할로 점차 사라지게 된다(R. D. Nelson; 수 8:33; 23:2; 24:1). 이 '삼 일' 모티브는 2장에서 다시 언급된다(2:16, 22). 이스라엘 백성들이 삼 일 동안 전쟁 준비를 할 때, 정탐꾼들이 가나안을 정탐하고 삼 일 만에 돌아오게 된다.

"양식을 예비하라"는 명령은 5:11~12과 약간의 긴장이 있는 본문이다. 5:12에서 이스라엘 백성들이 가나안에 들어가서 그 땅 소산을 먹었다고 말하고 있다면, 굳이 1:11에서 "양식을 예비하라"는 말은 필요 없다. 1:11에서 언급하고 있는 "양식을 예비하라"는 말은 힘든 여정을 위한 순종적 준비를 뜻한다고 볼 수 있다. 5:11~12의 주된 교훈은 전쟁을 치르기 전에 이미 가나안의 소산들을 이스라엘이 누리게 되었음을 알려 주려는 의도이다.

3) 여호수아가 요단 동편 지파 사람들에게 행한 연설(12~15절)

12~15절은 요단 동편에 땅을 분배받게 되었던 지파들에게 행한 새로운 미션이 소개된다. 요단 동편에 땅을 분배받게 되는 르우벤 지파 사람들과 갓

지파 사람들과 므낫세 반 지파 사람들 중에 아내들, 아이들, 가축들은 요단 동편에 머물지만 그 지파들의 용사들은 형제들보다 앞서 요단강을 건너 돕고, 요단 서편의 땅을 차지한 이후에 요단 동편으로 돌아와 그 땅을 차지하라는 내용이다. 이 내용은 이미 신명기 3:12~22에서 언급했던 내용의 반복이다. 12~15절의 특이점은 모세가 야웨의 약속의 중재자로서 등장한다는 점이다.

13절과 15절에 나오는 "안식"에 대한 주제는 이후에 21:44; 22:4; 23:1에서도 언급된다. 본문에 나오는 '안식하다'는 의미는 가나안 땅을 얻게 되는 것을 의미한다.

13절에 나오는 두 지파 반이 얻게 되는 땅은 아마르나 문서에서도(ANET, 254, 478), 히브리어 구약성경에서도(민 34:2, 10~12; 신 32:49) 가나안 땅에 소속되지 않는다. 그럼에도 불구하고 두 지파 반은 가나안 땅이 아닌 요단 동편의 땅을 차지하게 되며, 이들은 계속해서 요단강을 건널 때(4:12~13)에도, 정복한 지역의 왕들에 대한 목록(12:1~6)에서도, 땅 분배를 시작하는 서론(13:8~32)에서도, 그리고 땅 분배를 마치고 각 지파들을 축복하는 본문(22장)에서도 언급된다. 열두 지파의 협력은 여호수아서에서 절대적이다. 여호수아서에서는 모든 지파들이 한 지도자인 여호수아 아래 협력적인 모습으로 통일된 정복 전쟁을 벌인다. 이 요단 동편 지역을 주전 9세기 중엽에는 모압에게 빼앗기게 되고, 주전 732년 이후에는 앗시리아에게 빼앗기게 된다. 요단 동편의 두 지파 반은 분명 젖과 꿀이 흐르는 가나안 땅 밖에 위치하였지만, 이 땅은 한편으로는 하나님께서 덤으로 주신 땅이기도 하다. 이스라엘이 가나안을 진격하기 위해서는 요단 동편의 땅을 소유해야만 하기 때문이었다.

4) 요단 동편 지파들의 대답(16~18절)

16~18절은 요단 동편의 두 지파 반이 여호수아를 절대적으로 믿고 따르겠다는 의지를 피력한다. 17절에서 이들은 하나님 야웨께서 모세와 함

께하셨던 것처럼 여호수아에게도 함께하길 기원하며, 만약 여호수아의 리더십에 대해 반항하는 자는 사형에 처할 것을 요청하고 있다(18절, 비교 신 13:10; 17:12). 이 내용은 이후에 나오는 아간의 운명에 대한 전조이기도 하다 (7:24~26; 22:20).

3. 설교를 위한 적용

1장에서 다음의 교훈을 찾을 수 있다. 첫째, 하나님은 지도자를 키우고 준비시킨다(1~2절). 모세의 죽음 이후 출애굽 백성들에게 리더십의 공백이 있을 수 있었지만, 하나님께서는 여호수아를 광야 시절에 모세의 후계자로 교육시켜 모세의 죽음 이후 이스라엘 백성들을 가나안 땅으로 인도하게 하셨다. 여기에서 준비하시는 야웨의 모습을 보게 된다. 둘째, 택한 백성을 위해 직접 전사가 되어 싸워 주시는 야웨이다. 요단을 건너 가나안 땅으로 진격해 가야 할 여호수아와 이스라엘 백성에게 하나님께서는 "어디로 가든지 형통하리니"라고 말씀한다. 이 말은 이스라엘을 위해 성전(holy war)을 치르시겠다는 하나님의 의지의 표현이다. 이후 하나님은 이스라엘 앞서 나가 전쟁을 행하신다. 셋째, 토라에 대한 순종이 곧 전쟁에서의 승리라는 공식을 알려 준다(6~7절). 우리 그리스도인들이 세상에서 바른 길을 행함으로 최후 승리를 얻게 됨은 결국 말씀에 대한 순종이라는 교훈을 알려 주고 있다. 넷째, 리더십에 대한 순종이 필요하다. 어느 공동체이든지 리더를 필요로 하고, 또 부족하지만 그 공동체를 이끌 수 있도록 리더를 하나님께서 세우신다. 공동체에 속한 회원들에게 요청되는 것은 요단 동편의 두 지파 반처럼 여호수아의 리더십에 대해 순종하는 것이다(16~18절). 본문에서는 리더십의 순종이 곧 토라에 대한 순종과 일치한다. 반면 리더는 공동체의 영적 승리와 성장을 위해 영적으로 강하고, 담대하며, 율법을 지켜 행하고, 우로나 좌로나 치우치지 않아야 한다. 그리하면 그 공동체가 어디로 가든지 형통하게 될 것이다.

정탐꾼을 보냄(수 2장)

2장은 싯딤에서부터 시작된다. 싯딤은 사해 북동쪽 모압 평원에 위치한 성읍으로, 그 위치는 정확하지 않지만 가나안 입성을 위해 가장 마지막으로 진을 쳤던 곳이다. 여호수아는 광야 시절 열두 명의 정탐꾼으로 활동한 바 있었기에(민 13장) 가나안 입성을 앞두고 두 명을 선발하여(1절) 가나안 땅을 정탐케 한다. 이들은 창녀 라합을 만나 구사일생으로 목숨을 건지고(2~6절), 라합의 가족들을 가나안 침략으로부터 구해 줄 것을 약속한다(12~14절). 이들은 돌아와 여호수아에게 모든 일을 고하고, 가나안 정복에 대한 강한 의지를 확인하게 된다(23~24절).

1. 본문 사역과 비평

[2:1] 눈의 아들 여호수아가 싯딤에서 두 사람을 정탐꾼으로 은밀히 보내며 이르기를 가서 그 땅과 여리고를 보라 그때 그들이 가서 라합이라 이름하는 창녀의 집에 들어가서 거기에 유숙했다

[2:2] 어떤 이가 여리고 왕에게 말하여 이르되 보소서 ᵃ이 밤에ᵃ 이 땅을 정탐하러 이스라엘 자손들 중 몇 사람이 이리로 들어왔나이다

[2:3] 여리고 왕이 라합에게 (사람을)ᵃ 보내어 이르기를 네 집에 와 있는 사람들을 끌어내라 이들은 이 모든ᵇ 땅을 정탐하기 위해 왔다

[2:4] 이 여자가 두ᵃ 사람을 데려다 숨겼다 그리고 그 여자가 말하기를 그 사람들이 나에게 왔으나 그들이 어디서 왔는지 나는 알지 못했고

[2:5] 어두워 성문이 닫힐 때 그 사람들이 나갔으니 그들이 어디로 갔는지 나는 알지 못하니 그들 뒤를 빨리 쫓아가라 그러면 따라잡으리라

[2:6] 그녀는 그들을 지붕으로 데리고 올라가서 지붕에 놓은 삼대에 그들을 숨겼다

[2:7] 그 사람들은 요단 길로 나루턱까지ᵃ 따라갔고 그들을 쫓는 자들이 나가자 그 성문을 닫았다

[2:8] 그들이ª 눕기 전에 그녀가 지붕에 있는 그들에게로 올라와서

[2:9] 그들에게 이르기를 야웨께서 너희에게 그 땅을 주셨음을 내가 아노
니 ª우리가 너희를 심히 두려워하고ª 이 땅에 거주하는 모든 자들이
너희 앞에서 두려워하나니

[2:10] 이는 야웨께서 너희가 이집트에서 나올 때 너희 앞에 있는 홍해 물
을 마르게 하신 일과 너희가 요단 건너편에 있는 아모리 사람의 두
왕 시혼과 옥에게 행한 일, 곧 그들을 진멸시킨 것을 우리가 들었음
이라

[2:11] 우리가 듣고 마음이 녹았으며 너희 때문에 ª정신을 잃게 되었다ª 너
희 하나님 야웨는 위로는 하늘에서 아래로는 땅에서 하나님이시라

[2:12] 그러므로 이제 청하노니 내가 너희로 자비를 행하였으니 너희 또한
나의 아비의 집에 자비를 행하길 야웨로 내게 맹세하고 나에게 진실
한 징표를 주라

[2:13] 너희는 나의 아버지와 나의 어머니와 나의 형제와 나의 자매와 그들
에게 속한 모든 사람을 살려 주어 죽음으로부터 우리의 생명들을 구
해라

[2:14] 그 사람들이 그녀에게 이르기를 우리의 이 일을 누설하지 않는다면
우리의 목숨을 너희 대신에 죽도록 할 것이며 야웨께서 우리에게 그
땅을 주실 때 너를 자비와 진실로 대하리라

[2:15] 라합이 밧줄로 창을 통해 그들을 달아내리니 그녀의 집이 성벽 위에
있음이라 라합은 성벽 위에 살고 있었다

[2:16] 라합이 그들에게 이르기를 쫓는 자들을 만나지 않기 위해 산으로 가
라 너희는 쫓는 자들이 돌아갈 때까지 거기에 삼 일을 숨었다가 이
후에 너희의 길을 갈지니라

[2:17] 그 사람들이 그녀에게 이르기를 당신이 우리와 맹세한 이 서약을
ª우리가 허물없게 하리라ª

[2:18] 보시오 우리가 이 땅에 올 때 당신은 이 붉은 줄을 우리를 달아 내린

그 창에 매고 네 아버지와 네 어머니와 네 형제들과 네 아버지의 모든 가족들을 집에 모으라

[2:19] 네 집 문에서 거리로 나서는 모든 자는 그의 피가 그의 머리에 있을 것이요 우리는 책임이 없으리라 그러나 너와 함께 집에 있는 모든 자에게 손을 대면 그의 피는 ª우리의 머리에 있으리라ª

[2:20] 그러나 네가 우리의 일을 누설하면 네가 우리와 맹세한 서약이 우리에게 책임이 없으리라

[2:21] 그때 라합이 이르기를 너희 말대로 하리라 하고 그들을 보내어 가게 하고 창에 붉은 줄을 매니라

[2:22] 그들이 가서 산에 이르러 그들을 쫓는 자가 돌아갈 때까지 사흘을 거기 머물매 쫓는 자들이 모든 길을 찾았으나 발견하지 못한지라

[2:23] 두 사람이 돌이켜 산에서 내려와 강을 건너 눈의 아들 여호수아에게 와서 그들에게 있었던 모든 것을 고하니라

[2:24] 그들이 여호수아에게 이르기를 야웨께서 그 모든 땅을 우리의 손에 주셨으니 우리 앞에 있는 그 땅 거민들 모두가 두려워하더이다

[2ª~ª] 이 표현은 70인역에서 빠져 있다.

[3ª] 히브리어 본문에서는 목직어에 해당되는 '사람을'이라는 단어가 생략되어 있다.

[3ᵇ] 히브리어 일부 필사본과 70인역, 그리고 페쉬타에서는 '모든'이라는 단어가 생략되어 있다.

[4ª] 70인역과 불가타역에서는 '둘'이라는 기수가 삭제되었고, 단지 '사람들'만 쓰여 있다.

[7ª] 히브리어 성경의 '알'(עַל)은 적합한 단어가 아니다. 오히려 탈굼처럼 '아드'(עַד)를 사용하거나, 혹은 '엘'(אֶל)을 사용하는 것이 적합한 표현이다.

[8ª] "그들"에 해당되는 사람들은 라합의 집을 방문했던 정탐꾼들이다.

[9ᵃ~ᵃ] 히브리어 본문을 직역하면 '너희의 공포가 우리에게 임한다'이다. 이 표현은 "우리가 너희를 심히 두려워하고"라는 표현으로 바꿀 수 있다.

[11ᵃ~ᵃ] 히브리어 본문을 직역하면 '사람 안에 있는 영이 서지 못했다'이다. 이 표현은 의미상 우리가 '정신을 잃게 되었다'라는 표현이 더 좋을 듯하다.

[17ᵃ~ᵃ] 개역한글은 "우리가 허물이 없게 하리니"로 번역되어 있다. 좀 더 분명하게는 '맹세를 지킬 것이라'는 의미이다.

[19ᵃ~ᵃ] 의미상 '책임이 있으리라'는 뜻이다.

2. 본문 이해

1) 두 정탐꾼이 라합의 집에 들어감(1~3절)

1절은 2장에서 등장하게 되는 인물들과 지역을 소개하고 있다. 즉 여호수아가 두 정탐꾼을 싯딤에서 가나안 땅으로 보내어 여리고를 정탐하고 오라는 미션을 준다. 이들은 그곳에서 창녀 라합을 만나게 된다. 가나안 입성 이전에 출애굽 백성이 싯딤에 머무른 이야기가 민수기 25:1과 미가 6:5에도 나온다. 1절에 나오는 여리고는 가나안을 들어가기 위한 전략적 관문이다. 여호수아가 야웨의 약속 이후 곧바로 가나안에 정탐꾼을 보내는 것이 야웨에 대한 불신 혹은 여호수아의 약해진 행동으로 비춰질 수 있지만, 2장에서는 그에 대한 어떤 암시도 찾을 수 없다. 1절의 정탐은 7:2에서 다시 반복되는데, 여호수아는 사람을 여리고에서 아이로 보내어 그 땅을 정탐하게 한다.

'창녀의 집에 들어가 거기서 유숙하더니'(1절). 두 명의 정탐꾼이 선택한 집은 창녀 라합의 집이다. 이들의 선택은 석연치 않은 결정이었다. 히브리어 '보'(בוא)라는 단어는 '들어가다'라는 의미로 성적인 풍자(sexual innuendo)로 쓰이는 단어이다. 이 정탐꾼의 정체에 대해서는 정확히 알 수 없지만, 6:23에 근거한다면 이들은 젊은 청년이었을 것이며, 젊은 혈기에 창녀의 집에 들어

갔던 것은 아니었을까 의심할 수 있다. 그러나 다른 한편에서는 이들의 비밀스런 활동을 위해 가장 완벽했던 장소가 라합의 집이었던 것으로 보인다. 라합은 성문에 있던 여관을 운영했던 것으로 보인다. 그곳을 통해 사람들의 들어오고 나감을 알 수 있었고, 최신의 정보를 얻을 수 있었으며, 또한 낯선 자들의 방문에 대해서는 알려야 할 의무가 있었을 것이다(D. Wiseman). 이 정탐꾼들은 여리고의 최신의 정보를 얻기 위해 라합의 집을 선택했던 것이다. 라합의 직업이 결국 정탐꾼들을 살린 것이다.

2절은 이야기의 전개에 해당되는 것으로 문제가 야기된다. 긴장감이 극대화 되는데, 정탐꾼의 방문이 여리고 왕에게 알려진 것이다. 이것은 위험스런 객을 받음으로 인해 라합이 궁지에 몰릴 위기에 처해 있는 것이다.

3절에서 라합은 왕의 사람들 앞에, 그리고 개인적인 위기 앞에 직면해 있다. 이들은 정탐꾼들이 여리고를 정탐하러 왔다고 말하면서 정탐꾼들을 자신들에게 넘겨줄 것을 요구하고 있다. 이러한 모습과 언어 사용은 롯과 기브아의 에브라임 사람에게 그의 객을 끌어내라고 하는 본문(창 19:5; 삿 19:22)과 유사하다.

2) 정탐꾼들을 숨겨 준 라합(4~7절)

4절은 라합이 진실을 말한 것으로 볼 수 있다("과연 그 사람들이 내게 왔었으나 그들이 어디로서인지 나는 알지 못하였고"). 그러나 5절은 라합이 거짓을 말한 것이다("그 사람들이… 나갔으니"). 라합은 그동안 자신의 집(여관)에 온 객들이 어디에서 왔는지, 그리고 어디로 갔는지를 굳이 알 필요가 없었다. 그러나 가나안의 정탐꾼에 대해서는 특별한 관심을 갖고, 왕의 관리들에게 거짓 정보를 알려 준다("그 사람들이 어두워 성문을 닫을 때쯤 되어 나갔으니"). 왕의 관리들은 라합의 말을 신뢰했던 자들이었다. 그래서 7절에서는 "그 사람들은 요단 길로 나루턱까지 따라갔고 그 따르는 자들이 나가자 곧 성문을 닫았더라"고 말한다. 가나안 정탐꾼들을 찾던 자들은 더 필사적이었다(7절). 왕의 관리들이 이제는 여호수아에게 돌아가는 길을 차단해 버린 것이다. 이제 정탐꾼들이 살아

남을 수 있는 방법은 창녀 라합과 협상하는 것이었다.

3) 라합과 정탐꾼들의 협상(8~14절)

지붕에 벌여 놓은 삼대에 정탐꾼을 숨긴 라합은 이들이 눕기 전에 말한다 (8절). 라합의 제안에 대한 서론 부분이 9~11절에 나온다. 라합은 야웨에 대한 두려움(9절)으로 시작하여, 야웨에 대한 긍정적 신앙으로 발전한다(10~11절). 야웨가 이스라엘을 출애굽시킨 사실과 아모리의 두 왕 시혼과 옥을 멸했던 사실에 대해 라합은 들어 잘 알고 있다(10절). 라합은 그 야웨가 하늘과 땅의 하나님이라는 사실을 고백한다(11절). 그러나 라합이 고백한 하나님은 라합의 하나님이 아니라 "너희 하나님"으로 고백된다(11절). 구약성경은 라합을 이방인으로 보지 않고, 하나님의 힘과 영광을 찬양했던 외국인들 중에 한 사람으로 보고 있다.

10절에 나오는 '진멸'(חֵרֶם헤렘)이라는 주제는 신명기에서 계속해서 강조되는 주제이다(신 7:16; 13:15~18; 20:15~16). '헤렘'이라는 것은 이스라엘 백성들이 가나안 땅에 들어가게 될 경우 신앙의 순수성을 지키기 위해 방해되는 이방적 요소들(사람들, 가축들 등)을 모두 제거하는 것을 말한다. 이 헤렘 사상은 유일 신앙으로도 연결된다.

12~14절은 라합과 정탐꾼들 사이의 협상이다. 라합은 자신이 정탐꾼들에게 '헤세드'(חֶסֶד)를 보여 주었던 것처럼, 정탐꾼들 역시도 라합과 그의 가족들에게 '헤세드'를 보여 주어야 한다. 히브리어 헤세드는 우리말로 '선, 친절, 충성, 자비' 등을 뜻한다. 즉 이 맥락에서는 라합이 정탐꾼들에게 자비를 베풀었기 때문에, 정탐꾼들 역시 여리고 침략에서 라합과 그의 가족들에게 자비를 베풀어야 한다. 이 상황은 두 그룹 사이의 '약속'이면서, 동시에 '협상'으로 볼 수 있다. 라합과 정탐꾼들 사이의 '협상'임을 알려 주는 것이 17절과 20절에 나오는 '서약'(שְׁבֻעָה히슈바아)이라는 단어다. 라합과 정탐꾼들 사이에는 단순히 자비를 행하는 것 그 이상을 넘어서 두 그룹 사이의 협상이 오고 감을 볼 수 있다.

4) 정탐꾼들의 도주(15~21절)

이제 정탐꾼 이야기의 긴장이 해소되어 간다. 정탐꾼들이 라합의 말에 동의했기 때문에 라합은 닫혀진 성문에 대한 문제와 정탐꾼들의 신분 노출의 문제를 손쉽게 해결해 준다. 즉 창을 통해 줄을 내려 사람을 내림으로 해결한다. 이 모티브는 성경에서도 자주 언급된다(삼상 19:12; 행 9:25). 그러나 이야기의 순서상 17~21절이 15절 앞에 오는 것이 논리적인 순서에 적합할 것이다(J. A. Soggin).

라합은 성벽 위에 있고, 남자들은 성벽 아래로 내려감에도 불구하고 여전히 주도권은 라합에게 있다. 라합은 정탐꾼들이 어떻게 도망할 것인지에 대해 구체적인 방법(길과 시간까지도)을 알려 주고 있다(16절). 그러나 정탐꾼들이 여리고에서 어떤 정보를 입수했고, 어떤 활동을 했었는지에 대해서는 정확히 알 수 없다. 2장에서는 단지 정탐꾼들이 라합의 집에서 구출되는 이야기를 주로 다룰 뿐이다.

18절에 나오는 "붉은 줄"은 정탐꾼들이 라합에게 주는 것처럼 보이기도 하고, 혹은 라합이 정탐꾼들을 위해 자신의 붉은 줄을 창밖으로 내렸던 것으로도 볼 수도 있다. 그러나 아스무젠(J. Asmussen)은 라합이 자신의 창문에 붉은 줄을 매단 것은 창녀라는 직업의 전통적인 표시였다고 본다.

21절에 나오는 "줄"(תִקְוָה티크바)은 정탐꾼들에게 있어서 '희망'과 '기대'요, '구원의 줄'을 의미한다.

5) 정탐꾼들의 귀환(22~24절)

정탐꾼들은 16절에서 라합이 말한 대로 22절에서 이행한다. 그들은 산에 이르러 자신들을 쫓는 자들이 돌아갈 때까지 사흘을 머물렀고, 쫓는 자들이 자신들을 발견하지 못하자(22절) 산에서 내려와 강을 건너 여호수아에게 가서 자신들이 당한 모든 일을 알렸다(23절). 또한 정탐꾼들은 야웨께서 모든 땅을 붙이셨기 때문에 그 땅 모든 거민들이 자신들 앞에서 두려워하더라(24절)고 말한다.

22절과 23절에서 반복되는 히브리어 '마짜'(מצא)라는 단어는 '만나다' 혹은 '발견하다'라는 의미이다. 22절에서 여리고 왕의 관리들은 정탐꾼들을 발견하지 못했던 반면, 23절에서 정탐꾼들은 자신들이 만난 모든 일을 여호수아에게 알리고 있다. 이는 히브리어 '마짜'의 '언어 유희'(word play)이다.

24절의 "그 땅의 모든 거민이 우리 앞에서 간담이 녹더이다"라는 표현은 신학적인 해석이 가미된 표현이다. 2장에 의하면 정탐꾼들이 만난 사람은 라합일 뿐, 여리고의 모든 거민들이 이스라엘을 두려워했다는 것은 야웨 전쟁을 앞둔 적대국의 두려움에 대한 표현으로 이는 야웨 전쟁의 승리공식을 신명기 사가가 서술한 것이다. 야웨 전쟁의 승리는 요단강을 건너면서, 여리고 입성으로, 이후 기브온 하늘에서 보여질 것이다.

3. 설교를 위한 적용

정탐꾼들의 선택, 즉 창녀 라합의 집에 정탐꾼들이 들어간 일이 어떤 이유에서건 하나님은 여리고 정탐꾼들에게 이미 라합이라는 여인을 준비시켜서 그녀를 통해 보호받게 해 주고 있음을 보게 된다. 이는 순간순간 우리의 삶 속에서 예비하시는 하나님을 발견케 된다. 또한 라합의 입을 통해 출애굽을 하게 하신 하나님이 아모리 왕들을 물리치고, 이제 여리고의 땅을 이스라엘에게 주실 것이라는 고백을 듣게 된다. 여기서 이방 여인을 통한 하나님의 구원 계획을 보게 되는데, 이 하나님의 계획에 도구로 쓰임 받았던 라합은 보아스를 낳고, 보아스는 이후 다윗의 증조부가 되는 축복을 누린다. 또한 귀환한 정탐꾼들은 여호수아에게 여리고에서 있었던 모든 일에 대해 고하면서, 하나님께서 여리고와 가나안 온 땅을 이스라엘 손에 붙이셨다고 고백한다. 이는 광야 시절 여호수아와 갈렙이 가나안의 정탐꾼으로 갔다가 돌아와 행했던 고백(민 13:30; 14:6~9)과 유사한 긍정적인 보고이다. 긍정의 힘은 결과 또한 좋다.

요단을 건넘(수 3장)

3장은 요단을 가로질러 건너는 이야기이다. 3장은 여호수아의 지도력을 더 강화시키는 역할을 하며, 다양한 인물들이 등장하고, 강을 건널 때의 행렬에 대한 명령이 주어지며, 또한 강을 건널 때 강물이 마르는 기적이 일어나 백성들의 사기를 진작시켜 준다. 이 이야기의 중심에는 야웨께서 계신다.

1. 본문 사역과 비평

[3:1] 그리고 여호수아가 아침에 일찍 일어났으며 여호수아와 이스라엘 자손들이 싯딤에서 떠나 요단에 이르렀고 ª건너기 전ª 거기서 유숙하니라

[3:2] 사흘 후에 관리들이 진중으로 두루 다니며

[3:3] 백성에게 명하여 이르기를 너희는 너희 하나님 야웨의 언약궤를 레위 사람 제사장들ª이 매는 것을 보거든 너희는 너희의 그곳을 떠나 그 뒤를 좇으라

[3:4] 그러나 언약궤와 너희 사이의 거리를 이천 규빗 정도쯤 되게 하고 그것에 가까이하지 말라 그러면 너희가 행할 길을 알지니 너희가 이전에는 이 길을 지나지 않았기 때문이다

[3:5] 여호수아가 백성에게 이르되 너희는 스스로 성결케 하라 내일 야웨께서 너희 가운데 기적을 행하시리라

[3:6] 여호수아가 제사장들에게 말하여 이르되 너희는 언약궤를 메고 백성들 앞서 건너라 그러자 그들이 언약궤를 메고 백성을 앞서 나아가니라

[3:7] 야웨께서 여호수아에게 이르시되 내가 오늘 시작하여 온 이스라엘의 목전에서 너를 크게 하여 내가 모세와 함께 있었던 것처럼 너와 함께 있음을 그들이 알리라

[3:8] 너는 언약궤를 멘 제사장들에게 명하여 이르기를 너희가 요단 물가에 이를 때ª 요단을 건너라

[3:9] 또 여호수아가 이스라엘 자손들에게 이르되 이리로 와서 너희 하나님 야웨의 말씀들ª을 들으라

[3:10] 이르되 살아계신 하나님이 너희 가운데 계시사 가나안 족속과 헷 족속과 히위 족속과 브리스 족속과 기르가스 족속과 아모리 족속과 여부스 족속을 너희 앞에서 반드시 쫓아내실 것을 이 일로 너희가 알리라

[3:11] 보라 온 땅의 주의 언약궤가 너희보다 앞서 요단을 건너리니

[3:12] 이제 너희는 이스라엘 지파들 중에서 각 지파에서 한 사람씩 열두 명을 택하여

[3:13] 온 땅의 주 야웨의 궤를 멘 제사장들의 발바닥이 요단의 물에 닿으면 요단 물 곧 위로부터 흘러내리는 물이 끊어지고 한 곳에 서리라

[3:14] 백성이 요단을 건너기 위해 그들의 장막을 떠날 때에 언약궤를 메고 있던 제사장들이 백성을 앞서 행하니

[3:15] 요단이 추수 시기에는 항상 모든 언덕까지 넘치더라 요단 가에 궤를 멘 자들이 이르러 궤를 멘 제사장들의 발이 물가에 잠기자

[3:16] 위로부터 흘러내리던 물이 그쳐서 아주 멀리 사르단 근처 아담 성읍까지 일어나 하나로 쌓이고 아라바 바다 곧 염해ª로 흘러가는 물은 완전히 끊어지자 백성이 여리고 앞으로 건너니라

[3:17] 야웨의 언약궤를 멘 제사장들은 요단 가운데 있는 마른땅에 굳게 서 있었고 모든 백성이 요단을 건너기를 마칠 때까지 온 이스라엘은 마른땅을 건넜더라

[1ª~ª] 개역한글에서는 "건너지 아니하고"라는 표현을 사용하고 있으나, 히브리어 성경을 직역하면 '건너기 전'이라는 표현이 된다.

[3ª] 레위인들 중에는 제사장이 되는 자들이 있고, 제사장이 아닌 성전 가수, 성전 문지기, 서기관 등과 같은 일을 담당하는 자들이 있다. 3절에서는 특별히 "레위 사람 제사장들"이라는 표현을 사용하고 있는데,

이는 레위인들 중 제사장이 된 자들을 말하는 것이며, 이 용어는 신명기와 신명기 역사서에서 자주 사용된다(신 17:9, 18; 18:1; 24:8; 수 3:3 등). 이 표현은 후대에 자주 사용되었던 것으로 본다(T. C. Butler).

[8절] 히브리어 구약성경에는 '케보아켐'(כבאכם)으로 쓰여 있지만, 일부 히브리어 필사본과 탈굼에서는 '베보아켐'(בבאכם)으로 쓰여 있다. 맥락상 히브리어 전치사 '케'(כ)보다는 '베'(ב)가 옳다.

[9절] 히브리어 성경에서는 복수 연계형으로 되어 있지만, 70인역, 탈굼, 불가타역에서는 단수 연계형으로 되어 있다.

[16절] 우리가 알고 있는 '사해'(Dead Sea)는 성경에서는 '아라바 바다' 혹은 '염해'로 표기한다.

2. 본문 이해

1) 싯딤을 떠나 요단에 이름(1~4절)

1절에 '봐브'(ו) 연속법이 나오는 것으로 봐서 2장의 이야기가 3장으로 연결된다. 1절에 나오는 "아침에 일찍이 일어나서"라는 표현은 여호수아서에서 무언가 새로운 임무가 주어지게 되었을 때 사용하는 표현이다(비교 6:12; 7:16; 8:10). 여호수아는 싯딤을 떠나 요단을 건너기 바로 전에 유숙하게 된다.

2절에 나오는 "유사들"이나, 3절에 나오는 "레위 사람 제사장들"은 신명기 역사가가 즐겨 사용하는 신명기 사가적 사람들이다. 여호수아서에서는 이들이 중요한 순간에 언급됨을 자주 보게 된다(8:33; 23:2; 24:1). 2절에 나오는 "삼 일 후에"라는 표현은 여리고 정탐꾼들이 산에서 숨어 보낸 시간(2:22)과 일치한다. 이 '삼 일'은 여호수아서에서 기다림의 시간이다. 신명기에서는 언약궤가 백성들보다 앞서 나간다는 표현은 없지만, 야웨께서 백성들보다 앞서 건너신다는 표현은 나타난다(신 9:3).

4중절에 나오는 언약궤의 역할, 즉 "너희 행할 길을 알리니"라는 표현은 신명기 1:33과 조화를 이루게 된다. 언약궤는 백성들에게 갈 길을 보여 줄 것이다. 4상절은 언약궤와 이천 규빗 정도 거리를 두게 하고 있다. 이는 언약궤의 거룩성 때문이다. 이천 규빗은 대략 900m 정도 되는데, 사람들이 요단을 건너는 장면을 육안으로 보기에는 힘든 거리이다. 이천 규빗에 대한 기원은 민수기 35:5에서 제사장들이 각 지파의 성벽으로부터 이천 규빗 안에 살도록 말한 데서 온 것으로, 이는 안식일에 걸을 수 있는 거리를 의미한다.

2) 여호수아가 백성에게 행한 연설(5절)

5절에 나오는 "너희는 스스로 성결케 하라"는 표현은 일종의 제의적 행위를 요청하는 듯하지만, 성결은 야웨 전쟁을 앞두고 있는 백성들이 갖추어야 할 이념적 무장이다(신 23:14; 삼상 21:5).

"너희 가운데"라는 표현은 다시 10절에 반복되고 있다.

3) 여호수아가 제사장들에게 행한 명령(6절)

6절에서 여호수아가 제사장들에게 언약궤를 메고 백성들보다 앞서 건너라고 명령하자, 제사장들은 그 명령을 따라 언약궤를 메고 백성들보다 앞서 나간다. 이 6절의 명령이 8절로 바로 이어진다. 즉 제사장들이 요단 물가에 도달했을 때 여호수아는 요단을 건너라고 명령한다.

4) 야웨께서 여호수아에게 행한 명령(7~8절)

7절에 나오는 히브리어 '야다'(ירע)라는 단어는 우리말로 '알다'라는 뜻으로 야웨의 행위들에 대해 앎을 나타내는 신명기 사가의 중요한 핵심 단어이다. 7절에 나오는 '야다'가 10절에 다시 한 번 반복되고, 이후 4:22, 24에서도 반복된다.

8절에서 여호수아는 신적인 명령의 중재자로서 나타난다. 야웨는 여호수아에게만 직접 말씀하시는데(7절, 비교 1:1; 4:1, 15; 5:9; 6:2), 이는 여호수아에 대한 권위의 상징이다.

5) 여호수아가 이스라엘 자손에게 행한 명령(9~13절)

9절에서 여호수아는 이스라엘 자손에게 하나님의 말씀을 따를 것을 요청하고 있다.

10절에 나오는 "사시는 하나님"이라는 표현은 고백적인 어법으로써 구약성경의 다른 본문들에서도 자주 볼 수 있다(삼상 17:26; 시 42:2, 8; 84:2; 호 1:10). 특별히 "사시는 하나님"이라는 표현이 십계명을 받게 되는 호렙산 경험에서 사용되고 있다(신 5:26). 신명기 5:26은 시적인 표현으로, 하나님의 활동적이며 현존하심을 알리는 것이다. 10절의 사시는 하나님 역시 앞으로 일어나게 될 정복 전쟁에서 살아서 활동하시는 분으로 나타나며, 가나안의 일곱 족속을 쫓아내실 하나님으로 소개된다.

11절에 나오는 "온 땅의 주"라는 표현이 13절에서 다시 한 번 반복되는데, 이 표현은 가나안 땅의 주권자로서 야웨를 말하는 것인지, 아니면 온 세상의 통치자로서 야웨를 말하는 것인지 불분명하다. 신명기와 여호수아서에서는 '온 땅'이 '가나안 땅'을 가리킬 때 사용되기도 하고(신 11:25; 19:8; 수 6:27; 10:40; 11:16, 23), 또는 '온 세상'을 가리킬 때 사용되기도 한다(신 10:14; 수 2:11). 11절의 "온 땅의 주"는 이 둘의 의미가 되어도 크게 문제되지 않을 듯하다.

12절은 명령형의 문장이다. 이스라엘 지파 중에서 지파마다 한 명씩 열두 명을 택하라는 여호수아의 명령이다. 이 명령에 대한 반응이 4:2에 나온다. 이스라엘이 요단을 하나님의 기적적인 도움으로 건넜음을 이후 이스라엘 후손들에게 알려야 하는 임무가 이 열두 명에게 주어진다(4:7).

13절은 요단을 건널 때의 현상이다. 즉 위로부터 흘러내리는 물이 끊어지고 한 곳에 서게 된다. 여기서 사용되는 히브리어 동사는 '카라트'(כרת 끊어지다)와 '아마드'(עמד 서다)이다. 이는 요단이 북쪽인 갈릴리에서부터 흘러 내려오기 때문에 물이 끊겨 선다는 표현이 옳다. 이에 반해 모세가 홍해를 건널 때는 물이 '바카'(בקע 갈라지다, 출 14:21)라는 단어와 '아람'(ערם 쌓이다, 출 15:8), '니짜브'(נצב 일어서다, 출 15:8)라는 단어를 사용하여 끊기게 된다. 홍해는 갈대 바다(?)이기 때문에 물의 고저(高低)를 말할 수 없어서, 물이 갈라지고 쌓여서 서게 된다고 묘사하는 것이다. 그럼에도 불구하고 13절과 출애굽기의 사건은 히브리어 동사들이 서로 다르게 사용되지만, 물줄기가 끊긴다는 면에서는 요단을 도하할 때와 홍해를 건널 때 아주 흡사한 묘사를 보게 된다. 아마도 요단이 갈라지는 현상을 소개하면서, 홍해의 기적을 다시금 회상했던 것으로 보인다.

6) 요단을 건너감(14~16절)

13절 이후부터 하나님의 계획대로 모든 일이 진행된다. 5절에 약속한 "기사"가 13절에 비로소 시작되고, 그에 대한 보도가 14~16절까지 진행된다. 17절은 요약이다. 13절과 16절에서 물의 흐름이 끊어지는 표현들이 수미쌍관(inclusio)을 이루고 있다. 즉 '끊어지고', '쌓여 서리라', '그쳐서', '일어나 쌓이고', '끊어지매'.

14~16상절은 언약궤를 멘 제사장들이 요단에 들어가게 되자 위로부터 흐르던 물이 중단되는 기적을 묘사하고 있는데, 이는 마치 클로즈업된 카메라로 그 상황을 상세히 설명하고 있는 듯하다. 특히 16절에 나오는 '심히 멀리'(מְאֹד הַרְחֵק 하르헥 메오드)와 '온전히'(תַּמּוּ 탐무)라는 부사를 사용하여 하나님의 기적을 더 강조하고 있다. 지형학적으로는 아담 성읍 근처에서 아라바 바다로 흘러가는 듯하다(16절).

7) 요약(17절)

17절은 두 가지 동시적인 행동들에 대한 요약이다. 즉 언약궤를 멘 제사장들은 요단 가운데 서 있고, 온 이스라엘 백성은 그 요단을 건넌다. 언약궤를 멘 제사장들이 요단에 서 있어야 하는 시점은 백성이 요단을 모두 건널 때까지이다. 이에 대한 모습이 4:10~11에 나온다.

17절에서 강조하는 핵심 단어는 '마른땅'이다. 이 마른땅은 제사장들이 서 있는 자리이면서, 동시에 온 백성이 건너는 땅이기도 하다. 요단 도하는

'물'을 넘어간 것이 아니라, 땅을 밟고 지나간 것이다. 이 땅은 약속의 땅, 가나안 정착의 시작이었다.

17절에서 사용된 "백성"이라는 단어는 히브리어 '암'(עם people)이 아니라, '고이'(גוי nation)이다. 이는 요단을 건넜던 사람들이 한 민족적 개념의 백성이 아니라 이스라엘과 더불어 다양한 이방 민족들이 혼재된 상태임을 알려준다.

3. 설교를 위한 적용

3장에서는 하나님의 섬세함을 발견할 수 있다. 먼저 요단을 건널 때 언약궤를 멘 제사장이 앞장서고, 그 뒤를 백성이 따르는데, 구체적인 거리 간격까지 하나님께서 말씀한다(이천 규빗, 4절). 그리고 열두 지파 중에서 한 사람씩 열두 명을 선발하라고 말씀한다(12절). 이는 요단 물이 말랐을 때 열두 명이 돌을 하나씩 취해서 나중에 하나님의 기적을 대대 후손에게 교육하기 위함이었다(4:7).

또한 3장에서는 여호수아와 제사장과 백성의 순종을 보게 된다. 하나님의 명령에 아무런 저항 없이 여호수아와 제사장 그리고 백성은 순종함으로 요단을 건너게 된다(17절).

마지막으로 하나님의 거룩성은 늘 특별한 보호가 있었다. 광야 시절 하나님의 임재의 상징은 단연 언약궤였다. 이 언약궤는 아무나 함부로 만질 수도 없고 들 수도 없었다. 단지 제사장들만이 그 언약궤를 가까이할 수 있었고 들 수 있었다. 3~4절에서 백성이 언약궤보다 이천 규빗 떨어져 뒤쫓아야 하는 이유는 하나님의 거룩성 때문이다. 이스라엘은 하나님의 거룩성을 죄의 속성을 가진 인간이 쉽게 접근할 수 없게 하셨다. 오늘날 우리 역시 하나님의 거룩성을 지키고 보호해야 할 책임이 있다.

요단 건너기를 마침(수 4장)

4장은 3장처럼 잘 짜인 이야기 단락으로, 3장에서 언급했던 것들(1, 7, 12절)이 4장에서 실현되고 있다. 3:1에서 시작된 행진이 4:19에서 종결되며, 결론을 맺는다. 3장과 4장에서는 특별히 '건너다'(cross)라는 단어와 '마치다'(finish)라는 단어가 계속되는 중심 단어이다(3:16, 17; 4:1, 10, 11). 4장에는 명령과 설명이 반복적으로 나타나고 있다. 명령으로는 2절(열두 명을 택함), 3절과 5절(열두 개의 돌을 취함), 15~17절(제사장들이 요단에서 나오도록 함)이며, 설명으로는 6~7절(이것이 표징이 되고 기념이 되리라), 14절(여호수아를 크게 하셨다), 21~24절(홍해처럼 하셨다)이다. 4장에서 저자의 관심 주제들로는 '요단 동편의 지파들'(12절), '여리고'(13절), '여호수아의 명성'(14절), '시기'(19절), '길갈'(19절)이다.

1. 본문 사역과 비평

[4:1] 모든 백성이 요단 건너기를 마치매 야웨께서 여호수아에게 말씀하여 이르시되

[4:2] 너는 백성 중에서 각 지파에서 한 사람씩 열두 명을 택해ª

[4:3] 그들에게 명하여 이르되 제사장의 발이 굳게 서 있는 그곳 요단 가운데서 돌 열둘을 취하여 그것들을 너희에게 가져다가 오늘밤 너희가 유숙할 그곳에 그것들을 두라

[4:4] 여호수아가 이스라엘 자손들 중에서 각 지파에서 한 사람씩 세운 열두 사람을 불러

[4:5] 여호수아가 그들에게 이르되 너희 하나님 야웨의 궤 앞을 지나 요단 가운데까지 가서 이스라엘 자손들의 지파 수대로 각 사람이 돌 하나를 어깨에 메라ª

[4:6] 이것이 너희 중에 표징이 되리라 후에 너희 자손들이 물어 이르기를 너희 중에 있는 이 돌들은 무엇이뇨?

[4:7] 너희는 그들에게 대답하기를 야웨의 언약궤가 요단을 건널 때 그 앞에서 ª요단의 물이 끊겼나니ª 이 돌들이 이스라엘 자손들에게 영원히 기념이 되리라

[4:8] 이스라엘 자손들이 여호수아가 명한대로 행하되 야웨께서 여호수아에게 이르신대로 이스라엘 자손들의 지파 수를 따라 요단 가운데서 돌 열둘을 취하여 그것들을 유숙할 곳으로 가져다가 거기 두었더라

[4:9] 여호수아가 요단 가운데 곧 언약궤를 멘 제사장들의 발이 선 곳에 돌 열둘을 세웠더니 오늘까지 거기에 있더라

[4:10] 야웨께서 여호수아에게 명하사 백성에게 말하게 하신 일 곧 모세가 여호수아에게 명한 모든 일이 마칠 때까지 궤를 멘 제사장들이 요단 가운데 서 있었고 백성은 서둘러 건넜으며

[4:11] 모든 백성이 건너기를 마치자 야웨의 궤와 제사장들이 ª그 백성 앞으로ª 나아갔다

[4:12] 르우벤 자손들과 갓 자손들과 므낫세 반 지파가 모세가 그들에게 말한대로 이스라엘 자손들보다 앞서 무장하고 건너니라

[4:13] 무장한 사만 명 정도가 야웨보다 앞서 건너가 싸우려고 여리고 평지에 이르니라

[4:14] 그날에 야웨께서 모든 이스라엘 앞에서 여호수아를 크게 하시니 모세가 살아 있는 동안 그를 두려워했던 것처럼 그들이 여호수아를 두려워하니라

[4:15] 야웨께서 여호수아에게 말씀하여 이르시되

[4:16] 증거궤를 멘 제사장들에게 명하여 요단에서 올라오게 하라

[4:17] 여호수아가 제사장들에게 명하여 이르되 요단에서 올라오라 하매

[4:18] 야웨의 언약궤를 멘 제사장들이 요단 가운데서 올라와 제사장들의 발바닥이 마른땅을 밟자 요단의 물이 원래 곳으로 돌아와 이전처럼 모든 언덕 위에 넘쳤더라

[4:19] 첫째 달 십일에 백성이 요단에서 올라와 여리고 동쪽 끝 길갈에 진

을 치매

[4:20] 요단에서 가져온 이 돌 열둘을 여호수아가 길갈에 세우고

[4:21] 이스라엘 자손들에게 말하여 이르되 후에 너희 자손들이 아비들에게 이 돌들이 무엇이뇨 묻거든

[4:22] 너희 자손들에게 알게 하여 이르되 이스라엘이 마른땅을 밟고 요단을 건넜음이라

[4:23] 너희 하나님 야웨께서 너희 앞에 있는 요단 물을 마르게 하사 너희를 건너게 하신 것이 너희 하나님 야웨께서 우리 앞에 있는 홍해를 말리시고 우리가 건너도록 하심과 같음이니

[4:24] 이는 땅의 모든 백성들이 야웨의 손이 능하심을 알도록 하며 너희가 너희 하나님 야웨를 영원토록 경외하게 함이라

[2ª] 히브리어 성경에는 '택하다'(חקק케후)라는 단어가 복수형(명령형)으로 사용되고 있다. 그러나 70인역과 불가타역에서는 단수형으로 쓰인다. 히브리어 성경대로 읽으면 열두 지파에서 한 사람씩을 선택하는 것은 각 지파가 택하는 것이 될 것이고, 70인역과 불가타역대로 읽는다면 여호수아가 각 지파에서 한 사람씩을 선택해야 할 것이다. 그러나 4절을 통해 알 수 있는 것은 여호수아는 각 지파에게 한 사람씩을 선발하도록 시킨 것이다(히브리어 הכין헤킨은 히필형이다). 따라서 70인역이나 불가타역보다 히브리어 성경으로 읽는 것이 옳다.

[5ª] 우리말 표준새번역은 "어깨에 메고 오너라"로 번역하고 있다. 그러나 '오너라'라는 표현은 역자의 해석이다. 히브리어 성경에 충실한 번역은 '어깨에 메라'이다.

[7ª~ª] 히브리어 본문을 직역하면 '요단의 물이 끊겼던 것과 요단의 물이 끊어졌으므로'이다. 그러나 뒷부분 '요단의 물이 끊어졌으므로'에 해당되는 내용이 70인역과 불가타역에서는 제외되었다. 히브리어 본문은 동일한 내용의 중복 표기로 보인다. 그러므로 삭제하는 것이

오히려 본문 맥락상 타당하게 보인다.

[11ª~ª] 히브리어 성경을 직역하면 '그 백성 앞에서' 혹은 '그 백성 앞으로'이다. 그러나 70인역에서는 '그들 앞으로'(ἔμπροσθεν αὐτῶν엘프로스텐 아우톤)라는 말로 사용되고 있다. 히브리어 성경을 교정할 필요는 없다.

2. 본문 이해

1) 열두 개의 돌(1~9절)

이 단락은 열두 개의 돌에 대한 주제로 이야기가 진행된다. 1~8절의 단락에서는 각 지파들 중에서 한 사람씩 택하여 그들로 하여금 요단 가운데서 돌 하나씩을 취하여 백성이 유숙할 장소에 열두 돌을 두는 이야기이다. 그리고 9절은 여호수아가 언약궤를 멘 제사장들의 발이 선 곳에 돌 열둘을 세웠다고 보고한다. 1~8절은 기념할 수 있는 유형의 상징이 될 수 있지만, 9절은 의도하는 바가 분명치 않다. 백성이 행진했던 깊은(?) 물에 돌 열둘을 세우라는 의미인가? 아니면 사람들이 볼 수 있는 얕은 물에 돌 열둘을 세워서 이후에 기념할만한 상징이 되도록 하라는 것인가? 소긴(A. Soggin)은 1~9절이 두 가지 이상의 복잡한 전승 복합체로 구성되었다고 본다.

6절에 나오는 "표징"이라는 단어는 앞서 출애굽기(13:8~9)와 신명기(6:8; 11:18)에서도 언급된 주제이다. 3절 이하에 나오는 열두 돌은 하나의 표징이 되지만, 그렇다고 해서 돌이 중요한 것이 아니라 돌을 통해 깨닫게 되는 사건의 의미가 중요한 것이다. 결국 이 열두 돌은 근본적으로는 기적을 경험한 당시의 백성들보다는 미래 세대 혹은 여호수아서를 읽게 될 독자들을 위한 것이었다. 아마도 길갈에 세워진 열두 돌은 본래 별 자리의 개념을 반영하고 있던 것이었지만, 이 본문에서는 열두 돌을 통해 하나로써 '온 이스라엘'(all Israel)을 말하려 했다(R. D. Nelson).

8하절과 9절의 돌을 '두었다', '세웠다'는 말은 신명기 27:2을 부분적으로 성취했다고 볼 수 있다. 그러나 에발산과 그리심산에 도달해서야 비로소 신명기 27:2~13의 완전한 실현이 있게 된다.

2) 요단 도하(10~13절)

이 단락은 매우 복잡하다. 요단을 건널 때 맨 앞에 선 자들은 언약궤를 멘 제사장들이었고, 그다음이 요단 동편의 지파들이었으며, 마지막이 백성들이었다. 요단 도하는 3:14부터 시작되는데, 요단 동편 지파들을 4:11까지 전혀 언급하지 않다가 4:12에서 비로소 언급한다. 이에 대해 몇 가지를 추정할 수 있다. 첫째, 신명기 사가는 요단 동편 지파에 대해 큰 관심이 없었지만 이후 길갈에서의 할례와 유월절 기념 행사(5장)를 위해 전체 열두 지파가 연합해야 하기에 이들이 요단을 건넜음을 뒤늦게 보도했을 것이라고 보는 가능성이다. 둘째, 12~13절은 본래 독립적인 단락으로 존재했던 것으로, 요단 동편 지파들이 다른 지파들보다 앞서 요단을 건너 여리고(혹은 가나안)를 공격했던 지파들이었다고 보는 가능성이다. 셋째, 순서는 뒤바뀌었지만 요단을 건널 때 요단 동편 지파들이 언약궤를 멘 제사장들 다음 순서로 참여했다고 보는 입장이다. 사실 세 번째의 가능성이 높지만, 그러나 12절을 제외하고는 르우벤 지파와 갓 지파가 12:6에 가서야 비로소 다시 나타난다. 요단 동편 지파들이 요단을 건넌 후 가나안 정복 전쟁에서 어떻게 무슨 일을 했는지는 실제로 정확히 알 수 없다. 우리는 첫 번째와 두 번째 가능성도 신중히 검토해 봐야 할 것이다.

3) 여호수아를 높여 주심(14절)

요단을 건넌 이후 하나님께서는 여호수아를 크게 하셨고, 모세가 살아 있는 동안 그를 두려워했던 것처럼 백성이 여호수아를 두려워했다고 말한다. 하나님께서 여호수아를 크게 하신 이유는 하나님의 명령에 대한 순종 때문이다. 여호수아는 하나님의 명령에 한 번의 저항 없이 순종함으로 요단을 건너는 기적을 이끌었다. 그래서 하나님은 여호수아를 크게 하신 것이다.

4) 언약궤를 멘 제사장들이 요단을 건넘(15~19절)

15~17절은 야웨께서 여호수아에게 행한 명령을 여호수아가 다시 제사장들에게 명령하는 내용이며, 18절은 그 명령에 대한 실행이다. 18절은 3:15~16에서 일어났던 현상이 다시 원상태로 돌아가는 것을 보도하는데, 이는 마치 출애굽을 연상케 한다(출 14:21). 18절에 나오는 "마른땅"은 출애굽한 백성이 경험한 땅인 동시에 가나안에 들어가야 할 백성들이 경험한 땅이다.

19절에서 요단 도하 이야기 가운데 처음으로 시간적인 언급을 하고 있다("정월 십일에 백성이 요단에서 올라와서 여리고 동편 지경 길갈에 진 치매"). "정월 십 일"이라는 시간적 표현은 그동안의 연속된 요단 도하 이야기를 끝내고, 새로운 이야기가 시작될 것임을 알리는 표시이다. 또한 3장과 4장이 '요단 도하'라는 주제를 가지고 연결되어 있듯이, 19절의 "정월 십일"이라는 단어는 요단 도하 이후 유월절 행사(5:11)까지를 연결한다. 유월절은 정월(니산월) 십사 일에 행해진다.

19절에 언급된 길갈이라는 지역은 여리고 입성을 위한 전초 기지이다. 이스라엘 백성은 길갈에서 할례를 행하게 되고(5장), 이어서 여리고 함락 작전(6장)이 나오게 된다. 따라서 5장과 6장의 시작이 19절부터 새롭게 시작된다고 볼 수 있다.

강을 건너 길갈에 이르는 모티브는 다윗 이야기(삼하 19:15, 40)와 엘리야 이야기(왕하 2:1)에서도 언급된다. 길갈은 이스라엘에 있어서 중요한 전략 기지로 계속 나타난다(9:6; 10:6~7; 14:6).

5) 열두 돌의 의미와 하나님 경외(20~24절)

20~23절의 내용인 요단 가운데서 취한 열두 돌의 의미는 이미 6~7절에서 언급한 내용의 반복이다. 이 열두 돌과 관련된 기원론적인 모습은 출애굽기 24:4에서 계약 법전을 수여받은 후 하나님이 이스라엘 백성과 계약 체결을 할 때 모세가 시내산 아래에 단을 쌓고, 열두 기둥을 세우는 데서 유래된

다. 이 열두 돌의 의미는 '온 이스라엘'이라는 통합된 한 단위로써의 이스라엘을 강조하기 위함이다.

21절의 질문은 6절의 질문을 반복하지만, 대답은 차이가 있다. 6~7절에 없는 '홍해'가 21절에서는 사용되고 있고, 7절의 '언약궤'는 22~24절에서 생략된다. 7절에서는 야웨의 언약궤 때문에 요단 물이 언약궤 앞에서 '끊어졌다'고 묘사하는 반면, 23절에서는 '홍해'를 강조하다 보니까 요단 물이 너희 앞에서 '말랐다'라고 바뀌었다. 22~23절의 설명은 라합이 고백했던 2:10과 연결된다.

24절은 전적으로 신명기 사가적인 언어이고 개관이다. 24절은 요단을 건너게 하신 야웨 하나님께 대한 충성을 다짐하는 서약과 같다(비교 신 5:29; 6:2). 홍해를 건너고 나서 이스라엘이 야웨를 경외했듯이(출 14:31), 이스라엘은 요단을 건너고 나서 야웨를 경외해야 한다.

3. 설교를 위한 적용

4장에서는 설교를 위한 세 가지 교훈을 찾을 수 있다.

첫째, 하나님은 이스라엘 열두 지파가 합심하여 가나안 땅을 정복해 가길 원하신다. 요단 동편의 땅을 이미 얻은 르우벤 지파, 갓 지파, 므낫세 반 지파 사람들도 요단을 건널 때 함께하길 하나님은 원하셨다. 이는 열두 지파의 협력과 통합을 의미한다. 오늘날의 공동체 안에서도 각자의 개성이 존중받아야 하겠지만, 공동체의 목표를 이루기 위해 협력과 통합된 자세가 필요하다.

둘째, 하나님은 하나님의 위대하신 일을 자손 대대로 기억하게 하고 전하길 원하신다. 요단 가운데서 열두 돌을 가져온 이유는 이스라엘에게 행한 하나님의 기적을 이스라엘의 다음 세대들에게 알리기 위함이었다. 따라서 하나님의 자녀 된 우리 역시 하나님이 하신 일들을 우리의 자손들에게 끊임없이 전해야 할 것이다.

셋째, 하나님의 변함없는 사랑을 발견하게 된다. 하나님은 이스라엘과 언약을 맺으시고, 이스라엘을 위해 요단을 건너게 하셨다. 이는 출애굽의 하나님이 요단을 건너게 하시는 변함없으신 하나님임을 알려 준다.

02

여호와께서 구원하신다

여호수아 5~6장 주해와 적용

성경에 등장하는 사람들의 이름은 하나하나가 특별한 의미를 지니고 있을 뿐만 아니라, 많은 경우에 그 사람의 일생과 깊은 연관성을 지니고 있다. 여호수아도 예외는 아니다. 그의 이름은 '여호와가 구원하시다'란 뜻이다. 그의 이름이 내포하고 있는 의미를 실질적으로 또한 장엄하게 드러내는 것이 바로 6~10장에서 언급되는 여리고, 아이, 그리고 기브온 정복 사건이다. 이 중에서도 6장의 여리고성 함락 사건은 하나님의 구원 사역의 절정으로 간주된다. 문맥상으로 볼 때 6장의 여리고 사건은 앞뒤 부분과 확실한 연관성을 유지한다.

요단강을 건너기에 앞서 2장에서 여호수아는 정탐꾼을 여리고성에 파송했다. 정탐꾼들은 창녀 라합 덕분에 무사히 돌아왔고 그녀에게 생명 보존을 맹세했다. 이 맹세가 현실에서 이루어지는 곳이 바로 6장이다. 또한 6장에서는 언급이 없지만 7장을 살펴보면, 여리고성 함락 때 아간이 재물을 빼돌렸다. 이 일로 인하여 이스라엘은 아이성 점령에서 실패를 맛보게 된다. 즉 6장은 이야기 전개에 있어서 이전, 이후 부분들과 깊은 연관성을 지니는 것이다.

여호수아서의 총 분량 중 처음 1/5에 해당하는 1~5장은 이스라엘이 요단강을 건너는 것과 강을 건넌 후 어떻게 가나안 정복을 준비했는가에 대한 언급으로 이루어져 있다. 요단강을 건너는 장면을 살펴보면, 이스라엘 백성들이 모세를 통하여 내려진 율법을 철저하게 준수하는 모습이 감지된다. 이스라엘이 요단강을 건너는 사건은, 하나님을 향한 그들의 충성을 확인하는 하나의 신성한 행위(sacral act)로 해석될 수 있는 것이다. 5장은 이들이 강을 건넌 다음에 어떻게 가나안 정복을 위하여 준비하였는가를 기록하고 있다.

정복 준비(수 5:1~12)

본문에서 이스라엘은 모세의 율법을 통하여 요구된 두 가지 예식을 이행했다. 먼저 할례를 행하고(2~9절), 그다음에는 유월절을 지켰다(10~12절). 그러나 전쟁 중인 이들이, 그것도 적의 영토인 가나안 땅 안에서 어떻게 적군들의 눈치를 살피지 않으며 이런 여유 있는 시간을 가질 수 있었는가? 1절은 그 이유를 확실하게 제시하고 있다. 범람하던 요단강을 이스라엘이 아무런 문제없이 건넜다는 소문이 온 땅에 퍼지자, 그 누구도 감히 이 백성을 대적할 수 없음을 깨달은 것이다. 그리고 이들의 사기가 얼마나 약화되었는지 그들의 마음이 녹았고 정신을 잃었다고 기록하고 있다.

이 표현은 이미 라합이 2:10~11에서 정탐꾼들에게 가나안 사람들의 사기를 설명하면서 사용한 것을 그대로 인용한 것이다. 또한 이것은 홍해를 건넌 후 모세가 부른 노래의 성취이기도 하다(출 15:13~17). 무엇보다 1절이 강조하고 있는 점은 모든 영광이 여호와께 돌아가야 한다는 것이다. 원어의 구조가 강조하는 바는, 가나안 사람들의 마음이 녹아내리게 된 동기가 이스라엘 사람들의 군사력이 아니고 여호와가 요단강에서 그들에게 행하신 기적 때문이라는 점이다.

이스라엘이 적군들 앞에서 여유롭게 절기를 마치고 할례를 행할 수 있었던 것은 여호와의 보살핌 때문이었던 것이다.

1. 할례: 하나님 편에서 관계 회복 요청

하나님은 여호수아에게 이스라엘 백성들에게 다시 할례를 행하라고 명령하셨다(2절). 여기서 '다시'라는 말은 이미 할례를 받은 자들에게 다시 할례를 행하라는 의미가 아니다. 이스라엘은 광야 생활 중에 할례를 거의 행하지 않았다(5~8절). 율법에 불순종해서가 아니라 이들과 하나님 사이의 언약 관계에 문제가 생겼던 것이다. 가나안 정탐꾼들을 둘러싼 이 백성의 불순종(민 13장: 신 1:19~46)은 하나님으로 하여금 이들을 대적하게 했으며, 결국 20세 넘은 거의 모든 사람들이 광야에서 죽어야 했다. 이제 하나님과의 좋지 않았던 관계를 정리할 시간이 온 것이다. 역시 여기서도 의미심장한 것은 여호와께서 먼저 관계를 회복할 수 있는 계기를 제공하셨다는 점이다.

그러나 하나님과의 관계가 회복된다 해서 모든 것이 저절로 축복으로 변하고 만사가 형통하게 되는 것은 아니다. 6절은 이스라엘이 왜 광야에서 할례를 행하지 못했는가를 설명하고 있다. 이 설명 과정에서 저자는 불순종한 백성의 비참한 종말과 앞으로 이들이 얻게 될 젖과 꿀이 흐르는 땅의 강력한 대조를 구성한다. 저자는 이 두 비유를 통하여 이스라엘 사람들에게 다시 한 번 도전하는 것이다. 불순종하여 비참한 종말을 맞겠는가, 아니면 순종하여 젖과 꿀이 흐르는 땅을 차지하겠는가? 하나님과의 관계가 회복된다는 것은 순종을 통하여 축복을 누릴 수 있는 기회를 주는 것에 불과한 것이지, 결코 그 자체가 특별한 마력이 있어 모든 것을 형통하게 하는 것은 아니라는 점이다.

몇 명이나 할례를 받았을까? 가나안 땅에 들어온 사람들은 광야에서 태어난 자들뿐만 아니라 어린 나이로 애굽을 떠났던 사람들도 포함되어 있었다. 이런 점을 고려해서 카일(Keil)은 70~80%의 이스라엘 사람들이 할례를 받았을 것으로 추정한다. 만약 적군이 이때를 이용하여 싸웠다면 이스라엘은 멸종에까지 이를 수 있었을 것이다(참고 창 34장). 그러나 여호와께서 적들의 마음속에 두려움을 심어 놓으셨으므로 그 누구도 감히 나서질 못했다. 저자는 다시 한 번 여호와가 그의 백성들을 통하여 찬양되기를 원하고 있다.

2. 길갈: 광야 생활의 수고가 끝남

할례가 끝난 다음에 여호와는 이들이 할례를 행했던 '기브앗 하아라롯산'('할례산'이라는 의미)을 '길갈'('굴리다'라는 뜻이 유력하다)이라는 새 이름으로 부른다(9절). 길갈의 의미는 '애굽의 수치를 너희에게서 굴러가게 하였다'라고 풀이되고 있다(9절).

여기서 언급되는 애굽의 수치는 과연 무엇을 의미하는가? 애굽에서 노예로 생활했던 수모를 말하는 것일까? 물론 이렇게 해석할 수도 있고 이 해석을 주장하는 학자들도 있다. 그러나 애굽 생활은 벌써 40년 전에 청산된 것이 아닌가? 그렇다면 왜 이제 와서 다시 오래 전의 이야기를 꺼내는가? 이치적으로 납득하기가 어려운 부분이다.

그러므로 필자는 본문에서 말하는 애굽의 수치는 광야 생활이 시작된 이후에 이스라엘이 당한 조롱과 비웃음이었다고 생각한다. 생각해 보자. 여호와는 이 백성을 극적인 기적들을 통하여 애굽에서 광야로 이끌어 내셨다. 그러나 애굽을 탈출한 이 백성은 다음 40년을 어떻게 보냈는가? 젖과 꿀이 흐르는 땅으로 간다고 큰소리치고 나간 사람들이, 젖과 꿀은 고사하고 기본적인 의식주도 해결할 수 없는 광야를 헤매지 않았는가?

그 당시에 「애굽일보」란 신문이 있었다면, 이스라엘 민족의 동태를 보고하는 기사가 40년 동안 매일 똑같았을 것이다. '아직도 광야를 헤매고 있다.' 즉 이들은 애굽 사람들의 커다란 비웃음거리가 되었던 것이다. '저렇게 오랫동안 광야를 헤매려면 차라리 애굽에 남아서 우리의 종노릇이나 계속하지. 배불리 먹여 주고 잠은 편안하게 재워 주었을 텐데.'

드디어 이런 수치가 그칠 날이 왔다. 할례를 받아서가 아니라 할례가 상징하는 하나님과의 새로운 관계 성립을 통해서이다. 즉 여호와께서 오래 전에 애굽에서 약속하셨던 젖과 꿀이 흐르는 땅을 이 백성이 차지할 날이 다가왔다는 뜻이다.

3. 유월절: 언약 재개의 발판

할례를 마친 이스라엘은 그 자리에 진을 치고 유월절을 지켰다(10절). 그리고 유월절 다음날에는 그 땅의 소산물을 먹었으며, 그 이튿날에는 만나가 그쳤다고 기록하고 있다(12절). 만나가 정확히 어떤 것이었는가에 대하여 학자들의 견해가 분분하다. 가장 많이 사용되는 추측은 광야에 사는 특정한 벌레들의 배설물이었다는 것이다. 그러나 여러 면에서 설득력이 없다. '만나'라는 이름이 내포하듯(만나는 '도대체 이게 뭐냐?'라는 뜻이다) 광야에서 발견되는 어떤 구체적인 것과 연관시키기보다는, 단순히 하나님께서 이스라엘 백성들을 먹여 살리기 위하여 베푸신 하나의 기적이기에 그 정체를 미스터리로 남기는 것이 가장 바람직하다.

광야 생활의 기록을 살펴보면 출애굽을 한 이듬해에 이스라엘은 유월절을 지켰다(민 9:1~5). 그러나 그 이후로는 지키지 않았던 것 같다. 그 이유는 아마도 할례를 이행하지 않은 것과 같은 것으로 추측된다. 이제 이 절기를 지킬 수 있는 특권이 다시 이 백성에게 주어졌다.

원래 유월절을 니산월 14일(13일 일몰 후)부터 지켰다. 그리고 11절은 유월절 다음날 땅의 소산물을 먹었다고 기록하고 있다. 그런데 유월절 다음날인 니산월 15일에는 무교절이 시작된다(레 23:6). 그다음 날인 니산월 16일에 제사장이 첫 이삭의 단을 여호와 앞에 열납되도록 흔들 때까지 땅의 소산물을 먹지 못하게 되어 있다(레 23:11~14).

그렇다면 본문은 무엇을 의미하는가? 아마도 이 두 절기가 서로 너무 가까이 있다 보니까 하나로 묶어서 언급하는 것으로 추정된다. 이 두 절기가 하나로 묶어서 취급되는 예는 마가복음 14장(특히 1절)에서 발견된다. 즉 여기서 본문이 전하는 바는 유월절 다음날인 니산월 15일에 땅의 소산물을 먹는 것이 아니라(이렇게 되면 율법을 어기게 된다), 그다음 날이자 무교절의 이틀 째인 16일에 제사장이 단을 흔든 다음에 먹었던 것을 의미한다.

간단명료하게 기재된 유월절 축제는 이전에 상세하게 기록된 가나안 땅 입성(1~5장)과 이후에 기록된 여리고성 함락으로 시작되는 가나안 정복(6~10

장) 사이에서 하나의 전환점으로 자리 잡고 있다. 뿐만 아니라 할례식의 부활과 함께 유월절 축제의 회복은 이스라엘 역사의 새로운 시대가 열리고 있음을 암시하고 있다.

물론 5장에서 언약이란 단어는 한 번도 사용되지 않았다. 그러나 이 두 예식이 지니는 의미를 감안한다면 여기서 벌어지는 일은 여호와가 이스라엘과 다시 언약을 맺고 있는 것으로 이해되어야 한다. 할례와 언약의 연관성은 창세기 17장에 잘 언급되어 있다. 또한 유월절과 언약의 관계는 출애굽기 12장에 잘 기록되어 있다. 그러므로 이 두 사건은 새로운 지도자 밑에서 새로운 각오로 약속의 땅을 정복할 수 있는 발판을 만들어 주고 있다. 그 발판은 다름 아닌 회복된 여호와와 그의 백성과의 관계이다.

제2의 모세 여호수아(수 5:13~15)

여호수아서는, 처음에는 단순히 '모세의 종'(1:1)으로 불리던 여호수아가 끝에 가서는 어떻게 '여호와의 종'(24:29)이란 명예를 얻게 되었는가를 보여주고 있다. 물론 모세가 여호수아를 후계자로 세우고 하나님이 그를 이스라엘의 지도자로 축복하신 것은 모세 오경에 언급되어 있다(참고 신 31:1~8).

1. 모세처럼 여호와 앞에서 신을 벗다
더 나아가서 여호수아서는 책의 주인공을 제2의 모세로 그리고 있다. 하나님이 모세와 함께한 것처럼 여호수아와 함께하신다(3:7). 모세의 명성이 온 땅에 두루 퍼진 것같이 여호수아의 명성도 그러했다(6:27). 모세가 홍해를 가른 것같이 여호수아도 범람하는 요단 강물을 멈추게 했다(3장; 출 14장). 모세처럼 여호수아는 백성들에게 성결하도록 명한다(3:5, 참고 출 19:10). 그는 모세가 항상 그랬던 것처럼 제사장들에게 명령을 내린다(4:10). 백성들 앞에서 그의 위치는 모세와 같다(1:16~18; 4:14). 죄에 휩싸인 이스라엘을 위하여 중재하는 여호수아의 모습은 모세를 보는 듯하다(7:6~9, 참고 출 32장). 그리고 그는 일생을 마치기 전 모세처럼 권위와 품위가 있는 고별 설교를 남긴다(23~24장, 참고 신 32~33장).

여호수아를 제2의 모세로 모시려는 의도가 가장 노골적으로 드러나는 곳이 바로 이 본문이다. 모세가 시내산에서 여호와를 만났을 때 신발을 벗은 것같이(출 3장) 여호와의 군대 장관을 만난 여호수아도 신발을 벗는다(15절).

여리고성으로 다가가면서 여호수아는 깊은 생각에 빠지기 시작했다. 그 당시의 모든 도시 국가가 그러했듯이, 여리고성에도 성안에 사는 사람들보다 성 주변에 사는 사람들이 훨씬 더 많았을 것이다. 진군하는 이스라엘 군대를 보고 이들은 모든 것을 버리고 성안으로 거처지를 옮겼다. 이들이 버리고 간 집들과 소유물들은 모두 이스라엘의 노획물이 되었다.

그러나 문제는 여리고성이었다. 어마어마한 높이의 웅장한 성벽으로 둘러싸인 이 도시는 광야에서 떼로 몰려다니던 이스라엘에게는 커다란 도전이 아닐 수 없었을 것이다. 또한 이 작은 성을 정복하기 위하여 그 많은 숫자의 이스라엘 군이 무한정으로 포위하고 진을 칠 수도 없는 것이 이들의 현실이었다. 빨리 정복하고 앞으로 계속 진군해야 했다. 여러 가지 생각으로 머리가 복잡한 여호수아 앞에 한 사람이 나타났다. 이 사람은 칼을 빼들고 있었다. 칼을 빼어 들고 있는 것은 전쟁을 치르기 위한 만반의 준비가 되어 있음을 의미한다.

2. 계속 되어지는 가나안 정복사

구약에는 칼을 빼어든 여호와의 사자를 본 사람이 있다. 그는 다윗 왕이다. 그가 인구 조사를 한 죄값으로 3일 동안 이스라엘에 큰 재앙이 내릴 때, 다윗은 칼을 빼든 여호와의 사자를 만났다(대상 21:16~17). 이때의 다윗과 달리 여호수아는 다가서며 그의 신분을 확인해야 했다. 물론 여호수아의 느린 사리 판단이 이유가 될 수도 있겠지만, 이 사람의 모습이 애매모호해서 그랬을 수도 있다. 그 사람은 자신의 정체를 밝히고 나서 과거에 하나님께서 모세에게 명하셨던 것같이 여호수아가 서 있는 땅은 거룩한 땅이기 때문에 신발을 벗으라고 명령한다.

무엇보다 '거룩'에 대한 개념에 있어서 중요한 것은 여호수아가 서 있던 그 땅 자체가 거룩한 것이 아니라, 그의 사자를 통하여 거기에 임하신 하나님이 거룩하시기에 그 땅이 거룩해졌다는 것이다. 즉 하나님의 임재가 옮겨지면 그 땅의 거룩성은 없어지는 것이다.

표면적으로 이 이야기는 출애굽기 3장에 등장하는 모세의 체험과 매우 유사하다. 또한 이 두 이야기는 두 책의 주요 사건들(출애굽과 가나안 정복) 바로 이전에 주어짐으로 일종의 서론 내지는 사건 소개 역할을 하고 있다.

그러나 이 두 사건에는 현저한 차이점이 하나 있다. 모세의 신발 벗음이 있은 다음 하나님이 이스라엘 구원 계획을 모세에게 상세하게 알려 주시는 반면, 본문에는 어떤 면모로든지 구체적인 하나님의 계획이 여호수아에게 제시되지 않고 있다.

몇몇 학자들은 이 차이점에서 두 사건의 성공 여부를 예지할 수 있다고 주장한다. 모세에게 하나님의 구원 계획이 주어지는 것을 출애굽 사건이 분명히 성공할 것임을 미리 알려 주는 신호로 해석한다. 그러나 여호수아의 경우에는 다르다. 성공 여부에 대한 암시가 전혀 없다. 이에 대해 가나안 정복의 성공 여부가 미지수로 남을 것이라는 점을 의미한다고 생각한다.

여호수아서 전체를 살펴보면, 이스라엘은 가나안 정복을 성공하기도 했고 실패하기도 했다. 성공했다고 전하는 곳은 10:28~42; 11:12~23; 12:7~24; 21:43~45; 23:9~10; 24:11~13 등이 있다. 반면에 실패했다고 전하는 곳은 9:14~27; 11:19, 22; 15:63; 16:10 등이 있다. 이런 복합적인 평가가 본문에서 감지되는 것이다.

여리고성(수 6장)

여리고성은 사람들이 살기 시작한 가장 오래된 도시이다. 최소한 주전 8000년대부터 사람들이 살았던 흔적이 있는 것으로 밝혀졌다. 여호수아가 정복한 여리고성은 폭이 약 200m, 길이가 약 100m에 달하는, 그 당시로는 중간 규모의 도시 국가였다. 여호수아 시대가 언제냐는, 출애굽을 어느 때로 이해하느냐와 직접적인 연관이 있다. 어느 입장을 고수하느냐에 따라 200여 년 이상의 차이(어떤 이들은 주전 1450년대에, 어떤 이들은 주전 1200년대에 있었다고 주장한다)를 두고 논하게 된다. 또한 여리고성에서 발견된 고고학적 증거들을 어떻게 해석하느냐에 따라서도 영향을 받는다. 같은 유물들을 가지고 캐틀린 케니언(Kathleen Kenyon)은 주전 1550~1300년 사이에는 여리고성에 아무도 살지 않았다고 주장하는가 하면, 브라이안트 우드(Bryant Wood)는 주전 1400년대에 여리고성에 사람들이 살고 있었다고 주장한다. 이 주제는 이 글의 범위에서 벗어날 뿐만 아니라 본문을 해석하는데 커다란 영향을 미치지 않기 때문에, 필자는 단순히 6장의 역사적 상황은 출애굽 사건이 있은 지 40년이 지난 후이며 본문이 제시하는 것같이 여리고성에는 많은 사람들이 살고 있었음을 전제로 하고 이 글을 전개해 나갈 것이다. 이러한 규모의 성에는 최고 1,500명 정도가 거주했던 것으로 보인다. 그 당시의 성읍들은 오늘날 우리가 상상하는 것같이 큰 규모가 아니었다. 다윗이 여부스 족으로부터 빼앗은 예루살렘성도 그 당시에 큰 도시 국가에 속하는데, 크기는 길이 400m, 폭 100m에 불과했다. 물론 성안에 사는 사람들보다 성 주변에 사는 사람들이 훨씬 더 많았다는 것도 확인된 사실이다.

1. 장비 없이 성 둘레만 계속 돌았다

여리고성의 함락은 여호와의 구원의 실제적인 실례이자 표본이다. 저자는 1절에서 여리고성이 결코 쉽게 무너질 수 없는 요새라는 것을 전하고 있다. 1절의 히브리어 문장은 여리고성의 문이 아주 굳게 닫혀 있는 점을 강조하고 있다. 영어성경(New English Bible)이 히브리어의 강조점을 아주 적절하게 표현하고 있다. '볼트로 죄고 빗장을 걸었다'(bolted and barred). 여리고성과 주변에 거주하던 사람들은 성으로 들어가 문을 굳게 잠그고 출입을 금하면서, 이스라엘이 이 성읍을 포기하고 그냥 지나갈 때까지 기다릴 참이었다.

전쟁이 오래갈수록 밖에 주둔하고 있는 침략군들은 초조해지지만, 철통같은 요새 안에서 음식을 축적해 놓고 지내는 사람들은 요새 밖으로 나와 이 엄청난 숫자의 침략군과 대적해서 승산 없는 싸움을 할 필요가 전혀 없었다. 전개되고 있는 상황을 종합해 보면, 여리고성이 무너지면 그것은 믿음의 결과일 것이 확실하다(참고 히 11:30).

본문은 여리고성의 함락이 여호와의 역사임을 확실히 보여 준다. 13~15절을 통해 여호와가 그의 군대 장관을 통해 이 일을 주도한다는 것을 보여 줄 뿐만 아니라, 6:2도 이 사실을 재확인하고 있다. 그리고 이 성을 함락시키기 위하여 이스라엘 사람들이 해야 할 일들을 생각해 보라.

그들이 하는 것은 무기를 준비하거나 성벽을 무너뜨릴 만한 장비를 준비하는 것이 아니다. 단순히 매일 여리고성을 한 바퀴씩 6일 동안 돌고 7일째에는 일곱 바퀴를 도는 것뿐이었다. 성 둘레가 600m에 불과했으니 느긋하게 돌아도 20분이면 마칠 수 있다. 아마도 행렬의 마지막 부분이 이스라엘 진영을 떠나기 전에 행렬의 첫 부분이 돌아왔을 것이다. 여리고성 함락에 있어 본문이 강조하는 것은 세심한 하나님의 지시이며, 그의 지시를 그대로 따라 행하는 이스라엘의 순종에 있다. 즉 그들의 불순종과 자만으로 얼룩졌던 광야 생활과는 달리 여기서 이스라엘 민족은 구체적인 하나님의 명령을 그대로 이행하는 행동의 모범을 보이고 있다. 이 순종이 있기에 나머지는 모두 하나님의 몫이다.

2. 법궤가 성을 도는 장면이 클라이맥스다

행렬의 첫 부분에는 무장한 호위병이 섰고 그 뒤에 제사장들이 줄을 잇는다. 바로 그 뒤를 언약궤가 따른다. 이야기 진행을 잘 관찰해 보면 이 행렬의 초점을 법궤에 맞추고 있다. 법궤는 '언약궤', '여호와의 궤' 등으로 표현이 되며 처음 6일 동안의 일들을 보고하고 있는 1~14절 사이에 10회나 언급된다. 또한 앞에서 행진하는 제사장들이 여호와 앞에서 진행하고 있었다(8절). 여호와의 임재와 언약궤가 동일한 것으로 표현되고 있다.

숫자 '7'의 사용 역시 이런 하나님의 사역을 암시한다. '일곱'이나 '일곱 번째'란 단어가 무려 11회 사용되었다. 모두 일곱 제사장이 일곱 개의 트럼펫을 불며 7일 동안 여리고성을 돌았으며 7일째에는 일곱 바퀴를 돌았다는 사실을 표현하는 데 적용되었다. 잘 알려진 것같이 '7'은 하나님의 임재와 사역과 연관성이 있는 숫자이다. 아마도 여기서는 여호와가 7일 동안 완벽한 세상을 창조하고 쉬신 것같이, 여리고성의 함락 역시 완벽하게 이루어질 것을 의미하는 듯하다.

여호수아서 기자의 이런 의도(하나님께 초점을 맞추는 것)는 성벽이 무너져 내리는 모습을 설명하는 데서도 포착된다. 여리고성 정복에 있어서 클라이맥스는 당연히 성벽이 무너지는 순간이라고 생각된다. 그러나 기자의 관점에서는 그렇지 않다. 그는 성벽이 무너지는 순간을 별다른 설명 없이 간단히 요약해 버린다(20절). 기자는 사건의 클라이맥스를 법궤가 여리고성을 처음 돌았을 때(11절)로 삼고 있다. 여호수아와 이스라엘 사람들은 하나님께서 지시하신 규례대로(1~7절) 모든 것을 행했다(8~10절). 이들의 순종은 여호와가 원하는 방식대로 법궤가 성을 돌게 하였으며, 하나님의 임재와 그의 백성의 순종이 조화를 이루니 더 이상 무엇이 필요하겠는가?

그러므로 12절 이후의 모든 것을 '11절의 클라이맥스' 이후 지극히 당연한 결과로 보는 점강적(anti-climactic) 표현으로 진행해 나가고 있다. 여리고성의 함락은 처음부터 끝날 때까지 하나님의 사역으로 이해되어야 한다. 이스라엘은 하나님의 단독적인 역사를 지켜보았을 뿐이다.

3. '헤렘'의 역설과 여리고성의 저주
여리고성이 함락되자 라합의 안전이 가장 먼저 언급된다(17:22~23). 라합과 그의 가족들이 죽음을 면하게 된 것은 그녀의 믿음의 결과였다. 라합은 가나안을 정탐하러 온 스파이들에게 자비를 베풀며 이스라엘의 하나님 여호와에 대한 그녀의 믿음을 고백했다(2:9~13, 참고 히 11:31). 창녀에 불과한 그녀의 신앙을 귀하게 받으신 하나님, 그리고 비천한 그녀와 한 약속을 그대로 이행토록 자비를 베푸신 여호와의 은혜가 아름답게 빛나는 사건이다.

라합의 이야기는 7장에서 전개되는 아간의 이야기와 한 쌍을 이루며 우리에게 하나님의 심판에 대한 깊은 진리를 가르쳐 준다. 여리고성은 '여호와께 바쳐졌다'(מָרַם헤렘 17절). '헤렘'이 선포되면 생명이 있는 모든 것을 완전히 멸해야 했다(21절). 다만 광물질(금, 은, 동 등)은 여호와의 창고에 들여졌다(19장, 참고 민 31:54).

그러나 라합과 그녀의 가족은 살 수 있었다. 여리고성의 모든 사람들을 죽이는 것이 하나님의 뜻이었지만 여기 조그만 예외가 있었다. 라합은 비록 이방인, 그것도 하나님이 증오하는 창녀에 불과했지만 하나님은 그녀의 믿음을 귀하게 여기시고 살게 허락하신 것이다. 그러므로 본문은 라합의 이야기를 통하여 비록 한 도시 혹은 온 나라가 죄악 속에 거하고 그 백성 모두가 심판을 받아 죽어야 하는 상황에 이른다 할지라도, 하나님은 항상 신실한 자들에게는 자비를 베풀어 살리실 준비가 되어 있는 분이라는 것을 드러낸다.

반면 아간의 이야기를 생각해 보자. 아간은 여리고성 작전에서 외투 한 벌과 은 이백 세겔과 금 오십 세겔을 빼돌렸다(7:21). 이 일로 인하여 이스라엘은 하나님의 진노를 사게 되었으며 아이성에서 어처구니없는 패배를 맛보았다. 모든 것이 밝혀진 후 아간의 탐욕은 자신뿐만 아니라 그의 자녀들, 심지어는 그가 소유한 짐승들까지 아골 골짜기에서 돌에 맞아 죽게 했다(7:24~26). 그의 가정은 '헤렘'을 당한 것이다.

진정 '헤렘'을 당하도록 계획된 자(라합)는 죽음을 면하고 '헤렘'을 행해야 할 자(아간)는 '헤렘'을 당했다. 아간의 이야기는 이스라엘 백성들에게 커다란 경고로 들렸을 것이다. 이스라엘은 하나님의 선택을 받은 백성이었지만 선택 받았다는 사실이 결코 그들의 죄를 은폐할 수 없었을 뿐 아니라, 필요에 따라 하나님은 선민들에게도 '헤렘'을 행할 준비가 되신 분이다.

여리고성을 정복한 후, 여호수아는 이 땅에서 일어나 건축하는 자를 저주했다. 이 저주는 이곳에서 거주하는 자체를 금하는 것은 아니다(18:21, 참고 삿 3:13; 삼하 10:5). 여호수아는 성읍을 요새화시키는 일을 금하고 있다. "기초를 쌓을 때에 장자를 잃을 것이요 문을 세울 때에 계자를 잃으리라"(26절). 이 저주는 아합 왕 시대 때 벧엘의 히엘이 여리고성을 요새화시킬 때 그대로 성취되었다(왕상 16:34).

그런데 왜 어렵게 취한 여리고성의 재건을 저주하는가? 여기에는 여러 가지 이유가 복합적으로 작용하고 있는 것 같다. 첫째, 여리고성은 가나안 정복의 첫 열매이므로 성의 폐허를 바라볼 때마다 여호와를 기념하는 하나의 트로피로 남을 가치가 있었다. 둘째, 여리고성은 이스라엘에게 전쟁에 대한 깊은 진리를 제시해 준 표본으로 간직될 필요가 있었다. 폐허가 된 여리고성을 마음속에 그릴 때마다 전쟁의 승패를 기리는 것은 하나님의 임재라는 것을 깨닫게 해 준다. 셋째, 여리고성의 폐허는 주변 국가들에게 하나의 충격적인 이미지로 새겨지며 이스라엘을 두려워하게 했을 것이다. 물론 여기서 제시된 모든 개념들은 성읍이 재건되어도 유지될 수 있다. 그러나 효력 면에서는 폐허가 된 성읍이 훨씬 더 강했을 것은 의심할 여지가 없다. 그러므로 여리고성의 폐허는 이스라엘에게는 하나님의 인도하심의 상징으로, 그들의 적들에게는 공포의 이미지로 그대로 보존되었던 것이다.

4. 강화된 지도자 여호수아의 모티브

마지막으로 이 여리고 정복 사건이 또 어떤 역할을 하고 있는가를 27절에서 언급하고 있다. 27절은 이 일을 통하여 여호수아의 명성이 온 땅에 퍼졌다고 전하고 있다. 여호수아는 하나님의 축복 아래 모세의 후계자로 세워졌다. 백성들은 모세를 신임하고 두려워한 것같이 여호수아를 두려워하고 신임했다. 그러나 이 사건이 있기 전까지 그를 따르던 이스라엘 사람들 마음속에, 또한 여호수아서를 읽어 내려가는 독자들 마음속에도 지워지지 않는 질

문이 있다. 여호수아가 과연 이스라엘 백성을 이끌고 가나안 땅을 정복할 만
한 지도자인가? 본문은 이 질문에 대하여 확실한 답을 제시하고 있다. 즉 여
리고 사건은 여호수아의 지도력을 입증해 주는 사건이었다.

설교를 위한 적용

5~6장에 전개되는 성전(holy war)과 이 전쟁의 준비 과정 이야기를 통하
여 기자가 호소하는 것은 바로 이것이다. 무엇보다도 먼저 하나님과의 관계
를 회복하라(5장). 그의 말씀에 순종하라. 그리하면 여호와가 너희를 위하여
싸우실 것이다(6장). 오늘날 많은 목회자들이 교회 성장 세미나를 찾아다닌
다. 물론 방법을 무시할 수는 없다. 그러나 방법보다 더 중요한 것은 우리와
하나님과의 관계임을 명심해야 한다.

03

이스라엘의 전쟁과
승리하시는 하나님

여호수아 7~10장 주해와 적용

아간의 범죄와 아이성 정복 사건(수 7:1~8:29)

1. 본문의 개요

7:1은 새로운 단락의 시작을 알리는 상황 진술인데, 다음에 발생하는 모든 사건에 대한 근본적인 원인을 제시해 주고 있다. 단락의 종결 문구는 7:26이 제시해 주는 것처럼 보이지만, 이 구절은 단지 아골 골짜기에 대한 원인론적 진술일 뿐이며 아간 이야기만을 종결시키고 있다. 실제적으로 아이성 점령과 관련된 사건을 전하는 종결 문구는 8:29에서 발견된다. 이 구절도 원인론적 진술의 성격을 지니고 있지만, 아이성 전투에서 패배했던 이스라엘의 최후의 상황을 전하고 있다는 점에서 단락을 완성하고 있다고 볼 수 있다. 물론 아간의 범죄 사건과 아이성 정복 사건에 대한 신학적 완성은 8:30~35에서 이루어지고 있다.

7:1의 서론적 진술을 제외하면 다음 여섯 개의 장면으로 구성되어 있다.

제1차 아이성 전투와 패배(7:2~5)

전쟁에서의 패배로 인한 백성들의 애도(7:6~12)

공개적인 제비뽑기와 아간의 선택(7:13~26)

하나님의 구원 선포(8:1~2)

제2차 아이성 전투와 승리(8:3~23)

아이성의 멸망(8:24~29)

　제1차 아이성 전투와 패배에 대한 보도(7:2~5)는 정탐꾼들의 보고 형식과, 전쟁 보고 형식을 혼합하고 있다. 애굽을 탈출한 이스라엘 백성들이 가나안 땅으로 진군해 가면서 정탐꾼들을 보내고 그들의 보고에 귀를 기울이는 것은 여러 번 실행되었던 군사적 전략에 속한다. 모세는 각 지파의 족장으로 구성된 열두 명의 정탐꾼을 선발하여 40일 동안 가나안 땅을 탐지하고 돌아와 보고하도록 했다(민 13~14장). 여호수아는 두 사람의 정탐꾼을 여리고로 보내 그 성의 견고성 정도를 파악하고 돌아오도록 사명을 부여했다(2장). 그리고 아이성 전투를 앞두고 다시 한 번 정탐꾼들을 보내 그 성의 상황을 파악하도록 했다. 정탐꾼을 선발하여 성의 상태를 파악하게 하고 그들의 보고를 받아 군사 전략을 수립하는 과정은 세 본문이 서로 유사하다. 하지만 여기에서는 여호수아가 몇 명의 정탐꾼을 보냈는지에 대해 아무런 언급도 하고 있지 않다. 모세는 가나안 땅을 탐지하도록 하기 위해서 열두 명의 정탐꾼을 보냈으며 여호수아는 여리고성으로 두 명의 정탐꾼을 보냈다. 하지만 여호수아가 아이성을 공격하기 전 정탐꾼을 보낼 때는 단순히 "사람을 벧엘 동편 벧아웬 곁에 있는 아이로"(7:2) 보냈다.

　히브리어 본문에는 단순 복수형인 '사람들'로 되어 있다. 다른 본문들과 더욱 두드러진 차이점은 정탐꾼의 보고에 있다. 가나안을 탐지하고 돌아온 여호수아와 갈렙은 "여호와께서 우리를 기뻐하시면 우리를 그 땅으로 인도하여 들이시고 그 땅을 우리에게 주시리라 이는 과연 젖과 꿀이 흐르는 땅이니라"(민 14:8)고 보고 했다. 하나님의 인도와 축복을 통해 전쟁에서의 승리와 땅의 정복에 대한 강한 확신을 전하고 있음을 알 수 있다. 여리고성을 탐지하고 돌아온 두 명의 정탐꾼도 여호수아에게 "진실로 여호와께서 그 온 땅을 우리 손에 붙이셨으므로 그 땅의 모든 거민이 우리 앞에서 간담이 녹더이다"(2:24)라는 분명한 신앙 고백적 선언을 하였다. 하지만 본문의 정탐꾼은 전쟁의 승패가 하나님에게 의존한다거나 하나님의 도움과 인도하심으로 전쟁에서 승리할 수 있다는 믿음의 고백이 발견되지 않고 있다. 오히려 정탐꾼은 백성들 전체가 올라갈 필요가 없이 2,000~3,000명의 군사만으로 아이성을 정복할 수 있다는 지나친 자기 교만의 모습을 드러냄으로 이스라엘이 여리고성보다도 작은 아이성 전투에서 왜 패배할 수밖에 없었는지에 대한 설명을 제시해 주고 있다. 7:4~5은 정탐꾼의 불신앙적 보고가 전쟁에서의 필연적인 패배를 초래하였음을 인과론적 입장에서 보도하고 있는데, '백성의 마음이 녹아 물같이 된지라'는 문구는 신명기적 관용 어구에 속한다(2:11; 5:1). 이 문구는 이스라엘이 하나님의 백성이 아니라 하나님의 대적이 되어, 하나님의 심판을 받아 전쟁에서 승리할 수 없었음을 표현해 주고 있다.

아이성 전투에서의 패배로 인한 백성들의 슬픔을 다루고 있는 본문(7:6~12)은 앞에서 등장했던 정탐꾼의 보고 형식과는 달리 예배 의식적 애도 형식을 취하고 있다. 온 이스라엘은 전쟁의 깊은 슬픔에 빠지고, 여호수아는 옷을 찢고 장로들과 함께 하나님의 궤 앞에서 땅에 엎드리고 날이 저물도록 머리에 티끌을 쓰고 있었다. 하나님이 행하신 이전의 구원 행위에 대한 언급도 하나님의 긴급한 도움을 요청하려는 처절한 부르짖음이라고 말할 수 있다. 하지만 여호수아의 간절한 호소는 곧바로 하나님의 희망의 선포로 이어지는 것이 아니라, 오히려 하나님과의 철저한 법적 소송의 과정으로 이어진다 (7:10). 하나님은 이스라엘의 구체적인 죄를 고발하시는데(7:11), 이 죄악이 이스라엘의 전쟁 패배의 근본적인 원인이었다는 것이다. 그러므로 전쟁의 패배는 하나님의 정의로운 법 집행의 결정인 셈이다.

공개적인 제비뽑기와 아간의 선택(7:13~26)을 다시 몇 부분의 소 단락으로 나눌 수 있다. 13~15절은 이스라엘이 하나님의 형벌로부터 벗어날 수 있는 과정을 제시해 주고 있는데, 그것은 모든 지파들이 성결 의식을 행한 후 공개적인 제비뽑기에 참여하는 일이다. 여호수아를 향한 하나님의 명령이 10절에 이어 13절에서 다시 한 번 이루어짐으로 제비뽑기가 죄인을 찾아내는 하나님의 방법임을 강하게 암시하고 있다. 13절은 '여호와께서 이처럼 말씀하시기를'이라는 전형적인 예언자들의 선포 양식을 사용하고 있는 데, 하나님의 연설의 예언적 성격을 드러내고 있다고 볼 수 있다. 16~18절은 거룩한 제비뽑기의 절차를 말하고 있으며, 19~21절은 제비뽑기를 통해 선택된 범죄자의 죄의 고백과 하나님의 형벌의 공의로움을 보도하고 있다. 22~26절은 죄의 실체와 인과론적 형벌을 소개하고 있다.

공개적인 제비뽑기 재판이 끝난 후에야 비로소 하나님의 구원이 소개된다(8:1~2). 이 구원의 신탁은 하나님의 말씀으로 선포된 일종의 전쟁 지침서라고 볼 수 있는데, 예언자 또는 제사장에 의해 관례적으로 사용된 구원 신탁의 전형적인 문구를 내포하고 있다. 이 문구는 거룩한 전쟁과 관련되어서 자주 등장하곤 한다. 하나님의 구원 신탁은 전쟁에서의 승리라는 당연한 결과로 이어지는데, 제2차 아이성 전투에서 여호수아 군대는 빛나는 승리를 경험하게 된다(8:3~23).

이 전투는 이스라엘과 베냐민 자손의 싸움을 보도하는 사사기 20:17~48과 유사한 순서와 내용을 보이고 있는데, 거룩한 전쟁의 요소들을 특징적으로 담고 있다.

전쟁의 순서 및 내용	여호수아 8:1~23 (제2차 아이성 전투)	사사기 20:17~48 (이스라엘과 베냐민 자손의 전투)
구원의 신탁	1~2절	18, 23, 28절
병사들의 매복	3~9절	29절
거짓 공격과 위장된 후퇴	10~17절	30~36절
매복 병사들의 공격	18~19절	37절
성 함락의 표시로써의 연기	20~21절	38~41절
완전한 승리	22~23절	42~48절

아이성의 멸망에 관한 보도(8:24~29)는 사실상 불필요한 것처럼 보일 수 있다. 왜냐하면 이미 앞부분에서 이스라엘의 완전한 승리와 아이성의 함락이 언급되었기 때문이다. 하지만 이 단락은 여호수아와 그의 군대가 제1차

아이성 전투에서의 실패를 교훈삼아 얼마나 철저하게 그리고 구체적으로 하나님의 명령에 순종하였는가를 증명하는 기능을 지니고 있음을 간과해서는 안 된다. 하나님의 신탁을 거절하고 자신들의 전쟁을 위하여 싸우는 자들은 폐허가 된 곳이라도 정복할 수 없다. 하지만 하나님의 계획에 기꺼이 순종하는 자들에게는 믿을 수 없는 기적과 같은 결과가 선물로 주어질 수 있는 법이다. "오늘까지"(29절) 존재하는 돌로 된 큰 무더기는 거듭난 여호수아 군대의 완벽한 순종이 어떤 결과를 남겼는지를 제대로 증거 하고 있다.

2. 본문 주해

1) 서론적 진술(7:1)

이 구절은 인간의 죄악에 대해 하나님께서 얼마나 심각한 반응을 보이고 있는가를 보도하고 있다. 죄악은 유다 지파에 속한 아간 한 사람이 범했지만, 하나님의 진노는 이스라엘 자손들 전체에게 향하고 있음을 강조하고 있다. 한 사람의 죄악은 자신에게서 시작하여 가까운 관계에 있는 자들에게로 향하며 결국은 공동체 전체에 심각한 결과를 초래하게 된다. 각각의 개인은 공동체의 일원이기 때문이다. 역사서는 한 개인의 죄가 그가 속한 집단(가족, 지파, 공동체, 백성 등)에 얼마나 큰 악영향을 미치는가에 대해서 자주 언급하고 있다. 사사기 19~21장은 한 레위인 첩을 강간하고 살해한 기브아 성의 불량배들로 인해 베냐민 지파가 600명을 제외하고 모두 살육당하는 대 참사를 당하게 되었음을 보도하고 있다. 사무엘상 14:24~46은 요나단 한 사람이 저지른 죄의 결과로 이스라엘 군대가 블레셋 군대를 격파할 수 없었음을 증언하고 있다. 그리고 사무엘하 21:1~10은 사울의 범죄로 인하여 이스라엘에 3년 동안 기근이 찾아왔고 그 결과 사울의 후손 일곱을 처형하게 되었음을 알려 주고 있다.

아간 한 사람의 범죄는 '하나님의 진노'를 촉발시켰고, 그 결과 제1차 아이성 전투에서 이스라엘 백성에게 예상치 못한 패배를 초래하였다. 인간의 죄악이 '하나님의 진노'를 야기시킨다는 주제는 역사서 전체를 관통하는 중요한 주제 중 하나이다(수 23:16; 삿 2:14, 20; 3:8; 10:7; 왕하 13:3; 23:26). '하나님의 진노'는 그분의 독단적인 변덕으로 발생한 맹목적인 분노나 악마적인 야만성의 표출이 아니다. '하나님의 진노'는 인간의 범죄에 대한 당연한 응보이다. '하나님의 진노'는 인간의 죄에 대한 불쾌감의 표시이다. 하나님은 정의의 유일한 수호자이시기 때문에 자신의 공의로운 법이 악용되거나 제대로 적용되지 못하게 될 때에는 즉각적으로 반응을 보이신다. 하나님은 언제나 일관되고 합리적으로 그분의 역사를 이끌어 가시는 분이다. 인간은 결코 주술이나 마술을 이용하여 '하나님의 진노'로부터 벗어날 수 없다. 인간은 하나님과 인격적인 만남을 통해 관계를 회복해야 하는데, 그것은 철저하고도 진심 어린 회개를 행하고 희생 제사를 드리는 일이다. 그래야만 인간은 징벌 속에서 긍정적인 가치를 찾아낼 수 있는 법이다. 진노는 하나님의 영원한 속성에 속하지 않는다. '하나님의 진노'는 그분의 자비로움에 의해 제한을 받기 때문이다. 하나님은 자신이 의로우신 분임을 알리기 위해 자신의 진노를 억제하신다. 그래서 '하나님의 진노'는 언제나 일시적이고, 인애와 사랑은 영속적이다(출 34:6).

'하나님의 진노'를 유발시킨 아간의 죄악은 여리고성 전투 도중 발생한 불미스러운 사건과 직접적으로 관련되고 있는데, 아간은 모든 전쟁 전리품을 불로 태우거나 거룩한 성소에 바치라는 하나님의 명령(6:17~19, 24)을 어기고 물건을 자신의 것으로 취하고 말았다. 이러한 아간의 행위는 일종의 불신앙이며, 제의적인 차원에서 말하자면 하나님을 향한 직접적인 도전에 속한다. 11, 15절은 전리품을 취하지 말아야 하는 행동을, 하나님과 맺은 '언약'이라고 분명히 말하고 있다. 전리품을 하나님께 바치는 행위는 전쟁이 하나님께 속했음을 인정하는 것이며, 전쟁에서의 승리의 원천은 하나님께 있음을 표현하는 것이다.

2) 제1차 아이성 전투와 패배(7:2~5)

여호수아는 아간의 범죄 사실을 모른 채 여리고로부터 벧엘 동편에 위치한 아이성으로 정탐꾼들을 보냈다. 아이성의 정확한 위치와 흔적을 찾으려는 고고학적인 탐사가 오랫동안 이루어졌다. '아이'는 히브리어로 '폐허', '잔해'를 의미한다. 일부 학자들은 아이성을 벧엘에서 동쪽으로 약 2km 떨어져 있는 엣-텔(et-tell)과 동일시하고 그곳을 발굴하였다. 그 결과 여호수아의 군대가 가나안 땅에 도착하기 수세기 전(대략 주전 3000년경)에 아이성은 이미 파괴되었음을 확인할 수 있었다. 그 후 이곳에 초기 이스라엘 시대 베냐민 지파의 작은 거주지들이 임시로 존재했다는 사실도 밝혀냈다. 고고학적 자료와 성경 본문의 불일치 때문에 학자들은 다른 곳에서 아이성의 흔적을 찾아내려고 시도하였다. 그래서 다른 학자들은 벧엘을 아이성과 동일한 곳으로 간주하려고 하였다. 어떤 학자는 오늘날의 엘-비레(el-Bireh)를 벧엘과 동일시하고, 아이성을 그 근처의 한 폐허가 된 언덕일 것이라고 추측하기도 하였다.

정탐꾼들은 아이성의 규모나 방어 상태를 하찮게 생각하고 2,000~3,000명의 군사만을 보내도 전쟁에서 승리할 수 있을 것이라고 장담하였다. 여호수아는 정탐꾼들의 보고에 의지하여 3,000여 명의 군사를 아이성 전투에 투입하였다. 하지만 그들은 전쟁에서 패배하였을 뿐만 아니라, 일부 이스라엘 군사가 죽임 당하는 결과를 얻었다. 여기에 등장하는 숫자는 자만과 교만에 찬 이스라엘을 조롱하는 기능을 한다. 제2차 아이성 전투 때에 참여한 이스라엘 군대의 수는 10배에 해당하는 30,000명이고(8:3), 매복한 군사만 5,000명에 이른다(8:12). 아이성의 원래 인구는 12,000명이었다(8:25). 아이성은 제1차 전투에 투입된 군사의 네 배에 이르는 규모의 도시였다는 말이다. 위에서 언급된 구체적인 숫자들은 지나친 자신감에 차 있던 이스라엘이 처음부터 아이성을 점령하기에는 진지함이 부족했음을 증거 하려는 의도를 보여 주고 있다. 아간은 하나님의 법을 어겼고 이스라엘은 군사적 전략에 미숙하였으니 여리고성에 비해 크지 않았던 아이성과의 전투일지라도

도저히 승리할 수 없었던 것이다.

패배를 당한 '이스라엘 백성들의 마음이 녹아 물같이 되었다'는 것은 전형적인 신명기적 어투에 속하는데, 원래는 하나님의 역사 행동에 겁을 먹고 무서움에 사로잡히는 이스라엘의 대적에게 적용되었던 문구이다(2:11; 5:1). 이스라엘 백성들의 마음이 녹았다는 것은 최소한 아이성 전투에서만큼은 이스라엘이 하나님의 백성이 아니라 하나님의 대적이 되었다는 사실을 표현해 주고 있다.

본문은 단순히 아이성 공격의 실패를 보도하려는 의도를 지닌 것이 아니다. 오히려 뒤에 나올 더 커다란 사건을 겨냥하고 있으며, 중요한 신학적인 의미를 내포하고 있다. 아이성 전투에서의 본질적인 패배 원인은 적은 숫자의 군대를 투입함에 있는 것이 아니라, 하나님을 전적으로 신뢰하지 못한 불신앙에 있다는 것이다. 하나님의 강한 팔만이 이스라엘 백성들에게 승리를 선사할 수 있다. 하지만 아이성을 향한 제1차 공격에서는 그렇지 못했다. 본문에 일체의 하나님의 말씀이 언급되고 있지 않음에 유의할 필요가 있다. 하나님은 이 전투에 어떠한 개입도 하지 않았음을 암시한다. 전쟁과 관련된 모든 행위는 인간적이고 군사적인 차원에서만 이루어진 것이다. 5회에 걸쳐 등장하는 '올라가다'라는 단어는 정탐꾼들과 이스라엘의 군대가 하나님의 인도하심을 받고 아이성으로 진격한 것이 아니라 오직 인간적인 노력만을 동원하여 전쟁에 참여하였다는 사실을 강조하고 있다.

3) 전쟁에서의 패배로 인한 백성들의 애도(7:6~12)

본문은 전쟁에서의 패배로 인해 이스라엘 백성들이 극심한 심리적인 타격을 받은 것에 대해 보도하고 있다. 그들은 심한 충격을 받고, 좌절과 절망을 경험하였다. 이스라엘의 최고 지도자 여호수아는 아이성 전투에서의 패배로 인한 위기를 극복하기 위해 장로들과 함께 하나님을 향해 애절한 기도를 드리게 된다. 장로들이 참여했다는 것은 국가적인 애도의식을 거행했다는 말이다. 여호수아가 그들과 함께 옷을 찢고 땅에 엎드려 티끌을 쓰고 있었던 것은 하나님을 향해 완전히 자신을 낮추었다는 것인데, 일종의 제의적 참회 의식에 참여하였음을 의미한다(참고 스 9:3; 사 47:1; 욘 3:6). 여호수아의 기도는 하나님께 호소할 때에 사용하는 전형적인 어투로 시작한다. 7절의 '슬프도소이다'라는 외침은 기드온(삿 6:22), 예레미야(렘 1:6; 4:10; 14:13), 에스겔(겔 4:14; 9:8; 11:13)의 기도문에도 등장하고 있는데, 기도자의 간절함을 잘 함축했다고 볼 수 있다.

여호수아는 아이성 전투에서의 패배로 인하여 이스라엘과 여호와의 이름이 더럽혀질 것을 두려워한다. '이름은 곧 실체'(nomina sunt realia)이기 때문에 전쟁에서의 패배는 이스라엘과 여호와의 명성과 평판을 더럽히고 말았다는 것이다. 여호수아는 단순히 전쟁에서 희생당한 36명의 죽음에 대해 애도하는 것이 아니다. 그는 가나안 땅 점령과 관련된 하나님의 구원 계획 전부에 대해 심각한 질문을 던져야만 했다. 하나님의 이름과 그의 백성 이스라엘의 이름이 치욕을 당할 위기에 처했기 때문이다. 이스라엘이 요단강을 기적적으로 건넜던 사건(3장)을 언급하는 것은 여호수아가 역사의 주체자로서의 하나님의 행동을 다시 한 번 간절히 기대하고 있다고 보아야 한다. 하나님과 이스라엘의 이름을 더럽힐 수 있는 두 민족이 구체적으로 언급되고 있는데, 아모리 사람(7절)과 가나안 사람(9절)이 이에 해당된다. 아모리 사람은 산악 지역에 살고 있는 거주민 즉 아이성의 주민을 겨냥하고 있고, 가나안 사람은 이스라엘이 물리쳐야 하는 좀 더 넓은 의미의 대상을 지칭한다고 볼 수 있다.

하나님은 여호수아의 간절한 기도에 침묵하지 않으셨다. 하지만 하나님은 여호수아에게 위로의 말씀을 전해 주신 것이 아니라, 이스라엘의 패배가 당연한 것이었음을 강변하셨다. 이스라엘의 패배는 거룩하신 하나님의 공의를 깨뜨린 것에 그 근본적인 원인이 있다는 것이다. 11절은 '그리고 또한'(히브리어 성경에서는 וְגַם웨감)이라는 단어를 다섯 번 사용하면서 이스라엘의 범죄 내용을 구체적으로 나열하고 있다. 이스라엘은 하나님의 언약을 어겼고, 하나님께 바친 물건을 취하였고, 도둑질하였고, 사기했고, 자기들의 처소에 두었다는 것이다. 뒤에 등장하는 네 가지의 범죄는 처음에 등장하는 언약의 파기 사건에 종속되어 있다고 볼 수 있다. 시내산에서 하나님과 체결한 언약의 파기가 결국은 하나님에게 속한 물건을 도둑질하고 하나님을 기만하는 것으로 이어졌기 때문이다. 하나님은 언약의 파기를 매우 중요한 범죄로 간주하였다. 실제로 여리고성 전투에서 하나님의 물건을 취한 사건은 이스라엘이 약속의 땅에서 하나님과의 언약을 어긴 첫 번째 경우가 된다. 언약의 파기는 이스라엘에 의해 일방적으로 일어난 것이다. 그러므로 이스라엘은 전쟁에서 절대로 승리할 수 없었다. 하나님은 이스라엘이 훔친 물건을 그들의 진영에서 제거하지 않는 한 그들의 슬픔이 지속될 것임을 분명히 말씀하셨다. 하나님은 신실하신 분이기에 언약을 지키는 자들에게는 무한한 인애를 베푸시지만, 반대로 언약을 깨뜨리는 자들에게는 무서운 심판을 내리시는 공의로운 분이라는 사상은 특히 신명기에 자주 등장하고 있다(신 4:31; 7:9~11; 8:19~20; 29:15~28). 본문은 하나님의 함께하심과 하나님의 심판은 언제나 조건적이라는 사실을 강조하고 있다. 만일 이스라엘이 전쟁의 노획물을 제거하면, 하나님의 함께하심은 회복될 것이다. 그러나 만일 이스라엘이 하나님의 물건을 계속해서 취하면, 그들에게는 하나님의 은혜와 사랑이 현존하지 않을 것이다.

4) 공개적인 제비뽑기와 아간의 선택(7:13~26)

하나님은 여호수아에게 하나님의 언약을 어긴 자를 찾아내어 훔친 물건을 제거할 것을 명령하셨다. 왜냐하면 그는 "망령된 일"(15절)을 행한 자이기 때문이다. 하나님의 명령은 13~15절에서 비교적 구체적으로 소개되고 있는데, 백성들은 스스로를 성결케 하고 거룩한 제비뽑기를 통해 죄인을 찾아내고 그를 처벌하라는 것이었다. 본문은 성결의 방법에 대해 분명히 언급하지는 않는다. 하지만 절제, 금욕, 금식, 목욕 등이 해당될 수 있다. 성결은 이스라엘 백성들이 요단강을 건너는 기적을 경험하기 이전에도 요구되었던 겸손의 종교적 행위이다(3:5). 거룩한 제비뽑기를 실시하라는 것은 죄인을 찾아내는 주도권이 인간에게 있는 것이 아니라 하나님에게 있다는 것을 의미한다. 이 행위에는 오직 하나님만이 모든 것을 속속들이 알고 계시다는 믿음이 숨어 있다. 거룩한 제비뽑기는 이스라엘의 첫 번째 왕을 선출할 때에 사무엘이 사용하였던 방법이기도 하다(삼상 10:20~21). 이 방법을 통해 사울이 영예스러운 이스라엘의 초대 왕이 되었다. 거룩한 제비뽑기를 통해 사울이 왕이 되었다는 보도도 역시 그가 인간의 선택이 아니라 하나님의 선택을 통해 왕위에 올랐다는 것을 암시한다. 사울은 블레셋과 전쟁을 하는 도중에 하나님으로부터 아무런 말씀을 받을 수 없게 되자 죄인을 찾아내기 위해 공개적으로 제비뽑기 방법을 이용하는데, 그의 아들 요나단이 죄인으로 선택되었다(삼상 14:36~46). 이 제비뽑기 역시 신탁의 도구로 사용된 것인데, 이 신성한 점괘는 하나님의 뜻을 알 수 있는 거룩하고 유일한 방법이었던 셈이다. 예언자 요나가 탄 배가 풍랑으로 좌초하게 되었을 때에 배에 함께 있던 자들은 하나님이 보내신 재앙의 원인을 제비뽑기를 통해 찾아내었는데, 이 행위 역시 하나님의 뜻을 알아내기 위한 신성한 방법으로 간주되었던 것이다(욘 1:4~16).

전쟁 패배의 원인을 해결할 수 있는 방법을 얻어 낸 여호수아는 희망을 갖고 아침 일찍이 일어나 하나님의 명령에 따라 행동하기 시작하였다. 공개적인 제비뽑기에 대해서는 16~18절이 비교적 상세히 보도해 주고 있는데, 그것은 '지파→족속→가족→개인'의 순서로 진행되었다. 그 결과 유다 지파가 선택되었고, 다음으로는 세라 족속과 삽디 가족이 뽑혔고, 마지막으로는 '유다 지파 세라의 증손이요 삽디의 손자요 갈미의 아들인 아간'이 죄인으로 결정되었다.

제비뽑기에서 최후의 선택을 받은 아간은 자신의 죄를 고백하게 되는데, 이 죄의 고백(19~21절)은 신성한 제비뽑기 행위가 정당한 것임을 입증하고 있다. 아간의 고백은 범죄 행위에 대한 구체적인 진술을 담고 있는데, 그는 자신의 행위가 종교적인 범죄임을 인정하였다. 아간이 훔친 물건은 세 가지이다. 첫째 물건은 "시날산의 아름다운 외투 한 벌"(21절)이다. 이 옷은 메소포타미아 지역에서부터 수입한 고가의 의복이다. 시날은 바벨론 지역의 옛 이름인데(참고 창 11:2) 아름답고 값진 예술품들을 생산하는 지방으로 널리 알려져 있었다. 둘째는 "은 이백 세겔"이며, 셋째는 "오십 세겔 중의 금덩이 하나"이다. 세겔은 고대 근동의 중량 체계의 단위인데, 1세겔은 대략 11.5g에 해당하는 무게이다.

22~26절은 죄를 범한 아간에 대한 처벌의 문제를 다루고 있다. 아간의 장막에서 은과 금과 의복을 찾아냄으로 그의 범죄 고백은 곧바로 진실임이 증명되었다. 아간이 훔쳤던 전리품들은 여호와 하나님에게 바쳐져야 했는데, 그것들은 하나님에게 속한 거룩한 물건들이었기 때문이다. 훔친 물건들은 제 위치로 돌아가야 하며, 성과 속의 차이는 분명하게 구별되어야 한다(레 10:10). 구별된 성물들은 여호와의 곳간에 보관되어야 하는 것이다(6:19). 누구든지 성물을 만진 자는 공동체를 보호하기 위해 제거되어야 한다. 그러한 이유 때문에 아간의 가족과 그의 모든 소유물들(양, 소, 나귀)은 진멸되어야만 했다. 아간의 죄는 그가 속한 가족 집단 공동의 죄로 인식되었던 것이다. 공동체 구성원들이 죄인의 가족과 소유물을 향해 돌을 던지는 행위는 집단적인 처벌 방법에 속하는데, 이러한 가혹한 행위는 죄를 지은 개인 자신의 사회적인 책임을 강조하기 시작한 신명기 시대에 이르러서야 비로소 완화될 수 있었다. 범죄 한 아간과 그에게 속한 모든 것들이 제거되자 하나님은 자신의 분노를 돌이키셨다(참고 신 13:17). 이스라엘 백성들 가운데 더 이상 하나님에게 속한 물건(헤렘)이 남아 있지 않게 되었기 때문이다. 이제 이스라엘과 거룩하신 하나님과의 관계가 회복되었다. 이스라엘 백성들이 거룩해야만 거룩하신 하나님을 모실 수 있는 법이다. 아간이 죽임을 당한 아골 골짜기는 거룩한 하나님의 백성으로 살아가야 하는 이스라엘에게 영원히 역사의 중요한 교훈으로 남아 있게 될 것이다.

5) 하나님의 구원 선포(8:1~2)

죄가 이스라엘 가운데 제거됨으로 자신의 분노를 돌이키신 하나님은 이제 여호수아에게 구원의 신탁을 선포하신다. 두려워 말고 일어나 아이성으로 가면 성에 속한 모든 것들을 이스라엘 군대의 손에 넘기겠다는 구원의 말씀이 전달된 것이다. "두려워 말라 놀라지 말라"(1절)는 구원 신탁의 전형적인 문구에 속하는데, 예언자나 제사장 혹은 하나님에 의해 선포되었고 거룩한 전쟁 의식에서도 자주 등장하고 있다. 본문에서는 제1차 아이성 전투에서는 발견되지 않았던 중요한 내용이 언급되고 있는데, 그것은 바로 하나님이 전쟁을 시작하라는 명령을 내리셨다는 점이다. 새로운 전쟁은 하나님이 일으키신 전쟁임을 암시하고 있다. 1절은 '주었노니'라는 완료형 동사를 사용하고 있는데, 전쟁을 시작하기도 전에 하나님이 이스라엘에게 이미 '아이 왕과 그 백성과 그 성읍과 그 땅'을 양도하였다는 점을 강조하려는 의도를 지니고 있다. 아이성을 공격하라는 하나님의 명령은 본질상 전쟁의 결과를 내포하고 있다. 1절은 여리고성을 공격하기 전에 하나님이 여호수아에게 내리셨던 명령(6:2)과 문자적으로 일치하고 있음에 주의해야 한다. 하나님이 난공불락의 성 여리고를 함락시킨 것처럼 아이성도 똑같이 무너뜨리겠다는 뜻이다.

하지만 2절은 아이성 공격이 단순히 여리고성 공격의 복사판이 아님을 강조하고 있음에 유의해야 한다. 2절은 이스라엘이 아이성을 정복한 이후에 행해야 하는 군사 조처들을 여리고성의 경우와는 다르게 설명하고 있는데, 이스라엘에게 '거기서 탈취할 물건과 가축'을 취할 수 있는 권리를 부여하고 있다는 점이다. 이스라엘은 여리고성을 함락한 후에는 남녀노소뿐만 아니라 우양과 나귀도 진멸하였다(6:21). 하지만 아이성은 여리고성과 다르게 취급되어야 한다는 것이다. 신명기 2:34~35; 3:6~7; 여호수아 11:14에 따르면, 정복한 성 주민들을 진멸하고 육축과 성읍에서 탈취한 것들을 이스라엘의 소유로 삼는 행위가 일반적으로 실행되었음을 전해 주고 있다. 우리는 여기서 여리고성처럼 하나님에 의해 특별히 선택된 거룩한 지역과 하나님에게 속하기는 하지만 이스라엘 백성들에게 사용권을 양도한 지역 사이의 차이를 발견할 수 있다. 이 성은 실제로 초기 이스라엘의 거주 지역으로 활용되었다는 점을 상기시킬 필요가 있다.

6) 제2차 아이성 전투와 승리(8:3~23)

하나님으로부터 구원의 신탁을 받은 여호수아는 30,000명의 군사를 소집하여 아이성을 향한 새로운 공격 명령을 내리게 된다. 그중 25,000명은 아이성 북편에 진을 쳤고 나머지 5,000명은 성읍 서편 벧엘과 아이성 사이에 매복하였다. 군사들을 두 부대로 나눈 것은 물론 하나님이 명령하신 군사 전략에 따른 것이었다. 그리고 두 번째 전투의 또 다른 특이점이 발견되는데, 차출된 군사는 일반 병사가 아니라 최고의 능력을 갖춘 "용사 삼만 명"(3절)이었다. 첫 번째 전쟁과 비교할 때 열 배나 많은 군사들이 동원되었고, 질적인 면에서도 비교될 수 없을 만큼 유능한 군사들이 파견되었다. 이스라엘 역사에서 기드온(삿 6:12), 입다(삿 11:1), 사울(삼상 9:1), 다윗(삼상 16:18), 여로보암(왕상 11:28), 나아만(왕하 5:1), 엘리아다(대하 17:17) 등이 '용사'라는 칭호를 받았다. 전쟁 전날 여호수아는 백성들의 진중에서 함께 잠을 잤고, 다음 날 아침에 일찍이 일어나 군사들을 계수한 후 장로들과 함께 아이성으로 향하는 진중함을 보여 주었다(9~10절). 여호수아는 부지런한 지도자였다(3:1). 그는 하나님이 일으키신 거룩한 전쟁이 성공을 거둘 수 있도록 최고 지도자로서의 모범적인 모습을 보여 주었다. 그리고 여호수아가 장로들과 함께 군사들보다 먼저 아이성으로 향했다는 것은 전쟁이 용사들만에 의한 전쟁이 아니라, 이스라엘의 모든 백성들이 함께 참여하는 전 민족의 전쟁이라는 사실을 상징적으로 알려 준 것이다. 본군과 매복군이 담당해야 하는 역할은 근본적으로 달랐다. 본군은 패배를 당한 것처럼 가장하여 아이성의 군사들을 성 밖 광야로 멀리 유도하는 역할을 맡았고, 매복군은 군사들이 성 밖으로 나간 사이에 성을 공격하여 불을 지르고 함락시키는 역할을 수행해야 했다. 용사들은 한 치의 오차도 없이 모든 전쟁 과정을 완벽히 소화해 내었다. 아이성 주민들은 한 사람도 남거나 도망하지 못했으며, 성읍은 불에 탔으며, 아이성의 왕은 사로잡혀 여호수아 앞으로 끌려가게 되었다. 아이성과의 두 번째 전쟁은 이스라엘에게 완벽한 승리를 가져다주었다. 중요한 것은 전쟁의 모든 과정이, 하나님이 여호수아에게 명령한 그대로 진행되었다는 점이다. 철저한 순종은 승리를 가져온 것이고, 승리의 찬양은 오직 하나님에게만 돌아가야 하는 것이다.

7) 아이성의 멸망(8:24~29)

아이성의 주민들을 모두 진멸할 때까지 여호수아가 단창을 잡은 손을 내리지 않았던 행동(26절)은 출애굽기 17:8~16에 소개된 아말렉과의 싸움을 기억나게 한다. 하늘을 향해 치켜든 여호수아의 손은 모세의 손과 동일한 기능을 보이고 있다. 여호수아는 모세처럼 이스라엘이 승리할 때까지 오랫동안 공중에 손을 들어 올린 채로 있었다. 여호수아는 하나님의 명령에 순종하여 단창을 들어 올린 것인데, 그 행동은 원래 이스라엘의 매복병들로 하여금 아이성을 공격하라는 일종의 공격 개시 신호였다(8:18). 이스라엘 군사들은 자신들의 지략이나 계획에 따라 행동한 것이 아니라, 하나님의 명령에 따라 행동한 것이다. 단창은 하나님이 임명하신 이스라엘 최고 지도자의 손에 들려진 것이며, 단창은 하나님의 위대하신 능력을 상징적으로 나타내고 있다. 하늘을 향해 있는 단창은 여호수아가 모세의 뒤를 이어 하나님의 백성을 잘 이끌어 가고 있음을 의미한다. 이스라엘 군대는 하나님의 명령에 따라 아이성의 모든 주민들을 진멸시켰는데, 죽임을 당한 아이성의 주민들은 12,000명이었다.

아이성의 주민들을 진멸시킨 이스라엘 매복군은 성을 불태우고, 그 성을 영원한 돌무더기로 만들어 버렸다(28절). 성이 불에 타버리고 연기가 올라갔다는 것은 이스라엘의 완전한 승리를 의미한다고 볼 수 있는데, 아이성은 단어의 뜻 그대로 '폐허'가 되고 말았다. '폐허' 더미가 존재하는 한 아이성 전투의 신앙적 교훈은 언제나 반복적으로 되새겨질 것이다. 그리고 하나의 거대한 돌무더기가 성문 입구에 있었는데, 그것은 아이성 왕의 돌무더기였다. "저녁때까지 나무에 달았다가 해질 때에 명하여 그 시체를 나무에서 내려 그 성문 어귀에 던지고 그 위에 돌로 큰 무더기를 쌓았더니"(29절). 이 구절은 이스라엘이 하나님의 명령에 얼마나 철저히 순종하였는가를 보여 주고 있다. 신명기 21:22~23에 따르면, 나무 위에서 처형당한 자의 시신을 밤새도록 두지 말고 당일 해지기 전에 장사해 주어야 한다. 하나님의 땅이 더럽혀지지 말아야 하기 때문이다. 이스라엘은 아간의 사건을 통해 철저히 그 역사적이고 신앙적인 교훈을 배웠다. 그들은 이제 더 이상 거룩하신 하나님의 땅을 오염시켜서는 안 된다는 점을 분명히 알고 있었다.

3. 설교를 위한 적용

1) 여호수아: 행동하는 리더십의 소유자

훌륭한 지도자는 위기의 순간에 더욱 빛을 발하는 법이다. 여호수아는 아이성 전투의 패배 원인을 찾기 위해 먼저 진심으로 하나님께 나아가는 모습을 보여 주었다. 그는 장로들과 함께 옷을 찢고 하나님 앞에서 엎드려 날이 저물도록 회개하였다(7:6). 하나님을 원망하거나 백성들을 탓하기 이전에 여호수아는 자신의 신앙을 점검한 것이다.

오늘날은 권위주의가 무너진 시대이다. 지도자들은 시대적 흐름을 간파하고 중심으로부터 변화된 '행동하는 리더십'을 발휘해야 한다. 존경과 사랑은 억압과 권위에서 나오는 것이 아니라, 진실에 바탕을 둔 겸손과 모범의 모습에서 자연스럽게 표출되는 것이다.

2) 축복의 전제 조건: 성(聖)과 속(俗)의 구별

이스라엘이 첫 번째 아이성 전투에서 패배한 근본적인 원인은 아간이 하나님의 명령을 어기고 전리품의 일부를 취했기 때문이었다. 성전(聖戰)의 원칙에 의하면, 전쟁의 주인은 하나님이기 때문에 모든 전리품들은 하나님에게 바쳐져야 한다. 그러므로 아간이 전리품을 취한 행동은 단순히 개인의 욕심을 채운 도둑질이 아니라, 하나님의 영역을 침범한 불신앙적인 범죄가 되는 것이다. 하나님은 자신의 성(聖)의 영역을 공격한 이스라엘에 대해 방어하셔야만 했다. 그것은 하나님의 분노를 통해 분출되었고, 조그마한 아이성 전투에서의 패배로 나타났다. 그러므로 하나님의 분노는 '응보적 정의'라고 말할 수 있다.

우리는 세속의 현장에서 살아가고 있지만, 하나님이 요구하시는 구별된 거룩한 행동들을 실천해야 한다. 다시 말하자면 세속의 현장에서 구별된 거룩한 생활(도덕적, 윤리적, 경제적, 사회적 책임)을 실현할 때 우리는 하나님의 진정한 자녀가 될 수 있다.

3) 물질의 유혹: 신앙의 최대 걸림돌

오늘날 우리가 살고 있는 시대의 특징 중의 하나는 물질을 최고의 가치로 평가하고 있다는 것이다. 높은 학식, 고귀한 인품, 윤리적 성숙함, 국가와 민족을 위한 자기희생 등이 존경의 기준이 되었던 시대는 사라지고 있는 것 같다. 그래서 과거에 존경받던 분들이 오늘날에는 오히려 어리석고 세상의 물정을 모르는 우둔한 사람으로 평가받기도 한다. 안타까운 것은 이러한 물질주의적 가치관으로부터 한국 교회와 교인들이 결코 자유롭지 못하다는 것이다. 독일의 철학자 쇼펜하우어(A. Schopenhauer, 1788~1860)의 말처럼 물질에 대한 욕심은 바닷물과 같아서 마실수록 더욱 큰 갈증을 일으킬 뿐이다.

우리 사회와 교회는 점점 물질을 비롯한 온갖 사탄의 유혹 앞에서 무력해지고 있다. 진정으로 주님을 만난 자들은 세상의 모든 욕심을 버리고, 하나님의 말씀에 바로 서서 살아가는 자들이 되어야 한다. 물질의 유혹에 무릎을 꿇고 결국 비참한 종말을 맞이한 아간의 모습을 바라보며 우리는 다음의 말씀을 기억해야 할 것이다. "돈을 사랑함이 일만 악의 뿌리가 되나니 이것을 사모하는 자들이 미혹을 받아 믿음에서 떠나 많은 근심으로써 자기를 찔렀도다"(딤전 6:10).

에발산 제단 건립과 율법 낭독(수 8:30~35)

1. 본문의 개요

여호수아는 가나안 사람들과의 전투를 일시적으로 중단하고, 하나님께 장엄한 종교 의식을 거행하였다. 우리는 여기서 예기치 않은 내용을 만나게 되는데, 여호수아는 예상을 깨고 아직 남아 있는 가나안 성읍들을 공격하지 않는다. 오히려 여호수아는 가던 길을 멈추고 모세의 명령에 따라 에발산에 제단을 쌓는다. 모세는 이스라엘 백성들이 요단을 건너 가나안 땅에 들어가면 에발산에 제단을 쌓고 율법을 낭독할 것을 명령했는데, 이스라엘은 여리고와 아이성 전투를 마친 후에야 비로소 모세의 명령을 준행하게 되었다는 것이다.

본문의 구조는 매우 간단하다. 본문을 세 부분으로 나눌 수 있는데, 에발산이라는 동일한 장소에서 발생하는 상호 밀접한 사건들로 연결되고 있다. 첫째 단락인 30~31절은 여호수아가 모세의 명령대로 에발산에 철제 연장으로 다듬지 않은 새 돌로 제단을 쌓고 그 위에 번제와 화목제를 드렸음을 보도하고 있다. 둘째 단락인 32절은 여호수아가 모세의 율법을 돌에 기록하였음을 전하고 있다. 물론 이 돌은 제단을 쌓기 위해 사용된 돌과는 다르다. 제단용 돌은 철제 연장으로 다듬지 않은 자연 그대로의 돌인 반면, 율법을 기록한 돌은 내용을 분명히 새길 수 있도록 하기 위해 그 위에 석회를 바른 돌이다(신 27:4). 셋째 단락인 33~35절은 이방인을 포함한 이스라엘의 온 백성이 절반은 그리심산 앞에, 절반은 에발산 앞에 서고 여호수아는 축복과 저주의 율법의 말씀을 낭독하였음을 증언하고 있다. 세 부분의 핵심적인 주제를 다음과 같이 요약할 수 있다.

> 에발산 제단 건립과 제의 집행(30~31절)
>
> 모세 율법을 돌에 기록함(32절)
>
> 율법의 낭독(33~35절)

본문은 처음부터 끝까지 여호수아가 모세의 명령대로 모든 일을 행했다는 점을 강조하고 있음에 주목할 필요가 있다. 본문은 네 번에 걸쳐 여호수아가 모세의 명령 내지는 모세의 율법에 기록된 그대로 행동하였음을 문학적인 수사법을 통해 표현하고 있다. 31절에 따르면, 여호수아가 에발산에 철제 연장으로 다듬지 않은 새 돌로 제단을 건립한 것은 여호와의 종 모세가 이스라엘 자손에게 '명한 대로' 행한 것이며, 그것은 또한 모세의 율법 책에 '기록된 대로' 따른 것이다. 33절에 따르면, 백성들의 절반을 그리심산에 모이게 하고 나머지 절반을 에발산 앞에 모이게 한 것도 모세가 '명한 대로' 행한 것이다. 34절은 여호수아가 모세의 율법 책에 '기록된 대로' 축복과 저주의 말씀을 선포하였다는 것을 강조하고 있다. 네 곳에서 모두 히브리어 전치사 '~처럼'(ㄱ케)이 사용되었다. 반복되어 등장하는 직유법은 독자들로 하여금 여호수아가 얼마나 충실한 모세의 후계자이며, 그가 얼마나 철저히 모세의 율법을 준수하는 지도자인가를 잘 설명해 주고 있다. 이스라엘의 권위는 오직 모세의 율법에만 근거한다는 사실을 기억해 보면, 여호수아는 모세의 율법에 철저하게 순종함으로 다시 자신의 권위를 얻게 되었다. 모세의 율법을 완벽하게 준행한 여호수아는 지도자로서의 권위를 회복한 것이고, 아이성 1차 전투 패배에서 당했던 모든 수치에서 벗어날 수 있게 되었다.

2. 본문 주해

1) 에발산 제단 건립과 제의 집행(30~31절)

위에서 설명했듯이 이 단락은 신명기 27장에 문학적으로 의존하고 있는데, 본질적으로 모세가 내린 명령들을 구체적으로 현실화한 내용을 소개하고 있다. 그렇지만 이 구절에는 제단의 유형과 관련된 고대적 요소들이 들어있음을 간과해서는 안 된다. 여호수아는 신명기 27:4~6상에 소개된 방법대로 다듬지 않은 돌을 가지고 에발산에 제단을 건립하였는데, 이러한 건축방법은 사실상 매우 오래된 것이다. 다듬은 돌로 제단을 쌓지 말라는 규정은 이미 언약서(출 20~23장)에 등장하고 있는데, 출애굽기 20:25은 철제 연장으로 돌을 쪼아서 만든 제단은 부정한 것이라고 단언하고 있다. 이스라엘 역사 후대에도 이 규정은 잘 지켜졌던 것으로 보인다. 사울은 다듬지 않은 큰 돌을 구하여 여호와를 위한 첫 제단을 쌓았고(삼상 14:33, 35), 엘리야는 갈멜산에서 제단을 쌓을 때에 돌들을 발견하자마자 한곳으로 모아 제단을 건립하였다(왕상 18:31~32). 다듬은 돌로 제단을 쌓는 행위가 왜 세속적인 행위로 간주되고 하나님의 영광을 더럽히는 비종교적인 모습으로 해석되어야 하는지에 대해서 구약성경 자체는 아무런 해답을 주고 있지 않다. 하지만 자연에 존재하는 사물들은 창조주의 손에 의해 만들어진 그대로 두어야 한다는 사고가 그 배경을 이루고 있다고 추측해 볼 수 있다.

제단이 건립되는 장소로 북방의 큰 산인 에발산이 소개되고 있는데, 이 산은 매우 오래 전부터 거룩한 산으로 간주되어 왔을 것이고 초기 이스라엘 제의에서 중요한 역할을 수행하였을 것으로 보인다. 해발 940m인 에발산은 바로 남쪽에 위치한 해발 881m의 그리심산과 마주보고 있는데, 그 사이에는 깊이 210m 가량의 계곡이 가로놓여 있다. 에발산이 선택된 것은 그곳에 율법을 새긴 돌을 세우고 제단을 쌓아 제사를 드리라는 신명기 27:4의 규례에 따른 것이다. 이 외에도 신명기 11:29; 27:12~13은 에발산을 제단이 세워져야 하는 장소로 소개하고 있는데, 이 산은 축복의 산인 그리심산과는 달리 저주의 장소로 묘사되고 있다. 반면 사마리아 오경은 제단을 그리심산에 건립하는 것으로 대체하였는데, 여기서 그리심산에 대한 사마리아 인들의 존경심을 읽을 수 있다. 제단을 건립한 여호수아의 행위는 특히 모세의 명령과 밀접히 관련되고 있다는 점이 강조되는데, 여호수아는 '모세의 율법 책에 기록된' 그대로 철제 연장으로 다듬지 않은 돌로 제단을 만들었다. 제단에는 신명기 27:6하~7이 요구하는 것처럼 두 가지 종류의 희생 제사가 드려졌다. 하나는 번제인데, 희생 제물 전체를 불로 태워 버리는 제사로 '완전제'라고도 불린다. 번제는 하나님을 향한 전적인 헌신을 목적으로 드리는 제사이다(레 1:13~17). 다른 제사는 화목제인데, 인간과 하나님 사이의 화평과 친교를 목적으로 드려지는 제사이다(레 3:1~16). 화목제는 제물 고기의 기름만 제단 위에 드려져 불태워지고 나머지 고기는 회중과 제사장이 함께 먹는 제사를 말한다. 화목제는 '구원제' 혹은 '식사제'라고도 불린다.

2) 모세 율법을 돌에 기록함(32절)

여호와께 번제와 화목제를 드린 후에 여호수아는 모세의 율법을 돌 위에 기록하였다. 히브리어 성경은 모세의 율법을 '모세의 두 번째 율법'(신명기)이라고 진술하고 있으며, 이 율법의 내용들을 하나의 돌이 아니라 여러 개의 '돌들' 위에 기록하였다고 전하고 있다. 이때의 '돌들'은 제단을 건립할 때에 사용된 돌이 아니라, 신명기 27:2~8에서 언급된 석회로 매끄럽게 칠한 큰 돌일 것이다. 여호수아가 모세의 율법을 큰 돌 위에 기록했다고 말할 때, 본문이 후대에 와서 생각하는 그러한 의미의 율법 전체를 가리키지는 않는다고 보아야 한다. 율법은 '이스라엘 자손의 목전에서' 기록되었다고 설명하고 있는데, 그 율법은 아마도 십계명과 같은 아주 짧은 율법의 핵심적이고 본질적인 규정을 가리키고 있다고 보아야 한다. 물론 신명기 27:3은 석회를 바른 큰 돌 위에 기록되어야 하는 내용이 '율법의 모든 말씀'이라고 소개하고 있지만, 현실적으로 율법 전체가 그 돌 위에 기록될 수 없음은 물론이다. 본문은 여기서 기술적인 가능성의 질문을 던지지 않고 있다. 단지 율법이 백성들에게 영원히 지워지지 않는 견고한 재질에 기록되어야 한다는 것을 강조하고 있을 뿐이다(참고 욥 19:23~24).

3) 율법의 낭독(33~35절)

33절과 함께 여호수아의 새로운 행동이 시작된다. 희생 제사를 동반한 예배 후에 일종의 '설교 예배'가 뒤따르고 있다. 예배는 축제적인 순서에 따라 진행되는데, 예배의 참여자들이 긴 문장으로 소개되고 있다. 예배에는 "온 이스라엘과 그 장로들과 유사들과 재판장들과 본토인뿐 아니라 이방인까지" 참여하였다. 여기서 '온 이스라엘'은 이스라엘의 대표들과 남자들뿐만 아니라, 여자들과 아이들까지를 포함한다고 볼 수 있다(35절). '온 이스라엘'이 율법을 낭독하는 예배에 참여했다는 것은 매우 중요한 의미를 지닌다. 이스라엘 백성들 가운데 어느 누구도 율법이 가져다주는 축복과 저주의 대상으로부터 제외될 수 없다는 것이다. '장로들과 유사들과 재판장들'은 이스라엘의 정치, 행정, 사법의 지도자적 위치에 있는 자들을 가리킨다. 특이한 것은 '이방인들'까지도 이 예배에 참여하였다는 것인데, 이방인들이 포함된 것은 신명기의 특별한 관심에 따른 것이다. 신명기는 이방인들에게 특별한 보호와 특권을 허락하였다(신 1:16; 5:14; 24:17). 이방인들의 예배 참여는 그들을 향한 하나님의 사랑에 근거하여 이루어진 것이다(신 10:18~19; 16:11, 14).

예배의 중심은 여호와의 임재의 상징인 언약궤가 차지하고 있는데, 레위 사람 제사장들이 언약궤를 멘 채 양편으로 나누어진 백성들의 중앙에 서서 큰 목소리로 축복과 저주의 말씀을 선언하였다. 언약궤를 중심으로 두 그룹으로 분리된 것은 신명기 27장에 언급된 모세의 명령에 따른 것은 아니었다. 하지만 언약궤가 등장하는 것은 이 단락이 신학적으로 얼마나 중요한가를 의미하는 것이다. 언약궤의 현존은 이스라엘이 약속의 땅에서 새로운 희망을 가지고 전진할 수 있게 된다는 사실을 암시한다고 볼 수 있다. 중요한 것은 언약궤가 등장하고 축복이 선포된 장소가 약속의 땅 한가운데 위치한 세겜이라는 점이다. 세겜은 후에 요셉 지파의 중앙 성소가 된다. 여호수아는 약속의 땅을 이스라엘 지파들에게 모두 분배한 후 세겜 총회를 주관하게 되는데, 그곳에서 이스라엘 모든 백성들과 언약을 체결하고 오직 여호와 하나님만을 섬겨야 한다는 사실을 역설하게 된다(24장). 언약궤가 현존했던 세겜은 바로 이스라엘 역사에서 빼놓을 수 없는 중요한 의미를 지닌 '하나님의 집'이 되었던 것이다.

두 그룹으로 나누어진 백성들은 에발산과 그리심산 앞에 각각 서게 되었는데, 이러한 행동은 다시 모세의 명령에 따른 것이다(신 11:26이하; 27:11이하). 그 후에 여호수아는 모세가 선포했던 축복과 저주의 모든 율법의 말씀을 하나도 빠짐없이 낭독하였다. 여호수아는 이스라엘의 회중에 드는 성년 남자들에게뿐만 아니라, 보통 때에 인구조사 대상에서 제외되는 여인과 아이를 비롯해서 심지어는 그들 중에 살고 있는 외국인들에게까지 축복과 저주에 관한 모든 율법의 말씀들을 낭독해 주었다. 여호수아는 모세의 명령에 완전한 순종을 했다는 것이다. 계약의 조항들을 준수하는 자들에 대한 축복의 선언과 준수하지 않는 자들에 대한 저주의 선언은 고대 근동의 모든 조약 문서들을 이루고 있는 기본적인 하나의 구성 요소이다. 신명기 27:12~13에 따르면, 모세는 여섯 지파(시므온, 레위, 유다, 잇사갈, 요셉, 베냐민)를 축복의 산인 그리심산에, 나머지 여섯 지파(르우벤, 갓, 아셀, 스불론, 단, 납달리)를 저주의 산인 에발산에 서도록 명령하였다. 하지만 그리심산 위에 서게 된 지파들은 축복을 받고, 에발산 위에 서게 된 지파들은 저주를 받음을 의미하는 것은 아니다. 그리심산에 오른 자들은 율법에 순종하는 자들을 상징하고, 에발산에 오른 자들은 율법에 불순종하는 자들을 상징하는 것뿐이다. 하나님의 축복과 저주는 오직 율법의 순종 여부에 따라 달라지는 것이다.

3. 설교를 위한 적용

1) 전쟁 이후에 드리는 예배와 감사: 수준 높은 신앙의 모습

본문은 교만과 자만에 빠져 잊어버릴 수 있는 하나님의 백성의 자기 정체성을 회복할 수 있는 제의적 방법을 제시해 주고 있다. 여호수아는 전쟁에서의 승리 이후에 곧바로 에발산에 제단을 쌓고 하나님께 진심으로 감사의 예배를 드렸다. 전쟁에서의 승리는 결코 이스라엘의 군사적 우월성으로 인한 결과가 아니라, 하나님의 전적인 인도와 보호하심을 통한 은혜의 결과라는 사실을 인정한 것이다. 그래서 이스라엘은 하나님께 번제와 화목제를 드렸다. 이 제물들은 하나님을 향한 이스라엘의 전적인 헌신과 하나님과의 진정한 친교를 상징하고 있다. 승리의 기쁨에 도취되어 또다시 하나님의 은혜를 망각하는 죄를 범하지 않기 위해 여호수아는 이스라엘에게 온 백성들이 함께 드리는 희생과 감사의 예배를 준비하게 한 것이다. 여호수아가 에발산에 제단을 건립한 행위는 전쟁의 와중에 일어난 비정상적인 모습인 것처럼 보일 수 있지만, 사실은 아이성 전투 이후에 곧바로 행한 이 경건한 예식이야말로 신령과 진정으로 드리는 수준 높은 신앙의 모습인 것이다.

전쟁에서의 승리가 이스라엘 백성들의 자만을 불러일으킬 수 있듯이 이 세상에서의 성공은 신앙인들의 교만으로 이어질 수 있다. 아이성 전투를 통해 신앙의 본질이 무엇인지를 깨달았던 여호수아처럼 우리 신앙인들도 어떤 상황에 처하든지 하나님만을 의지하는 절대 신앙을 간직해야 한다. 하나님의 자녀로 살아가는데 있어서 가장 중요한 것은 하나님과의 올바른 관계를 지속적으로 유지하는 것이다. 성공 이후의 교만은 실패를 불러일으킬 수 있지만, 성공 이후의 예배는 영원히 복된 인생으로 이끌어 갈 수 있다.

2) 하나님의 율법: 신앙의 절대 기준

여호수아는 하나님께 예배를 드리면서 모세가 죽기 전에 당부한 신명기의 말씀을 다시 회상해서 율법의 명령대로 행하였다. 여호수아는 모세의 율법 책에 기록된 것처럼 철제 연장으로 다듬지 않은 자연 그대로의 돌로 제단을 쌓게 하였으며, 커다란 돌에 율법의 내용을 기록하게 하였으며, 축복과 저주의 모든 말씀을 백성들에게 낭독해 주었다. 여호수아는 아이성 전투를 통해 이스라엘의 미래의 승리와 축복의 방법을 인식하게 되었던 것이다.

하나님의 율법은 언제나 축복과 저주의 양면적 성격을 지니고 있음을 기억해야 한다. 하나님의 명령을 무시하고 하나님의 언약을 범한 백성들은 율법의 내용을 새롭게 들어야 하고, 온전한 예배를 다시 드리는 믿음의 결단을 해야 한다. 하나님의 말씀에 절대 순종하고 복종하는 자에게는 저주와 심판이 물러가고 축복과 영광이 임하게 될 것이다. 이스라엘이 약속받은 가나안의 모든 땅을 쟁취하기 위해서는 더 이상의 행군을 멈추고 에발산에서 제단을 쌓고 말씀을 새로 듣는 신앙의 중간점검이 필요했듯이, 우리도 이 땅에서 살아가다가 잃어버린 믿음을 재충전하는 기회를 마련해야 한다. 하나님의 말씀, 그것은 우리 삶의 거울이며 삶의 진실한 이정표이며 절대 기준이다.

이스라엘과 기브온 사이에 맺은 조약(수 9장)

1. 본문의 개요

9장의 구조는 비교적 단순한 편이다. 9장의 처음 두 구절은 3절 이하에서 일어날 사건의 도입부 역할을 담당하고 있다. 가나안의 여섯 족속이 이스라엘에 대항하기 위해 동맹을 체결하였는데, 기브온 거민들(히위 족속)도 그 동맹에 가담되어 있음을 시사함으로 앞으로 발생할 사건을 예고하고 있다. 그들은 반(反) 이스라엘 동맹에서 이탈하여 이스라엘과 화친을 맺고 조약을 체결하려고 치밀한 계획을 세우게 된다. 이야기의 종결 문구는 27절이 제시해 주고 있는데, 전형적인 원인론적 결론 문구를 지니고 있다. 그러므로 9장은 앞뒤의 문맥으로부터 분리될 수 있는 독립적인 성격을 갖고 있으며, 그 자체로써 충분한 목적을 지니는 완성된 이야기이다.

1~2절의 도입부를 제외하면, 전체 본문은 다음 세 개의 장면으로 구성되어 있는데, 각각의 장면은 서로 다른 주제와 형식을 보여 주고 있다.

> 이스라엘과 기브온의 조약 체결(3~15절)
>
> 기브온 거민들의 속임수 탄로(16~21절)
>
> 하나님의 집을 위해 영원한 종이 된 기브온 거민들(22~27절)

이스라엘과 기브온 사이의 조약 체결에 대한 보도(3~15절)에서 특징적인 것은 사건 전개의 주도권이 이스라엘이 아니라 기브온 사람들에게 주어져 있다는 점이다. 기브온 거민들은 가나안 사람들에 대한 이스라엘의 승리의 소식을 들었고(3절), 그들은 길갈로 갔으며(6상절), 이스라엘 사람들에게 조약을 맺자고 제안하였다(6하절). 기브온은 이스라엘과 조약을 체결하는데 있어서 적극적인 자세를 취하였던 반면에, 이스라엘은 수동적인 입장에서 조약을 체결하자는 제안에 동의하는 형편이 되었다. 이 단락은 대화 형식을 통해 사건의 진행을 전개시키고 있는데, 기브온의 거짓된 질문과 답변 속에 긴장감이 가득 차 있다. 대화는 세 차례의 질문과 대답으로 진행되었다. 대화의 내용을 다음과 같은 도표로 정리할 수 있다.

	1차 대화(6~7절)	2차 대화(8절)	3차 대화(9~13절)
기브온 거민들	우리가 원방에서 왔으니 조약을 체결하자	우리는 당신의 종이다	심히 먼 지방에서 하나님의 명성과 행하신 일을 듣고 왔는데 당신의 종이 되기를 원한다
이스라엘 사람들 (여호수아)	우리 중에 거하는 듯하니 어떻게 조약을 체결할 수 있느냐	너희는 누구며 어디서 왔느냐	——

1차 대화에서 기브온 거민들은 이스라엘 사람들에게 거짓말로 자신들의 신분을 속이고, 조약을 체결하자고 제안한다. 그들은 이스라엘 사람들을 속이고 먼 지역에서 온 것처럼 가장(假裝)하기 위해 해어지고 찢어진 전대와 가죽 포도주 부대를 준비하였고, 낡아 기운 신발을 신고, 낡은 옷을 입고, 마르고 곰팡이가 난 떡을 준비하였다. 하지만 이스라엘 사람들은 쉽게 속아 넘어가지 않았고, 기브온 거민들이 가나안에 거하는 족속이 아닌가 하는 의심을 하고 조약을 체결할 수 없다고 거절한다. 기브온 사람들은 자신들의 속임수가 성공을 거두지 못하게 되었음을 깨닫고, 2차 대화에서는 외교 관례상 아주 정중한 태도를 취하게 된다. '우리는 당신의 종이니이다!' 여기에 이스라엘은 무조건적으로 거절하는 태도를 취하지 않고, 일단 그들의 말을 들어보기로 한다. 이스라엘의 입장이 바뀐 것을 알게 된 기브온 거민들은 3차 대화를 통해 이스라엘을 완전히 설득하였다. 3차 대화는 기브온 거민들의 일방적인 장황한 설명만이 있을 뿐이다. 기브온 거민들의 이야기를 들은 이스라엘 사람들은 더 이상의 의심을 하지 않고 언약을 체결하게 된다.

3~15절 안에는 고대 근동의 부족들 내지는 국가들 사이에 체결되었던 조약 체결의 전형적인 몇 가지 요소가 들어있음을 확인할 수 있다. 첫째, 약자가 강자에게 조약 체결을 요청하는 내용이다. 기브온 거민들은 이스라엘

사람들에게 '당신의 종'이 되겠다고 자처하였는데(8, 11절), 이러한 제안은 열세한 집단이 강대국의 봉신이 되어야 하는 상황을 전제로 한 것이다. 둘째, 약소국이 강대국에게 드리는 선물이다. 기브온 거민들은 이스라엘 사람들에게 양식을 바쳤는데(14절), 이것은 조약을 맺을 때에 화평과 우호를 상징하는 일종의 친교의 떡이라고 볼 수 있다. 셋째, 평화의 선언이다. 이 선언은 강대국이 약소국에게 약속하는 평화의 보장이다. 이스라엘 사람들은 기브온 사람들과 화친하고 그들을 살려 주겠다는 약속을 하게 된다(15상절). 넷째, 체결된 조약의 내용을 위배하지 않겠다는 서약이다. 이 서약은 강대국이 약소국에게 그리고 약소국이 강대국에게 행하는 최종적인 맹세인데, 이스라엘의 족장들은 기브온 거민들에게 조약의 내용을 지킬 것을 서약하였다(15하절). 본문에 빠져 있는 조약의 조항들도 있는데, 조약의 내용을 위배하는 집단을 향한 저주의 선언이다. 저주의 내용들은 원시적이고 비합리적인 경우가 많은데, 야생 날짐승들의 먹이가 되라거나 또는 사나운 폭풍우의 희생물이 되라는 등의 저주와 관련된다.

조약을 체결한 지 3일이 지나 기브온 거민들의 속임수가 탄로 나게 되었지만 이스라엘은 하나님의 이름으로 진행된 조약 체결이었기에 그들의 목숨을 살려 줄 수밖에 없었다(16~21절). 이 단락의 특징은 첫 번째 단락과는 달리 이스라엘에게만 이야기의 관심을 두고 있다는 점인데, 기브온 거민이 언급되고고는 있지만 행동의 주체로는 전혀 등장하지 않고 있다. 이 단락은 기브온 거민들의 속임수가 발각된 이후 이스라엘 사회 내부에서 발생한 갈등과 반목의 문제를 다루고 있을 뿐이다. 이스라엘 회중들은 조약 체결을 주도한 족장들을 원망까지 하게 되었는데, 족장들은 온 회중을 설득하고 그들의 불만을 잠재워야만 했다. 이 단락의 또 다른 특징은 여호수아의 이름이 한 번도 언급되고 있지 않다는 점이다. 여호수아는 이스라엘 백성들의 원망의 대상에서 벗어나 있다. 기브온 사람들과의 조약 체결을 주도한 인물을 여호수아가 아니라, 이스라엘의 족장들로 소개하고 있다. 여호수아는 다음 단락에서 이스라엘과 기브온 사이에 일어난 갈등의 중재자로 등장한다.

마지막 단락(22~27절)은 21절의 내용을 확장하여 전개하는 듯한 인상을 주고 있다. 21절은 기브온 거민들이 비록 목숨을 잃지는 않았지만 이스라엘의 노예가 되어 하층민으로 살아가게 되었다는 사실을 결론으로 소개한다. 그런데 22절에서는 16~21절에 등장하지 않던 여호수아가 갑자기 다 끝난 사건에 개입하여 기브온 거민들을 저주하고 하나님의 집에서 영원히 노예의 삶을 살아가야 한다는 점을 다시 한 번 선포하게 된다. 여호수아는 기브온 거민들을 불러 그들이 나무를 패고 물을 긷는 생활을 해야 한다는 점을 또다시 강조한 것이다. 이에 대해 기브온 거민들은 여호수아에게 자신들이 속임수를 써서 조약을 체결해야만 했던 이유를 설명하는데, 그 내용은 일종의 '송영'이라고 말할 수 있다. 이방인의 입을 통해 이스라엘 하나님의 위대하심이 찬양을 받고 있기 때문이다. 기브온 거민들은 이스라엘의 하나님이 모세에게 명한 대로 가나안 땅의 모든 거민들을 몰아낸다는 소식을 듣고 생명을 잃을까 심히 두려워하여 속임수를 사용한 것이라고 고백하였다.

2. 본문 주해

1) 서론적 진술(1~2절)

이 두 구절은 여호수아서 전체로 볼 때 새로운 전환점을 이루고 있다고 볼 수 있다. 이스라엘의 활동 무대가 이제 본격적으로 요단 서편으로 확대되기 시작하였기 때문이다. 이스라엘 백성들에게 약속된 요단 서편은 산악 지역, 평야 지역, 그리고 레바논에 이르는 해변 지역으로 구분되어 설명되고 있다. 이 지역들에 살고 있는 여섯 개의 가나안 원주민들이 상투적인 어법으로 소개되었는데, 이는 신명기 20:17의 목록과 동일하다. 이와 달리 여호수아 3:10에는 기르가스 족속이 추가되어 있다.

이 단락이 갖고 있는 두 번째 특징은 이스라엘이 더 이상 하나의 가나안 도시 국가와 대결하는 것이 아니라, 이제는 가나안 도시 국가들의 동맹군과 대결해야 한다는 것을 밝히고 있다는 점이다. 이스라엘에 대항할 거대 연합군이 조직됨으로 이제부터는 성읍 단위의 전쟁이 아니라, 광활한 영토와 엄청난 거주민들을 포함한 가나안 세력들과 본격적인 영토 전쟁이 시작되어야 한다는 사실을 암시하고 있다. 그러므로 1~2절의 도입부는 여호수아서 전체의 구조에서 특별한 의미를 지니고 있다고 보아야 하는데, 앞으로 하나님께서 어떻게 이러한 막강한 저항 세력들을 물리치고 이스라엘에 약속의 땅을 분배하는 일을 완성할 수 있을 것인가에 대한 신학적인 질문을 제기하게 된다.

2) 이스라엘과 기브온의 조약 체결(3~15절)

3절부터 기브온 거민들의 이야기가 실제적으로 시작되는데, 1~2절의 서론적 진술에서와는 달리 이스라엘이 다시 가나안의 한 도시 국가와 대결해야 하는 것으로 인식해서는 안 된다. 17절은 기브온 거민들을 한 도시에 살고 있는 자들로 생각하지 않고, 네 개의 성읍에 살고 있는 사람 전체로 소개하고 있다. 이 구절은 후에 이스라엘 사람들이 찾아갔던 기브온, 그비라, 브에롯, 기랏여아림이 기브온 족속에 속하는 성읍들이라는 사실을 분명히 밝히고 있다. 여리고성과 아이성을 함락시킨 이스라엘의 명성을 익히 알고 있는 기브온 거민들은 이스라엘과 화친을 맺기 위해 책략(策略)을 꾸미게 되었다. 4~5절에는 그들의 구체적인 속임수들이 소개되고 있는데, 이러한 행동은 그들이 계획적으로 꾀를 내어 시도한 것으로 평가되고 있다. '꾀를 내어'라는 히브리어 단어 '아람'(עָרַם)은 여기서 이중적 의미를 지니고 있는데, 기브온 거민들의 입장에서는 지혜로운 행동이지만 이스라엘의 입장에서는 기만적이고 악한 계략에 속한다는 것이다. 그들은 길갈로 갔다. 길갈은 이스라엘이 요단을 건넌 후 처음 진을 쳤던 곳으로, 가나안 정복의 군사적 중심지였다(4:19).

길갈을 찾은 기브온 거민들은 자신들이 먼 지역에서 온 사신들이니 조약을 체결하자고 제안하면서 이스라엘 사람들과 세 차례에 걸친 긴 대화(6~13절)를 하게 된다. '우리와 약조하사이다'라는 말의 히브리어 문장을 직역하면

'우리를 위하여 조약을 체결하자'이다. 여기 사용된 히브리어 전치사 '~를 위해'는 이 조약이 대등한 관계에서 체결되는 언약이 아니라, 조약 체결을 제안한 집단이 상대적으로 열등한 위치에 있다는 사실을 암시해 주고 있다. 동등한 관계의 조약 체결을 위해서는 전치사 '~와 함께'가 사용되어야 한다. 그리고 '조약을 체결하다'라는 문장을 히브리어로 직역하면 '조약을 자르다' 인데, 고대인들이 조약을 체결하는 경우 동물들을 반으로 자르고 조약을 체결하는 당사자들이 그 사이로 지나가는 의식을 반영하고 있는 어법에 해당한다. 7절에서 기브온 사람들은 히위 사람들로 소개되고 있다. 이들은 원래 아르메니아 지역에 살고 있었는데, 주전 2200년 이후에 고대 근동 지역을 광범위하게 유랑하다가 어느 순간 가나안 지역에 자리를 잡고 정착한 것으로 보인다. 이들은 이스라엘이 정복한 가나안의 원주민들을 소개할 때에 사용되는 상투적인 목록에 들어 있다(수 11:3, 19; 삿 3:3).

기브온 거민들은 이스라엘 사람들과의 두 번에 걸친 짧은 대화에서 종주와 봉신 간의 조약을 체결하자는 자신들의 주장을 완전히 관철시키지는 못하였다. 세 번째 대화는 기브온 거민들에 의해 일방적으로 행해졌는데, 그들의 긴 연설은 노련하고 설득력이 있었다. 출애굽 사건과 요단 동편 아모리 사람의 두 왕 시혼과 옥의 진멸 사건(민 21:21~35; 신 2:26~3:17)에 대한 언급은 기브온 거민들이 매우 먼 지역에서 왔다는 것을 설명하는 중요한 증거로 제시되었다. 만일 기브온 사람들이 최근에 발생한 여리고성과 아이성에 관한 이야기를 했다면, 그들이 요단 서편의 가까운 지역에 살고 있던 자들이라는 사실이 탄로 났을 것이다. 기브온 거민들이 이스라엘 사람들을 설득시킨 결정적인 증거는 가지고 온 곰팡이 난 양식, 찢어진 가죽 부대, 해진 옷과 신이었다. 이스라엘 사람들은 기브온 사람들의 철저하게 계산된 책략에 결국 속아 넘어갔다. 이스라엘 사람들은 그 물건들을 꼼꼼하게 조사를 하지도 않고 여호와 하나님께 묻지도 않았다. 그리고 그들은 친교의 떡을 받은 후 조약을 체결하였고, 결국 그들을 살려 주기로 약속을 하였다.

3) 기브온 거민들의 속임수 탄로(16~21절)

기브온 거민들의 거짓말은 3일 후 발각되었다. 여기서 3일은 아주 짧은 시간을 지칭하는데, 이틀 밤과 그 사이에 있는 하루의 낮 시간을 포함한다. 조약을 체결한 기브온 거민들은 먼 지역에서 온 자들이 아니라, 아주 가까운 지역에 살고 있는 가나안 족속 중의 하나라는 사실이 알려지게 되었다. 어떻게 기브온 거민들의 거짓말이 발각되었는지에 대해서는 본문이 침묵한다. 중요한 것은 아주 짧은 시간에 그들의 속임수가 탄로 났다는 것이다. 이스라엘 백성들은 길갈에서 출발하여 3일 만에 기브온에 도착할 수 있었다. 기브온 지역에는 네 개의 도시들이 위치하고 있었는데, 구약성경에서 유일하게 여기에서만 네 개의 도시들이 함께 소개되고 있다. 18:25~28은 이 도시들을 베냐민 지파에 속한 성읍 목록 가운데 포함시키고 있다. 기브온은 주변에 여러 작은 위성 성읍들을 거느린 왕도(王都)와 같은 큰 도시인데(10:2), 예루살렘 북서쪽 약 10km 지점에 위치한 해발 722m 높이의 가나안 중부 지역의 주요 성읍 중의 하나이다. 히브리어 '그비라'(כפירה)는 '암사자'를 의미하는데, 기브온에서 동남쪽 7km 지점에 위치하고 있다. '브에롯'(בארות)은 히브리어로 '우물, 샘'을 말하는데, 기브온에서 북동쪽으로 7km 정도 떨어져 있다. '기럇여아림'(קרית יערים)은 히브리어로 '수풀의 성읍'을 뜻하는데, 예루살렘에서 동쪽으로 10km 정도 떨어져 있다. 후에 이곳에 법궤가 20년 동안 체류하기도 하였다(삼상 6:19~7:2).

이스라엘 백성들은 기브온 거민들로부터 속았다는 사실을 알게 되자 백성들의 대표자이자 지도자인 족장들을 향해 불평하기 시작하였다. 이 불평이 조약을 맺고 기브온 거민들을 죽이는 것을 거부했던 족장들에게로 향하면서 이스라엘 사회 내부에는 분열과 갈등이 일어나게 되었다. 백성들의 '불평'은 광야 유랑 시절에도 끊임없이 이스라엘을 괴롭히고, 분열시키고, 하나님으로부터 멀어지게 한 결정적인 원인이었다. 광야 시절의 불평과 다른 점이 있다면, 이번의 불평은 정당하다는 것이다. 백성들의 불평은 옳은 것이며, 지도자들의 잘못된 판단에 대한 정당한 비판이었다는 점이다. 하지만 백성들의 불평은 받아들여지지 않았다. 왜냐하면 지도자들의 잘못된 판단은 되돌릴 수 없는 것이기 때문이다. 여호와 하나님의 이름으로 진행된 조약 체결은−비록 여호와 하나님께 물어보지 않고 진행되었다고 할지라도−파기될 수 없는 것이다. 만일 조약을 파기시키면, 인간의 진노뿐만 아니라 하나님의 진노가 임하게 될 것이다. 그러므로 지도자들은 해결책을 제시해야만 했는데, 기브온 거민들을 죽이지는 않고 노예와 같은 낮은 신분에 종사하게 하는 것이었다. 노예로서의 삶은 이스라엘 백성들을 위해 나무를 패고 물을 긷는 것이었다(참고 신 29:11). 이것은 지도자들이 고안해 낸 고육지책이었는데, 백성들로부터 다시 신임을 얻고 지도력을 인정받을 수 있는 묘책이 될 수 있었다. 기브온 거민들을 노예로 삼는 것은 한편으로는 기브온 조약 체결을 통해 군사적인 보호를 받으려 했던 기브온 거민들의 계략을 분쇄하는 효과를 가지고 있으며, 다른 한편으로는 지도자들을 향한 백성들의 불평을 상당 부분 해결해 줄 수 있는 방법이었기 때문이다. 이로써 이스라엘 사회 내부의 갈등은 어느 정도 해소될 수 있었다.

4) 하나님의 집을 위해 영원한 종이 된 기브온 거민들(22~27절)

이 단락은 기브온이 이스라엘을 속여 조약을 체결함으로 발생한 심각한 후유증이 어떻게 해결되었는가를 설명하고 있다. 여호수아가 문제 해결의 중심에 서 있다. 여호수아는 기브온 거민들을 불러 이스라엘을 속인 이유를 묻고 그들에게 법적인 유죄 판결을 내린다. 기브온 거민들은 저주를 받고 영원한 종이 되어 나무를 패고 물을 긷는 자들이 되어야 한다는 것이다. 기브온 사람들을 죽이지 않되 영원한 종으로 살게 한 여호수아의 판결은 매우 현명한 것으로 간주될 수 있다. 왜냐하면 여호수아의 판결은 한편으로는 이스라엘 백성들을 속이고 조약을 체결한 기브온 사람들을 향해 무거운 책임을 물은 것이지만, 다른 한편으로는 이스라엘 회중들의 분노를 진정시킬 수 있는 묘책이기 때문이다. 하지만 우리는 여기서 한 가지 중요한 점을 간과하지 말아야 한다. 이스라엘 족장들의 판결과 여호수아의 판결이 서로 다르다는 점이다. 이스라엘 족장들은 기브온 거민들을 이스라엘 "온 회중을 위하여 나무 패며 물 긷는 자"(21절)가 되도록 판결한 반면, 여호수아는 그들로 하여금 "내 하나님의 집을 위하여 나무 패며 물 긷는 자"(23절)가 되도록 변경시켰다. 여호수아의 판결에 의하면, 기브온 거민들은 이스라엘 백성 개개인에게 종속된 종이 아니라, "여호와의 택하신 곳에서"(27절) 성막에 소속된 종이 되어야 한다는 것이다. 그러므로 여호수아의 판결은 저주라기보다는 일종의 긍휼이며 은총이며 축복인 셈이다.

기브온 거민들이 영원히 봉사해야 하는 '하나님의 집'은 어느 곳을 말하고 있는가? '여호와의 택하신 곳'은 신명기 신학에서 중요한 의미를 지니고 있는 단어인데, 신명기 12:5, 11에 기초하여 예루살렘으로 고집해서는 안 된다. 여호수아 당시에 예루살렘은 아직 정복되지 않은 가나안의 여부스 족속의 도시이며, 예루살렘에는 솔로몬 시대 이후에야 비로소 여호와 하나님을 위한 성전과 제단이 세워지지 않았는가! 기브온 거민들이 여호수아 시대에 존재하지도 않은 예루살렘 성전에서 봉사해야 하는 의무를 갖게 되었다는 것은 시대착오적이다. 오히려 '하나님의 집'은 길갈 성소를 의미한다고 보아야 한다. 기브온 거민들은 여호수아 시대에 군사와 종교의 중심지 역할을 수행하였던 길갈에서 예속적인 역할을 수행해야만 했다고 판결한 것으로 보아야 논리적으로 타당하다. 그래야만 "오늘까지 이르니라"(27하절)라는 구절이 이해될 수 있다.

3. 설교를 위한 적용

1) 거짓말: 공동체 갈등의 출발점

기브온 거민들은 이스라엘을 속여 조약을 맺은 결과로 생명을 구하는 데는 성공했지만, 그 거짓에 대한 대가로 저주를 받아야만 했다. 그 저주의 내용은 후손 대대로 종이 되어 하나님의 집을 위해 물을 긷고 나무를 패는 자가 되어야 하는 것이었다. 기브온 거민들의 저주와 심판은 거짓말에서 출발하였다. 그들은 처음부터 계획적으로 이스라엘 사람들을 속이기 위해 작정하였고, 먼 지역에서 온 자들이라고 거짓말을 함으로 조약을 체결하는데 성공을 거두었다. 시간이 지나 진실은 밝혀지고 두 집단 간에는 심각한 갈등이 발생하게 되었다. 기브온 거민들의 거짓말이 비록 생존을 위한 어쩔 수 없는 선택이었다고 할지라도, 조약의 파트너인 이스라엘 사람들은 속아서 조약을 체결했다는 사실을 알고는 분노할 수밖에 없었다. 거짓말은 두 집단 간의 관계에 심각한 위기를 초래한 것이다.

그리스도인들은 사회를 책임질 의무가 있다. 건강한 사회는 모든 사회 구성원들이 진실한 생활을 할 때에 가능하다. 신앙은 거짓 없는 말과 진실한 행동으로부터 시작되어야 한다. 하나님의 장막에 거할 수 있는 자의 요건 중의 하나는 혀로 다른 사람을 참소하지 않은 것이다(시 15:3). 거짓은 또 다른 거짓을 낳게 되고, 결국은 자신을 파멸로 이끌고 공동체를 혼란에 빠뜨리고 만다. 참된 그리스도인은 올바른 언어 사용에 기초한 삶을 살아야 한다.

2) 지도자의 경건과 통찰력: 공동체의 안녕과 질서의 밑거름

기브온 거민들과 조약을 체결할 때에 이스라엘의 지도자들은 "어떻게 할 것을 여호와께 묻지 아니하는"(14절) 결정적인 실수를 범하였다. 이러한 지도자들의 불신앙은 결국 심각한 사회적인 불만을 야기시켰고, 이스라엘 사회 내부에 심각한 위기를 초래하고 말았다. 우리는 본문의 내용을 통해 지도자들이 여호와께 묻지 않고 무엇인가를 결정하였을 때에, 그리고 하나님의 말씀에 따라 행동하지 않았을 때에 그들은 자신들의 생명 자체와 리더십에 심각한 위협을 받게 된다는 중대한 신앙적인 교훈을 얻게 된다.

열왕기서는 이스라엘 역사 속에서 왕들이 맡고 있는 책임이 얼마나 막중한 것인가를 정확히 증명해 주고 있다. 왕들이 하나님을 버리자 하나님은 왕들을 버리고 이스라엘을 포기하셨다. 왕들이 자신들의 죄를 깨닫고 올바른 삶을 살기로 다짐하면, 하나님은 그들을 붙잡아 주시고 강건한 나라로 만들어 주셨다. 히스기야와 요시야가 하나님 앞에서 바로 서기 위해 몸부림칠 때에 하나님은 그들에게 충분한 리더십을 허락하셨다. 예언자들은 왕들이 하나님의 법에서 벗어날 때에 하나님의 말씀을 무기로 강렬하게 저항했던 자들이다.

3) 여호수아: 관용을 베푸는 지도자

관용이란 남의 잘못을 너그럽게 받아들이거나 용서해 주는 것을 의미하는데, 지위가 높은 사람이 낮은 사람의 허물을 덮어 주는 행위를 지칭한다. 본문에서 여호수아는 관용을 베푸는 훌륭한 지도자로 등장한다. 여호수아는 비록 자신과 이스라엘 백성들을 속이고 조약을 체결한 기브온 거민들을 저주하지만, 성소에서 살아갈 수 있도록 깊은 배려를 해 주었다. 기브온 거민들의 속임수가 3일 만에 탄로 났을 때에 이스라엘 백성들은 그들과 조약을 체결한 족장들을 원망하기 시작하였다. 이에 대해 족장들은 기브온 거민들과 맺은 조약이 하나님의 이름으로 체결한 것이기 때문에 그들의 목숨을 살려 줄 수밖에 없다고 말하였다. 여호수아는 이스라엘의 최고 지도자로서 이 갈등의 문제를 좀 더 근본적으로 해결해야 했다. 그는 먼저 기브온 사람들을 불러 왜 거짓말을 했느냐고 책망하였다. 그러자 기브온 거민들은 거짓말을 해서라도 조약을 체결하지 않으면 생명을 잃을 것 같았다고 솔직히 대답하였다. 우리는 여기서 여호수아의 지혜롭고 너그러운 모습을 만날 수 있다. 그는 분노하거나 화를 내는 모습을 보이지 않고, 차분하고도 이성적으로 대응하였다. 기브온 거민들이 여호수아에게 처분권을 맡겼을 때에 그는 그들을 죽이지 아니하고 성소에서 나무를 패며 물을 긷는 종으로 삼았다.

지도자는 백성들을 사랑하고 존경하면서 은혜와 관용을 베푸는 자가 되어야 한다. 부자는 가난한 자들의 심정을 헤아리고 자비를 베풀어야 한다. 믿음이 깊은 자들은 믿음이 약한 자들을 이끌어 주어야 한다. 많이 배운 자들은 학식이 부족한 자들을 무시하지 말아야 한다. 여호수아가 정치적 약자라고 볼 수 있는 기브온 거민들에게 관용을 베풀게 되었을 때에 이스라엘 사회는 안정을 찾고 가나안 땅으로의 진군에 전력할 수 있었다. 더불어 살아가는 공존의 원리를 제시한 여호수아의 모습은 21세기 다문화, 다인종 사회를 맞이한 우리에게도 시사하는 바가 크다고 볼 수 있다.

기브온 전투와 가나안 남부 지역의 점령(수 10장)

1. 본문의 개요

10장을 크게 세 부분으로 나눌 수 있는데, 서로 긴밀하게 연결되어 하나의 통합된 이야기를 이루고 있다. 첫 번째 부분은 여호수아가 반(反)기브온 동맹군을 정복한다는 이야기로, 신적인 이름을 지닌 아도니세덱에 대한 옛 예루살렘 전승에 기초를 두고 있는 것으로 보인다(1~15절). 이 전승의 삶의 자리는 기브온과 벧호른 지역에 한정되었을 것이다. 이 전승은 기브온을 공격한 다섯 동맹군이 어떻게 이스라엘의 위대한 지도자 여호수아의 야간 공격에 의해 섬멸을 당하게 되었는가를 전해 주고 있다. 기브온 거민들은 이 전승을 여호수아가 자신들과 맺은 조약을 얼마나 충실하게 수행하였는가를 보여 주려는 목적으로 사용하였을 것이다. 1절은 새로 일어날 사건의 역사적 상황을 설명해 주는 도입부의 역할을 담당하고 있는데, 여리고성 점령 사건(6장), 아이성 점령 사건(7~8장), 그리고 기브온 거민들과의 조약 사건(9장)을 하나의 동일한 성격을 지닌 사건으로 묶어 주면서 동시에 새로운 단락으로의 전환을 시도하고 있다. 12절은 전쟁의 기적을 두드러지게 하기 위해 시적인 단편을 등장시키고 있는데, 이스라엘 역사 초기의 군사적 위업을 찬양하는 시들과 맥을 같이하고 있다(출 15:21; 민 21:14~15, 27~30; 삿 5:1~31). 15절은 한 단락을 마감하는 전형적인 문구를 제시하는데, 전쟁에 출정했던 여호수아가 길갈에 있는 본영(本營)으로 돌아온다는 진술과 함께 기브온을 배경으로 했던 하나의 독립된 전쟁 이야기가 끝을 맺고 있다. 물론 그 결론은 임시적인데, 이야기의 완전한 완성은 40~43절에 가서야 이루어지고 있다고 보아야 한다. 왜냐하면 여호수아의 또 다른 전쟁 출정은 '모든 왕과 그 땅'을 정복했기 때문이다.

둘째 부분은 막게다 동굴 속에 숨어 버린 반기브온 동맹군의 다섯 왕들을 처형한다는 이야기이다(16~27절). 이 이야기는 원래 동굴 가운데 묻혀 있는 다섯 왕들에 대해 관심을 두고 있던 막게다 전승이었는데, 현재의 위치에서 여호수아 군대의 위대한 성전(聖戰)의 결과를 강조하고 있다. 이 이야기는 10장의 한가운데 위치하고 있는데, 어떠한 특별한 도입부 없이 16절부터 전혀 예상하지 못했던 새로운 이야기를 시작하고 있다. 이 두 번째 이야기는 10절에 언급된 막게다에서의 사건을 확대시켜 보도하고 있는 것으로 되어야 한다. 첫 번째 이야기에서 완전히 해결되지 않은 사건, 즉 기브온을 공격한 다섯 연합군의 왕들의 운명이 그들의 피난처인 막게다에서 다시 펼쳐지고 있는 것이다. 이로써 기브온을 배경으로 하고 있는 첫 번째 이야기와 막게다를 배경으로 하고 있는 두 번째 이야기가 서로 인과 관계가 있는 것으로 연결되고 있다. 27절의 원인론적 진술은 한 단락의 전형적인 결론 역할을 잘 수행하고 있다.

셋째 부분은 여호수아가 가나안 남부의 산악 지역을 정복한다는 이야기이다(28~43절). 이 부분은 전형적인 정복 전쟁의 요약문이다. 28~39절은 이스라엘이 남부 지역의 어떤 도시들을 정복하였는가를 상투적인 어법을 반복하면서 설명해 주고 있는데, '여호수아가 온 이스라엘로 더불어'(29, 31, 34, 36, 38절)는 새로운 정복 도시를 소개할 때마다 반복해서 등장하고 있다. 그리고 각 도시의 정복 방법은 거의 차이가 없는 것으로 묘사되고 있다. 새로운 정복 도시는 바로 앞에서 정복되었던 도시와 동일한 방법으로 함락되었다는 점이 강조되고 있다. 40~42절은 남부 지역 도시들의 정복에 대한 신학적인 평가이며, 43절은 여호수아의 군대가 전쟁을 마치고 길갈의 진으로 돌아갔음을 소개함으로 10장 전체의 결론구를 이루고 있다.

2. 본문 주해

1) 반기브온 동맹군의 섬멸(1~15절)

여호수아 군대에 의하여 함락된 가나안의 도성들, 즉 여리고성과 아이성, 그리고 이스라엘과 화친 조약을 맺은 기브온의 소식을 근처에 위치하고 있는 '예루살렘 왕 아도니세덱'이 듣게 되었다(1절). 그는 새로운 이야기에서 중요한 역할을 수행하게 된다. 구약성경 전체에서 가장 중요한 도시-예루살렘을 암시하는 창세기 14:18의 살렘과 창세기 22:14의 모리아를 제외하면-라고 볼 수 있는 예루살렘이 처음으로 이곳에 언급되고 있다. 예루살렘은 태고의 역사를 지닌 가나안의 도시로, 주전 19세기의 이집트 문서에 처음으로 등장하고 있다. 주전 14세기의 문헌인 아마르나 서신에서는 '우루살림'(Urusalim)으로 불렸는데, 이 도시는 압디히파(Abdihipa) 왕의 거주지로 소개되고 있다. 예루살렘의 왕 '아도니세덱'은 '의의 주인'이라는 의미인데, 당시 남부 가나안의 여러 왕들 중에서 가장 큰 세력을 형성하고 있었으며 주도적인 역할을 수행하였을 것으로 보인다. 이 이름은 멜기세덱(창 14:18)과 동일한 차원에서 만들어진 신적인 이름이라는 사실을 확인할 수 있는데, 세덱은 예루살렘 도시 국가의 신의 명칭과 밀접히 관련된다.

예루살렘의 왕 아도니세덱은 헤브론 왕 호함과 야르뭇 왕 비람과 라기스 왕 야비아와 에글론 왕 드빌에게 사람을 보내 동맹군을 조직하여 기브온을 공격하자는 제안을 하게 되는데(2~5절), 이러한 그의 계획된 행동은 기브온과 그에 속한 여러 부속 도시들의 이탈이 가나안 땅을 위해서는 매우 위험스러운 징조로 비쳐졌음을 의미한다. 기브온의 크기와 성의 방어 능력이 특별히 강조되고 있는 것은 바로 그러한 이유 때문이다. 기브온은 성의 규모와 중요성으로 인해 왕도(王都)로 칭해질 정도이다. 하지만 기브온이 왕정 체제를 갖춘 도성은 아니었던 것으로 보인다. 기브온은 장로 중심의 정치 체제를 갖춘 도성으로 추측된다(9:11). 그럼에도 기브온이 왕도로 칭해지는 것은 주변에 그비라, 브에롯, 기럇여아림과 같은 여러 성읍들에 대해 정치적 지배권이 있었기 때문인 것으로 보인다. 이러한 정치적 위치를 차지하고 있는 기브온이 이스라엘과 화친 조약을 맺고 가나안 국가들을 배반했으니 아도니세덱은 이스라엘과 그들의 하나님 여호와의 능력에 대해 두려워할 수밖에 없었던 것이다.

여호수아는 아모리 다섯 왕들의 연합군으로부터 위협을 받은 기브온에 대해 동맹의 의무를 수행하게 된다(6~8절). 다섯 명의 왕들이 '산지에 거하는 아모리 사람의 모든 왕들'로 소개되고 있는데, 이것은 다섯 명의 왕들에 대한 문학적 과장법에 속한다. 신학적인 평가 구절에 속하는 40절에서는 이들을 '산지와 남방과 평지와 경사지와 그 모든 왕'까지로 확대시켜 표현하고 있다. 여기서 '모든'이라는 단어는 기브온과 다른 가나안 족속들 사이에 발생한 전투가 대규모 일전이며, 그들의 운명을 결정짓는 중요한 총력전이 되고 있음을 강조하고 있다. 기브온 사자들의 전언에 사태의 긴박성이 잘 나타나 있다. 기브온은 긴박한 지원을 요청하였는데, 이에 여호수아의 '모든 군사와 용사'가 길갈로부터 기브온으로 올라갔다. 기브온은 길갈에서 서쪽으로 대략 30km 정도 떨어져 있다. '모든 군사와 용사'는 여호수아 군대가 전쟁에 능한 군인들을 지니고 있다는 것을 나타내는 표현이지만, 하나님께서 애초부터 그 전쟁에서 이스라엘의 승리를 결정해 놓으셨다는 사실을 잊지 말아야 한다. 전술적으로 볼 때는 여호수아 군대의 야간 기습 공격이 성공을 거두고, 다섯 왕의 연합 군대를 '크게 도륙'하는 성과를 거두었다. 하지만 실제적으로는 여호수아 군대의 돌진은 여호와 하나님의 명령에 따른 것뿐이고, 군사적인 승리는 여호와 하나님에 의해 야기된 적군의 혼란의 결과일 뿐이다. 본문에는 거룩한 전쟁과 관련된 전형적인 요소들이 등장하고 있다. 하나님께서 여호수아에게 구원의 신탁을 주셨고(8절), 여호와 하나님께서 이스라엘을 위해 싸우셨고(14하절), 엄청난 전쟁의 승리를 경험하였고(11절), 모든 승리의 영광은 하나님에게 돌려졌다(14상절). 여호수아 군대의 승리는 놀랍게도 벧호른이 위치한 북서쪽 방향으로까지 향했다. 벧호른은 기브온에서 대략 10km 지점에 위치하고 있다. 벧호른에서 아세가까지의 길은 직선거리로 남쪽으로 25km정도이고, 거기에서부터 막게다까지는 별로 멀지 않은 거리이다. 막게다는 아세가에서 약간 북동쪽으로 3.2km 정도 떨어져 있다. 이스라엘 군대의 추격은 남쪽으로 향하고 있는 것이다.

하나님의 결정적인 개입을 통해 이스라엘은 아모리 사람들과의 전쟁에서 대승을 거둘 수 있었다(11~14절). 하나님은 하늘로부터 큰 우박이 떨어지게 하였는데, 칼에 죽은 자보다 우박에 맞아 죽은 자가 더 많았을 정도였다. 우박은 언제나 하나님의 심판의 도구로 등장한다(출 9:24; 사 28:2; 겔 38:22; 학 2:17). 큰 우박이 전쟁터에 내려 적군을 섬멸하였다는 초자연적인 사건에 대한 보도는 전쟁에서의 기적적인 승리가 하나님의 도우심으로 인해 발생한 것임을 설명해 준다. '아세가에 이르기까지' 내린 우박의 기적은 기브온과 아얄론 골짜기에 머무른 태양의 기적과 관련되고 있다. 아얄론은 벧호른의 남서쪽에 위치하기 때문에 이스라엘과 아모리 사람들 사이에 발생한 전쟁의 규모는 엄청난 거리에 이르고 있음을 알 수 있다. 달이 떠오르는 일이 그치고 그만큼 태양이 중천에 머물러 있게 된 기적은 낮이 더 길어져서 이스라엘 군대가 승리의 기쁨을 더욱 오랫동안 만끽할 수 있었음을 의미한다. '야살의 책'은 이 태양의 기적을 시적으로 노래하고 있다. 이 책을 문자 그대로 번역하면 '의로운 자의 책'인데, 여기서 의로운 자는 여호와 하나님을 가리킨다고 볼 수 있다. 이 책은 다윗이 사울과 그의 아들 요나단의 죽음을 애도하며 지은 조가(弔歌)를 간직한 책이기도 하지만(삼하 1:18) 현존하지는 않는다.

여호수아가 기브온 거민들의 원조 요청을 받고 길갈 진을 떠났다가(7절) 기브온, 벧호른, 아세가, 막게다 등에서 전투를 벌여 아모리의 다섯 왕들의 군대를 진멸시키고 다시 길갈 진으로 돌아옴으로 긴장감 있었던 첫 번째 이야기는 자연스럽게 종결되고 있다(15절).

2) 아모리 다섯 왕들의 처형(16~27절)

이 단락은 이스라엘 군대에 패배한 아모리 다섯 왕들의 처형과 관련된 이야기로써 일종의 원인론적 성격을 지니고 있다. 큰 돌로 입구를 막은 막게다의 한 동굴이 오늘날까지 현존하고 있다는 진술(27절)은 본문의 역사성을 확인시켜 주려는 의도를 갖고 있다. 막게다의 동굴은 여호수아와 그의 군인들이 자신들에게 주어진 임무에 최선을 다했음을 알려 주는 증거가 된다. 하나님께서는 이스라엘을 위해 싸우시며, 이스라엘과 함께 싸우신다. 이스라엘은 자신들을 통하여 싸우시는 하나님의 인도하심에 철저히 순종하게 되었다. 이스라엘이 기브온 거민들의 속임수에 넘어갔을 때에 그들은 하나님의 자녀로서의 자기정체성을 상실당하지 않았는가(9장)! 이제 이스라엘 백성들은 다시 그러한 도전에 직면하게 되었다. 이스라엘 백성들이 하나님을 위한 자신들의 역할에 충실해야 할 때가 온 것이다. 하나님은 아모리 다섯 왕들과 그의 군인들을 이스라엘의 손에 붙이셨기 때문에 그들은 적군들을 공격하고 노획물들을 취하기만 하면 된다. 하나님의 명령에 대한 절대적인 순종이 없는 한 이스라엘의 승리는 불가능하게 된다.

아모리 다섯 왕들은 이스라엘 군대의 칼을 피해 막게다의 한 굴로 피신하게 되었는데, 여호수아가 그 소식을 듣고 굴 입구에 큰 돌을 굴려 막고 군인들을 두어 지키게 하였다(16~19절). 동굴은 종종 도피 장소로 사용된다. 다윗은 사울의 칼을 피해 아둘람굴(삼상 22:1)과 엔게디굴(삼상 24:3)로 도망하였다. 가나안 산악 지대에는 석회암 자연 동굴들이 많은데, 수백 명이 들어갈 수 있는 큰 동굴도 있다. 여호수아에게는 시간이 촉박하였다. 아직 전쟁 중에 살아남은 적군들이 있었기 때문이다. 이스라엘은 서둘러 남은 적군들을 섬멸해야 했다. 하지만 그 전쟁의 와중에 하나님의 평화가 이스라엘 백성들에게 임했다(20~21절). 모든 백성들이 '평안히' 막게다 진으로 돌아갔다는 것이다. 이것이 바로 하나님이 주신 '샬롬'이다. 전쟁 중에도 평안할 수 있는 상태, 이것은 하나님의 명령에 따라 하나님을 위한 전쟁을 수행하는 이스라엘 백성들만이 누릴 수 있는 특권이며 권리이다. 전쟁에서의 승리는 이스라엘 군대의 지략과 계략으로 가능한 것이 아니다. 하나님은 자신에게 복종하는 그의 백성에게 평안과 승리의 기쁨을 선물로 주셨다.

여호수아는 이스라엘의 최고 지도자이다. 하나님이 세우신 지도자의 명령에 복종하는 것은 곧 하나님에게 순종하는 것이다. 이스라엘의 군대 장관들은 여호수아의 권위에 철저히 복종하였는데, 아모리 다섯 왕들을 동굴에서 이끌어 내어 그들의 목을 밟으라는 명령을 철저히 순종하였다(22~25절). 적군의 목을 밟는 행위는 완전한 승리의 징표가 되며, 정복당한 적에 대한 철저한 모욕 행위가 된다(신 33:29; 왕상 5:3; 시 110:1). 적대국 패장의 목을 밟는 행위는 고대 이집트나 앗시리아의 기념 비문에서도 자주 발견되는 고대 근동의 전쟁 풍속이었다. 여호수아는 하나님이 선택하신 최고의 군사 지휘권을 소유한 자인데, 그의 지도력은 모세의 율법에 복종하는 모습에서 출발하고 있다는 사실을 기억해야 한다(1:7). 여호수아는 자신을 따르고 신뢰하는 군대 장군들에게 용기와 위로의 메시지를 전한다. "두려워 말며 놀라지 말고 마음을 강하게 하고 담대히 하라"는 말씀은 여호수아가 모세로부터 받은 위로의 메시지인데(1:7, 9, 18), 이제는 여호수아를 통해 백성들에게 전달된다. 하나님의 백성은 누구나 언제든지 적군들로 인하여 두려워할 필요가 없다. 하나님께서는 언제나 자기 백성을 위해 싸우시기 때문이다.

여호수아는 아모리 다섯 왕들을 처형하는데 있어서도 철저히 모세의 율법에 순종하는 지도자였다(26~27절). 나무 위에 매달린 시신을 밤새도록 두지 말고 당일에 장사하라는 신명기 21:22~23에 따라 여호수아는 아모리 다섯 왕의 시신을 처리하였다. 시신이 밤새도록 나무에 매달림으로 하나님의 땅이 더럽혀지지 말아야 하기 때문이다. 여호수아는 모세의 율법에 순종하여 석양에 아모리 다섯 왕들의 시신을 나무에서 내려 그들이 숨어 있었던 동굴 속에 넣고 장사 지내 주었다. 이 동굴은 오늘날까지 현존하고 있는데, 동굴을 보는 자마다 하나님이 그의 백성들에게 주신 승리의 징표임을 인식하게 될 것이다. 이 동굴은 하나님의 은혜와 축복을 영원히 상기시키는 기념물이 되었다.

3) 가나안 남부 지역의 정복(28~43절)

가나안 남부 지역을 향한 여호수아의 정복이 드디어 시작되었다(28~39

절). 여호수아 군대는 막게다→립나→라기스→에글론→헤브론→드빌 순으로 진격하였다. 여섯 개의 도성에 대한 정복 기사—완전히 일치하는 것은 아니라고 할지라도—는 고정적이고 반복적인 독특한 어법을 사용하고 있다. 물론 몇 가지 상이한 내용들이 등장하기도 한다. 라기스와 에글론의 왕이 죽임을 당했다는 내용은 생략되어 있다. 두 왕이 죽임을 당했다는 언급이 생략된 것은 당연하다. 그들은 이미 막게다의 동굴에 피신해 있던 다른 왕들과 함께 처형을 당했기 때문이다(23절). 그런데 헤브론의 왕이 죽임을 당했다는 구절(37절)은 독특하다. 그도 역시 다른 왕들과 함께 막게다 동굴에 숨어 있다가 살해를 당했기 때문이다. 여호수아 군대가 각각의 도시들로 진격해 들어가는 모습을 묘사하는 동사도 서로 다르게 사용되고 있는 것이 눈에 띈다. 같은 고도에 있는 도시들의 경우에는 '나아가다'(29, 31, 34절)를 사용하고 있는 반면, 높은 곳에 위치한 헤브론의 경우에는 '올라가다'(36절)를 활용하고 있다. 그리고 드빌의 경우에는 '이르다'(히브리어로 '되돌아오다')로 언급되었다. 여호수아 군대가 라기스를 공격한 경우에만 한 가지 예외적인 상황이 발생하였는데, 라기스 북쪽 32km에 위치한 강력한 가나안의 도시 게셀 왕 호람이 라기스를 도우러 왔다가 섬멸당하고 말았다고 소개하고 있다(33절). 또 다른 차이점도 확인할 수 있다. 여호와께서 전쟁의 주관자가 되신다는 명백한 고백은 립나(30절)와 라기스(32절)의 두 성을 공격할 때만 명시적으로 언급되고 있다. 동일한 형식으로 반복되어 등장하는 문구도 주목할 필요가 있는데, '여호수아가 온 이스라엘로 더불어'는 막게다를 제외한 다른 다섯 도성을 공격할 때에 언제나 가장 처음에 언급되고 있다. 여호수아는 최선두에 서서 전쟁을 지휘하는 자였고, 온 이스라엘은 언제나 그와 함께 전쟁에 참여하였다는 것이다. '여호수아가 온 이스라엘로 더불어' 움직인 행동은 마지막 43절에서 다시 한 번 강조되고 있다.

10장의 마지막 부분(40~42절)은 여호수아가 가나안의 남쪽 지방을 정복한 사건을 간단히 요약하면서 이에 대한 신학적 해석을 제시해 준다. 이스라엘은 여리고, 아이, 기브온과 같은 가나안의 중부 지역을 이미 차지했고

(6:1~9:27), 이제 막게다, 립나, 라기스, 에글론, 헤브론, 드빌과 같은 가나안의 남부 지역을 점령함으로(10:16~39) 가나안의 북부 지역만을 남겨 놓게 된 셈이다(11장). 이스라엘이 가나안 땅의 상당 부분을 손쉽게 차지할 수 있게 된 것은 전적으로 하나님께서 이스라엘을 위해 싸워 주셨기 때문이다.

"온 땅 곧 산지와 남방과 평지와 경사지"(40절)의 모든 왕을 공격했다는 구절은 여호수아 군대가 가나안 남쪽의 모든 지역을 차지하게 되었음을 의미한다. 이 구절은 이스라엘이 정복한 가나안 남부 지역의 지형적이고 지리적인 특성을 포괄하고 있는데, 그 지역을 네 부분으로 나누고 있다. 첫째는, 예루살렘과 헤브론 등이 속한 '산지'이다. 둘째는, 에글론과 드빌에 근접한 '남방'인데 건조하고 광활한 사막 지대인 네게브 지역을 가리킨다. 셋째는, 산지 서쪽에 인접한 '평지'인데, 네게브 지역과는 비교할 수 없을 만큼 비옥하고 아름다운 평원 지대이다. 넷째는, 동쪽으로 길게 기울어진 산지의 '경사면'을 말한다. 특별한 것은 41절이 다시 한 번 여호수아가 정복한 땅을 지역적 관점에서 소개하고 있다는 점인데, 그는 시내 반도의 북쪽에 있는 오아시스 지역으로 사막의 성소인 가데스 바네아부터 블레셋의 중요한 도시 가사를 거쳐 기브온에 이르는 고센 땅을 공격하였다. 여기서 고센은 이집트에 있는 이스라엘 사람들의 옛 거주지(창 46:28; 47:6)를 가리키지 않는다. 하지만 가나안 남쪽의 어느 지역이 고센인지를 더 이상 자세히 알 수는 없다. 어쨌든 여기서 말하려는 것은 여호수아 군대가 정복한 지역은 남쪽과 서쪽으로 이전보다 훨씬 더 방대한 영토를 차지하게 되었다는 점이다. 중요한 것은 군사적인 정복을 통한 광활한 영토의 획득은 "이스라엘의 하나님 여호와께서 이스라엘을 위하여 싸우신"(42절) 결과라는 것이다. 여호수아는 '단번에' 남쪽 지역을 차지하였는데, 실제로 여호수아는 단 한 번의 정복 전쟁을 통해 그 지역을 차지하는데 성공하지 않았는가! 42절은 여호수아와 백성들이 행한 가나안 정복 사건에 대한 신학적 평가로써 10장의 결론적 메시지이다. 가나안 땅으로의 침략과 정복은 하나님의 인도와 섭리 가운데 진행된 것이며, 그 과정 중에 일어난 모든 전쟁에서의 승리는 하나님의 선물이라는 것이다.

3. 설교를 위한 적용

1) 승리하는 인생: 하나님의 인도하심을 따라가는 삶

여호수아 군대는 아모리 다섯 왕을 물리친 후 가나안의 남쪽 지역을 완전히 정복하였다. 그런데 이러한 여호수아 군대의 승리는 이미 하나님에 의해 결정되어 있었던 것으로 볼 수 있다. 이스라엘의 승리는 여호수아 군대의 군사력에 의존해 있었던 것이 아니었다. 수많은 전쟁에서의 승리는 여호수아의 능력보다 하나님의 능력에 의해 성취되었다.

이스라엘의 모든 전쟁이 하나님에게 속하여 있었듯이 오늘날의 모든 세상에서의 영적 전쟁도 하나님에게 속해 있다고 볼 수 있다. 이스라엘이 하나님의 인도하심을 따르기만 하면 승리할 수 있었듯이 우리들도 하나님의 인도하심을 따라 살면 어떠한 상황 가운데서도 승리할 수 있다. 인생에서의 승리는 하나님을 향한 순종의 결과물이다. 외면적으로 볼 때는 이스라엘에 의해 적군이 패퇴한 것으로 보이지만, 실제적으로는 하나님에 의한 적군의 제어일 뿐이다. 그런데 누구나 이 현상을 통찰할 수 있는 것이 아니다. 오직 믿음의 눈이 열린 자만 하나님의 행동하심을 바라보며 느낄 수 있다. 이스라엘 군대는 하나님의 명령에 신앙적인 순종만 했을 뿐이다. 애굽을 탈출한 이스라엘이 광야에서 법궤의 인도를 받으며 가나안 땅을 향해 전진했다는 사실을 기억해야 한다. 주변의 세력에 대해 결코 두려워하지 말고, 이미 승리를 결정해 놓으신 하나님의 명령에 절대 순종하며 살아가자.

2) 여호수아: 기도하는 지도자

14절의 "여호와께서 사람의 목소리를 들으신"이라는 구절은 하나님께서 전쟁에서의 승리를 간구한 여호수아의 간절한 기도를 응답해 주셨다는 것을 암시하고 있다. 여호수아서 앞부분은 여호수아의 지도자로서의 역할을 특별히 강조한다. 하나님은 언제나 그의 기도를 들으시고 응답해 주셨다. 그는 하나님과 가까이 서 있는 위대한 지도자이다. 언제나 하나님의 명령에 순종하기 위해 노력하는 지도자이다.

기도는 기적을 창출할 수 있으며, 무에서 유의 창조를 가능하게 만드는 민음의 원동력이다. 민족의 지도자, 교회의 지도자, 가정의 지도자들은 기도로 삶의 문제들을 풀어가야 한다. 기도하는 지도자 밑에서 살아가는 자들은 언제나 승리의 기쁨을 경험할 수 있으며, 화평과 안정의 복된 선물을 누릴 수 있을 것이다.

04

'땅' 정복의 완성
여호수아 11~12장 주해와 적용

여호수아서는 모세의 죽음(1:1)부터 여호수아의 죽음(24:29)까지의 이스라엘 역사를 기록하고 있다. 여호수아서는 그 구조를 내용상 세 부분으로 분명하게 구분할 수 있다.

서부 요단 땅의 정복(1~12장)
정복된 땅의 분배(13~22장)
여호수아의 고별 연설과 세겜 회의(23~24장)

여호수아서를 포함한 육경에서, 야웨께서 약속하고 또한 그의 백성에게 주어진 '땅'만큼 중요한 주제는 없을 것이다. 족장들은 약속의 수용자들이다. 그들은 이미 약속의 땅에서 살았으나 여전히 나그네였다. 모세의 시대는 이 거대한 목표에 대한 약속과 성취 사이의 중간 시대이다. 또한 여호수아의 시대는 성취의 시대이다.

이스라엘은 땅을 정복하고 그것을 각 지파에게 분배하였다. 팔레스타인 땅은 가나안 사람들의 땅이었으나, 하나님께서 그 땅을 이스라엘의 선조들에게 주기로 약속하였다. 이제 여호수아는 그 땅을 그의 백성들에게 넘겨주고 있다.

요단강과 지중해 사이의 땅, 즉 서부 요단 땅의 정복 이야기(1~12장)는 세 부분으로 나뉘어 기술되고 있다. 즉 베냐민 지파에 속한 여리고와 아이 정복의 이야기를 통하여 중부 팔레스타인의 정복 역사를(2~8장), 기브온의 이야기 속에서 남부 지역까지 정복했음을(9~10장), 하솔과 그 연합국들의 정복을 통하여 북부 팔레스타인을 정복했음을(11:1~15) 보여 준다.

북부 지역의 정복(수 11:1~15)

1~15절에서는 북부 지역에 대한 정복 역사를 보도하고 있다. 1~9절은 하솔 왕 야빈이 이끄는 연합군과의 야전 전투, 즉 메롬 물가에서의 전투를 서술하고 있으며, 10~15절에서는 연합국에 대한 정복과 파괴를 서술하고 있다.

1~9절의 서술은 구조와 언어에 있어서 남부 지역의 정복 역사를 서술하고 있는 10:1~15과 유사하다. 10장에서는 남부 지방의 정복이 끝났음을 보여 주며, 11장에서는 북부 지방의 정복이 끝났음을 보여 준다.

1~5절에서는 도시 국가 하솔이 맹주가 되어 다른 세 개의 도시 국가들과 연합하여 이스라엘에 대항하기 위해 메롬 물가에 진을 쳤다.

하솔¹의 현재 위치는 갈릴리 호수 북쪽 상부 요단 계곡에 위치한 텔-엘-케다(Tell-el-Qedah)이다. 19:36에 따르면 하솔은 후에 이스라엘의 납달리 지역에 편입되었다. 이 도시의 정착 역사는 주전 3000년대까지 거슬러 올라간다. 주전 1200년까지는 가나안의 도시였다. 가나안 시대에는 강력한 도시 국가였으나, 바다의 민족들이 대량으로 유입되어 오면서 파괴되어 폐허로 버려졌다.

하솔은 철기 제1기(주전 1250~1000년)에 와서 비로소 이스라엘의 거주지가 되었으나, 철기 제1기 동안에는 간간이 사람들이 정착하였다. 솔로몬 시대에 와서 다시금 도시로 발전되고 성곽도 세워졌다.

앗시리아의 왕 디글랏 빌레셀 3세가 이스라엘을 침공할 때 하솔은 파괴되었다(왕하 15, 29장). 페르시아 시대에까지 하솔에는 총독의 거주지인 궁전이 세워져 있었다. 고고학적인 발굴 결과 물질문명이 매우 번창했던 가나안의 거대한 도시 국가였으며, 왕조 시대에도 이스라엘의 거대한 거주도시였다.

연합한 다른 도시들은 마돈(메롬)과 시므론과 악삽이다. 세 도시 가운데 마돈의 현 위치를 어떤 한 지역으로 분명히 짚어 말할 수 없다. 시므론은 이즈르엘 평원의 북서 가장자리에 위치한 히르벤트 세무니야(Hirbet Semuniyeh)와 일치하며 악삽은 악고 평원에 있는 텔 케산(Tell Kesan)과 일치한다. 이들 연합국들은 모두 평원에 위치한다. 따라서 경제적으로도 주변 다른 지역에 비해 부유한 도시 국가들이다.

뿐만 아니라 이들은 말과 전차로 무장하였다. 전차는 주전 2000년경부터 오리엔트 국가들(서부 아시아 지역 국가들)에 널리 알려져 있었으나 이스라엘에서는 솔로몬 시대에 와서 근위병들이 시위용으로 사용하였다(왕상 10:26~29).

여호수아가 이끄는 군대는 보병들이다. 그러나 가나안 도시 국가들이 이끄는 부대는 전차 부대이다. 이들이 평지에서 전투를 할 경우 전투력에 있어서 전차 부대는 보병 부대에 비해 압도적으로 우위에 놓인다. 이러한 전투력의 열세에 반해 이스라엘은 하나님의 지시와 인도 아래 놓여 있다.

연합군은 이스라엘과의 전투를 위해 메롬 물가에 집결했다. 메롬 물가의 현 위치에 대하여 많은 논란이 있으나, 전통적으로는 메롬에서 북쪽으로 4km 떨어진 비르케트엘 기쉬(Birket el-Gis)라는 작은 호수를 가리킨다.

6~9절에서는 이스라엘과 연합군과의 전투 과정을 묘사한다. 전투는 야웨의 위로(6절 '두려워하지 말라… 내가 그들을 이스라엘 앞에 넘겨주어 몰살시키리니')와 함께 모두를 진멸하라는 명령으로 시작하여, 여호수아가 명령을 따라 이행함으로 끝이 난다. 이 전투는 야웨께서 친히 개입하신 '거룩한 전쟁'이다. 거룩한 전쟁에서 군대는 '야웨의 백성'이라 불리며, 적은 '야웨의 적'이라 불리운다.

야웨께서 전투에 개입하신다는 것은 전투에 미치는 심리적 영향도 크지만 무엇보다도 이스라엘의 행동을 결정한다. 이스라엘은 두려워할 것이 아니라 하나님의 역사적 행위를 신뢰해야 한다. 그가 요구하는 명령을 따르는 절대적인 순종이 중요하다. 이스라엘은 오랜 광야 유랑을 끝내고 이제 약속의 땅 앞에 서 있다. 이 약속의 땅을 차지할 것인가 하는 점은 이스라엘의 전투력에 달려 있는 것이 아니라 그들의 믿음과 순종에 달려 있다.

여호수아서에서는 여호수아와 이스라엘 백성이 하나님의 명령에 따라 모든 것을 이행했음을 강조한다. 따라서 이들은 13장부터 서술되는 땅의 분배에 참여하게 되는 것이다.

거룩한 전쟁에서 또 다른 중요한 신학적 사상은 이스라엘이 이 전쟁에서 어떤 공적을 세운다는 사상을 극히 배격하고 있다는 것이다.[2] 하나님께서 약속의 땅을 주기로 약속하셨기에 그는 전쟁에 개입하여 그의 약속을 이행하고 있다. 이스라엘이 취해야 할 태도는 하나님의 역사적 개입에 대한 신뢰와 그의 은혜에 대한 감사이다.

여호수아는 추격에서 돌아와 가나안 연합국을 정복하고 도시를 파괴하였다(11:10~15). 신명기 20:10~18의 계명에 따라 도시를 정복하고 그 도시의 남자들을 칼로 죽여야 하며 전리품을 취할 수 있다. 여호수아는 하솔을 정복하고 왕과 주민을 하나도 남기지 않고 칼로 죽였으며 하솔을 불태워 버렸다. 이 점은 고고학적으로도 입증이 된다.

하솔은 주전 1200년경에 불태워져 파괴되고 그 후 오랫동안 폐허로 남아 있었다. 연합국의 다른 도시들에 대해선 왕과 주민들만 칼로 죽이고, 재물과 가축들은 전리품으로 취하였다. 북부 지역의 정복에 관한 짧은 기술에서 야웨나 모세의 명령에 따라 행했다는 표현이 모두 네 번 나온다. 이는 여호수아가 야웨의 지시에 따라 철두철미하게 순종했음을 강조한다.

정복된 왕들의 목록(수 11:16~12:24)

여호수아서 제1부의 마지막 단락(11:16~12:24)은 다음과 같이 세 부분으로 나눌 수 있다.

> 정복의 요약(11:16~23)
> 동부 요단의 정복된 왕들의 목록(12:1~6)
> 서부 요단의 정복된 왕들의 목록(12:7~24)

1. 정복의 요약(11:16~23)

16~20절에서는 여호수아의 지도하에 전 지파들이 참여하여 정복한 전 가나안 땅을 다시 한 번 요약하며, 21~23절에서는 기억할 만한 에필로그를 기술한다. 여기에서는 약속의 땅 전체가 정복되었다는 점, 계명에 따라 그들을 모두 진멸했다는 점, 전쟁이 오랫동안 지속되었다는 점을 강조하고 있다.

여호수아가 점령한 온 땅은 사방의 경계를 나타내는 지명으로 표시하였다. "산지와 온 남방(네겝)과… 평지(쉐펠라)와 아라바"(16절). 전통적으로 이스라엘은 네 지역의 이름으로 이스라엘 영토의 경계를 나타냈다.[3] 원래 네 지역은 남왕국의 경계를 나타냈다. 산지는 유다의 산지를 가리키며, 온 남방(네겝)은 유다 산지 남쪽의 광야 지역을, 평지(쉐펠라)는 유다 산지 서쪽의 구릉지를, 아라바는 유다 산지의 동쪽 즉 사해 남쪽을 가리킨다.

여기 열거된 지명들의 목록 속에는 전통적인 네 지명 외에 이해하기 어려운 지명들이 있다. '고센 온 땅'은 애굽에 있는 이스라엘의 체류지가 아니라 아마도 유다 산의 남쪽을 말하는 것 같다(참고 10:41; 15:51). '이스라엘의 산지와 그 평지'는 중부 지역, 즉 에브라임 지역의 산악 지역과 그 부속 평지를 의미하는 것으로 보인다.

따라서 여기에서는 '고센 온 땅'과 '이스라엘의 산지와 그 평지'와 함께 팔레스타인 땅 전체를 가리키는 것으로 발전되었다. 분명히 전체 이스라엘을 표현하는 이 종합적 표현은 유다적 관점에 서 있다. 17절에서는 다른 표현으로 다시 한 번 이스라엘의 영토를 남북의 경계선을 통하여 표현한다. "세일로 올라가는 할락산에서부터 헤르몬산 아래 레바논 골짜기의 바알갓까지"로 표현하였다.[4]

'세일로 올라가는' 지역은 아라바 동쪽 에돔 사람들의 거주지를 말한다 (참고 신 1:44; 2:4). 따라서 할락산은 네겝의 남서 가장자리에 있는 게벨 할락(Gebel Halaq)이다. '헤르몬 산 아래 레바논 골짜기의 바알갓'은 레바논 산맥과 안티 레바논 산맥 사이, 즉 시리아와 레바논 사이에 위치한 오늘날의 비카(Biqa)의 남부 지역으로, 비옥한 평원이다. 여기에는 수많은 도시 국가들이 있었다.

본문은 여기서 가나안의 정복이 신속하게 진행됐다는 인상을 피하고 장기간의 힘든 전투 끝에 비로소 정복이 완성되었음을 보여 주려 한다(18절). 그것은 야웨가 출애굽에서 바로의 마음을 완악하게 한 것처럼(출 7:13, 22; 8:19; 9:35) 가나안 사람들의 마음을 완악하게 하셨기 때문이다(20절). '마음의 완악함'이란 지혜의 부족으로 하나님의 역사 계획과 섭리를 이해하지 못하는 어리석음을 말한다. 하나님에 의해 펼쳐질 미래의 상황에 대한 몰이해를 말한다.

'지혜'란 하나님을 경외(두려워)하는 자들에게 하나님의 영의 활동을 통하여 주어지는 미래 통찰력을 말한다. 요셉은 하나님을 경외함으로 지혜를 얻었고, 그로 인하여 하나님께서 섭리하실 미래 사건을 예견하여 위기를 극복하는 지혜로운 자였다. 이스라엘의 적들은 완악함으로 하나님의 징계를 자초했으며, 아울러 그들의 완악함으로 하나님의 크신 능력과 영광을 드러내게 한다. 이것은 정복자에게 공적을 돌리지 않게 하려는 성경의 깊은 의도가 숨겨져 있다. 하나님께서 이스라엘의 적으로 하여금 완악하게 하심은, 하나님이 인간의 의지를 지배하시는 주(主)이심을 말해 준다(출 9:12; 10:20, 27; 11:10; 14:4, 8, 17).

21~23절에서는 거인족인 아낙 사람들[5]도 모두 멸절했다는 에필로그를

담고 있다. 헤브론과 그 주변의 두 도시, 드빌과 아납에 아낙 사람들이 살았다. 드빌은 헤브론 북쪽에 위치한 히르벤 엘 라부드(Hirbet er-Rabud)이며 아납은 헤브론에서 남쪽으로 22km 떨어진 히르벤 아납(Hirbet Anab)이다.

15:14에 따르면 헤브론과 그 주변의 땅을 정복한 이는 갈렙이다. 그는 가데스 바네아에서 약속의 땅을 정탐한 사람들 가운데 한 사람이다. 갈렙은 여호수아와 함께 하나님의 약속을 신뢰함으로써 그 땅을 정복하여 차지할 수 있다는 긍정적 답변을 내린 미래 지향적인 인물이다(참고 민 13~14장; 신 1:19~46; 수 15:13~19). 그 결과 그는 헤브론과 그 주변의 땅을 얻게 되었다.

산악 지대에 살고 있는 거인족 아낙인들을 멸절시킴으로써 땅의 정복은 완성된다. 거인족들의 멸절 배후에는 갈렙과 같이 하나님의 약속과 은혜에 대한 철저한 신뢰와 이를 바탕으로 한 미래 지향적인 신앙이 전제되고 있다.

2. 동부 요단의 정복된 왕들의 목록(12:1~6)

1~6절에서는 동부 요단에서 이스라엘 백성들이 정복한 왕들의 목록을 제시한다. 1절에서는 그 땅의 규모를 나타낸다. 그 땅의 남쪽 경계는 아르논 강이며 북쪽 경계는 헤르몬산이 있는 고원 지대이다. 3절에서는 지역이 약간 확대되어 긴네렛호수에서 사해까지, 즉 전체 동부 요단으로 표현한다.

그 사이에는 헤스본의 왕 시혼과 바산의 왕 옥의 땅이었다.[6] 시혼은 헤스본을 수도로 하여 다스리는 아모리인들의 왕이다. 아모리인들은 동부 요단에 거주하는 사람들의 총체적인 표현이나[7] 이스라엘 이전 시대에 서부 요단에도 살았던 사람에게도 적용되었다.[8] 그가 다스리는 지역은 아르논에서 얍복강까지다(참고 민 21:24).

바산의 왕 옥은 르바족의 왕이다. 이들의 수도는 아스다롯이며, 제2의 도시는 에드레이다. 바산은 야르묵강의 북쪽에 놓인 지역으로 비옥하며, 부분적으로는 산림 지역이다.[9] 르바족은 바산의 주민으로 이스라엘 이전 시대에 동부 요단에 거주하는 자들이나[10] 팔레스타인 전역에 사는 거인족으로도 불렸다.[11] 6절에서는 이 땅이 모세의 영도하에 정복한 땅이며, 르우벤과 갓과 므낫세 반 지파에게 기업으로 주었음을 보도한다.

3. 서부 요단의 정복된 왕들의 목록(12:9~24)

9~24절에서는 서부 요단의 정복된 왕들 목록을 제시하며, 7~8절에서는 이 목록의 표제를 제시한다. 이 표제는 11:16~17; 10:40에 나오는 지명들을 종합한 것으로 보인다. 서부 요단 지역 경계를 바알갓에서부터 세일로 올라가는 곳 할락산까지(참고 11:17)로 나타낸다. 이 지역을 8절에서 다시금 '산지-평지-아라바-… -네겝'(참고 11:16)으로 정의한다.

정복된 왕들의 목록 속에는 지역 이름으로 표현된 목록들이 있다. 배열의 특별한 규칙을 보여 주고 있지는 않다. 9~13상절(여리고, 아이, 예루살렘, 헤브론, 야르뭇, 라기스, 에글론, 게셀, 드빌)은 6~10장에 언급된 순서를 따르고 있다. 13하절의 게델은 출처가 분명하지 않다. 14절에서는 네겝 지역의 두 도시인 호르마, 아랏을, 15~16상절에서는 유다, 쉐펠라 지역의 도시들인 립나, 아둘람, 막게다를 보도하고 있다.

16하~18절까지는 사마리아 지역과 해안 지역의 도시들인 벧엘, 답부아, 헤벨, 아벡, 랏사론을 보도하며, 19~23절까지는 이즈르엘 평원을 포함하여 갈릴리 지역의 도시들인 마돈, 하솔, 시므론, 악삽, 다아낙, 므깃도, 게데스, 욕느암, 돌, 길갈을 열거한다. 24절에 언급된 디르사는 그 위치가 분명하지 않으나 사마리아 지역에 놓인 것으로 보인다.

대략 24절만 제외하면 13하절부터는 남쪽에서 북쪽으로 올라가며 도시들을 열거하고 있다. 이러한 장황한 열거의 주요 관심사는 약속의 땅 전체에서 가나안의 도시로 간주되는 중요한 도시들을 모두 포함시켰다는 점이다. 이로써 정복의 역사는 완성되었음을 보여 준다. 12장의 목록을 포함하여 1~12장의 중요한 신학적 의도는 정복이 완성됨으로써 하나님의 약속이 실현되었음을 보여 주는 데 있다. 이스라엘은 하나님의 이름으로 약속의 땅을 요구하며 차지할 수 있었다.

설교를 위한 적용

첫째, 이스라엘의 하나님은 족장들에게 약속하는 하나님이시다. 하나님은 아브라함에게 큰 민족이 되며, 큰 축복을 받을 것이며, 이름이 창대해질 것이며, 축복의 근원이 될 것을 약속하신다(창 12:2~3). 하나님은 이처럼 그의 백성의 증대를 약속할 뿐 아니라, 그의 백성들에게 '자손'과 '땅'과 '삶의 터전'을 약속하고, 함께할 것을 약속하신다. 따라서 이스라엘의 생존과 희망은 이 약속에 달려 있다.

오경과 여호수아서를 포함한 육경의 역사는 단순한 역사가 아니라 하나님께서 친히 약속하고 또 그 약속을 실현시켜 가시는 역사를 보여 주고 있다. 육경의 역사는 '약속과 성취'의 역사이다. 11~12장에서는 하나님께서 그의 백성들에게 주시기로 약속한 땅 정복의 마지막 완성 과정을 보여 주고 있다.

이스라엘의 하나님은 우리들에게 약속하심으로 삶의 의미와 희망을 주며, 그 약속을 성취하심으로 우리에게 영광과 찬양을 받는 분이시다. 오늘 우리 한국은 경제적 시련의 시기를 살아가고 있다. 이때 우리에게 진정 요구되는 것은 다가오는 약속의 성취에 대한 희망일 것이다. 이러한 희망이 없는 과거에 대한 참회만으로는 경제적 난국의 극복은 불가능할 것이다.

둘째, 오늘 우리는 하나님의 약속과 성취의 과정 가운데 살아가고 있다. 현재를 살아가는 우리에게 요구되는 것은 그의 약속에 대한 신뢰와 그의 요구에 대한 복종이다. 우리들의 미래는 열려 있는 미래다. 우리들이 신뢰와 복종의 삶을 살아갈 때 하나님께서 주시는 성취의 선물을 얻게 되며, 불신앙과 반역적 삶을 살아갈 때 하나님의 은혜는 우리의 것이 되지 못한다.

여호수아와 그의 백성들은 야웨의 직접적인 명령과 모세를 통한 명령을 따라 행했다. 그들은 철두철미하게 하나님의 지시를 따라 순종적으로 행했다. 따라서 땅의 분배의 역사에 참여하며, 그 몫을 차지할 수 있었다.

갈렙과 여호수아는 하나님의 약속을 신뢰하여 미래를 긍정적으로 바라보는 진취적 삶의 자세를 가진 인물들이다. 그 결과 그들은 새 시대의 주역으로 살아갈 수 있었다. 이제 우리에게 요구되는 것은 여호수아와 갈렙과 같이 하나님의 약속과 은혜에 대한 철저한 신뢰와 이를 바탕으로 한 미래 지향적인 신앙이다.

셋째, 마음의 완악함은 하나님의 약속을 바라보지 못하게 한다. 과거 출애굽에서 바로가 그의 마음을 완악하게 하여 하나님의 섭리를 바라보지 못했던 것처럼, 가나안 사람들도 그들의 마음을 완악하게 하여 하나님의 역사를 이해하지 못했다.

마음이 완악한 자들은 하나님의 역사 계획과 섭리를 이해하지 못하는 어리석음이 가득 찬 자들이다. 이들은 하나님을 경외(두려워)하지 않으며, 그로 인해 하나님의 영의 활동을 통하여 주어지는 미래 통찰력을 얻지 못한다.

오늘 우리들의 전투는 자본이나 군사력에 의해 적을 무찌르는 싸움이 아니다. 우리들 내부에 있는 완악함과의 싸움이다. 경건한 자만이 하나님의 영의 활동을 통해 하나님으로부터 오는 지혜를 얻어 미래를 열어갈 수 있다. 여호수아와 그의 백성은 땅의 정복에서 신뢰와 순종을 통하여 역사의 주인이신 하나님의 개입을 통해 승리의 열매를 얻게 되었다.

05

믿음의 용사 여호수아와 갈렙
(가나안 땅 분배)

여호수아 13~15장 주해와 적용

본문의 개요

구약성경에서 여섯 번째 책인 여호수아서는 앞의 다섯 책들인 모세 오경과 밀접한 관련이 있으며, 사실상 그 다섯 책들의 결론에 해당한다고 간주하는 것이 바람직하다. 왜냐하면 창세기에서 기록된 바와 같이 하나님께서 아브라함에게 주셨던 언약인 동시에, 출애굽기에 기록된 것처럼 모세를 통해 확인하고 성취하기 시작하셨던 바로 그 언약이 마침내 완전히 이루어진다는 것을 기록하는 책이 바로 여호수아서이기 때문이다(1:3; 9:24; 11:23; 14:2, 5).

더욱이 모세의 시종으로 불린 여호수아는 모세의 합법적인 후계자이며(1:1), 모세가 명령한 대로 행하는 자였으며(11:15), 모세가 시작하였지만 끝내지 못했던 사명을 대신하여 성취한 사람이다(민 26:52~56).

이와 같은 여호수아의 생애를 기록한 책이 여호수아서이다. 특히 모세의 죽음 이후 이스라엘의 최고 지도자가 된 여호수아가 독자적으로 이스라엘 백성을 이끌고 가나안 땅에 진입하는 이야기에서부터 여호수아의 죽음에 이르기까지의 내용이 이 책에 기록되어 있다.

여호수아서의 구조는 다음과 같다.

A 가나안 땅에서의 말씀 선포(1~8장)

　　모세가 죽고 여호수아에게 임무가 부여됨(1:1~9)

　　세겜으로 가는 여호수아(1:10~8장)

B 여호수아의 초기 전쟁(9~12장)

　　가나안 연합 군대와 싸운 두 번의 전쟁(9~10장; 11장)

　　모세와 여호수아가 전쟁한 과정의 요약(12장)

C 가나안 땅의 분배(13~22장)

　　여호수아가 늙어서 새로운 임무를 받음(13:1~7)

　　모세와(엘르아살) 여호수아가 분배한 땅 요약(13:8~14:5)

　　지파에 따라 가나안 땅을 분배함(14:6~22장)

D 여호수아의 마지막 설교(23~24장)

　　백성들에 대한 권면(23장)

　　세겜으로 가는 여호수아(24:1~28)

　　여호수아(와 엘르아살)의 죽음(24:29~33)

　　1:1의 "모세가 죽은 후에" 그리고 13:1과 23:1의 '여호수아가 나이 많아 늙었다'라는 표현은 이 책의 주요 단락이 구분되었음을 표시한다. 그러므로 여호수아서를 두 부분으로 구분하면 1~12장과 13~24장으로 나눌 수 있다. 만일 세 부분으로 구분한다면 1~12장과 13~22장과 23~24장으로 나눌 것이다. 하지만 눈에 드러나지 않는 주제의 흐름에 따라 구분한다면, 위의 개요에서 제시한 것처럼 1~8장, 9~12장, 13~22장, 그리고 23~24장의 네 부분으로 나눌 수 있다.

　　요단을 건너는 것은 가나안 민족과의 전쟁을 각오해야 하는 것이기 때문에 이스라엘 백성에게 큰 믿음과 결단을 요구하였다. 그러나 그들에게는 홍해를 건넜던 이전 세대의 기억이 남아 있었다. 모세가 이스라엘 백성을 이끌고 홍해를 건넜던 것처럼, 이제 여호수아도 이스라엘 백성을 이끌고 법궤를 앞세우고 요단강을 건넜다. 여호수아에게 가장 중요한 것은 모세의 명령에 따라 에발산과 그리심산 사이에 있는 세겜으로 가는 것이다(신 11:29; 27:1~26). 세겜의 남북에 위치한 에발산과 그리심산에서 하나님의 말씀을 선포하며, 그 말씀에 대한 충성을 서약하는 것이 가나안 정복 전쟁의 승패뿐만 아니라 가나안 땅에서의 운명, 곧 복과 저주를 결정짓기 때문이다. 그러므로 정복을 위한 전쟁을 벌이기 전에 먼저 하나님의 말씀 선포가 있어야 함을 여호수아는 분명히 확신하고 있었다. 세겜으로 가는 과정에서 여리고성과 아이성과의 전쟁을 치러야 했다. 이 두 번의 전쟁은 9장 이후에 나타나는 이후의 다른 전쟁들과 그 성격이 완전히 다르다. 여리고와 아이에 대한 공격은 가나안 땅의 정복을 시작하는 것이 아니라, 에발산과 그리심산 즉 그 두 산 사이에 있는 세겜에 이르는 길을 확보하기 위한, 불가피한 수순이었다.

그 후 가나안 땅 정복을 위한 전쟁이 본격적으로 시작되었다. 여호수아는 이스라엘 군대의 총사령관으로서 두 번의 전쟁에 참여하게 된다. 이 두 번의 전쟁들을 초기 전쟁이라고 지칭할 수 있다. 가나안의 모든 족속들이 이스라엘 백성을 공격하기 위해 연합을 도모하였다(9:1~2). 그런데 이 군사 동맹의 핵심 세력이 되어야 할 기브온이 배반하고 독자적으로 이스라엘과 화평 조약을 맺었다(9:3~27). 가나안 중부에 위치한 기브온이 이스라엘과 동맹을 맺음으로써 가나안의 세력이 남과 북으로 갈라지게 되었다. 결국 가나안 족속들은 남부와 북부로 나눠진 상태에서 이스라엘과 전쟁을 하여야 했다. 여호수아는 먼저 예루살렘의 아도니세덱을 중심으로 하는 남부 연합군을 격파하고(10장), 이어서 하솔의 야빈이 중심이 된 북부 연합군과 싸워 승리하였다(11:1~15).

이와 같은 두 번의 전쟁은 원주민들을 쫓아내고 그 땅을 차지하려는 것이 아니라, 가나안 땅에서의 주도권을 확보하기 위한 성격을 갖고 있다. 여호수아는 이러한 전쟁들에서 승리함으로써, 가나안 도시 국가들 사이에 결성되었던 군사 연합을 깨뜨릴 수 있었다. 이제 이스라엘 각 지파가 자기들의 땅을 차지하고 그 땅에 정착해야 할 때가 되었다. 이 일은 지파별로 이루어져야 했다. 자기 땅은 자기 스스로 구해야 했다. 앞서의 전쟁들을 통하여 가나안 족속들의 동맹이 무너졌기 때문에, 이제 이스라엘 열두 지파의 연합군 역시 해체될 수 있었다. 그러므로 하나님께서는 여호수아를 최고 사령관의 지위에서 은퇴하게 하셨다(13:1~7). 여호수아는 이제 열두 지파로 구성된 전체 군대를 통솔하는 것이 아니라, 지파들 사이의 조정자 역할을 하게 될 것이다. 그가 행해야 할 가장 중요한 일은 각 지파들에게 그들이 스스로 정복하고 차지해야 할 땅들의 구역을 정해 주는 것이다.

가장 먼저 나선 지파는 갈렙의 지도를 받는 유다 지파로서 족장들의 무덤이 있는 헤브론을 중심으로 한 좋은 땅을 차지했다(14:6~15). 유다 지파에게 자극을 받은 요셉 자손 즉 에브라임과 므낫세 반 지파가 두 번째로 나서서 땅을 분배받았다. 그들 역시 좋은 땅을 얻었는데, 야곱이 구입하였던 땅 세겜이 그들의 기업 가운데 포함되었다(16:1~17:18). 그들은 이곳에 자기들의 조상 요셉의 해골을 장사할 수 있었다(24:32). 요셉 자손이 가나안의 중부를 차지한 후에, 이스라엘은 길갈에서부터 회막을 실로로 옮겨 왔다(18:1). 여호수아는 실로에서 나머지 일곱 지파들에게 땅을 분배하였다.

이스라엘 모든 지파들이 전쟁을 통해 각기 자기 기업을 얻은 뒤, 여호수아는 자기 기업으로 에브라임 산지 중에서 가파르고 거친 땅인 딤낫세라를 요구하여 거기 정착하였다(19:50; 24:30; 혹은 딤낫 헤레스 삿 2:9). '딤낫 헤레스'와 '딤낫 세라' 중에서 어느 것이 원래의 것인지 확실치 않다. 자음의 순서가 우연히 바뀌었을 가능성도 있다. 히브리어 '세라'(תרח)는 '사라흐'('매달리다')에서 유래한 단어로써, '가파른 경사지'를 뜻할 수 있다. 이것으로 가나안 땅의 분배 과정, 그리고 분배받은 땅에 정착하기 위한 전쟁이 일단락되었다. 그 후 여호수아는 각 지파가 차지한 성읍들 가운데서 아론의 자손과 레위 지파를 위한 성읍들을 할당하였다(20:1~21:42).

이제 모든 지파가 자기 땅에서 안식을 누릴 수 있게 되었기 때문에, 여호수아는 자신이 데려왔던 르우벤, 갓, 므낫세 반 지파를 요단강 동편, 그들의 기업으로 돌려보낸다(22장). 이 지파들이 요단강을 건너가면서 강가에 단을 쌓았다는 소식이 전해지자, 이스라엘 백성들은 군대를 보내 그들의 의중을 확인하려 하였다. 이때 이스라엘 군대를 이끄는 사람은 제사장 비느하스였다(22:13).

여호수아서의 마지막에 여호수아의 고별 설교가 기록된다. 모세의 본을 따라 여호수아도 임종을 앞두고 백성들에게 교훈한다. 첫 번째 설교는 모세의 설교를 요약한 것에 해당한다(신 28장). 이것은 또한 자신이 여호와께로부터 들었던 교훈과 권면을 상세히 설명한 것이기도 하다(1:3~9). 그 설교의 주제는 '좌로나 우로나 치우치지 말고 모세의 율법을 다 지켜 행하여라'이다. 두 번째 설교는 출애굽과 가나안 땅 정복의 모든 과정을 아브라함에서부터 시작하는 구속사의 관점에서 해석한 것이다. 그리고 여호수아는 백성들과 함께 여호와와 그의 말씀에 대한 충성을 다짐하였다(24:14~28).

여호수아서의 마지막에서는 광야 유랑과 가나안 정복 시대의 지도자들이 모두 죽었다고 기록하고 있다. 이스라엘 백성은 이집트에서 가지고 나온 요셉의 뼈를 세겜에 장사하였다. 이것은 "이방에서 객이 되어"(창 15:13) 사는 순례의 기간이 마침내 끝나고 아브라함의 후손 이스라엘 백성이 안식을 얻게 되었음을 뜻한다. 광야 시대를 풍미하던 영웅 여호수아가 죽고 엘르아살도 죽었다. 이제 새로운 시대가 열리게 될 것이다. 그러나 모세와 여호수아를 잇는 새로운 지도자는 임명되지 않았다.

이러한 여호수아의 구조 속에서 13~15장을 살펴보면 다음과 같이 두 부분으로 나눌 수 있다.

땅 분배 과정의 요약(13:1~14:5)
　　여호수아의 새로운 사명(13:1~7)
　　모세의 땅 분배 요약(13:8~33)
　　여호수아의 땅 분배 요약(14:1~5)
유다 지파의 기업(14:6~15장)
　　갈렙의 전쟁(14:6~15)
　　유다 지파의 기업(15장)

여호수아의 새로운 사명(수 13:1~7)

1. 본문 주해

1~7절이 하나의 단락을 이룬다. 1절의 '여호수아가 늙었다'라는 표현이 새로운 단락의 시작을 알린다. 그리고 '땅을 분배하여 기업이 되게 하여라' 라는 6~7절의 명령형은 한 단락이 끝났으며 8절에서 새로운 단락이 시작되는 것을 표시한다. 이것은 또한 여호와께서 1인칭으로 나타나다가 3인칭으로 나타나는 것에 의해서도 암시된다. 주제의 변화 역시 이와 같은 단락의 구분을 지지한다. 즉 1~7절은 '남아 있는 땅'에 관해 말하지만, 8절 이하는 이미 '분배된 땅'에 관해 이야기한다. 이 단락은 네 개의 작은 단락으로 구분된다.

> 현재 상황에 대한 평가(1절)
>
> 남아 있는 땅(2~6상절)
>
> 약속(6중절)
>
> 명령(6하~7절)

이러한 구조는 하나님께서 자기 종에게 사명을 맡기시는 방법을 보여 준다. 하나님께서는 먼저 자기 백성이 처해 있는 힘든 상황에 관해 말씀하시면서 소명에의 동기를 부여하신다(1절). 이스라엘 백성이 해결해야 하는 새로운 문제가 발생하였고, 그 문제를 해결할 사람이 필요하다는 사실을 하나님께서 가르쳐 주신다. 그 후 하나님께서는 사명을 받은 자가 해야 할 많고 위대한 일들을 보여 주시면서 부름을 받은 자가 큰 비전을 갖게 하신다(2~6상절). 그리고 그 비전을 성취할 수 있도록 하나님께서 도우실 것이라고 약속하시며(6중절), 그 약속에 의지하여 가서 사명을 성취하라고 명령하신다(6하절).

1절에서 여호와는 여호수아에게 '너 곧 바로 너는 나이 많아 늙었고 얻을 땅의 남은 것은 매우 많다'라고 말씀하신다. 여호수아가 늙었다. 하나님께서는 이제 여호수아가 더 이상 전쟁을 이끌 만한 힘이 없다고 말씀하신다. 여호수아가 110세에 죽었다는 것 외에는, 그의 나이와 관련하여 성경에 구체적으로 언급된 부분이 없다. 이스라엘 백성이 시내산에 머물러 있을 때, 그는 '청년'으로 불렸다(출 33:11). 여기서 '청년'이라는 말은 정확한 나이를 추측하기 힘든 표현이다. 이븐 에즈라(Ibn Ezra)는 시내산에 도착할 때의 나이를 56세로 가정하고, 14장에서의 여호수아는 103세가 되었다고 생각한다.[1] 카일-델리취(C. F. Keil, F. Delitzsch) 주석은 당시 여호수아의 나이를 90~100세로 추정한다. 반면 우드스트러(M. H. Woudstra)는 여호수아와 갈렙을 동년배로 간주하여 약 85세였다고 생각한다.[2] 이상에서 보는 바와 같이 여호수아의 나이를 정확히 알 수는 없다. 하지만 그의 나이가 정확히 얼마이든 노년에 이른 그의 건강이 예전과 달리 약해졌을 것이라고 추측할 수 있다.

그러므로 모세가 죽은 후 여호수아를 격려하며 요단강을 건너라고 명령하셨던 하나님께서 이제 여호수아에게 강 서편의 땅을 백성들에게 분배하라고 하신다. 땅의 분배를 조정하고 관리하는 것이 직접 가나안 도시들과 전쟁하는 것보다 더 어려울 수 있다. 에브라임과 므낫세 지파의 불평이 있었으며(17:14), 유다 지파의 기업에서 일부를 떼어 내어 시므온 지파에게 주어야 했다(19:9). 아론 자손과 레위 지파를 위하여 도피성을 위시한 많은 성읍들을 할당하는 일도 쉽지 않았을 것이다(20:1~21:42). 이러한 과정 속에서 지파들 사이의 분쟁이 발생하기 쉬웠을 것이다.

이와 같이 여호수아에게 중요하고도 힘든 일, 그리고 원래부터 그가 맡기로 예정되었던 일이 주어졌다. 그러나 그와 같은 일을 하는 여호수아의 지위에 큰 변화가 있었다. 그는 이스라엘 최고 사령관의 지위를 내려놓아야 했다. 하나님께서는 여호수아가 늙었으므로 이스라엘 전체 군대를 이끌지 못할 것이라고 말씀하셨다. 변명의 여지가 없도록 '여호수아 바로 네가 늙었다'라고 강조하여 말씀하셨다. 여호수아는 은퇴해야 한다. 늙음이 은퇴의 이유가 되는 것은 구약에서 특이하다. 레위인처럼 육체노동이 필요한 직업적인 봉사자들이 아니라면, 선택받은 대부분의 하나님의 종들은 죽을 때까지 자기의 직분을 유지하였다. 하지만 여호수아는 자신이 오랫동안 주연으로 활동했던 그 무대에서 사라져야 한다. 이후 백성들의 최고 지도자는 제사장 엘르아살과 비느하스이며, 여호수아는 그다음이었다(14:1; 17:4; 19:51; 21:1; 22:13).

여호수아는 스스로를 늙었다고 생각했을까? 물론 늙은 것은 사실이지만, 그렇다고 해서 전쟁터에 나가지 못할 정도는 아니었을 것이다. 그의 동료 갈렙은 '오늘날 내가 85세이지만 모세가 나를 보내던 날과 같이 여전히 강건하며, 나의 힘이 그때나 이제나 동일하므로, 싸움에나 출입에 감당할 수 있다'라고 말했다(14:10~11). 실제로 여호수아는 그 후 유다 지파가 전쟁할 때, 갈렙을 도와 아낙 자손들을 진멸하는데 앞장섰다(11:21~22). 여호수아가 스스로 늙었다고 고백하는 것은 지파별 전쟁이 일단락되었을 때이다(23:2). 여호수아가 110세에 죽었으므로(요셉과 같은 나이), 13장의 은퇴 이후 그는 상당 기간을 더 살았을 것이다.

'이스라엘 자손이 기브온을 제외한 가나안의 모든 성읍을 정복하였다'(11:19) 라는 승리 선언에도 불구하고, 정복되어야 할 매우 많은 땅들이 여전히 남아 있었다. 가나안의 최남단과 지중해 연안과 최북단에 해당하는 지명들이 '남아 있는 얻을 땅들'로 언급되는 것은 그 지역들이 10~11장의 전쟁에서 큰 피해를 입지 않았기 때문일 것이다(2~7절). 그러나 적어도 블레셋 지역의 에그론과 가사, 그리고 페니키아 해안의 시돈과 미스르봇 마임 같은 도시들은 그 전쟁에서 상당한 타격을 입었을 것이다(10:34~35, 41; 11:8). 그럼에도 불구하고 이 지역들을 언급하는 것은, 하나님께서 약속하신 땅의 경계선들을 제시함으로써 이스라엘 백성이 얻어야 할 땅이 매우 많다는 것을 강조하기 위해서다. 그리고 앞으로 전개되는 역사는 이 땅들이 여호수아 시대에 결국 정복되지 못한다는 것을 보여 준다. 여호수아 시대에 얻지 못할 땅들을 나열하며, 가서 얻어야 할 땅이라고 여호수아에게 말함으로써, 이 본문은 하나님의 약속을 성취할 참 지도자는 후 시대에 올 것임을 암시한다. 그리고 그는 다윗이며, 솔로몬인 것을 역사가 보여 줄 것이다(삼하 8장; 왕상 4:21).

'얻다'를 뜻하는 히브리어 '야라쉬'(ירש)는 구약성경에서 약 230회 사용되는 동사로써, 신명기(70회)와 여호수아서(30회)에서 특히 빈번하게 사용되었다. 여호수아서에서 이 단어는 가나안 땅이 적극적으로 쟁취해야 할 대상이라는 것을 가리킨다. 하나님께서 주셨으므로, 이제 그 땅을 속히 차지해야 한다(18:3). 우리는 '얻기' 위해 지체하지 않아야 한다.

여호수아의 은퇴는 그의 연로함에 따른 것이지만, 향후 이스라엘의 역사에 오랫동안 큰 영향을 미쳤다. 왜냐하면 여호수아가 후계자 없이 은퇴하였기 때문이다. 사무엘이 왕국을 세우기까지 이스라엘은 전체 민족을 이끄는 지도자 없이 살아가야 했다. 오랜 시간이 지나서 많은 고난을 겪은 후 이스라엘 백성이 여호수아의 뒤를 잇는 지도자를 간절히 구하게 될 때, 하나님께서 그들 위에 왕을 세우실 것이다.

2~6상절에서 여호수아의 초기 전쟁에서 크게 피해를 입지 않았거나, 피해를 입었더라도 정복당하지 않고 남아 있었던 땅들로써 이스라엘의 남과 북의 경계선을 형성하게 될, 블레셋과 그들의 남부 연합군들의 땅(2~3절), 페니키아 해변(4절), 레바논 북부 산지(5~6상절)가 언급된다. 이와 같은 기록은 다윗과 솔로몬의 정복 활동을 연상하게 한다. 다윗은 블레셋을 정복하였으며, 두로와 시돈까지 관할하였고(삼하 24:6~7), 솔로몬은 레바논에 대한 지배권을 갖고 있었으며(왕상 9:19), 솔로몬의 지배 아래 있던 땅은 하맛 어귀(르보하맛)에서 이집트 시내까지였다(왕상 8:65).

남은 땅들 중 블레셋의 영토가 가장 먼저 언급되는 것은 사사 시대와 왕국 초기 시대에 블레셋이 이스라엘의 가장 큰 적으로 여겨졌기 때문일 것이다. 블레셋이 정복되지 않았다는 사실은 11:22에도 암시되고 있다. 블레셋은 동부 소아시아와 크레테 섬에서 이주해 온 해양 민족들과 함께 팔레스타인에 들어왔다. 그들은 다섯 도시를 중심으로 정착했으며, 느부갓네살에 의해 이주되기 전까지 거기 거주했다(주전 604년). 블레셋 사람의 땅을 말하는 '지방'의 의미는 불분명하다. 이 단어는 22:10, 11에서 '언덕 가'로 번역된다. 이 단어는 에스겔 47:8과 요엘 3:4에서도 사용된다.

그술은 블레셋의 남동쪽 방향에 위치한 지역으로 시내산과 블레셋 사이에 존재한다고 기록된다(2절). 이 그술은 요단 동부 지파들에 의해 정복된 땅의 북부에 해당하는, 갈릴리 호수 동북쪽 시리아 지역의 그술과 명백히 다르다(12:5; 13:11, 13). 블레셋 남동부의 그술은 다윗이 사울을 피해 가드 왕아기스에게 의탁하고 있을 때 공격하여 약탈하고 진멸하였던 지역이다(삼상 27:8). 여기서 그술은 이집트에서 가까우나, 그 정확한 위치가 알려지지 않은 시홀 시내에서부터 에그론의 남쪽 경계까지의 지역을 말한다. 이 그술을 갈릴리 호수 동북부 그술과 구별하기 위해 블레셋 땅의 북부에 위치한 게셀로 읽으려 하는 볼링(Robert G. Boling)의 시도는 불필요하다.[3] '그술 사람의 전경(前境)'은 '그술 사람의 온 (땅)'이나 '모든 그술 사람의 (지방)'으로 번역되어야한다.

선지서들에서 시홀은 나일강이거나 나일강의 한 지류를 가리킬 것이다(사 23:3; 렘 2:18). 그러나 여기서는 역대상 13:5과 함께 이집트와 이스라엘사이의 전통적인 경계선을 가리킨다. 이 경계선은 흔히 '이집트 시내'로 불린다(민 34:5; 수 15:4, 47). 시홀의 의미가 불분명하기 때문에 70인역에서는 '광야'라고 번역했다. 시홀의 문자적인 의미는 '호루스 신의 물들'일 것이다. 이 시홀이 '이집트 맞은편'에 있다는 표현은 이집트 영토 밖에 있음을 의미할 것이다. 하지만 시홀이 '이집트 앞 술'(삼상 15:7)과 어떤 관계가 있는지 알 수는 없다.

'방백'을 가리키는 히브리어 '세렌'(סֶרֶן)은 구약에서 21회 사용되었으며, 블레셋 다섯 도시의 통치자들을 가리키는 블레셋어이다. 이 단어에서 헬라어 '튀라노스'(τυραννος)가 유래했다고 주장하기도 하나 확실하지 않다. 가사, 아스돗, 아스글론, 가드, 에그론이 블레셋 도시 연맹을 형성하는 주요 다섯 도시들이다. 가사는 가장 남쪽의 도시로써 원래 아위 사람들이 살았으나 갑도림 사람들이 그들을 쫓아내고, 그 후 블레셋의 주요 도시가 되었다. 삼손이 끌려가 갇혀 있었던 곳이다. 아스돗은 다섯 도시 중 가장 북쪽에 위치하며, 엘리 제사장 시절에 법궤를 빼앗아서 다곤 신전 안에 놓아두었던 도시다. 아스글론은 가사와 아스돗 사이에 위치한다. 가드는 블레셋 사람들이 법궤를 두 번째로 옮겨 놓은 도시다. 다윗이 사울을 피하기 위해 가드 왕의 보호 아래 있었다. 에그론은 법궤가 들어오는 것을 거부하였던 도시이며, 아합의 아들 아하시야가 병들었을 때 찾아가려 했던 신이 에그론의 신 바알세붑이었다(왕하 1:2). 블레셋의 다섯 도시들과 함께 아위가 언급된다. "아위 사람"은 성경에 세 번 등장한다(3절; 신 2:23; 왕하 17:31 "아와 사람들"). 크레테 섬에서 이주해 온 갑돌 사람들에 의하여 블레셋 주변 도시들에 거하는 아위 사람들이 쫓겨났다는 것을 제외하면 이들에 관해 알려진 내용은 없다(신 2:23). 그들은 블레셋 주변에 거주하였다.

"남방"(3절)은 히브리어로 '테이만'(תימן)이다. '테이만'은 대부분의 영어와 개역한글이 번역하듯 '남방'을 의미할 수 있으나, 고유 명사 '데만'을 뜻할 수도 있다. 개역한글은 '남방'을 시리아 역본에 근거하여 3절 끝에 오는 것으로 간주하였으나, 히브리 성경에서는 4절의 첫째 단어로 나타난다. 그렇다면 이 단어는 아위를 수식하는 것이 아니라 '가나안 사람의 온 땅'을 가리킬 수 있다. "가나안 사람의 온 땅"(4절)이 어느 지역을 가리키는지 불확실하다. 3절의 가나안 사람과 반드시 일치시킬 필요는 없다. 사사기 1:32은 아셀 지파가 분배받은 땅의 주민들을 가나안 사람이라 부른다. 4절은 가나안 사람을 남부의 아위와 북부의 므아라 사이에 놓는다. 그러나 이 순서에 근거하여 이 구절의 "가나안 사람의 온 땅"이 아위와 므아라 사이에 위치한다고 말할 필요는 없다. 여기서 "가나안 사람의 온 땅"은 므아라 근처, 지중해 연안의 한 지역을 가리킬 것이다(참고 창 10:19). '므아라'는 70인역에서 '가사를 마주보는'으로 번역되었다. 히브리어 '므아라'(מערה)는 그 자체로 고유명사이거나, 혹은 '아라로부터'를 의미하거나, 혹은 보통명사로써 '동굴'을 가리킬 수 있다. 이 단어가 '므아라' 혹은 '아라'라는 지명으로 사용되었다면, 시돈 영토에 속하는 알려지지 않은 마을을 가리킬 것이다.

올브라이트(William Foxwell Albright)는 성경에 모두 다섯 종류의 아벡이 있다고 말한다. 첫째, 아셀 지파에 속하지만 정복하지는 못한 지중해 연안의 도시 아벡이다(수 19:30; 삿 1:31). 둘째, 중부 해안 도시 아벡인데 사무엘 시대 블레셋 군대의 집결지였다(수 12:18; 삼상 4:1). 셋째, 아람에 속한 아벡으로써 다메섹으로 가는 도로가 지나가는 요단 동편의 도시다(왕상 20:26, 30; 왕하 13:17). 넷째, 이스르엘 평원의 아벡이다(삼상 29:1). 이 아벡은 사무엘상 4:1의 중부 해안 도시 아벡과 동일시되기도 한다. 다섯째, 가나안 땅의 북부 경계선에 위치하는 레바논의 아벡이다(4절). 본문은 므아라와 그발 사이에 언급되고 있으므로 레바논의 아벡일 것으로 여겨진다. 이는 비블로스의 남동쪽, 현재 베이루트 북쪽 37km 지점에 위치한 아프카(Afqa)로 여겨진다. 본문의 아벡은 아모리 사람의 영토라고 설명된다.[4] 여호수아서에서 '아모리 사람'은 모두 20회 등장한다(2:10; 3:10; 5:1; 7:7; 9:1, 10; 10:5~6, 12; 11:3; 12:2, 8; 13:4, 10, 21; 24:8, 11~12, 15, 18). 요단 동편의 시혼과 옥이 아모리 사람의 두 왕이라 불린다. 가나안 일곱 족속 중 하나로 등장한다. 아이 성읍 사람들을 아모리 사람이라 불렀다(7:7). 예루살렘 왕 아도니세덱을 중심으로 하는 남부 팔레스타인의 다섯 왕들은 아모리 왕들이며, 그들의 백성은 아모리 사람이라 불린다. 이와 같이 아모리 사람은 가나안 족속들 중의 하나인 산지 거주민을 가리키거나(민 13:29), 가나안 사람들 전체를 가리키기도 한다. 후자의 용법은 아브라함에게 주신 하나님의 약속에서 이미 반영되어 있다(창 15:16).

"그발 사람의 땅"(5절)은 70인역에서 '블레셋 갈리앗', 다른 사본에는 '가블리 사람들의 온 땅'이라 번역되었다. 맛소라 본문의 '그발'은 열왕기상 5:18; 시편 83:7~8; 에스겔 27:9에서 나타난다. 특히 에스겔 27:9에서는 70인역의 번역 '비블리온'에서 알 수 있는 것처럼 비블로스 지역을 가리키는 지명으로 사용되었다. 레바논을 '헤르몬 산 아래 바알갓에서 르보 하맛까지'라고 규정한다. 여기서 '르보'를 개역한글에서는 "들어가는 곳"이라고 번역했다. 바알갓은 레바논 골짜기의 남쪽 끝이며, 르보 하맛은 북쪽 끝으로 여겨진다(11:17; 12:7). 르보 하맛은 약속의 땅 북쪽 경계로 흔히 언급된다('하맛 어귀' 민 13:21; 34:8; 삿 3:3; 왕상 8:65). 하맛 왕 도이는 다윗에게 문안하였으며, 솔로몬은 그곳에 국고성을 건축하였다(삼하 8:9~10; 대하 8:4). 미스르봇 마임은 여호수아서에만 두 번 등장한다(11:8; 13:6). 지중해 해안 도시로써, 두로의 남부에 위치한다. 하솔 왕 야빈과 전쟁할 때, 여호수아가 여기까지 야빈의 군대를 추격하였다.

6중절에서 하나님께서는 스스로 가나안 백성들을 이스라엘 자손 앞에서 쫓아내실 것이라고 말씀하신다. 1절에서 사용된 '야라쉬'가 '쫓아내다'의 뜻으로 다시 사용된다. 이 동사는 땅을 차지하기 위해 그곳의 원주민들을 쫓아내는 것을 말한다. 이때 쫓아내시는 분은 대부분 하나님으로 나타난다(3:10; 13:6; 23:5, 9). '쫓아내다'의 주어로 등장하는 다른 사람들은 모세(13:12), 갈렙(14:12; 15:14), 에브라임과 므낫세(17:18)이다. '나의 의로움을 인하여 그것을 얻게 하셨다(야라쉬)고 말하지 말아라. 실상은 이 민족들이 악함을 인하여 여호와께서 그들을 네 앞에서 쫓아내신(야라쉬) 것이다'(신 9:4~5). 하나님께서는 6중절에서 가나안 백성을 쫓아내는 분이 여호와 자신인 것을 강조하여 말씀하신다.[5] 또한 '이스라엘 앞에서'라는 표현은 가나안 거주민을 쫓아내는 것에 이스라엘 백성은 조금도 기여하지 않았다는 것을 암시한다.

한편 이스라엘은 가나안 주민들을 쫓아내지 못했다는 평가를 받았다(13:13; 15:63; 16:10; 17:12, 13). 만일 이스라엘이 가나안과 교류하면, 하나님께서 그들을 쫓아내지 않으실 것이다(23:13). 그러므로 이 단어는 이스라엘의 소유가 하나님의 '쫓아내심'에 전적으로 달려 있음을 강조한다. 땅의 주인이신 하나님께서 주신 것이기 때문에(레 25:23 "토지는 다 내 것임이라"), 이스라엘은 합법적으로 그 땅의 소유주가 되었다.

6하~7절에서 하나님께서는 여호수아에게 새로운 사명을 부여하신다. "(오직) 너는 나의 명한 대로 그 땅을 이스라엘에게 분배하여 기업이 되게 하되"(6하절). 여기서 개역한글은 '오직'이라는 뜻의 히브리어 단어 '라크'(רק)를 생략했다. 이 단어는 여호수아서에 15회 사용된다(1:7, 17, 18; 6:15, 17, 18, 24; 8:2, 27; 11:3, 14, 22; 13:6, 14; 22:5). 이 단어는 서로의 역할에서 차이가 있을 때, 다른 사람의 일은 그대로 될 것이라 믿고 본인의 임무에 충실하기를 당부할 때 사용하는 단어다. 여호수아는 하나님께서 행하실 일에 관해 염려할 필요가 없다. 단지 자신의 책임에 충실하면 된다.

'기업'이라는 뜻의 히브리어 단어 '나할라'(נַחֲלָה)는 영원하면서도 특별한 소유물을 가리킨다. 곧 땅, 이스라엘, 하나님이 기업이 된다. '하나님의 기업'이라는 표현은 하나님께서 귀하게 여기시며, 영원히 주인이신 소유물을 가리킨다(출 15:17; 신 4:20; 32:9; 삼상 26:19; 시 68:9~10; 렘 12:7~9 등). 베드로가 말하는 "썩지 않고 더럽지 않고 쇠하지 아니하는 기업"(벧전 1:4)이 '나할라'에 해당한다. 한편 하나님은 이스라엘의 기업이다. 그러므로 '기업'은 장식이나 관상용이 아니라, 생명을 유지시키는 원천이다. '야라쉬'와 '나할라'는 거의 동일한 의미를 갖는다. 단지 나할라는 땅 자체를 표시하는 반면, 야라쉬는 소유하는 과정을 중시한다. 야라쉬는 그 땅의 거주민들을 쫓아내는 것을 전제하며, 반면에 나할라는 땅의 경계를 표시하고 측량하는 것에 강조점이 있다.

'그러므로 이제'(7절)라는 문구가 개역한글에는 생략되어 있다. 이 부사는 다시 한 번 여호수아에게 자기가 해야 할 일에 관해 관심을 집중할 것을 권면한다.

70인역에서는 '너는 요단강에서부터 서편으로 대해까지 그 땅을 그들에게 주어 대해가 경계선이 되게 하여라'는 말이 7절 뒤에 삽입되어 있다. 70인역은 1~7절의 본문이 이스라엘에게 다시 한 번 약속된 땅의 경계선을 상기시키려는 목적을 갖고 있음을 보여 준다.

2. 설교를 위한 적용

1) 이름 없는 영웅 여호수아

첫째, 여호수아는 하나님과 민족을 위해 자신을 희생하는 지도자이다. 여호수아가 희생한 것은 자신의 지위다. 그는 하나님의 권면을 받을 때 즉시 은퇴하였다. 그는 제사장 엘르아살의 뒤에 섰다(14:1; 17:4; 19:51; 21:1). 지위와 명예에 연연하지 않는 여호수아는 마치 자신을 낮추어 그리스도의 신들

메 풀기도 감당치 못할 자로 여긴 세례 요한과 같다(요 1:27). 또한 그는 자신의 권리와 평안을 희생하였다. 그는 모든 지파들이 기업을 차지한 후에 비로소 자기 기업을 요구하여 그곳에 안주하였다(19:49~50). 딤낫 세라는 성경에 여호수아와 관련해서만 나타나는 지명이며, 에브라임 산지 남쪽의 매우 거칠고 가파른 땅에 해당한다. 성경의 다른 곳에서 등장하지 않는다는 사실은 그 땅이 전혀 중요하지 않았음을 암시한다. 그의 지위와 업적 그리고 그의 나이를 생각할 때, 그는 당연히 가장 좋은 땅을 먼저 요구할 수 있었을 것이다. 그러나 그는 가장 마지막에 자기의 몫을 차지했다. 더욱이 남들보다 더 나쁜 땅을 요구하여 그곳에 머물렀다. 그는 자기의 이름을 희생하였다. 믿음의 영웅들을 기록하는 히브리서 11장은 이상하게도 여호수아의 이름을 기록하지 않는다. 그는 마치 모세의 일부분인 것처럼 모세의 기록 속에 흡수되어 있다. 기생 라합조차 영예를 얻고 있다. 여리고성을 무너뜨린 여호수아의 위대한 공적이 분명히 기록되어 있지만, 그의 이름은 나타나지 않는다. 그는 죽어서까지 이름을 드러내지 아니하고 이름 없는 영웅이 되었다.

둘째, 여호수아는 순종하는 지도자이다. 여호수아의 최고 좌우명은 순종이다. 모세에 대한 순종이며, 모세를 통해 주어진 하나님의 계명에 대한 순종이다. 그 일을 위해 그는 가나안 진입 초기에 백성을 인도하여 세겜으로 갔다. 그리고 그의 삶의 마지막 순간에 백성들을 다시 한 번 세겜으로 불렀다. 시내산에서 하나님의 언약의 말씀을 받았던 모세가 임종을 앞두고 그 말씀을 다시 한 번 가르쳤던 것처럼, 여호수아도 자기 생애의 마지막을 앞두고 백성들이 하나님과 언약을 다시 체결하도록 이끌었다. '좌로나 우로나 치우치지 않고 율법을 다 지켜 행하는 순종'을 명령받았던 여호수아는 백성들에게 동일한 것을 권면한다(1:7; 23:6).

셋째, 여호수아는 협력하는 지도자이다. 모세의 기적은 그가 지팡이를 사용할 때 일어났다. 그러나 여호수아의 기적은 제사장들이 법궤를 메고 요단강을 밟을 때 일어났다. 모세가 손을 들어 기도하면 이스라엘이 전쟁에서 승리하였다. 그러나 여호수아의 전쟁에서는 온 백성이 여리고성을 함께 돌아야 했다. 모세는 비록 천부장, 백부장, 오십부장, 십부장을 세웠으나 모든 일을 혼자서 책임지며 처리했다. 비난도 혼자 받았으며, 영광도 혼자 받았다. 그러나 여호수아는 아이성 공격이 실패했을 때, 장로들과 함께 여호와 앞에 엎드렸다(7:6). 기브온 거민이 찾아왔을 때, 여호수아는 장로들과 함께 그들과 조약을 체결했다(9:15). 나중에 그 일이 잘못이었음을 알게 되었을 때, 회중들은 여호수아보다 장로들에게 책임을 물었다(9:18). 여호수아는 자신의 권위를 내세우기보다, 협력하고 설득함으로써 하나님께서 주신 사명을 성취할 수 있었다. 이와 같이 여호수아는 카리스마적인 지도자 이후에 있게 되는 민주적 지도자상을 보여 준다. 그를 전쟁의 영웅이라 생각하지도 말아야 한다. 그는 전쟁에 대하여 주도적으로 계획하거나 시작한 바가 없다. 항상 수동적이었다. 전쟁을 계획하신 분은 하나님이었다. 그가 주도적으로 행한 것은 그의 사역 처음과 마지막에 세겜으로 가는 것이었다. 지리적으로나 종교적으로 실로가 더욱 적당할 수 있다. 그러나 여호수아는 세겜을 택한다.

2) 약속을 성취하시는 하나님

여호수아는 가나안 땅을 분배하는 사람이었을 뿐이다. 그 땅을 정복하고 그 거주민을 쫓아내는 것은 하나님의 역할이다. 하나님께서는 자신의 일을 하신다. 하나님께서는 모든 일을 자연스러운 방법으로 이끌어 가신다. 너무나 자연스럽기 때문에 사람들은 하나님의 손길이 모든 일의 배후에 있다는 것을 쉽게 잊어버리기도 한다. 그러므로 사람은 이스라엘이 가나안 정복의 과정 속에서 중요한 순간을 만났을 때 여호수아가 늙어서 은퇴해야만 하는 것은 불운이었다고 생각할 수 있다. 그러나 여호수아가 늙지 않았더라도 땅을 분배하였을 것이다. 땅을 분배함으로써, 이스라엘을 하나로 연합시키는 지도자가 없는 상태에서 각 지파들이 자기들의 땅을 정복해 나가게 하는 것이 하나님의 뜻이었다. 사람들에게는 더욱 상황이 어려워졌다고 말할 수 있을 때라도, 하나님께서는 자기의 일을 하신다. 그분께서는 가나안 주민을 쫓아내실 것이다. "바람의 길이 어떠함과 아이 밴 자의 태에서 뼈가 어떻게 자라는 것을 네가 알지 못함같이 만사를 성취하시는 하나님의 일을 네가 알지 못하느니라"(전 11:5). 하나님은 참으로 일을 행하시는 여호와시며, 그것을 지어 성취하시는 여호와시다(렘 33:2).

3) 오직 앞에 있는 것을 잡으려고

모세가 두 지파와 반 지파에게 땅을 분배하였고, 여호수아는 아홉 지파와 반 지파에게 땅을 분배하였다. 이는 가나안 땅이 이미 하나님의 백성의 소유가 되었음을 말한다. 하나님께서는 땅을 이미 주셨다. 그러나 그 땅은 정복해야 할 땅으로써 분배되었다. 여호수아의 초기 전쟁들은 가서 멸하는 전쟁이었으며, 쫓아내고 거주하는 전쟁은 아니었다. 이스라엘은 여전히 길갈 주변에 머물렀다(10:43; 14:6). 왜냐하면 아직까지 땅을 분배받지 못했기 때문이다.

그러므로 가나안은 하나님의 선물이며 동시에 스스로 정복해야 할 땅이다. 땅을 분배하라는 것은 그 얻은 자가 가서 싸워 정복하라는 뜻이다. 구원은 이미 이루어졌으나, 또한 우리가 성취해 가야 한다. 두렵고 떨리는 마음으로 구원을 이루어 가야 한다(빌 2:12). 구원과 같이 가나안 땅은 우리가 성취해 가야 할 것이다. 하늘에서 떨어져 내리는 만나와 땀 흘려 경작하여 추수하는 가나안 소산 사이에는 차이가 있다(5:12). 가나안 땅에서는 만나를 먹지 않고, 그 땅의 소산을 먹는다.

모세의 땅 분배 요약(수 13:8~33)

이 단락에서 여호수아서는 이미 과거에 이루어졌던 일이며 12:1~6에 기록했던 사실, 곧 모세가 요단강 동편 지역을 르우벤과 갓, 그리고 므낫세 반 지파에게 분배하였다는 것을 다시 한 번 기록한다. 이는 요단강 동편 지역을 차지한 지파들과 서편 지역을 차지한 지파들이 하나의 민족인 것을 강조하려는 의도이다. 또한 요단강 동편 지역을 차지한 지파들에게 그들이 동편 지역을 차지한 것은 하나님의 허락을 받아 모세에 의해 이루어진 것이므로 매우 정당하다는 것을 밝혀 주기 위함일 것이다. 이 단락은 레위 지파에 대한 언급에 의해 다시 두 개의 소 단락으로 구분된다. 첫 번째 단락인 8~14절은 요단강 동편 전체 지역에 대한 간략한 개관이며, 두 번째 단락인 15~33절은 요단강 동편 지역의 분배를 지파별로 설명하고 있다.

8~14절은 여호와의 종으로 지칭되는 모세의 주도적인 역할을 소개하는 것으로 시작한다. 여호수아서에서 '여호와의 종'(יהוה עבד에베드 아도나이)이라는 표현은 모두 15회 등장하는데, 그중 14회가 모세에게 적용되었다. 단 한번 여호수아서의 끝에서 여호수아를 가리켜 여호와의 종이라고 부른다(24:29). '여호와의 종'이라는 표현은 '여호와로부터 모든 권한을 위임받아서, 여호와를 위해, 여호와의 일을 수행한다'라는 의미를 갖는다. 이런 점에서 모세는 참으로 여호와의 종이다.

요단강 동편 지역에 대한 간략한 소개와 함께, 이스라엘 백성들이 그술 사람과 마아갓 사람을 쫓아내지 못하였다는 언급이 나타난다(13절). 이들은 여호수아서가 기록되는 때에도 이스라엘 백성들 가운데 거주하였다. 이와 같은 지적은 12절에서 "모세가 이 땅의 사람들을 쳐서 쫓아내었"다고 말하는 것과 대조된다. 모세는 성공하였으나 백성들, 특히 요단강 동편의 백성들은 실패하였다. 이와 같이 여호수아서는 모세에게 최고의 권위를 돌리고 있다. 반면에 백성들에 대한 여호수아의 불신이 근거가 있음을 여기서부터 암시하고 있다(24:19).

여기서 레위 지파에 대한 특별한 언급이 나타난다(14절). 레위 지파는 땅을 기업으로 받는 대신 여호와께 드리는 화제물을 기업으로 받을 것이다. 이때 개역한글은 여호수아가 분배의 주체인 것으로 번역한다. "오직 레위 지파에게는 여호수아가 기업으로 준 것이 없었으니"(14절). 하지만 히브리어 원문에는 주어가 여호수아가 아니라 단순히 '그가'로 나타난다. 만일 주어를 구체적으로 표시하기를 원한다면, 모세의 이름이 명시되어 있는 33절과 비교하여, 14절 전반부 역시 '모세'를 주어로 하여 번역해야 할 것이다.

15~33절은 요단강 동편의 땅 분배에 관하여 보다 상세하게 지파별로 그 내용을 기록한다. 모세가 르우벤 지파와 갓 지파와 므낫세 반 지파에게 요단강 동편 지역의 땅을 분배하였다. 르우벤 지파를 언급하면서, 이스라엘 자손이 그 땅을 점령하는 도중에 브올의 아들 발람을 죽였다는 것을 말한다. 여기서 발람은 '술사'(□□קוﬠ코셈)로 설명된다. 이 단어의 분명한 의미는 알려지지 않았으나, 점을 치거나 주술을 거는 사람을 의미한다고 여겨진다. 발람과 발락의 계략을 깨뜨린 것은 하나님의 기적적인 구원 사건이다(민 22~25장; 신 23:4~5). 이와 같은 언급은 가나안 땅에 들어가서 직면하게 될 우상 숭배에 대한 경고가 된다. 마지막 부분에서 레위 지파에 대한 언급이 다시 나타난다. 레위 지파는 하나님을 기업으로 받을 것이므로 땅을 기업으로 받지 않았다. 하나님을 기업으로 받는다는 것은 결국 하나님께 드려지는 제물을 기업으로 받을 것임을 가리킨다.

여호수아의 땅 분배 요약(수 14:1~5)

이 단락은 14:6부터 시작하는 지파별 땅 분배의 전체 과정을 요약한다. 1절에서 땅을 분배하는 주체가 제사장 엘르아살과 여호수아 두 사람인 것으로 언급된다. 땅 분배에 관련하여 나타나는 여호수아의 지배적인 역할을 고려할 때(14:6; 18:3~10), 실제적으로는 여호수아가 주도적으로 요단 동편의 땅을 각 지파들에게 분배하였다는 것은 분명하다. 그러나 그 전체 과정을 요약하는 이 부분에서 엘르아살의 이름을 첨가하고, 더욱이 여호수아보다 먼저 그의 이름을 언급하는 것은 13장에서 말하는 것처럼 여호수아가 공식적으로는 이스라엘의 최고 지도자인 총사령관 직책에서 은퇴하였다는 것을 암시한다고 생각된다. 14장부터 이스라엘의 최고 지도자는 여호수아가 아니라 엘르아살 대제사장이다.

2절에서 요단강 동편 지역의 지파들이 다시 언급되는 것은 그들과 요단 서편 지역 지파들은 모두 하나의 민족이라는 점을 강조하기 위함이다. 레위 지파가 기업을 받지 못한 대신 '거할 성읍과 가축과 재물을 둘 들'을 주었다고 기록한다. 여기서 레위 지파에 대한 관심이 지속적으로 나타나는 것을 알 수 있다. 레위 지파가 정상적인 지파로서 계수되지 않는 것과 관련하여 요셉 지파가 에브라임과 므낫세로 나뉘어져서 이스라엘 지파들의 전체 수를 열둘로 맞추고 있는 것을 언급한다.

갈렙의 전쟁(수 14:6~15)

1. 본문 주해

땅을 분배한다는 것은 이미 정복된 땅을 나누어 갖는다는 뜻이 아니다. 분배받은 땅으로 가서 그곳에 사는 가나안 원주민들과 전쟁하여 그들을 진멸하고 그 땅을 차지함을 가리킨다. 이스라엘 백성들은 지금까지 열두 지파의 연합군 형태로만 전쟁하였다. 그리고 전쟁에 참가했을 때 여호수아의 명령에 따르기만 하였고, 독자적인 결정을 내린 일이 없었다. 그러나 13장에서 여호수아가 은퇴함에 따라, 열두 지파 연합군은 자연스럽게 해체되었다. 그러므로 이제부터는 각 지파가 독자적으로 전쟁을 수행해야 했다. 이러한 상황에서 전쟁을 위해 땅을 선뜻 분배받기는 힘들었다.

땅을 분배받아야 하는 아홉 지파와 반 지파 가운데 요단 동편 지역에서 첫 번째로 땅을 분배받은 지파는 유다 지파이다. 유다 지파는 흔히 열두 지파 가운데 가장 먼저 나서는 모험심을 발휘한다. 유다 지파의 대표로서 갈렙이 여호수아에게 나와서 헤브론 지역을 자신의 기업으로 요청했다. 헤브론의 이름의 뜻은 '동맹'이다. 헤브론의 옛 이름은 기럇아르바인데, 이 이름의 뜻은 '네 곳으로 구성된 도시'이거나, 아낙의 조상인 아르바의 이름을 따서 '아르바의 도시'일 것이다(15:13) 헤브론은 팔레스타인에서 가장 높은 지역에 자리 잡은 도시이며(해발 약 1,000m), 예루살렘에서 남서쪽으로 약 32km 지점에 위치한다.

갈렙은 유다 지파에 속하는 그니스 가족의 사람이다(민 13:6). 갈렙이라는 이름은 '개'를 의미하는 히브리어 '켈렙'(כֶּלֶב)과 관계된다. 고대 근동 사회에서 '개'는 신하를 가리키는 상징이기도 했다. 아마르나 서신에는 '종' 곧 '개'('아르두 칼부')라는 표현이 사용되고 있으며, 왕의 신하가 자신을 가리켜 '개'라고 칭하는 것이 나타난다. 그렇다면 갈렙이 민수기에서 '하나님의 종'이라고 불리는 것은 자기의 이름과 잘 어울린다고 할 수 있다(민 14:24; 34:19). 그니스는 창세기에서 가나안 원주민으로 언급되며(창 15:19), 또한 에서의 후손 중에 그니스가 나타나기도 한다(창 36:11, 15). 하지만 여기서 그니스는 단순히 갈렙의 족보에 나타나는 그니스의 후손이라는 뜻으로 사용되었을 것이다(대상 4:13, 15). 그렇다면 갈렙이 유다 지파에 속한다는 것을 부인할 필요는 없다.

갈렙이 자신이 원하는 땅을 기업으로 달라고 요청한 것은 광야 유랑 기간 중 가데스바네아에서 겪었던 사건과 관련된다(민 13~14장). 가나안 땅을 40일간 정탐하였던 열두 명의 정탐꾼 중에서 갈렙은 가나안을 정복하러 올라가야 한다고 주장했다. 왜냐하면 그는 "그들의 보호자는 그들에게서 떠났고 여호와는 우리와 함께하시"(민 14:9)는 것을 믿었기 때문이다. 이와 같은 갈렙의 신앙에 대하여 하나님께서는 갈렙에게 "네 발로 밟는 땅은 영영히 너와 네 자손의 기업이 되리라"(9절)고 약속하셨다. 이 약속을 회상시키면서 여호수아에게 자기가 원하는 땅을 기업으로 달라고 요청한다.

여기서 갈렙이 헤브론을 원한 것은 특별히 아낙 사람과 관련된다(12절). 아낙은 문자적으로 '목이 긴 사람'을 뜻한다. 성경에서 아낙은 장대한 사람들로 묘사되며(신 1:28), 강한 민족의 대표격으로서 '누가 아낙 자손을 능히 당하겠느냐?' 하는 속담이 전해졌다(신 9:2). 또한 헤브론은 이스라엘 민족에게 매우 중요한 의미를 갖는다. 헤브론은 아브라함이 사라의 매장지로 구입한 땅으로써, 아브라함과 사라, 이삭과 리브가, 그리고 야곱과 레아가 그곳에 매장되었다. 그곳을 차지하는 지파는 조상들의 무덤을 차지하게 되며, 열두 지파들 중에서 가장 중요한 위치를 누리게 될 것이다. 또한 헤브론은 갈 렙의 말처럼 크고 견고하여 전쟁에 유리한 위치를 차지하게 한다. 무엇보다 도 헤브론의 거민 아낙 자손에 대한 언급은 민수기 13~14장을 기억하게 만 든다.[6] 열두 명의 정탐꾼들 중 부정적인 주장을 한 열 명의 정탐꾼들은 아낙 자손 대장부들을 언급했고, 그 말을 들은 이스라엘 백성은 소리 높여 부르짖 으며 밤새도록 통곡하였다(민 13:33~14:1). 이것을 기억하는 갈렙은 여호수 아에게 다른 도시들이 아닌 헤브론을 자기의 기업으로 요청한다.

12하절의 "여호와께서 혹시 나와 함께하시면"에서 '혹시'라는 말은 불신 이나 두려움을 의미하지 않는다. 오히려 이것은 희망과 믿음을 나타낸다(창 16:2; 민 22:6; 삼상 14:6). 이것은 불확실한 상황에서조차 믿음을 가질 수 있는 상태를 말한다. 이와 같은 믿음은 전쟁에서 큰 승리를 얻게 하였다. "그 땅에 전쟁이 그쳤더라"(15절)는 표현은 가나안 땅 전체에 전쟁이 그쳤다는 것을 말 하는 것이 아니다. 이 표현은 하나의 전쟁이 완전히 끝났다는 것을 표현하는 관용적인 결론구이다(11:23). 또한 이러한 표현을 통하여 압도적이며 철저한 승리를 거두었음을 드러내고 있다. 갈렙의 전쟁은 매우 짧게 기록되었는데, 여호수아에게 말한 갈렙의 연설의 길이를 생각할 때 더욱 그렇다. 성경은 갈 렙이 어떻게 힘들게 싸웠느냐보다는 어떤 마음을 가지고 있는가에 초점을 맞추고 있다.

2. 설교를 위한 적용

갈렙은 자신의 연약함을 믿음으로 극복할 수 있었다. 갈렙은 자기의 나이 가 85세라고 말한다. 그러면서 비록 85세일지라도 '모세가 나를 보내던 날 과 같이 오늘날 오히려 강건하니 나의 힘이 그때나 이제나 일반이라 싸움에 나 출입에 감당할 수 있'(11절)다고 말한다. 신체적으로 그가 젊었을 때와 동 일한 힘을 가졌다고 생각할 수는 없다. 하지만 갈렙이 자신은 젊었을 때와 같은 힘을 가지고 있다고 스스로 말하는 것은 하나님의 일을 하고자 하는 성 도의 올바른 자세이다. 즉 "내게 능력 주시는 자 안에서 내가 모든 것을 할 수 있"(빌 4:13)다고 하는 확신이며, '힘으로 되지 아니하며 능으로 되지 아니하고 오직 여호와의 신으로 된다'(슥 4:6)고 하는 신앙을 뜻한다. 갈렙은 가장 나이 많은 자였으나, 가장 강한 상대와 싸우려고 나간다. 왜냐하면 하나님은 약한 자를 사용하셔서 강한 자를 부끄럽게 하시기 때문이다.

갈렙의 평생 소원은 여호와의 능력을 증명하는 것이다. 갈렙은 가데스바네아에서 이스라엘 백성이 여호와의 능력을 믿지 못하였던 것 때문에, 자기의 동료와 친지들이 광야에서 유랑하며 죽어가는 것을 40여 년 동안 지켜보아야 했다. 그러면서 갈렙은 언젠가는 여호와의 능력을 증명하고야 말겠다는 강한 소원을 갖게 되었다. "그들은 우리의 밥이라"(민 14:9)고 외쳤던 것처럼, 여호와의 권능에 대한 자신의 신앙이 틀리지 않았다는 것을 증명하기 위해 45년을 기다려 왔다. 그리고 그 45년 동안 조금도 소원이 흔들리지 않았다. 성도가 가질 수 있는 가장 좋은 소원 중 하나가 바로 '여호와의 능력이 내 삶에서 구현되는 것'이다.

갈렙은 자기의 개인적인 욕심을 추구하지 않고, 하나님과 민족을 섬기는 사람이다. 갈렙이 헤브론이라는 도시를 요구한 것은 헤브론이 자기에게 부귀와 권력을 줄 수 있기 때문이 아니다. 헤브론을 요구한 것은 그 도시를 정복하는 것이 가장 어렵기 때문이다. 갈렙은 다른 사람에게 힘든 과제를 넘기기보다 자신이 떠맡기를 원한다. 나중에 헤브론이 도피성으로 선택되었을 때, 갈렙은 기꺼이 그 도시를 내어 주고 자신은 그 도시 주변의 들에 거주하였다(21:12). 자신이 수고하여 점령한 도시라 할지라도, 비록 하나님으로부터 자기가 밟는 땅을 차지할 수 있다는 약속을 받았음에도 불구하고, 그는 자기의 당연한 권리를 주장하기보다는 백성들을 위해 그 권리를 포기할 수 있는 사람이었다.

유다 지파의 기업(수 15장)

1. 본문 주해

15장은 유다 지파의 기업의 경계를 분명하게 규정하고, 그렇게 함으로써 하나님의 약속이 성취되었다는 것을 드러내고 있다. 지파별 땅 분배의 결론 부분에 해당하는 21:43~45에서 "여호와께서 이스라엘의 열조에게 맹세하사 주마 하신 온 땅을 이와 같이 이스라엘에게 다 주셨으므로 그들이 그것을 얻어 거기 거하였으며"라고 단언하는 것처럼 그대로 이루어졌다는 것을 이 장에서 보여 준다. 이 장은 네 부분으로 나뉜다.

유다의 남쪽 경계는 동쪽에서부터 시작하여 에돔의 지경을 포함하고 신 광야를 지나 애굽 시내에 이른다(1~4절). 3절의 헤스론, 아스몬, 갈가와 같은 지명들은 아직 밝혀지지 않았다. 유다의 동쪽 경계는 사해(소금 바다)이다(5상절). 유다의 북쪽 경계는 요단의 끝 해만에서부터 시작한다. 해만은 요단과 사해가 만나는 지점을 뜻하며, 문자적으로는 '바다의 혀'를 의미한다. 거기서부터 벧호글라를 거쳐, 르우벤 자손 보한의 돌, 그리고 힌놈의 아들 골짜기를 지나간다. 9절의 넵도아 샘물은 예루살렘 북서쪽 3km 지점에 위치한 현대의 리프타로 여겨진다. 넵도아라는 명칭은 이집트의 왕 메르넵타에서 유래했을 가능성이 있다. 그렇다면 이 명칭이 여호수아나 사사 시대에 이집트 군대가 가나안에 원정 왔다는 증거가 될 수도 있다.

갈렙의 전쟁 이야기는 14:13~15의 내용과 동일한 사건으로 간주된다. 14장에서 간략하게 요약되었던 사건이 15장에서 보다 구체적으로 제시된다. 아낙의 이름에 첨가하여 그의 세 아들들인 세새와 아히만과 달매가 언급된다.

헤브론 외에 드빌을 정복한 이야기가 기록되었다(15~19절). '드빌은 여호수아에 의해 정복되었던 도시이다'(10:38~39). 그러나 여호수아는 드빌을 정복한 이후 그 도시에 이스라엘 백성들이 거주하게 만들지는 않았다. 그러므로 그 뒤 다시 가나안 족속이 드빌에 거주하였을 것이다. 드빌의 다른 이름은 기럇 세벨이다. 이 이름의 뜻이 '서기관의 도시' 혹은 '책들의 도시'인 것을 생각하면 문서 보관소가 이 도시에 있었을 가능성이 있다.

갈렙은 드빌을 정복하는 자에게 자기 딸을 주겠다고 약속하였다. 이와 같이 전공을 세운 자에게 상을 약속하는 것을 고대 전쟁에서 흔히 볼 수 있었다(삼상 17:25). 갈렙의 동생(사본에 따라서는 조카) 옷니엘이 드빌을 정복하여 갈렙의 딸 악사를 아내로 맞이하였다. 옷니엘은 첫 번째 사사로 알려져 있다(삿 3:7~11). 악사가 출가할 때 아버지에게 바라는 것이 있어서 나귀에서 내렸다. 그러자 갈렙은 악사가 자기에게 요구할 것이 있음을 알았다. 악사가 요구한 것은 결혼 지참금에 해당할 것이다. 개역한글에서 남방으로 번역된 네겝은 물이 부족한 지역이므로, 악사는 샘들을 요구하였다.

유다 영토의 경계를 기록하는 15장의 마지막에 여부스 족의 도시 예루살렘을 언급한다. 예루살렘은 공식적으로 유다 지파에 속하기보다는 베냐민 지파에 속하는 도시이다(18:16, 28). 유다와 베냐민의 경계는 예루살렘 남쪽 골짜기였다. 하지만 베냐민 지파는 예루살렘을 공격할 힘이 없었으므로, 예루살렘은 일종의 중립 지역에 해당되었을 것이다. 따라서 그 도시는 유다 지파가 공격하고 싶은 좋은 대상이 되었을 것이다. 여호수아서에 예루살렘이 특별히 강조되는 것은 여호수아서가 다윗의 예루살렘 정복 이후에 기록되었다는 것을 암시하지 않는다. 이것은 여호수아서의 저자가 예루살렘의 중요성에 대해 이미 깨닫고 있었다는 것을 의미할 뿐이다. 유다 기업의 분배는 신앙의 용사 갈렙과 함께 시작하였으나, 반대되는 분위기로 끝난다. 이스라엘은 가나안 원주민들을 진멸하도록 명령받았다(신 20:16~18). 이 명령을 수행하지 못한 것은 이스라엘 사회에 나쁜 결과를 초래하게 될 것임을 암시한다. 사사기는 유다 지파가 예루살렘을 쳐서 진멸하고 성을 불태웠다고 기록한다(삿 1:8). 그러나 이 승리는 불완전한 승리였다. 여부스 사람들이 여전히 예루살렘에 남았을 것이고, 그들은 성읍을 보수한 뒤 유다 자손과 함께 거주하였을 것이다.

2. 설교를 위한 적용

불완전한 순종은 우리를 죄악으로 이끈다. 가나안 원주민들을, 비록 대부분이라 할지라도, 완전히 쫓아내지 못하였다면, 그것은 이스라엘 백성들을 우상 숭배로 이끌게 된다. 이스라엘은 전쟁에 이긴 것으로 만족하고, 그들이 자기들 가운데 머무는 것을 허용하였다. 그러나 참된 승리는 일시적으로 압도하는 것이 아니라, 불순종과 죄악의 뿌리를 완전히 제거하는 것이다. 갈렙이 "나는 나의 하나님 여호와를 온전히 쫓았으므로"(14:8)라고 말하는 것처럼 성도의 순종은 완전한 순종이어야 한다. 이스라엘 백성의 힘이 강하고 약한 것이 문제가 아니다. 그들의 하나님 편에 견고하게 서 있는가 하는 것이 중요하다. 만일 하나님의 말씀에 순종하려는 그들의 마음이 확고하다면, 하나님께서 직접 여부스 족을 쫓아내셨을 것이다.

06

요단강 서쪽 지역의 분배

여호수아 16~21장 주해와 적용

여호수아서는 가나안 땅의 정복과 분배에 관한 일련의 이야기들로 구성되어 있다. 1~11장은 여호수아가 땅을 정복하여 그 땅에 평화가 깃들게 하는 이야기들을 담고 있다. 12장은 모세와 여호수아가 정복한 왕들의 목록을 담고 있고, 13:1~7은 정복하지 못한 지역들에 대한 목록을 담고 있다. 본격적인 땅 분배 기사는 13:8부터 시작된다. 르우벤, 갓, 므낫세 반(半) 지파의 땅 분배 기사(13:8~33)에 이어 14장은 본격적으로 요단강 서쪽 지역의 분배 기사를 보도하는데, 갈렙이 헤브론 지역을 차지하는 이야기(14:6~15; 15:13~19), 유다 지파의 땅 분배(15:1~12), 유다의 성읍 목록(15:20~63)이 그것이다.

요단강 서쪽 지역의 땅 분배에 관한 기사는 계속되어 21:45에서 마무리된다. 특별히 21:43~45은 땅 분배에 대한 최종 결과 보고로, 45절은 다음과 같이 끝맺고 있다. "여호와께서 이스라엘 족속에게 말씀하신 선한 일이 하나도 남음이 없이 다 응하였더라." 여기서 우리는 창세기 12:1~3에 제시된 약속이 최종적으로 성취되었음을 보게 된다. 하나님께서 아브라함에게 주신 약속 중 후손에 대한 약속은 보다 일찍 이루어져 출애굽 당시 보행하는 장정의 수가 육십만 가량이었다(출 12:37). 그러나 땅에 대한 약속은 한 세대를 거쳐 여호수아에 이르러 비로소 성취된다.

요셉 자손의 땅 분배(수 16~17장)

1. 본문의 개요

1) 에브라임과 므낫세 반 지파의 땅 분배에 대한 개요(16:1~4)

요셉의 자손은 에브라임과 므낫세이다. 므낫세 지파의 반쪽은 이미 요단 강 동쪽 땅을 분배받았고, 남은 반쪽 지파가 에브라임 지파와 같이 서쪽 땅을 분배받았다. 1~3절에 제시된 경계는 남쪽 유다 지파와 맞닿은 에브라임 지파의 남쪽 경계를 보여 주고 있는데, 이는 남유다와 북이스라엘의 분열 왕국 시대의 경계와 무관하지 않다. 그런 까닭에 에브라임과 므낫세 지파에게 주어진 땅에 대한 총괄적인 경계에서 북이스라엘의 대표 지파인 에브라임 지파의 남쪽 경계만을 기록한 것이다.

여기서 독자의 주목을 끄는 점은 4절에서 "요셉의 자손 므낫세와 에브라임"으로 태어난 순서에 따라 언명하였고, 17:1에서도 "므낫세는 요셉의 장자"로 기록하여 므낫세가 에브라임의 형임을 분명히 하고 있으나 땅 분배는 에브라임 지파가 먼저 받은 것으로 기록하고 있다는 점이다. 자연적 질서에 따른다면 성경은 16:1~4(요셉의 아들들), 17:1~13(므낫세 반 지파의 땅), 16:5~10(에브라임 지파의 땅) 순으로 기록되어야 타당하다. 그러나 성경은 에브라임이 므낫세 지파보다 땅을 먼저 분배받은 것으로 기록하고 있으며, 추가로 땅을 더 요구하는 이야기(17:14~18)에서도 에브라임을 앞세우고 있다. 그 이유는 여러 가지로 설명할 수 있겠으나 가장 설득력 있는 해석은 므낫세 지파는 본래 약속의 땅인 가나안 땅에 앞서 반쪽 지파가 요단강 동쪽의 땅을 서둘러 분배받았기 때문이며, 고대 이스라엘 역사에서 에브라임 지파가 북 왕국의 대표가 되었기 때문이다. 수평적 해석으로 거슬러 올라갈 경우 야곱이 요셉의 두 아들을 축복할 때 차자인 에브라임에게 오른손을 얹어 축복을 주었던 것(창 48장)과도 관련이 있다.

2) 에브라임 지파의 땅 분배(16:5~10)

에브라임 지파의 땅 분배 기사는 므낫세 지파에 비해 경계에 대해 매우 상세히 기록하고 있다. 에브라임 지파의 땅 분배에 관한 기록은 크게 두 부분으로 나누어진다. 5~8절까지는 분배받은 땅의 크기를 가늠할 수 있는 경계를 말해 주고 있다. 그러나 므낫세 지파와 에브라임 지파의 경계는 매우 복잡하며, 상당한 논란거리였음을 알 수 있다. 므낫세 자손의 유산 가운데는 에브라임 자손 몫으로 구별된 성읍들과 그 주변 마을들이 있다. 9절은 이러한 정황을 말해 준다. 10절은 게셀에 사는 가나안인들의 존재에 대해 말해 주고 있다. 가나안 사람들은 종노릇하며 에브라임 지파와 함께 살았다. 열왕기상 9:16에 의하면, 솔로몬 왕 시절에도 게셀은 제대로 관리되지 않았다. 그래서 그 성에는 가나안 사람들이 살고 있었다. 이때 이집트 왕 바로가 쳐들어와 게셀을 점령하여 불태우고 그 성안에 살고 있는 가나안 사람들을 죽이고 그 성을 솔로몬의 아내가 된 자기 딸에게 결혼 지참금으로 주었다. 그 후 솔로몬은 하솔, 므깃도와 더불어 그 성을 재건하였다.

3) 므낫세 반 지파의 땅(17:1~13)

므낫세의 아들 중 큰아들인 마길은 전쟁에 능했기 때문에 요단강 동편 땅을 빼앗은 후 먼저 그 땅을 차지하기 원했다. 그래서 길르앗과 바산을 자기 몫으로 분배받았다. 요단 서편(Cisjordan)의 땅은 다른 자손이 분배받았는데, 여섯 자손의 이름이 언급되어 있다. 이들에 관한 기록은 민수기 26:28~34에 있는 내용들과 평행을 이룬다. 민수기의 기록은 므낫세의 손자인 길르앗의 여섯 자손(이에셀, 헬렉, 아스리엘, 세겜, 스미다, 헤벨)에 대해 언급하고 있는 반면, 여호수아서 본문은 단지 므낫세의 자손(2절)으로 시작하면서 여섯 자손의 이름을 언급하고 있다. 이중 헤벨의 아들 슬로브핫은 아들을 낳지 못하고 딸만 다섯(말라, 노아, 호글라, 밀가, 디르사)을 낳았다. 이 딸들이 자신들에게 땅을 물려 달라고 모세에게 호소하자 모세는 상속을 허락하였다. 그러나 다른 지파의 남자와 결혼을 해서는 안 되었다(민 27:1~11; 36:1~12). 그 이유는 땅이 다른 지파 소유로 넘어가는 것을 방지하기 위해서이다. 일종의 족내혼(endogamy)의 형태가 성립된 것이다. 길르앗의 다섯 아들들이 므낫세 산지 남서쪽 지역을 차지한 반면, 슬로브핫의 다섯 딸들은 제비를 뽑은 땅의 북동쪽 지역을 차지하였다.

므낫세 지파의 경계(7~11절)는 아셀에서 믹므닷에 이르고, 남쪽으로는 엔답부아 주민이 살고 있는 땅까지 미친다. 그러나 경계가 다 분명하게 나누어지는 것은 아니다. 므낫세 지역에 에브라임 땅이 있기도 하고, 아셀과 잇사갈 지역 안에 므낫세의 땅이 들어 있기도 하였다(11절). 므낫세 자손들은 자기들의 땅 안에 살고 있는 가나안 사람들을 다 쫓아내지 못했다(12~13절). 역사적으로 볼 때 므낫세가 요셉의 큰 아들이지만 둘째 아들인 에브라임만한 비중을 차지하지 못한 이유는 그들이 요단강 동서편으로 나누어졌고, 이웃 지파(아셀, 잇사갈)와의 경계가 매우 복잡하고, 가나안인들을 다 쫓아내지 못하여 그들이 영역 안에 거주하였기 때문이다.

4) 에브라임과 므낫세 지파의 추가적인 땅 요구(17:14~18)

본문은 요셉의 자손이 여호수아에게 '주께서 우리에게 복을 주셔서 큰 지파가 되었는데 제비를 뽑아 한 몫만 유산으로 받는 것은 공평하지 않다'고 항의한 것을 기록하고 있다. 여기서 일차적으로 우리의 관심을 끄는 것은 '에브라임과 므낫세'가 아니라 '요셉의 자손이' 여호수아에게 땅을 더 달라고 요구한 것으로 묘사하고 있다는 점이다. 이들은 자신들이 다름 아닌 요셉의 아들임을 강조한 것이다. 자신들은 야곱의 열두 아들 중에서도 가장 중요하고 훌륭한 아들인 요셉의 후손임을 은연중에 과시하며 그에 따른 대접 또는 특혜를 요구한 것이다. 수가 많으니 땅을 더 달라는 요구의 이면에는 이런 심리적 요인이 작용했음이 분명하다.

이에 대해 여호수아는 다른 지파와 달리 한몫을 더 줄 수 없고 그들이 이방 족속(브리스 사람과 르바임 사람)이 살고 있는 삼림 지대로 올라가 그곳을 개간하라고 지시했다. 그러자 그들은 그곳 산간 지방은 넉넉하지 못하고, 그곳벤 스안과 이스르엘 골짜기에 사는 가나안 사람들은 철 병기를 가지고 있기 때문에 어렵다고 난색을 표했다. 요셉의 후손임을 내세워 쉽게 땅을 더 분배 받으려는 생각이었지만 자신들에 비해 더 강력한 병기를 가진 족속들에 대한 두려움을 떨쳐 버리지 못했던 것이다. 그러자 여호수아는 '요셉의 족속인 에브라임 지파와 므낫세 지파에게 말했다. 너희는 큰 무리요 큰 세력을 가졌으니 산간 지방이라도 개간하여 차지할 것이며, 너희는 철 병기를 가진 가나안 사람들을 충분히 쫓아낼 수 있다'(17절)고 격려해 주었다. 이 당시 이스라엘은 청동기를 사용하고 있었다. 여기서 주목할 것은 내레이터(narrator)의 예리한 분석과 이야기 전개 방식이다. 암암리에 두 지파가 자신들의 특권을 주장하는 대목(14절)에서는 요셉의 자손으로 통칭하고, 각 지파의 수고와 노력을 요하는 대목(17절)에서는 '요셉의 족속인 에브라임 지파와 서쪽 므낫세 지파에게' 말한 것으로 언급하여 지파의 개별적인 노력에 강조점을 두고 있다. 여호수아의 관점은 아버지의 후광을 누리려는 태도보다는 자신들의 개별적인 수고와 노력이 뒤따라야 하며, 병기의 수준보다는 하나님의 땅에 대한 약속과 그 약속에 대한 신뢰가 더 중요함을 보여 주고 있다.

나머지 땅 분할(수 18:1~10)

1. 본문 주해

이스라엘 자손이 약속의 땅을 거의 다 정복한 후 땅을 분배하기 시작했다. 이미 요단 동쪽을 르우벤 지파, 갓 지파, 므낫세 반 지파가 분배받았고, 요단 서쪽을 유다 지파, 에브라임 지파, 므낫세 반 지파, 즉 다섯 지파가 분배받았다. 그런 후에 이스라엘 온 회중이 실로에 모여 회막을 세웠다. 약속의 땅에 들어온 그들에게 가장 중요한 장소는 길갈이다. 이곳은 광야에서 태어난 이스라엘 남자들이 할례를 받은 장소였다. 그다음이 실로이다. 실로는 제사장 엘리 시대(예언자 사무엘 시대)까지 제의 중심지였다. 오늘날 '키르베트

세이룬'(Khirbet Seilûn)으로 불리는 지역인데, 고고학적 발굴에 의하면 중기 청동기(주전 2000~1550년) 시대에 예배 장소(shrine)가 있었으며, 후기 청동기 시대(주전 1550~1200년)에는 유목민들의 중심지였고, 철기 시대(주전 1200~586년)에는 이스라엘 백성들의 중심지 역할을 하였다.[1]

회막(성막)은 솔로몬 성전이 건축되기 이전까지 이스라엘 백성들의 삶의 중심점이자 구심점 역할을 수행하였다. 광야 시대와 가나안 정복 이후 시대에 성막은 몇 가지 중요한 기능을 가졌다. 첫째, 예배 장소로 백성들의 삶과 신앙의 중심점 역할을 하였다. 둘째, 군사 지휘 본부의 역할을 수행하였다. 진을 치고 지낼 때 성막은 예배 장소이며 하나님의 임재를 상징하는 법궤는 가장 거룩한 성물로 예배의 대상이 되지만, 행군할 때 레위인들이 법궤를 메고 앞서 갈 경우 법궤는 이스라엘 백성과 군대를 이끄는 하늘 군대의 사령관으로서의 하나님을 상징하는 전쟁 수호물(war palladium)의 성격을 지닌다. 그러므로 그 법궤가 안치된 지성소는 군사 지휘 본부의 성격을 갖게 된다. 셋째, 광야 행군 중 주변 족속들과 싸워 빼앗은 전리품 중 금, 은, 동과 귀금속은 개인이 가질 수 없고 다 성막 안에 보관해야 했다. 특별히 금은 불에 녹여 보관했다(민 31:48~54). 그 이유는 이민족의 신상이나 그와 관련된 형상들을 제거하기 위해서이다(민 31:22). 그러므로 성막은 일종의 귀금속 보관 창고 역할을 수행하였다.[2] 나아가 회막은 모세와 아론의 지도력(leadership)의 요람이다. 미리암이 모세의 지도력에 도전했을 때 하나님께서는 회막 앞으로 나아오도록 하여 판결하셨다(민 12:4~5). 고라와 다단과 아비람이 모세와 아론의 지도력에 도전했을 때도 하나님의 영광이 회막 어귀에 나타나 반역자들을 심판하였다(민 16장). 므리바 사건에서도 백성들이 모세의 지도력에 도전하자 하나님께서 회막 어귀에 나타나 문제를 해결하셨다(민 20:6~7). 이렇듯 회막/성막은 백성들의 부당한 도전과 반역으로부터 하나님이 세우신 최고 지도자들의 지도력을 보호하는 요람 역할을 하였다.

회막/성막의 기능은 여기서 멈추지 않는다. 땅을 분배할 때 제비를 뽑았는데, 바로 회막 앞에서 제비를 뽑도록 하였다(18:10). 그 이유는 제비뽑기의 결과는 전적으로 하나님의 뜻이며, 인간적인 조작을 하지 못하도록 하기 위해서이다. 마지막으로 회막/성막은 공동체 유대(solidarity)의 구심점 역할을 하였다.[3] 요단강 동쪽에 땅을 분배받은 두 지파 반이 강가에 보기에 큰 제단을 쌓자 서쪽 지파들이 실로에 모여 싸울 준비를 하며 강력히 경고하였다. "오직 우리 하나님 여호와의 단 외에 다른 단을 쌓음으로 여호와께 패역하지 말며 우리에게도 패역하지 말라"(22:19). 서쪽 지파의 강력한 경고를 받고 동쪽 지파는 곧바로 다음과 같이 해명하였다. "우리가 번제나 소제나 다른 제사를 위하여 우리 하나님 여호와의 성막 앞에 있는 단 외에 단을 쌓음으로 여호와께 패역하고 오늘날 여호와를 좇음에서 떠나려 함은 결단코 아니라 하리라"(22:29). 이런 일련의 사건에서 볼 수 있는 것처럼 성막은 공동체의 정통성과 구심적 역할을 하였다.

여호수아는 실로에 성막을 세운 후 남은 일곱 지파에게 다음과 같이 약간 책망하는 투로 말하였다. "너희가 너희 조상의 하나님 여호와께서 너희에게 주신 땅을 점령하러 가기를 어느 때까지 지체하겠느냐"(18:3 개역개정). 여기서 '점령하러'로 번역된 히브리어 원 동사는 '야라쉬'(ירש)로, '취하여 차지하다'(to take possession of)라는 뜻이다. 가나안 정복 기사에서 말 그대로 '정복하다'(to conquer)라는 뜻의 히브리어는 등장하지 않는다. 다만 정복의 의미로 해석할 수 있는 어휘가 사용되고 있을 뿐이다. '지체하다'의 히브리어는 '라파'(רפה)인데, '느슨하게 하다', '위축되다', '움츠러들다', '게으름 피우다' 등의 뜻을 가지고 있다. 그러니까 앞서 땅을 분배받은 다섯 지파에 비해 남은 일곱 지파는 적극적으로 행동하지 않고 소극적인 태도를 보였다. 그 이유는 무엇인가? 위험을 감수하고 싶지 않았기 때문이다. 자기들의 땅을 차지하기 위해서는 적극적이며 위험을 무릅써야 하는데 이들은 힘들고 위험한 지역을 공격할 의지를 갖지 못하고 막연히 어떻게 되겠지 하는 안일한 자세로 기다리고 있었던 것이다. 그래서 영어 성경은 이 부분을 '언제까지 기다릴 거냐?'(How long will you wait/How long are you going to wait)라고 번역하였다(NIV, GNB). 그런 그들에게 여호수아는 한 지파에서 세 사람씩 뽑아 차지하여야 할 땅으로 보내 그 땅의 모양을 그려 오도록 하였다. 여기서 '그리다'의 히브리어는 '카타브'(כָּתַב)로 '상세히 기록하다', '쓰다', '메모하다' 등의 뜻이다. 이것은 대강 그리는 것이 아니라 보다 상세히 구체적으로 그려야 한다는 뜻이 들어 있다. 그러기 위해서는 '두루 다니며' 그리지 않으면 안 된다. 여호수아는 일곱 지파에서 보낸 사람들이 그 땅을 두루 다니며 성읍의 명단을 작성하고 지도를 그려 오자, 하나님(희막) 앞에서 제비를 뽑아 그 땅을 나누어 주었다. 이 이야기에서는 성공과 순종 사이의 관계가 '호레크'의 반복에 의해 강조되었다.[4]

2. 설교를 위한 적용

약속의 땅 정복과 분배 과정에서 우리는 세 가지 큰 신앙적 교훈을 발견할 수 있다. 첫째, 요단강 동쪽에 땅을 분배받은 두 지파 반(르우벤, 갓, 므낫세 반 지파)은 요단 서편 약속의 땅에 채 이르기도 전에 보기에 좋은 땅이 나타나자 여러 가지 이유를 들어 그 땅에 정착하고 말았다. 이들은 약속의 땅보다는 눈앞의 이익을 우선시하였으며, 더 전진해 가려는 의지가 없었다. 이들의 이러한 모습은 눈앞에 펼쳐진 기름진 땅을 보고 소돔과 고모라가 속한 땅을 먼저 고른 롯의 모습과 다를 바 없다. 롯은 겉모습을 보고 그 땅의 부패한 속 모습을 보지 못했다. 그 결과 비극을 맛보았다. 이것은 또한 이 세상 것에 도취되어 천국에 대한 소망을 소홀히 하는 사람들의 모습이기도 하다.

둘째, 이유야 어떻든 정복과 분배 과정에서 적극적인 태도로 임한 다섯 지파는 먼저 땅을 분배받았다. 부지런한 아침 새가 벌레를 잡는다는 격언대로다. 반대로 소극적이고 꾸물거리던 일곱 지파는 여호수아의 책망을 들은 후에야 움직여 땅의 지도를 그렸다.

셋째, 여호수아는 땅을 나누기에 앞서 자신들이 갖고 싶은 땅의 지도를 먼저 그리게 했고, 그려 온 땅을 제비 뽑아 나누어 주었다. 여기서 지도는 일종의 비전과 같은 것이다. 그리는 양만큼, 그리는 모양대로 땅은 결정되기 때문이다. 하나님께서는 그와 같이 역사하신다. 크고 아름다운 꿈을 가진 사람에게는 그에 맞게 이루어 주시고, 반대로 살아가는 사람 역시 그에 맞게 역사하신다.

일곱 지파의 땅 분배(수 18:11~19:45)

1. 본문의 개요

1) 베냐민 지파(18:11~28)

베냐민 지파는 유다 자손과 요셉 자손(에브라임과 므낫세) 중간 땅을 분배받았다. 동쪽으로는 요단강, 북쪽으로는 에브라임, 서쪽으로는 단, 남쪽으로는 유다 경계까지 베냐민의 영토이다. 21~24절은 동쪽 지역에 있는 성읍 목록을, 25~28절은 서쪽 지역에 있는 성읍 목록을 보여 준다. 동쪽 지역은 열두 성읍과 그 주변 마을들, 서쪽 지역은 열네 성읍과 그 주변 마을들이다. 베냐민 지파의 자손들이 먼저 제비를 뽑아 '유산'(נַחֲלָה나할라)을 분배받았다. '낙할라'는 우리말 성경에 유업, 기업, 유산 등으로 번역되었다. 이것은 단순히 물려받은 것 이상의 의미를 가지고 있다. 즉 창세기 12장에서 하나님께서 아브라함을 가나안으로 불러내실 때 주리라고 약속하신 땅에 대한 약속의 성취의 결과로 주어지는 것이기 때문에 단순히 물려받은 상속 이상의 의미가 아니다. 이 '낙할라'는 때로 목숨을 걸고 지켜야 하는 소중한 유산이다. 그런 까닭에 나봇은 아합 왕이 포도원을 팔든지 더 좋은 땅과 바꾸든지 하자고 제의했을 때 조상으로부터 물려받은 '낙할라'라 그리할 수 없다고 거절하였던 것이다. 그 결과 그는 억울하게 죽었다(왕상 21장).

땅을 나눌 때 제비뽑기를 하였다는 것은 여러 가지 면에서 중요한 의미가 있다. '제비'의 히브리어는 '고랄'(גּוֹרָל)이다. 이스라엘은 광야 시대 40년 동안 여러 차례 탐욕 때문에 어려움을 겪었다. 그 대표적인 예가 바로 아간 사건이다. 아간은 시날산 외투 한 벌과 은 이백 세겔, 금 오십 세겔을 보고 탐내고 취하였다가 이스라엘 공동체를 위기에 빠뜨렸고, 자신은 아골 골짜기에서 비극적인 운명을 맞이하였다(7장). 유혹이 눈을 통해 들어온 것이다. 요단 강 동쪽에 정착한 두 지파 반 역시 살 만한 땅을 발견하고 그곳에 살겠다고 졸라 댔다.

같은 맥락에서 땅을 나누어 줄 경우 서로 좋은 땅을 차지하기 위해 분란을 일으킬 것이다. 그래서 여호수아는 인간의 눈에 의한 탐욕에 이끌려 가지 않기 위해 제비뽑기를 한 것이다. 다시 말해 자기가 갖고 싶은 땅과 상관없이, 눈의 욕심과 상관없이, 자신이 뽑은 땅을 전적인 하나님의 뜻으로 받아들이고 그곳에 정착하여 하나님의 백성으로 살아가도록 하기 위해서이다. 이것은 일시적인 '재수'나 '운수'가 아니라 하나님의 뜻에 의한 것임을 강조한다. 제비뽑기로 땅을 분배해 주되 그 경계를 분명히 했다.

'경계'는 히브리어로 '게불'(גבול), 여성형은 '게불라'(גבולה)인데, '경계'(boundary)뿐만이 아니라 '영역'(territory)이란 뜻을 가지고 있다. 수백 년 동안 자기 땅을 소유하지 못하고 살아온 이스라엘 사람들, 특별히 광야 시대와 가나안 정복 시대에 이리저리 이동하며 살았던 백성들에게 고정된 정착 생활과 소유 개념은 낯선 것이다. 따라서 땅을 분배해 준 이후에도 경계와 영역에 대한 이해가 부족하여 남의 땅을 침범한다거나 경계표를 옮기는 행위를 할 수 있기 때문에 본문은 보다 분명히 경계에 대해 언명하고 있다. "이는 베냐민 자손이 그 가족대로 얻은 기업의 사면 경계이었더라"(18:20).

2) 시므온 지파(19:1~9)

시므온 지파와 유다 지파의 경계는 매우 복잡하다. 그런 까닭에 1, 9절에서 두 번 반복하여 시므온 지파의 몫은 유다 지파 몫 안에 있다고 강조하고 있다. 대체로 유다 지파의 유산 가운데 자신들의 유산을 분배받았는데, 시므온 지파는 단지 성읍만을 유산으로 받았다. 그들이 받은 성읍 중 아홉 개는 유다 지파 안에 포함된다. 몰라다, 하살수알, 에셈, 엘돌랏, 호르마, 시글락, 아인, 에델, 아산은 15:20~32에 수록되어 있는 유다 성읍들의 목록에도 들어 있다. 유다 지파의 땅이 필요 이상으로 크기 때문에 그 안에 시므온 지파의 일부를 포함시킨 것이다. 그런 까닭에 주전 922년에 이스라엘이 남북으로 분열되었을 때, 남유다 왕국은 유다와 시므온 두 지파로 구성되었고, 나머지 열 지파는 북이스라엘로 편입되었다. 여기서 우리가 간과해서는 안 될 중요한 사실은 유다 지파의 땅이 필요 이상으로 크기 때문에 그 안에 시므온 지파가 들어서도록 했다는 사실이다. 여기서 '큰'에 해당하는 히브리어는 '라브'(רב)인데, 17:14에서 자기들은 큰 '라브' 지파이기 때문에 땅이 부족하다고 불평한 바 있다. 실상은 땅이 부족한 것이 아니라 더 많은 땅을 차지하고 싶은 욕심이 컸던 것이다. 여호수아는, 아니 하나님께서는 이 사실을 꿰뚫어 보시고 유다 지파 안에 시므온 지파의 분깃을 배치시킨 것이다. 하나님은 결코 속지 않으신다.

시므온 지파의 땅 분배 기사에서 주목해야 할 개념은 '분깃'(또는 몫 חלק헬렉)이다. 이미 18:7에 레위 자손에게는 '분깃'이 없다고 했는데, '헤레크'는 흔히 'portion'으로 번역된다. '몫', '배당', '상속분', '분여(分與) 재산' 등의 뜻과 더불어 '신에게서 나누어 받은 한 구획의 땅'(lot)이라는 뜻이 있다. 그러므로 '제비'의 뜻을 지닌 '고랄'과, '분깃' 또는 '몫'을 의미하는 '헤레크'는 의미상 깊은 연관이 있다.

3) 스불론 지파(19:10~16)

스불론 지파가 분배받은 땅은 이스르엘 평원에서 빠져나와 갈릴리 지역의 산 남쪽 측면으로 이어지는 비교적 거칠고 척박하며 그리 넓지 않은 곳이다. 시계 방향으로 아셀, 납달리, 잇사갈 지파와 접하면서 그 사이에 끼어있는 남부 갈릴리(Lower Galilee) 서쪽 지역이다. 베들레헴은 스불론 지파에 속한 조그만 성읍이다. 스불론 사람들은 비록 좋지 않은 땅에 살게 되었지만 불평하지 않았고, 나중에 전쟁이 일어났을 때 바락과 드보라를 도와 하솔을 다스리는 가나안 왕 야빈의 군대를 물리치는데 앞장서 혁혁한 공을 세웠다. 그래서 바락과 드보라의 노래에서도 다음과 같이 스불론의 용맹을 찬양한다.

"마길에서는 다스리는 자들이 내려왔고
스불론에서는 대장군의 지팡이를 잡은 자가 내려왔도다"(삿 5:14하).

"스불론은 죽음을 무릅쓰고
생명을 아끼지 아니한 백성이요"(삿 5:18상).

여기서 우리는 중요한 교훈을 발견할 수 있다. 즉 삶의 외적 환경과 믿음이 반드시 비례하는 것은 아니라는 사실이다. 스불론은 좁고 거친 땅을 분배받았지만 불평하지 않았고, 나라가 위기에 처했을 때는 단결하여 용맹스럽게 싸울 줄 알았다. 문제는 정신력과 하나님의 백성으로서의 확신이다. 아무리 좋은 여건 속에 있다 할지라도 신앙적 자의식이 분명하지 않으면 유약하고, 하나님의 백성답게 행동할 수 없다.

4) 잇사갈 지파(19:17~23)

잇사갈 지파에 관한 본문은 지파의 경계에 대한 묘사 없이 분배받은 열여섯 개의 성읍 목록만 제시하고 있다. 22절에 경계에 대한 언급이 있기는 하지만 매우 간략하다. 18~20절에 제시된 성읍들은 지리적으로 크게 셋으로 분류된다. 첫째, 이스르엘 골짜기에 있는 네 성읍(이스르엘, 그술룻, 수넴, 하바라임)이 있다. 둘째, 현무암 고지대에 있는 다섯 성읍(시온, 아나하랏, 랍빗, 기시온, 에베스)이 있다. 셋째, 절벽 가에 있는 성읍(레멧, 엔간님, 엔핫다, 벧바세스)이 있다. 다볼과 사하수마와 벧세메스는 경계에 있는 성읍들이다.

'잇사갈'(Issachar)은 '고용인'이라는 뜻을 가지고 있다. 이들은 뭔가 강제 노동과 노역에 보다 많이 투입되었던 사람들이었을 가능성이 있다. 다시 말해 이스르엘 지역은 전략적으로 매우 중요한 요충지였으며 남북을 잇는 무역로였다. 그런 까닭에 전쟁과 약탈이 빈번했던 지역이다. 창세기 49:14~15에 있는 야곱의 유언은 이러한 정황을 간접적으로 암시한다.

"잇사갈은 안장 사이에 웅크린, 뼈만 남은 나귀 같을 것이다.

살기에 편한 곳을 보거나, 안락한 땅을 만나면,

어깨를 들이밀어서 짐이나 지고,

압제를 받으며, 섬기는 노예가 될 것이다"(창 49:14~15 표준새번역).

5) 아셀 지파(19:24~31)

아셀은 갓과 더불어 레아의 여종 실바의 소생이다(창 30:9~13). 아셀 지파의 영역은 갈멜산에서 북쪽으로 시돈, 두로에 이르는 지중해와 맞닿은 좁고 긴 지역이다. 이때 시돈과 두로 지역이 아셀 지파의 영역에 포함되었는지는 분명치 않다. 이 지역은 매우 풍요로운 지역이며, 가나안의 영향을 짙게 받은 지역이다. 아셀 지파의 이러한 정황은 모세의 축복에도 반영되어 있다(신 33:24).

"아셀 지파는 다른 어느 지파보다 복을 더 많이 받은 지파다.

그들은 형제들에게서 귀여움을 받으며,

그들의 땅은 올리브 나무로 가득히 찬다"(신 33:24 표준새번역).

6) 납달리 지파(19:32~39)

납달리 지파의 영토는 서쪽으로 아셀 지파와 접하고 남쪽으로 스불론 지파와 잇사갈 지파를 접한, 갈릴리 북서 지역에 해당한다. 납달리는 단과 더불어 라헬의 여종 빌하의 소생이다. 납달리 지역과 연접하여 북쪽에는 단 지파가 자리를 잡았다. 납달리 지파의 영역은 레아의 소생인 스불론 지파와 잇사갈 지파의 영역에 의해 축소되었다. 33~34절은 경계를, 35~38절은 열아홉 개의 성읍의 목록을 보여 준다.

7) 단 지파(19:40~48)

본문은 경계가 아니라 성읍들의 목록을 제시하고 있다. 40~47절에 명시된 성읍들은 남쪽 단 지파의 성읍들이고, 47중~48절은 점차 북쪽으로 정착해 간 사실을 언급하고 있다. 나중에 단 지파는 북쪽으로 옮겨 갔다(삿 18장). 단 지파는 가장 먼 거리를 이동하여 북단에 자신들의 땅을 개척하였다. 단 지파의 이러한 용기와 결단을 두고 야곱은 다음과 같이 예언하였다(창 49:17).

"단은 길가에 숨은 뱀 같고, 오솔길에서 기다리는 독사 같아서,
말발굽을 물어, 말에 탄 사람을 뒤로 떨어뜨릴 것이다"(창 49:17 표준새번역).

모세는 단 지파를 두고 '바산에서 뛰어나오는 사자 새끼와 같다'고 축복하였다(신 33:22). 야곱의 예언과 모세의 축복은 단 지파의 용맹과 먼 거리를 이동하여 정착하게 된 것과 밀접히 연관되어 있다. 단 지역에서 예루살렘으로 통하는 서쪽의 주된 두 길은 소렉 골짜기와 아얄론 골짜기이다.

여호수아가 받은 땅(수 19:49~51)

민수기 13장에는 가나안 땅을 탐지한 정탐꾼 중 여호수아와 갈렙만이 긍정적인 보고를 한 기록이 있다. 그 결과 여호수아와 갈렙만이 약속의 땅에 들어갈 것이라는 약속을 받았고(민 14:30), 그들에게는 약속의 땅에서 유업이 주어졌다. 땅 분배를 시작하자 갈렙은 옛일을 상기시키며 자신 몫의 땅을 달라고 요청하였다. 그러자 여호수아는 망설임 없이 축복하고 헤브론 땅을 그에게 주었다(14:6~15). 그러나 여호수아 자신은 이스라엘 백성들이 경계선을 따라 땅 나누기를 다 마친 후 자기들의 땅에서 얼마를 떼어 준 땅을 자신의 몫으로 받았다. 그들은 에브라임 산간 지방에 있는 딤낫세라를 그에게 주어 여호수아는 거기에 성읍을 세우고 그곳에서 살았다. 여호수아가 받은 딤낫세라는 에브라임 지파의 중앙 산지에 있는 땅이다. 딤낫세라는 세겜에서 남

서쪽으로 15km 떨어진 곳으로 오늘날의 '키르베트 티브나'(Khirbet Tibnah)에 해당하는 지역이다.

여기서 우리는 참 지도자의 모습을 엿볼 수 있다. 가나안 땅 정복과 분배의 일등 공신은 바로 여호수아다. 그렇지만 그는 자신의 몫을 먼저 챙기지 않고 제일 나중에 받았다. 그것도 이미 살기 좋게 다 갖추어진 성읍이 아니라 거친 산간 지방이었다. 그래서 그는 성읍을 세워야 했다. 지도자로서 얼마든지 먼저 좋은 땅을 요구할 수 있었지만 백성들이 빠짐없이 다 분배받은 후에 비로소 자신의 몫을 챙긴 것이다. 그것도 좋은 곳이 아니라 오히려 산간 지방 땅을…. 여기서 우리는 타인을 먼저 생각하고 배려하는, 물욕(物慾)에 좌우되지 않는 참 지도자의 모습을 보게 된다.

도피성 제도(수 20장)

1. 본문의 개요

열두 지파에게 땅을 분배한 후 도피성을 지정하여 세웠다. 도피성은 고의가 아니라 실수로 사람을 죽인 사람이 복수로 죽지 않도록 하기 위한 장치다. 실수로 살인을 한 사람은 일단 이 도피성 중 한 곳으로 가서 성문 어귀에서 그 성의 장로들에게 사고 경위를 설명하여야 한다. 그러면 그들은 그를 성안으로 받아들이고, 그가 있을 곳을 마련해 주고 함께 살아야 한다. 복수를 하려는 사람들이 뒤쫓아 온다 할지라도 살인자를 넘겨주어서는 안 된다. 왜냐하면 그전부터 미워해서 죽인 것이 아니라 실수로 죽였기 때문이다. 살인자는 성읍에 머물러 살다가 회중 앞에서 재판을 받은 다음, 그 당시의 대제사장이 죽은 뒤에야 자기의 성읍, 곧 자기 집으로 돌아갈 수 있다. 제사장의 죽음은 살인자를 위한 속죄 제물의 의미가 있기 때문이다.

도피성에 관한 언급은 민수기 35:9~34과 신명기 19:1~13에도 기록되어 있다. 이를 종합해 보면, 실수로 사람을 죽게 한 사람은 죽은 사람의 친족으로부터 보복을 받지 않도록 도피성으로 피신할 수 있다. 그리고 그 사람은 거룩한 대제사장이 죽을 때까지 그 성에 머물러 있어야 하며, 속전을 받고 밖으로 내보내서도 안 된다. 도피성으로 피한 살인자가 도피성 밖으로 나갔다가 죽은 사람의 친족이 알아보고 도피성 경계 밖에서 죽였을 경우는 살인죄가 적용되지 않는다. 이러한 제도는 이스라엘 모든 자손들뿐만 아니라 그들 가운데 살고 있는 외국인들에게도 적용되었다. 도피성은 총 여섯 군데로, 요단강 서쪽에는 납달리 산간 지방에 있는 갈릴리의 게데스, 에브라임 산간 지방의 세겜, 유다 산간 지방의 기럇 아르바(헤브론)가 지정되었고, 요단강 동쪽 지역에는 르우벤 지파의 평지 광야에 있는 베셀, 갓 지파의 길르앗 라못, 므낫세 지파의 바산 골란이 도피성으로 지정되었다.

도피성 제도의 근본 목적은 인간의 생명 존중이다. 이스라엘 주변 나라들에서는 동태복수법(同態復讐法)이 보편화되어 있었다. 특히 함무라비 법전은 기본적으로 동태복수법에 기초한 법체계이다. 가해자에게는 피해자나 그의 가족이 같은 방식으로, 또는 그에 상응하는 응징이나 보상을 요구할 수 있도록 한 것이다. 구약성경에도 이러한 요소들이 전혀 없는 것은 아니다. 그러나 사람의 생명에 관한 한 '동태복수법'(lex talionis)은 허용되지 않았다. 특별히 살인의 의도가 없이 실수로 살인하였을 경우는 더더욱 그렇다. 피의 악순환을 막기 위해서이다. 이 점이 고대 이스라엘과 주변 나라들과의 현격한 차이라 할 수 있다. 이스라엘은 나름대로 분명한 인간 생명 존중 사상과 인권 의식을 가지고 있었다.

고대 이스라엘의 인권 사상을 다음 몇 가지로 정리해 볼 수 있다. 첫째, 인권 사상의 존재론적 근거로 하나님의 형상을 들 수 있다. 창세기 1:27에 의하면 인간은 '하나님의 형상'(Imago Dei)대로 지음 받은 존재이다. 이 하나님의 형상은 인종과 종교와 신분을 초월하여 모든 인간에게 들어 있는 것으로 신적 기원을 갖는다. 그러므로 모든 인간은 태어날 때부터 하나님이 부여해 주신 인권, 즉 인간이라는 사실 하나로 인간답게 살 권리가 있고, 생존권을 존중받아야 할 권리를 가지고 있다. 이것을 두고 '천부인권'(天賦人權)이라 한다.

둘째, 고대 이스라엘 인권 사상의 역사적 전거(典據)로 출애굽(exodus) 사건을 들 수 있다. 이집트에서 430년 동안 노예 생활을 하는 동안 그들은 많은 핍박과 노역에 시달렸는데, 그들이 하나님께 '부르짖자'(ק׳נ짜아크) 하나님께서는 그들의 부르짖음을 '들으시고'(ם׳נ샤마) 그들을 이집트에서 구출해 주셨다. 그러므로 이스라엘 백성들은 늘 이 사실을 기억해야 하며, 자기들 안에 거하는 외국인이나 나그네, 약자들을 억압해서는 안 된다. 만일 이스라엘 사람들이 약자인 이들을 억압하여 그들이 고통을 하나님께 호소할 경우 하나님께서는 이집트에서 이스라엘의 부르짖음을 들으셨던 것처럼 그들의 부르짖음을 듣고 이스라엘을 벌하실 것이다(레 19:33~34; 신 24:22).

셋째, 관습적 근거로 제단의 뿔을 들 수 있다. 어떤 사람이 생명의 위협을 느끼고 성소(sanctuary)로 피신했을 경우 끌어내 죽이지 못하도록 했던 것은 고대 세계에 두루 퍼져 있던 관습이다. 로마 시대에는 이러한 풍습에 기댄 일이 자주 일어나자 이를 폐지하였다.[5] 이스라엘에서도 성막 제단 네 귀퉁이에는 뿔을 만들어 하나씩 붙여 놨는데, 그 뿔을 붙들고 있으면 끌어내 죽이지 못했다. 왕권을 놓고 솔로몬과 경쟁했다가 실패한 아도니야가 아버지 다윗의 여인이었던 수넴 여인 아비삭을 달라는 부당한 요구를 했다가 솔로몬의 분노를 사서 생명의 위협을 느끼고 장막 제단 뿔을 붙잡았던 것은 이러한 풍습을 말해 준다(왕상 1:50).

이렇듯 고대 이스라엘은 인간의 가장 기본적인 권리인 생명권을 존중하고 보호하기 위한 장치가 있었는데, 도피성은 인간의 생명권 보장을 위한 가장 대표적인 제도적 장치이다. 도피성은 대체로 피신하기에 적당한 산간 지방이나 고지대에 설정해 두었으며, 요단강을 중심으로 양쪽에 세 개씩 배치하여 균형을 맞추었는데, 이것은 생명의 위협을 느끼는 사람이 제때 피신할 수 있도록 하기 위해서이다.

2. 설교를 위한 적용

첫째, 도피성 제도에서 우리는 한 생명을 소중하게 여기는 생명 존중과 인권 사상을 발견할 수 있다. 비록 실수로 사람을 죽인 자라 할지라도 사람이 복수심으로 그의 생명을 빼앗아서는 안 된다는 것이다. 그리고 도피성 제도는 이스라엘 사람에게만 적용되는 것이 아니라 외국인에게도 적용된다. 이 점은 분명 도피성 제도의 보편성을 말해 준다.

둘째, 도피성 제도는 무분별한 피의 복수를 지양하는 인권 사상을 넘어 심오한 속죄 사상과 결부되어 있다. 도피성으로 피신한 살인자는 거룩한 대제사장이 죽은 다음에야 비로소 자기 소유지가 있는 땅으로 돌아갈 수 있는데, 대제사장은 죄와 속죄라는 측면에서 볼 때 나라 전체를 대표한다. 그러므로 대제사장의 죽음은 살인자의 살인죄에 마침표를 찍는 상징성을 갖는다. 대제사장의 죽음은 살인자의 죽음을 대신하는 속죄의 죽음의 의미를 갖는 것이다.

셋째, 도피성 제도는 예수 그리스도의 대속적 죽음에 대한 예표(豫表)로 작용한다. 예수 그리스도의 대속적 죽음을 통해 죄인이 죄 사함을 받고 천국 본향(天國本鄕)에 대한 소망을 가질 수 있듯이 도피성의 살인자는 대제사장의 죽음을 통해 고향 땅으로 돌아갈 수 있는 소망을 갖게 된다. 신약성경의 히브리서 저자가 강조하고 있듯이 '예수 그리스도는 우리의 죄를 속하신 새 언약의 대제사장'이시다.

레위인이 받은 성읍(수 21:1~42)

1. 본문 주해

민수기 35:1~8과 역대상 6:54~81은 레위인들에게 주어야 할 성읍에 대해 언급하고 있다. 이스라엘 자손들은 자신들이 받은 땅에서 목초지가 딸린 성읍을 레위인들에게 떼어 주어야 한다. 목초지의 범위는 성벽에서부터 밖으로 사방 천 규빗(cubit), 성 중앙에서 사방으로 이천 규빗에 해당하는 땅이다. 한 규빗은 가운데 손가락 끝에서 팔꿈치까지의 길이로, 대략 45cm 정도이다. 그러니까 성벽에서 사방 450m 거리에 있는 땅을 목초지로 주어야 한다. 레위인의 성읍은 중앙에서 성벽까지 450m 정도의 크기를 가진 성읍이다. 레위인들의 성읍 가운데는 도피성 여섯 개도 포함된다. 도피성을 포함하여 총 마흔여덟 개의 성읍이 레위인들에게 주어졌다. 성읍은 각 지파가 받은 땅의 비율대로, 많이 받은 지파는 많은 성읍을 떼어내고 적게 받은 지파는 적게 떼어내도록 했다.

레위인들의 대표적인 집안은 게르손, 고핫, 므라리이다. 게르손이 레위의 큰아들이지만(창 46:11) 아론이 고핫의 후손이기 때문에 고핫 자손이 먼저 성읍을 분배받았다. 아론의 자손에게는 유다 지파, 시므온 지파, 베냐민 지파의 성읍 열세 개가 주어졌다. 아론의 후손은 레위인들 중에서도 특별한 역할을 수행했기 때문에(민 18:1~7) 예루살렘 성전과 가까운 거리에 있는 남쪽 지파에서 성읍을 떼어 주었다. 고핫 자손 중 남은 자에게는 에브라임 지파, 단 지파, 므낫세 반 지파의 성읍 열 개가 주어졌다. 고핫 자손은 광야 행군 때 법궤와 다른 성막 기물들을 옮겼다(민 4:15~20; 7:9). 이들에게는 초기 이스라엘의 예배 중심지인 중앙 산지(central hill country)에 있는 성읍이 주어졌다. 게르손 자손에게는 잇사갈, 아셀, 납달리 지파와 바산(요단강 동쪽)에 있는 므낫세 반 지파의 성읍 열세 개가 주어졌다. 이들은 광야 행군 때 성막 휘장과 휘장 문 등을 옮겼다(민 3:25~26; 4:24~26). 이들이 받은 성읍은 주로 갈릴리와 바산 지역에 있는 성읍들이다. 므라리 자손에게는 르우벤 지파, 갓 지파, 스불론 지파의 성읍 열두 개가 주어졌다. 이들은 광야 행군 때 성막 기둥과 받침대와 말뚝 등을 옮겼다. 이들에게는 제비를 뽑아 요단강 동편과 스불론 지파의 성읍이 주어졌다.

10~19절은 아론의 자손에게 돌아간 성읍들의 목록을 담고 있다. 모두 열세 개의 성읍들이 주어졌다. 20~26절은 고핫 자손이 받은 성읍 목록인데, 모두 열 개의 성읍이 주어졌다. 27~33절은 게르손 자손이 받은 성읍 목록인데, 모두 열세 개의 성읍이 주어졌다. 34~40절은 므라리 자손이 받은 성읍 목록인데, 모두 열두 개의 성읍이 주어졌다. 레위인들에게 주어진 성읍의

대부분은 이전에 가나안 사람들이 거주하던 성읍으로 가나안의 잔재들이 많이 남아 있는 곳이며, 지파의 경계에 위치한 성읍들이다. 이것은 레위인들을 통해 이방적인 요소들을 차단하고, 얼룩진 땅을 정화하며 이스라엘화 하고, 지파 간의 완충 역할을 수행하도록 하려는 의도를 반영하고 있다.

2. 설교를 위한 적용

이스라엘 자손들은 자신들이 받은 땅에서 받은 땅의 크기에 비례하여 레위인들에게 마흔여덟 개의 성읍을 내주었다. 이것은 백성들이 단지 레위인들에게 자선의 의미로 또는 도움의 의미로 준 것이 아니라 하나님께 받은 것 중 일부를 하나님의 일을 하는 레위인들에게, 즉 하나님께 돌려드린 것이다. 레위인들은 이들로부터 받은 성읍에 자급자족하며 살면서 하나님을 섬기고, 또 실수로 사람을 죽여 복수를 당할 위협에 처한 살인자를 받아들여(도피성) 그들을 보호하고 믿음을 심어주고 삶의 희망과 용기를 부어주는 역할을 수행하였다.

여기서 우리는 교회의 신자와 목회자들이 배워야 할 중요한 가르침을 발견할 수 있다. 첫째, 교인들은 하나님의 은혜의 선물로 받은 것 중 일부는 아낌없이 하나님께 다시 감사로 돌려드려야 한다는 점이다. 둘째, 목회자들은 다른 사람들처럼 많은 소유가 주어지지 않는다 할지라도 불평해서는 안 되고 자기에게 주어진 몫에 만족하고 감사하며, 부지런히 목양지에서 양과 소를 먹여야 한다는 점이다. 그래서 하나님께서는 레위인들에게 성읍을 줄 때 반드시 목초지가 딸린 성읍을 주도록 하셨다. 셋째, 목회자들은 도피성에 사는 것을 꺼려해서는 안 된다. 다시 말해, 다른 사람들이 무서워하고 기피하는 살인의 혐의를 받은 사람이라 할지라도 외면하지 않고 받아들여 그들을 신앙으로 가르치고 위로하며, 삶의 희망과 용기를 불어넣어야 한다. 목회자는 진실로 인간을 사랑하고 인간의 천부인권을 옹호하는 인권의 파수꾼의 사명을 감당해야 한다.

땅에 대한 약속의 성취(수 21:43~45)

출애굽–가나안 정복 이야기는 45절("여호와께서 이스라엘 족속에게 말씀하신 선한 일이 하나도 남음이 없이 다 응하였더라") 말씀에 의해 최종적으로 종지부를 찍게 된다. 하나님께서 아브라함을 불러내실 때 땅과 후손에 대한 약속(창 12:1~3)을 주셨다. 그 중 후손에 대한 약속은 여러 차례 우여곡절을 겪은 후에 출애굽 당시에 성취되었고(출 12:37, "보행하는 장정이 육십만 가량"), 땅에 대한 약속은 45절에 이르러 최종적으로 성취된다. 그래서 약속과 성취라는 맥락에서 학문적으로 육경(Hexateuch)을 이야기하기도 한다.

45절은 분명히 '말씀'(דבר다바르)과 '이행/성취'(בא הכל하콜 바)의 구조를 분명히 보여 준다. 하나님께서는 천지를 창조하실 때도 말씀으로 모든 것을 창조하셨고, 이스라엘의 역사를 주관하실 때도 말씀하신 대로 모든 것을 이루셨다. 여기서 '응하였다', '다 이루어졌다'에 해당하는 히브리어 '하콜 바'의 동사 '바'의 원형은 '보'(בוא)로 '들어가다'(to enter, come in), '이행하다', '성취하다'(to fulfill)의 뜻을 가지고 있다. 노아의 홍수 이야기에서 노아가 방주를 다 만들고 일가족과 허락된 동물이 다 들어간 후에 하나님께서 손수 방주의 문을 닫으셨다. 이때도 '보'라는 동사와, '하나님에 의한 완성 또는 성취'를 의미하는 동사 '싸가르'(סגר 닫다)가 사용되었다. 모든 완벽한 이행과 성취는 하나님에 의해 가능하다는 것을 분명히 보여 준다.

이스라엘 백성들이 가나안 땅에 들어가 전쟁을 하며 노력한 측면은 분명히 있지만 그것만으로는 충분하지 않다. 궁극적으로 하나님께서 손수 문을 닫아걸듯이 모든 백성들이 한 사람도 남음이 없이 다 들어가도록 허락하셨기 때문에 그들이 그처럼 소원하던 자기 터전을 갖게 된 것이다. 그러므로 모든 성취는 하나님의 은혜의 산물임을 잊지 말아야 한다. 오직 하나님께 영광을(*Sola Gloria Dei*)!

07

여호수아의 마지막 권면들

여호수아 22~24장 주해와 적용

22~24장은 대부분 여호수아의 마지막 권면들로 되어 있다. 여호와께서 이스라엘 백성들에게 약속하신 땅과 안식을 주셨을 때(21:43~45), 여호수아는 먼저 요단 동편의 지파들을 그들의 소유지로 보내면서 당부의 말을 전한다(22장). 이어서 그는 이스라엘의 리더들에게 여호와를 섬기도록 당부한다(23장). 마지막으로 모든 이스라엘 백성들에게 권면하고 세겜에서 하나님과의 언약을 갱신한다(24장). 결론적으로 이 부분은 요단 동편의 지파들을 포함한 모든 이스라엘에게 그들이 거하는 땅과 관련하여 언약적 순종을 촉구하는 여호수아서의 마지막 부분이다. 하나님의 약속은 이미 모두 성취되었기에, 이제 남은 것은 하나님에 대한 백성들의 순종과 섬김이라고 22~24장에서 여호수아는 권면하고 있는 것이다.

요단 동편의 지파들에 대한 권면과 제단으로 인한 갈등 (수 22장)

22장은 요단 동편 지파들이 그들의 소유지로 귀환하게 된 것과 여호수아의 권면(1~8절), 귀환한 그들이 제단을 세움으로 생긴 지파 간의 전쟁 위기와 평화적 해결(9~34절)로 되어 있다.[1]

1~8절은 요단 동편 지파들 곧 르우벤, 갓, 므낫세 반 지파들이 분배받은 그들의 소유지로 귀환하는 것을 보여 준다. 하나님의 약속이 성취되어 이스라엘의 사방에 안식이 주어지고(21:43~45) 이스라엘 지파들이 자신들의 소유지로 돌아가게 되므로 요단 동편 지파들도 자신들에게 분배된 땅으로 돌아가게 된 것이다(참고 13:8~13). 이런 상황에서 여호수아는 먼저 하나님과 모세 그리고 자신의 말에 대한 요단 동편 지파들의 오랜 충성에 대해 칭찬한다(2~3절). 일찍이 여호수아는 요단 동편 지파들에게 여호와께 충성하여 이스라엘 다른 지파들이 가나안 땅 전체를 얻을 때까지 도와야 한다고 명령했다(1:12~15). 그때에 요단 동편 지파들은 여호수아가 명한 것을 기꺼이 따르겠다고 응답했고 지금까지 순종하여 온 것이다(1:16~18). 요단 동편 지파들의 순종을 칭찬한 후에 여호수아는 하나님께서도 그들에 대한 약속을 신실하게 지키셨다고 말한다. 곧 그들에게도 안식을 주셨으므로 이제는 요단 동편의 땅으로 돌아가 계속하여 여호와를 섬겨야 한다고 말한다(4~5절, 참고 신 4:29; 6:5~6; 수 1:7~8). 이어서 여호수아는 요단 동편의 지파들에게 축복하며 순종한 대가로 얻은 탈취물을 나누게 하여 돌아가게 한다(6~8절).

9~34절은 요단 동편 지파들이 돌아가서 가나안 땅 요단 언덕 가에 큰 제단을 세운 것으로 시작한다. 요단 동편 지파들의 이런 행동은 다른 이스라엘 지파들의 분노와 전쟁 준비를 가져온다. 이스라엘 자손, 특히 유다와 베냐민 자손에게 속한 땅에 그들이 제단을 세웠기 때문이다(참고 11절; 15:7; 18:17). 더 심각한 것은 이스라엘의 희생 제사 의식은 요단 동편의 이런 제단이 아니라 실로의 성소에서만 시행되어야 하기 때문이다(참고 18~22장). 실로는 이스라엘 온 회중이 모여서 회막을 세운 곳이며 마지막 땅의 분배가 있었던 곳이기도 하다(참고 18:1). 이곳이 아닌 요단 언덕 가에 세운 제단은 실로의 회막에 있는 제단을 가진 이스라엘의 정체성을 위협하는 것이다. 더 나아가 회막이 있는 곳이 아닌 다른 곳에서의 희생 제사와 제단은 이스라엘의 연합과 존재 자체에 위협을 가하는 것이기에 이스라엘 자손이 분노하고 전쟁을 준비하게 된 것이다(12절, 참고 레 17:8~9; 신 13:12~15).

이러한 가운데 이스라엘 자손들은 제사장 비느하스를 중심으로 한 대표단을 요단 동편 지파들에게 보낸다(13절). 대표단들 가운데 비느하스의 등장은 예배의 정통성과 요단 동편 지파의 행동이 일으킨 문제의 심각성을 함께 보여 준다(13, 17절). 이들은 먼저 요단 동편의 지파들에게 광야 브올에서의 죄와(민 25장) 그리고 정복에서 있었던 아간의 죄(7장)를 언급하면서 요단 동편 지파의 죄악 된 행동이 가져올 재앙에 대해 언급한다. 브올에서 모압의 바알브올에게 절한 죄와 아간의 죄에 대해 언급하는 것은 이런 범죄로 인하여 하나님이 내리신 민족적 재앙에 대한 두려움을 표현한 것이다(17, 20절). 이들은 요단 동편 지파들에게 그들의 소유지가 부정하다면 건너와 여호와의 소유지와 제단에서 제사하도록 요구하기도 한다(19절). 성막이 아닌 다른 장소에서의 번제와 희생 제사, 그리고 이방 신에 대한 예배는 불법임을 알린다(19절).

21절 이하는 요단 동편 지파의 변호를 보여 준다. 하나님의 이름을 반복하면서(22절) 요단 동편 지파들은 그들이 세운 제단은 번제나 소제 등의 제사를 위한 용도가 아니며(23, 26, 27, 28, 29절) 후손을 위해 요단 서편에 여호와 제단의 '모형'(תבנית 타브니트 복제)을 세운 것이며 '증거용'이라고 변호한다(26~28절). 곧 영토상의 분리로 인하여 요단 서편 지파 후손들이 요단 동편 지파의 후손을 정치적으로나 신앙적으로 배제할 수 있는 가능성 때문에 세운 것이다(24~25절). 그러므로 그들에게 있어서 이 제단은 이스라엘에 소속되었다는 정체성과 여호와에 대한 충성을 상기시키기 위해 필요한 것이다(24~25, 27절). 요단 동편에 반 지파가 있는 므낫세 반 지파를 포함한 르우벤과 갓 자손도 한 이스라엘 백성임을 분명히 하려고 하는 것이다. 한편 요단 서편에 이 '큰'(10, 28절) 모형 제단을 세움으로써 요단 동편 지파들은 해마다 그들이 요단을 건너가 원형인 성막 제단에서 제사해야 함을 스스로 상기하려고 한 것이다. 이러한 이스라엘 지파의 대표들과 요단 동편 지파들의 영토와 관련된 대화는 땅과 관련하여 이스라엘 자손들로서 요단 동편 지파들의 정체성에 문제가 생길 수 있음을 암시한다. 사실 진정한 이스라엘은 아브라함에게 약속하신 가나안 땅을 유업으로 얻은 자손들이기 때문이다(창 17:8). 사실 12, 16, 18, 20절에서 저자조차도 요단 동편 지파들이 세운 제단의 성질과 목적이 분명해지는 30절 전까지 가나안 땅 지파들만을 '이스라엘 온 회중'으로 언급하며 요단 동편 지파들과의 구별을 둔다.[2] 요단 동편 지파들은 그들이 행한 일의 본질이 분명히 드러나는 30절까지 이스라엘의 온 회중에 사실상 포함되지 않는다. 이런 문맥에서 보면 땅과 제단과 관련하여 이스라엘의 진정한 정체성과 연합에 관한 문제가 중요하게 대두되는 것을 알 수 있다. 이제 요단 동편 지파들의 답변을 제사장 비느하스와 대표자들이 받아들임으로 분열과 재앙의 문제가 없어진다(30~34절). 여호와께서 그들 중에 계셔서 죄와 재앙에서 구원하셨기에 해결된 것이다(31절). 요단 동편 지파는 이 모형 제단을 '엣'이라 불러서 여호와께서 그들의 하나님 되심을 증거 하는 것으로 삼는다(34, 27~28절). 그러므로 이 제단은 이제 여호와 하나님 아래에서 된 이스라엘의 정체성과 연합을 증거 하는 것이 된다.

22장에서 보인 요단 동편의 지파들과 이스라엘의 다른 지파들 사이의 긴장과 그 해결은 무엇을 시사하는가? 이스라엘의 정체성이나 하나 됨은 땅의 경계에 있는 것이 아니라 이스라엘 사이에 하나님이 계심(31절)과 이스라엘이 여호와께서 하나님 되심을 고백하며 그를 섬기는데(34절) 있다. 모든 이스라엘 가운데 하나님이 계셔서 요단 동편 지파들을 죄에서 건져 주시고 전쟁의 위기에서 구원하셨다. 더 나아가 요단 동편 지파들이 '민족의 연합과 하나님에 대한 충성을 증거' 하기 위해 세운 제단을 통해서 이스라엘은 하나 됨과 그들의 정체성을 더욱 견고하게 한다.

이스라엘의 지도자들을 향한 여호수아의 마지막 권면 (수 23장)

모세가 그랬던 것처럼 여호수아도 그의 노년에 이스라엘의 지도자들 앞에서 마지막 권면을 행한다(2절). 이것은 오래 전 야곱의 권면(창 49장)이나 모세의 권면(신 32~33장), 그리고 이후에 있을 다윗의 마지막 권면(삼하 23:1~7)과 유사하다. 23장은 1~2, 3~8, 9~13, 14~16절로 나눌 수 있다. 이것은 과거 하나님이 하신 일에 근거하여 현재와 미래에 이스라엘이 순종해야 하는 일에서(3~5, 8~11절) 불순종할 경우 받을 벌과 멸망에 대한 강조로 나아간다(12~13, 15~16절). 곧 여호수아는 과거처럼 미래에도 여호와께서 이방의 적을 쫓아내는 정복의 일에 함께하실 것을 약속한다(3~5, 9~10절). 하나님 자신이 이 약속과 성취를 위하여 싸우실 것이다(10, 14절, 참고 21:45). 그러나 이스라엘이 하나님을 사랑하지 않고 남아 있는 민족들을(참고 13:2~6, 13; 15:63; 16:10; 17:11~12; 19:47) 정복하지 않으면 하나님께서도 땅에 남아 있는 이방 민족을 쫓아내지 않으며 도리어 이스라엘이 멸망할 것이라고 경고한다(15~16절, 참고 3, 4, 7, 9, 12, 13절; 신 27~30; 삿 2:16~23; 3:1~6). 그러므로 이 부분은 여호수아 전체에서 중요하게 언급되는 변함없는 하나님의 사랑, 이스라엘 백성들의 율법 순종과 우상 숭배에 대한 경고가 함께 들어 있는 권고이다. 결국 여호수아는 하나님께서 이스라엘을 위하여 싸우시고 그들에게 땅을 주셨음을 회상하면서 지금 이 땅에서 어떻게 살아가야 하는지를 말한다.

1절에서 언급되는 '안식', '오랜 후' 등의 단어는 이전에 언급되었던 본문들을 함께 상기시키며 연결을 시도한다(11:23; 13:1; 14:15; 21:44; 22:3). 이스라엘 백성이 안식을 취한 지 오래되었고 여호수아가 죽음을 앞둔 노년은 과거와 미래에 대해 언급하기에 적절한 시기와 상황임을 보여 준다. 여호수아는 가나안 땅의 소유자이신 여호와께서 남은 민족들과 싸우시고 그 땅을 여호수아를 통해 이스라엘 백성에게 주셨는데(3~4절) 앞으로도 주실 것이라 말한다(5절). 한편으로 여호수아는 여호와께서 그에게 말씀하셨던 것과 같이 이스라엘의 성공은 이스라엘의 율법에 대한 순종에 달려 있다고 말한다(6절, 참고 1:7~8). 곧 이스라엘 족속 가운데 남아 있는 민족들과 관계하거나 그들의 신들을 숭배하지 않고(4~7절) 그들의 하나님을 가까이하는 데 있다(8절).

여호수아는 이방을 몰아내심으로 약속을 성취하신 하나님의 신실하심을 다시 언급한다(9절, 참고 1:5). 그러므로 이스라엘은 하나님의 율법을 지키고 남은 민족과 관계하지 않으며 하나님을 사랑해야 한다(11절; 신 6:5). 그러나 남은 민족과 친밀히 관계하고(12절) 여호와를 떠난다면 이방 민족은 쫓아내 어지지 않을 것이고 그들은 이스라엘의 올무가 될 것이다(13절; 삿 2:14~15). 14~16절에서도 여호수아는 하나님의 약속이 성취되었다는 것(14절)과 이스 라엘이 하나님과의 언약을 어길 경우 확실히 행해질 심판을 언급한다(15~16 절). 하나님의 약속에 대한 성취가 반복되어 강조되는데 이것은 긍정(복)과 부정(재앙)의 양면에서의 성취를 또한 가져온다. 결국 23장에서 여호수아의 권면은 하나님의 약속과 성취를 근거로 이스라엘의 반응을 요구하는 방식 으로 진행된 것임을 알 수 있다.

모든 이스라엘을 위한 여호수아의 마지막 권면(수 24장)

24장에서 행해지는 여호수아의 연설은 좀 더 공식적인 형식을 취하고 있 으며 이스라엘의 지도자뿐 아니라 '모든 백성'을 위한 것임을 나타낸다. 가 나안에서 첫 언약 갱신의 장소였던 세겜에서(8:30~35) 그리고 하나님 앞에서 진행된다는 언급은 보다 엄숙한 의식적 분위기를 자아낸다(1~2절). 22~23 장에서와 비슷하게 여호수아는 여호와께서 지금까지 하신 일을 뒤돌아보며 백성들이 여호와를 섬기고 배교하지 않도록 권면한다. 그러나 22~23장과 달리 24장에서 행해지는 여호수아의 권면은 좀 더 조직적으로 하나님의 신 실하신 과거의 행적을 언급하기도 한다. 과거 하나님의 일하심을 상기시키 면서 하나님에 대한 언약적 순종을 촉구함으로 나아간다. 이것은 하나님과 이스라엘 백성 간의 언약적 관계가 세워질 때마다 나타난 특징들이기도 한 데 아브라함과의 언약(창 12:1~3, 7; 15:4~5, 7, 18~21; 17:2, 6~8)이나 모세와의 언약(출 19:4~6; 20:2; 신 1~11장)에도 이러한 요소들을 볼 수 있다.

먼저 아브라함의 아비 데라로부터 시작하여, 출애굽과 홍해 사건, 요단 동편의 사건(시혼과 옥, 발람의 저주 사건)과 서편 가나안 땅의 정복(일곱 족속들 정복, 11절)까지 하나님의 은혜로운 역사를 언급한다. 이 가운데 언급되는 '왕벌'은(12절) 모호하지만 하나님과 대면할 때 일어나는 공포와 두려움을 은유적으로 표현한 것이다.[3] 계속해서 여호수아는 이스라엘이 정복한 땅은 오직여호와의 선물로 주어진 땅임을 강조한다(12~13절, 참고 신 6:10~11). 특히 5절부터는 여호와께서 이전의 이스라엘 백성을 '그들'에서 '너희'로 언급함으로 세겜에 있는 현재 백성들과의 연결을 가져온다.[4] 이것과 함께 이스라엘의 조상들이 다른 신을 섬긴 것도 언급한다(14~15, 2절, 참고 창 31:19, 34~35; 35:2~4).

이제 여호수아는 하나님의 은혜를 입은 백성들은 이에 대한 반응을 해야한다고 요구한다(14절 이하). 조상들이 강 저편과 이집트에서 섬기던 이방 신(2절)이나 가나안 아모리인의 신을 버리고 유일신 여호와를 지금 온전히 섬기도록 요구한다. 이후에 여호수아는 자신이 먼저 이 일에 모범이 되겠다고선언한다(14~15절). 여호수아의 이런 선언에 백성들도 여호와의 은혜를 인정하며 여호와를 섬기겠다고 반응한다(16~18절, 참고 2~13절). 그러나 여호와만을 섬기라고 권면한 여호수아는 백성이 여호와를 섬길 수 없다고 역설적으로 말한다(19절). 하나님은 거룩하고 질투하는 분이시기에(참고 출 20:4~6)여호와를 섬기는 것은 이스라엘의 거룩한 결단과 삶이 전제되어야 함을 의미한다(레 19:2). 곧 하나님의 은혜가 아닌 자신의 의지로 우상으로부터 돌이키려는 시도나, 진정한 회개가 없는 피상적 믿음으로는 여호와를 섬길 수 없음을 강조한 것이다. 절대적 충성과 믿음 없이는 결코 섬길 수 없는 분이라는 것이다. 여호와께서 죄를 용서하지 않는다는 것은 절대적인 의미가 아니고 그들의 계속적인 죄를 의미한다(20절). 곧 여호와께서 계속적으로 은혜를 베푸셨음에도(2~13절) 계속적으로 반역한다면 하나님께서 영원히 묵인하지 않으신다는 것이다. 여호수아의 이런 경고 후에도 이스라엘 백성은 여전히 여호와를 섬기겠다고 응답한다(21~24절). 이제 이러한 결단 후에 언약 갱신 의식이 세겜에서 시행된다(25~28절).[5] 이 언약 의식에서 언급되는 율례와 법도는 오직 여호와만을 섬기겠다는 철저한 헌신을 의미한다. 이스라엘 백성들이 언약적 증인이 된 것처럼 이제 세겜의 상수리나무 아래의 돌은 하나님께서 이스라엘 백성들에게 하신 일(2~13절)에 대한 언약적 증거가 된다(22, 27절).

마지막으로 29~33절은 여호수아, 요셉, 제사장 엘르아살이 유업으로 받은 그들의 땅에 장사되었음을 언급한다. 요셉은 족장에서 이집트까지의 시대를, 여호수아와 엘르아살은 이집트에서 최근 정복의 시대까지를 연결한다. 이런 시대적 인물들이 그들의 땅에 묻힌 것은 하나님의 약속이 신실하게 성취되었음을 보여 준다. 여호수아와 백성들은 그들의 순종으로 마침내 하나님의 약속을 누리게 된 것이다. 이런 점에서 여호수아의 죽음과 관련된 설명은(24:29~31) 비슷한 내용인 사사기 2:6~10과 비교할 때 긍정적이기도 하다. 여호수아가 이 마지막 부분에서 처음으로 '모세의 종'(1:1)이 아닌, 모세처럼 '여호와의 종'(24:29)으로 언급되기 때문이다.

설교를 위한 적용

첫째, 22장은 하나님께 순종한 이스라엘 지파들이 서로 민족적 연합을 이룬 것을 보여 준다(22:1~9; 24장). 이스라엘의 정체성이나 하나 됨은 땅의 경계에 있는 것이 아니라 이스라엘 사이에 하나님이 계심(31절)과 하나님 되심을 그들이 고백하며 섬기는 데(34절) 있음을 드러낸다. 예배와 땅과 관련된 언약적 순종이 하나님과의 관계나 다른 지파들과의 연합적 관계를 유지하는 길이라는 22장의 메시지는 우리에게 무엇을 교훈하는가? 하나님의 가족인 그리스도 공동체 곧 교회의 하나 됨과 연합을 더욱 굳게 세워가는 길은 하나님의 말씀에 대한 순종과 서로 섬김에 있음을 알려 준다. 우리는 말씀 안에서 서로 사랑함으로 하나 되어 예수의 제자임을 증거 한다(요 13:35).

둘째, 요단 동편 지파의 귀환이나 민족의 연합(22장), 온 이스라엘의 귀환

(24:28), 여호수아, 요셉, 엘르아살의 장사에 대한 언급(24:29~33)은 모두 오경에서 소망하던 땅에 대한 하나님의 약속의 성취를 보여 준다. 즉 그의 백성에 대한 하나님의 신실하심을 보여 주는 것이다(23:3~5, 9~10, 14; 24:2~13, 29~33). 여호수아의 마지막 권면들은 이렇게 하나님의 약속의 성취를 먼저 언급하고(21:43~45; 22:4; 23:1, 14; 24:2~13), 다음으로 요단 동편의 지파들이든 이스라엘 전체이든 이에 대한 순종의 반응을 요구한다(22:5; 23:6, 8, 11; 24:14~15, 23). 여호수아의 마지막 말들은 이렇게 하나님이 행하신 일에 대한 반응으로 이스라엘 백성의 순종을 강조하는데 대부분 긍정적이지만 어두운 측면도 가진다(24:19, 참고 19:47). 예를 들어 요단 동편 지파가 제단을 세움으로 일어난 전쟁의 위기(22장)나 여호수아의 거듭된 가나안 신 숭배에 대한 경고(23장; 24:14~24)는 이스라엘의 잘못된 예배에 대한 위험성을 상기시킨다. 이것은 또한 우리에게 예수 그리스도 안에서 베푸신 하나님의 은혜에 순종하도록 요구하는 새 언약적 관계를 상기시킨다(롬 1~11, 12장). 여호와의 길로 행하며 온 마음과 성품을 다하여 절대적으로 하나님을 섬기며 이웃을 사랑하는 반응으로 우리를 인도한다(마 22:37~40). 더 나아가 새 언약의 백성으로서의 삶도 항상 세속적인 원리의 유혹에 노출되어 있음을 또한 상기시킨다.

주(註)

1부

1장

1. 신명기의 신학적 내용에 대해서는 송제근, "신명기를 어떻게 설교할 것인가," 「그말씀」(1998년 2월호)를 참고하라.

2. 여기서 '언약'(בְּרִית베리트)은 약속 혹은 명령이 아닌 인격 당사자 간에 공적인 관계를 형성하는 것을 의미한다. 즉 여호와와 이스라엘 사이에 인간의 결혼과 같이(남편-아내), 입양에서와 같이(양부모-양아들), 또는 조약과 같이(주국-종국) 하나님과 그 백성의 관계가 형성되는 것을 말한다. 결국 언약을 통하여 하나님의 나라가 형성되는 것이다. 그러므로 전통적으로 아담 언약이라고 불리는 것은 내용상 창조주 하나님의 명령에 대한 인간의 복종을 의미하므로 여기에 해당할 수 없다. 또한 보통 아담 언약의 근거로 삼는 호세아 6:7은 본문상 다른 해석이 가능하므로 그 근거로는 약하다고 할 수 있다. 그리고 노아 언약이란 용어를 우리는 쓸 수 있으나 하나님이 일방적으로 하신 약속이므로 우리가 의미하는 바의 언약이라고는 할 수 없다.

3. 자세한 내용은 송제근, 「시내산 언약과 모압 언약」(서울: 솔로몬, 1998); "모세 오경을 어떻게 설교할 것인가," 「그말씀」(1998년 2월호)를 참고하라.

4. 왜 모세가 세겜이란 장소에서 언약 갱신을 하라고 신명기에서(신 11:26~32; 27장) 명하였는지를 쉽게 추론할 수 있다. 우선 지형적으로 세겜은 '언약'(베리트)으로 유명한 곳이었다. 세겜은 쌍으로 붙어 있으나 완전히 다른 모습의 에발산과 그리심산의 중간에 놓여 있다. 나무가 잘 자랄 수 있는 토양을 가져서 울창한 숲을 이루는 그리심산은, 고대인에게 축복의 상징으로 여겨졌을 것이다. 반대로 순전히 돌산으로 이루어진 에발산은 그들에게 저주의 상징으로 여겨졌을 것이다. 그러므로 세겜에서 섬기던 바알에게 '바알브릿'(베리트) 즉 '언약 바알'이라는 명칭이 주어진 것이다(삿 9:4). 또 하나님이 아브라함을 이끌어 가나안 땅에 오게 하고 처음으로 계시하며 그 땅을 주리라고 명하신 곳이 바로 이 세겜이다(창 12:6~7). 이런 이유들로 신명기에서 언약 갱신의 장소로 세겜을 택하였을 것이다.

5. J. J. Bimson, *Redating the Exodus and Conquest*, JSOTSS 5 (Sheffield: JSOT Press, 1978).

6. "신명기를 어떻게 설교할 것인가," 앞의 책.

7. 구원과 심판이라는 두 단어가 하나님의 행동하심을 다 표현할 수 있는 것은 아니다. 특히 구원이라는 단어는 어디에서의 구출이라는 소극적인 의미를 가지고 적극적인 그 무엇이 성취되는 것을 나타내지 못하므로, 이 경우에 적당한 개념이라고 볼 수 없다. 오히려 언약의 성취가 적당할 것이다. 그러나 보편화되고 이해하기 쉬운 개념으로 여기에 표현하였다.

8. 참고 송제근, "창조와 함께 구속의 서막이 열리다—창세기의 신학," 「목회와신학」(1996년 5월, 6월).

4장

1. Gordon J. Wenham, "The Deuteronomic Theology of the Book of Joshua," *JBL* 90-2 (1971), 140~41. 출애굽과 가나안 정복이라는 역사적 연속 관계와 신명기와 여호수아의 정경상의 위치 관계를 고려할 때 신명기의 전쟁 규정은 여호수아서의 전쟁의 수칙이었다고 보는 것이 적절하다.
2. 구약성경에는 여호와의 전쟁과 관련된 세 가지 명칭이 있다. '야웨 츠바옷'(יְהוָה צְבָאוֹת 만군의 여호와), '기볼'(גִּבּוֹר 용사), '야웨 이쉬 밀하마'(יְהוָה אִישׁ מִלְחָמָה 여호와는 전사). P. D. Miller, *The Divine Warrior in Early Israel* (Cambridge: Harvard University Press, 1973), 145~55.
3. T. Jacobsen, "The Battle Between Marduk and Tiamat," *JAOS* 88 (1968), 104~7.
4. Wolfram von Soden, *The Ancient Orient: An Introduction to the Study of the Ancient Near East* (Michigan: Eerdmans, 1994), 180.
5. James Pritchard, *Ancient Near Eastern Texts: Relating to the Old Testament*(이하 *ANET*으로 약기함) (Princeton: Princeton University Press), 165, 177.
6. Millard C. Lind, "Paradigm of Holy War in the Old Testament," *Biblical Research* 16 (1971), 16.
7. Jack Finegan, *Myth & Mystery: An Introduction to the Pagan Religions of the Biblical World* (Michigan: Baker, 1993), 24; *ANET*, 앞의 책, 301. "A shurbanipal thought that he obtained his victory because of his worship of all the gods and goddesses"(아슈르바니팔은 모든 신들과 여신들을 섬겼기 때문에 승리를 얻은 것으로 생각했다).
8. *ANET*, 앞의 책, 285, 292, 294. 아슈르바니팔(주전 668~633년) 왕이 군대를 소집할 때 그들을 아슈르와 이슈타르가 그에게 맡긴 무사라고 부른다.
9. *ANET*, 앞의 책, 291. 참고 열왕기하 18:17~36.
10. Benjamin R. Foster, *Before the Muse: An Anthology of Akkadian Literature* (Maryland: CDL Press, 1993), 209~29.
11. Samoon Kang, *Divine War in the Old Testament and in the Ancient Near East* (Berlin: Walter de Gruter, 1989), 24.
12. *ANET*, 앞의 책, 383~84.
13. Samoon Kang, 앞의 책, 31.
14. Roberts, J. J. M. *The Earliest Semitic Pantheon: A study of the Semitic Deities Attested in Mesopotamia Before Ur III* (Baltimore: Johns Hopkins University Press, 1972), 30.
15. *ANET*, 앞의 책, 179.
16. Samoon Kang, 앞의 책, 41.
17. 사무엘상 5:1~12. *ANET*, 앞의 책, 283, 참고 *ANET*, 앞의 책, 291, 301, 302.
18. Wolfram von Soden, 앞의 책, 177~82.
19. O. R. Gurney, *The Hittite* (Maryland: Penguin Books, 1962), 108; *ANET*, 앞의 책, 253, 255~56, 270.
20. Albrecht Goetze, "Warfare in Asia Minor," *Iraq* 25 (1963), 126; *ANET*, 앞의 책, 4~5, 235, 377, 285.

21. G. Herbert Livingston, *The Pentateuch in Its Cultural Environment* (Grand Rapids: Baker, 1974), 107, 112; *ANET*, 앞의 책, 289, 557.

22. *ANET*, 앞의 책, 290, 347, 388, 497~98.

23. Dennis J. McCarthy, "Some Holy War Vocabulary in Joshua 2," *The Catholic Biblical Quarterly* 33-2 (1971), 228~30. 맥카시는 여호수아 2:2~3의 '하팔'(חָפַל), 9절의 '에마' (אֵימָה)와 '모그'(מוּג), 11절의 '마사스'(מָסַס)는 모두 거룩한 전쟁의 용어들이라고 한다.

24. J. E. Currid, "Why did God Harden Pharaoh's Heart?," *Bible Review* 9-6 (1993), 46~51. 출애굽기 4:21~14:17에서 하나님께서 바로의 마음을 강퍅케 하심을 묘사하기 위해 '하작'(חזק 4:21; 7:22; 8:19; 9:12, 35; 10:20, 27; 11:10; 14:4, 8, 17), '카바드' (כבד 7:3; 10:1; 13:15)를 주로 사용하였다.

25. *ANET*, 앞의 책, 270, "List of Date Formulae of the reign of Hammurabi."

26. *ANET*, 앞의 책, 253, "The Era of the City of Tanis"; O. R. Gurney, 앞의 책, 215.

27. *ANET*, 앞의 책, 236, 281, 287, 375.

28. *ANET*, 앞의 책, 270.

29. *ANET*, 앞의 책, 276, "Expedition to Carchemish and the Lebanon of Ashurnasirpal II."

30. Albrecht Goetze, 앞의 책, 128~29.

31. *ANET*, 앞의 책, 294.

32. *ANET*, 앞의 책, 277. 근동의 전쟁 신들과 구약성경에 있는 천사들의 무기들과는 달리(창 3:24에 있는 그룹들의 무기), 하나님은 결코 사람이 만든 무기를 사용하지 않는다. 하나님이 사용한 무기들은 자연과 심리적 공포이다. 물론 몇몇 텍스트들은 하나님의 검, 창, 활, 전차를 언급한다. 예를 들면, 역대상 21:12에 하나님의 검이 나타난다. 그러나 이것은 하나님이 다윗에게 벌하신 3일 동안의 재앙과 관련된 은유적 표현이다. 마찬가지로 시편과 선지서에서 하나님께서 무기를 사용하시는 것을 읽게 되는데, 이사야 27:1을 제외하고 대부분의 표현들이 심판과 전쟁 그리고 재앙에 대한 은유들이다.

33. Millard C. Lind, "Paradigm of Holy War in the Old Testament," *Biblical Research* 16 (1971), 16.

34. 출애굽기 14~15장에서 하나님이 이집트의 바로와 그의 군사들과 싸울 때에는 하나님께서 홀로 싸우고 있다. 이런 하나님의 전쟁 개입은 고대 근동의 전쟁 신 사상에서는 찾아볼 수 없고 오직 구약성경에서만 발견되는 현상이다. G. Von Rad, *Holy War* (Grand Rapids, Mich.: W. B. Eerdmans Pub. Co., c1991), 87.

35. *ANET*, 앞의 책, 248, 285.

36. *ANET*, 앞의 책, 300.

37. *ANET*, 앞의 책, 235, 293.

38. Miriam Lichtheim, "Building Inscription of Sesostris I," *Ancient Egyptian Liverature Vol I: The Old and Middle Kingdoms* (California: University of California Press, 1973), 117.

39. *ANET*, 앞의 책, 235; Albrecht Goetze, 앞의 책, 129.

40. *ANET*, 앞의 책, 373~75, 583.

41. 사무엘하 8:3은 히브리어로 '레하십 야도 베네할 페라트'(לְהָשִׁיב יָדוֹ בִּנְהַר פְּרָת)인데, 특히 '레하십 야도'(יָדוֹ לְהָשִׁיב)를 기념비를 세운 것으로 이해할 수 있다. 참고 "to restore his monument at the river Euphrates"(NRS).

42. J. P. U. Lilley, "Understanding the Herem," *Tyndale Bulletin* 44.1 (1993), 169~77.

43. Norman K. Gottwald, "Holy War in Deuteronomy: Analysis and Critique," *Review and Expositor* 61-4 (1964), 296~310.

44. Robert M. Good, "The Just War in Ancient Israel," *JBL* 104-3 (1985), 385~400.

45. Jeffrey H. Tigay, *Deuteronomy*, JPS Torah Commentary (Jerusalem: The Jewish Publication Society, 1996), 187.

46. P. C. Craigie, *The Book of Deuteronomy*, NICOT (Grand Rapids: Eerdmans, 1976), 273~74; 패트릭 밀러, 「신명기」, 김회권 옮김(서울: 한국장로교출판사, 2000), 252.

47. Duane L. Christensen, *Deuteronomy 1:1~21:9*, WBC (Nashville: Thomas Nelson Publishers, 2001), 441.

48. J. A. Thompson, *Deuteronomy* (Downers Grove, IL: IVP, 1974), 222.

49. Jeffrey H. Tigay, 앞의 책, 189; Duane L. Christensen, 앞의 책, 447.

50. Eugene H. Merrill, *Deuteronomy*, NAC (Nashville: Broadman, 1994), 286.

51. *ANET*, 앞의 책, 239.

52. *ANET*, 앞의 책, 280.

53. Eugene H. Merrill, 앞의 책, 287; 패트릭 밀러, 앞의 책, 252.

54. 티가이(Tigay)에 의하면 랍비들은 나무들을 파괴하지 말라는 규정을 확대 적용하여 옷이나 생활용품과 건물 그리고 샘과 음식물까지도 포함시켰다고 한다. Jeffrey H. Tigay, 앞의 책, 190.

5장

1. N. C. Habel, *The Land is Mine: Six Biblical Land Ideologies* (Minneapolis: Fortress Press, 1995), 169~74. 신명기에 나타난 땅의 신학에 대해서는 강성열, "신명기에 나타난 땅의 신학," 「신명기 어떻게 설교할 것인가」, 목회와신학 편집부 엮음(서울: 두란노아카데미, 2008), 85~102을 참고하라.

2. 참고 강사문 외, 「구약성서 개론」(서울: 한국장로교출판사, 2000), 283~85.

3. G. Von Rad, "Das Formgeschichtliche Problem des Hexateuch," (1938) *Gesammelte Studien zum Alten Testament* (München: Chr. Kaiser Verlag, 1958), 9~72; 「폰 라트 논문집」, 김정준 옮김(서울: 대한기독교출판사, 1978), 11~114; John. H. Hayes, 「구약학 입문」, 이영근 옮김(서울: 크리스챤 다이제스트, 1994), 167~68.

4. 이 영문 명칭은 히브리어로 기록되어 있는 구약성경이 토라(율법서, Torah), 느비임(예언서, Prophets), 크투빔(성문서, Holy Writings) 등의 세 부분으로 나누어진 사실에 기인한 것이다.

5. R. Rendtorff, *The Old Testament: An Introduction*, tr. J. Bowden (Philadelphia: Fortress Press), 164. 이 점에서 본다면 여호수아서는 포로 생활을 하는 자들로 하여금 귀환하여 땅

을 회복할 수 있게 하는 이념적인 근거를 제시하는 책이라 할 수 있다. N. C. Habel, 앞의 책, 55.

6. '신명기적 역사'라는 표현은 독일의 구약학자인 노트(M. Noth)에 의해 시작된 것으로, 오늘날에는 구약학계에서 거의 정설로 굳어 있다. S. L. McKenzie, "Deuteronomistic History," *ABD* 2 (1992), 161. 노트는 1943년에 출판한 자신의 책 「전승사적 연구들」에 서 신명기 역사와 역대기 역사를 다루었다. 마틴 노트, 「전승사적 연구들」(*Überlieferungs-geschichtiche studien*), 원진희 옮김(서울: 한우리, 2004). 그런데 이 책의 신명기 역사 부분 이 나중에 따로 번역되어 다음과 같은 제목으로 출판되었다. M. Noth, *The Deuteronomistic history*, tr. E. W. Nicholson (Sheffield: JSOT Press, 1981). 신명기 역사에 대한 여러 학 자들의 상세한 논의를 위해서는 다음을 참고하라. 장일선, 「다윗 왕가의 역사 이야기」(서울: 대한기독교서회, 1997), 23~60.

7. 장일선, 앞의 책, 142~46; 장일선, 「구약성서와 현대생활」(서울: 대한기독교서회, 1995), 25~32; 빅터 해밀턴, 「역사서 개론」, 강성열 옮김(서울: 크리스챤 다이제스트, 2005), 74~84.

8. 하비루 집단에 대한 이해를 위해서는 다음을 참고하라. 강성열, "하비루와 히브리," 「신학이 해」제3집 (1985), 78~93; 박준서, "구약에 나타난 하나님 이해: 히브리의 하나님," 「구약세 계의 이해」(서울: 한들출판사, 2001), 38~57.

9. Norman K. Gottwald, *The Tribes of Yahweh: A Sociology of the Religion of Liberated Israel 1250~1050 B. C .E.* (London: SCM Press, 1979).

10. 1:4은 야웨께서 모세에게 약속하신 훨씬 더 넓은 영토에 대해서 언급한다. 레바논과 유 프라테스강에 이르고 힛타이트 족속의 온 땅을 포함하는 이 영토는 이스라엘이 정복하 고 분배한 가나안 땅보다 더 넓은 것으로, 이스라엘의 이상적인 영토라 할 수 있다. N. C. Habel, 앞의 책, 59~60.

11. 이 왕벌이 꿀벌이나 말벌 상징물을 사용하는 파라오의 군대를 가리킨다고 보아, 애굽 군대 가 이스라엘의 가나안 정착 이전에 그곳을 침공하여 가나안을 약화시킨 일이 본문에 반영 된 것이라고 보는 견해가 있으나 확실치는 않다. M. H. Woudstra, *The Book of Joshua*, NICOT (Grand Rapids: Eerdmans, 1985), 349.

12. 땅의 경계를 나타내는 표지판을 함부로 옮기지 못하도록 금지한 법 역시 마찬가지 시각에 서 이해할 수 있을 것이다(신 19:14; 27:17; 욥 24:2; 잠 22:28; 23:10; 호 5:10).

13. 이스라엘이 나중에 앗수르와 바벨론 제국에 망하여 그 땅으로부터 쫓겨난 것은 그들이 하 나님을 신실하게 섬기지 못함으로 약속의 땅을 더럽혔기 때문이었다. 땅의 약속과 선물 및 상실 등에 관한 보다 상세한 설명을 위해서는 필자가 번역한 다음의 책을 참고하라. Walter Brueggemann, 「성서로 본 땅」, 강성열 옮김 (서울: 나눔사, 1992).

14. 모세는 신약성경에 이르기까지 여러 차례 '야웨의 종'으로 칭하여진다(신 34:5; 수 1:2, 7, 13, 15; 8:31; 12:6; 13:8; 왕상 8:56; 왕하 18:12; 시 105:26; 계 15:3 등).

15. 하나님께서 이스라엘의 조상들에게 주신 약속은 창세기에 자주 반복되어 나타난다(창 12:3, 7; 13:14~16; 15:7~8, 18; 22:17; 24:7; 26:3~4 등).

16. D. McCarthy, "The Theology of Leadership in Joshua 1~9," *Biblica* 52 (1971), 175.

17. N. C. Habel, 앞의 책, 66.

18. 13:1이 이미 여호수아를 나이 많아 늙은 사람으로 묘사하는 것으로 보아, 13장과 23장 사이의 시간 간격은 그렇게 크지 않을 것이다.

19. 여호수아의 고별 설교에 해당하는 23~24장은 여호수아와 이스라엘 백성을 향한 권면의 말씀을 담고 있는 1장과 평행 관계에 있는 것으로써, 여호수아서의 중심부를 둘러싸고 있는 기본 틀이 설교 내지는 권면의 말씀으로 되어 있음을 암시한다.

20. 히브리어 '슈브' 동사는 하나님께로 방향을 돌이키는 회개를 뜻하는 낱말이지만, 다른 한편으로는 하나님으로부터 다른 신에게로 방향을 돌이키는 행동을 가리키기도 한다.

21. 이스라엘의 초기 구속사를 요약하고 있는 2~13절은 흔히 신명기 6:21~24; 26:5~9와 함께 한 개의 짧막한 역사 신조(a short historical credo)로 이해된다. G. Von Rad, *The Problem of the Hexateuch and Other Essays*, tr. E. W. T. Dicken (London: SCM Press, 1984), 1~78.

22. 시내산 언약 갱신의 의식이 고대 근동 지역의 종주권 조약(suzerainty treaty)과 비슷하다고 보는 학자들은 여호수아 24장을 다음과 같이 분석한다. (1) 전문(preamble, 2절); (2) 역사적인 서문(historical prologue, 2~13절); (3) 조약 규정(stipulations, 14~15절); (4) 조약 문서의 보관(deposition of the treaty text, 26절); (5) 조약 문서의 낭독(24장에는 없음); (6) 증인(witnesses, 27절); (7) 저주와 축복(19~20절). 이와 관련된 보다 상세한 연구를 위해서는 다음을 참고하라. G. E. Mendenhall, "Ancient Oriental and Biblical Law," *BA* 17 (1954), 26~46; K. A. Kitchen, *Ancient Orient and OT* (Chicago: Inter-Varsity Press, 1966), 96~97; John Gray, *Joshua, Judges, Ruth*, NCBC (Grand Rapids: Eerdmans, 1986), 53~55.

23. 세겜은 가나안 땅에 들어간 아브라함이 처음으로 제단을 세운 곳(창 12:6~7)이요, 야곱이 세겜 족속으로부터 일부의 땅을 산 후 제단을 쌓은 유서 깊은 곳(창 33:18~20)이다.

24. 여호수아 24장은 이스라엘 공동체를 한 개의 국가(nation)가 아니라 많은 가족 집단들(בֵּית 베트 또는 בֵּית־אָב 베이트 아브)로 묘사한다. John Van Seters, "Joshua 24 and the Problem of Tradition in the OT," In *the Shelter of Elyon: Essays on Ancient Palestinian Life and Literature*, ed. W. Barrick and J. Spencer (Sheffield: JSOT Press, 1984), 153.

25. 그는 이스라엘 모든 가족 집단들에게 야웨께서 그들을 자기 백성으로 선택하시고(신 7:6) 가나안 땅을 그들에게 기업으로 주셨다는 전승을 수동적으로 받아들이기보다는 그 야웨를 능동적이고도 적극적인 방식으로 선택할 것을 촉구한다. W. Koopmans, *Joshua 24 as Poetic Narrative* (Sheffield: JSOT Press, 1992), 429.

26. 흥미롭게도 신명기 마지막 장(34장)이 모세의 죽음과 장례에 관해 언급하는 것과 똑같이, 여호수아 24장도 마지막 단락에서 모세의 계승자인 여호수아의 죽음과 장례에 대해서 언급한다.

27. 해밀턴(V. P. Hamilton)은 '정복' 개념이 일의 결과를 사람에게 돌리는 것이기 때문에 오히려 일의 결과를 하나님께 돌리는 '선물' 개념이 더 정확할 것이라고 말한다. 빅터 해밀턴, 앞의 책, 21.

28. 그러나 적지 않은 주석들이 땅의 분배를 21장까지로 마감하고, 22장을 부록에 해당하는 여호수아의 고별 설교 단락(23~24장)에 포함시킨다. John Gray, 앞의 책, 40; J. A. Soggin, *Joshua: A Commentary*, OTL, tr. R. A. Wilson (London: SCM Press, 1982), 3.

29. 이 가족 집단(가문)은 여호수아서의 중요한 대목들에서 중요한 역할을 수행한다. 여호수아서의 기본 틀을 구성하는 맨 처음의 라합 가문(2:12~14)과 맨 마지막의 여호수아 가문(24:2~13)이 대표적이다. 라합과 그 가문의 구원은 여기서 보듯이 여리고 정복 이야기에서도 강조된다(6:17, 25 베이트 아브; 6:23 더 큰 규모 מִשְׁפָּחָה미슈파하). 반면에 아간의 가문은 전부 돌에 맞아 죽는다(7:18, 24). 슬로브핫의 딸들은 라합처럼 자기 가문을 보존해야 할 책임을 안고 있다. 그들은 모세가 준 약속에 근거하여 아버지의 형제들 중에서 기업을 물려받는다(17:3~4). N. C. Habel, 앞의 책, 69.

30. 빅터 해밀턴, 앞의 책, 74.

31. N. C. Habel, 앞의 책, 56.

32. N. C. Habel, 앞의 책, 57.

33. 창세기 15:19에 의하면, 그니스 족속은 가나안 원주민들 중의 하나였다. 그리고 창세기 36:11에 보면, 그나스(그니스)는 에서의 후손들 중 한 사람임이 분명하게 드러난다. 이것은 갈렙이 본래 에돔 족속에 속한 자임을 뜻한다. 혈통만으로 본다면 순수한 이스라엘 사람이 아니라는 얘기다. 어쩌면 그니스 족속은 야곱의 아들 요셉처럼 이집트에 종으로 팔려가 노예의 삶을 살았을 가능성이 높다. 아마도 그들은 이집트에 노예로 끌려간 후 엉겁결에 출애굽 대열에 합류하게 되었을 것이다(출 12:38 '수많은 잡족'). 갈렙은 그들 중의 한 사람이었음이 분명하다. 그런데 에돔 족속은 이삭의 아들인 에서의 후손이어서 이스라엘 백성과 쉽게 동화되었을 것이다. 이렇게 본다면 갈렙은 지위나 신분이 아주 불리한 외국인(가나안 원주민)으로서 유다 지파의 지도자가 된 특이한 인물이라 할 수 있다.

34. N. C. Habel, 앞의 책, 58.

35. 시므온 지파가 유다 지파 안에 흩어져서 땅을 얻은 일 역시 레위 지파의 경우와 마찬가지로 야곱의 유언에 잘 반영되어 있다(창 49:7).

36. 정확하게 말해서 레위 지파에게는 '기업'(נַחֲלָה나할라)을 주지 않고(신 14:29) 단지 그들이 거주할 성읍들과 가축과 재산을 위한 목초지만을 주었다. 그들의 하나님 야웨께서 친히 그들의 기업이 되시기 때문이었다(13:33; 14:3~4). 화제(13:14)와 제사장직(18:7) 역시 그들에게 기업으로 주어졌다. 그리고 레위 지파가 이처럼 여러 지파 가운데 흩어져서 살게 된 것은 야곱의 유언에 잘 반영되어 있다(창 49:7).

37. 이러한 사실은 이스라엘 후세대들에게 가나안 땅의 비이스라엘적인 요소들에 대한 적대적 태도를 정당화시켜 주는 메시지로 작용한다. N. P. Lemche, *The Canaanites and Their Land: The Tradition of the Canaanites* (Sheffield: JSOT Press, 1991), 120, 165.

10장

1. 송제근, "여호수아서의 신학적 주제,"「그말씀」(1999년 2월호).

2. 신앗수르나 신바벨론의 조약에서 강조된 것은 저주의 조항이다. 축복은 거의 없고 저주가 아주 자세하게 기록되었으며 또 그것을 보증하기 위한 신들의 이름이 길게 나열되었다. 조약이나 언약의 일반적인 틀은 있으나 현실적인 상황의 요구에 따라서 다양하게 표현되는 것이 오히려 자연스러운 것이다.

3. M. H. Woudstra, *The Book of Joshua*, NICOT, 349.

2부

1장

1. 참고 R. Smend, "미정복 땅," 소형근 옮김, 「구약논단」 23집(2007년 3월호), 166~80.
2. 이와 관련하여 다음의 논문을 참고하라. 소형근, "신명기 16:18에 나타난 쇼프팀과 쇼트림," 장신대 제45회 성서학 연구원 심포지엄 (2005년 6월), 1~20.

4장

1. 하솔 왕 '야빈'이라는 이름은 사사기 4장에서 시스라를 무찌른 바락의 승리에서 언급되었다 (삿 4:2, 7, 17, 23~24).
2. 어떤 주석에서는 전투 과정을 상세히 재구성하려고 시도하여, 이스라엘이 가나안의 연합군에 승리할 수 있었던 전술적 이유를 찾고자 한다. 이러한 입장은 '거룩한 전쟁'에 대한 신학적 몰이해에서 온다. 설교자들도 이 점을 유의해야 한다
3. 확대된 형태가 여호수아 12장; 신명기 1:7에 나타나며, 유사한 형태가 여호수아 9:1; 10:40에 나타난다.
4. 왕조 시대의 영토는 '단에서 브엘세바'라는 표현을 주로 사용하였다(삿 20:1; 삼상 3:20; 삼하 3:10; 17:11; 24:2, 15).
5. '아낙 사람들'(אנשׁי הענק 안쉐이 하아낙)이란 원래 '목걸이를 한 사람들'을 의미한다. 신명기 1~28장에서는 아낙 자손들을 '거인'으로 이해했다. 히브리어 원문에 따라 유사한 표현으로 '아낙 자손들'(בני הענק 브네이 하아낙)이 여호수아 15:14; 민수기 13:33; 사사기 1:20에 나오며, '아낙 소생들'(ילידי הענק 엘리데이 하아낙)은 여호수아 15:14; 민수기 13:22, 28에 나온다.
6. 이 땅에 대한 정복은 민수기 21:21~35; 신명기 2:26~37; 3:1~7; 여호수아 13:15~23에서도 보도한다.
7. 여호수아 2:10; 9:10; 24:8; 민수기 21:13; 32:33~39; 신명기 3:8; 4:46; 31:4; 사사기 10:8; 11:19~23.
8. 신명기 1:7 19, 20, 27, 44; 사사기 6:10; 사무엘상 7:14; 열왕기상 21:26; 열왕기하 21:11.
9. 신명기 32:14; 이사야 2:13; 예레미야 50:19; 에스겔 27:6; 39:18; 아모스 4:1; 미가 7:14.
10. 여호수아 13:12; 신명기 2:10, 21; 3:11, 13.
11. 여호수아 17:15; 창세기 15:20; 사무엘하 21:15~22.

5장

1. 이스라엘 민족이 가데스바네아에 이르기까지 2년이 소요되었고, 가데스바네아 사건(민 13장)이 있었을 때부터 여호수아가 이끌었던 초기 전쟁이 끝났을 때까지 45년의 시간이 지났으므로(14:10), 전체 광야 유랑 기간 40년을 고려한다면, 여호수아 1~12장까지의 내용에

해당하는 기간은 7년일 것이다.

2. M. H. Woudstra, *The Book of Joshua*, NICOT (Grand Rapids, Mich.: Eerdmans, c1981), 209.

3. Robert G. Boling, *Joshua*, AB 6 (Garden City, N.Y.: Doubleday, 1982), 337.

4. 아모리라는 말은 '서부, 서쪽'을 의미하는 수메르어 MAR.TU와 이에 대한 아카드어 상응어 amurru에서 유래했다. 수메르인들은 서쪽에서부터 자기들의 땅으로 이주해 들어오는 셈족의 사람들을 '서부 사람들'이라는 의미로 '아모리 사람들'이라 불렀다.

5. 히브리어 인칭 대명사 '아노키'(אָנֹכִי)가 사용된다.

6. M. H. Woudstra, 앞의 책, 229.

6장

1. Richard Hess, *Joshua* (Leicester: Inter-Varsity Press, 1996), 262.

2. 서명수, "성막과 법궤의 기능,"「구약논단」제18집 (2005), 73~83.

3. Myung Soo Suh, *The Tabernacle in the Narrative History of Israel from the Exodus to the Conquest* (New York: Peter Lang, 2003), 105~13.

4. L. Daniel Hawk, *Joshua* (Collegeville, Minnesota: The Liturgical Press, 2000), 215~16.

5. Simon J. DeVaries, *1 KIngs* (Waco, Texas: Word Books, 1985), 19.

7장

1. 이것은 버틀러의 지지를 받는 구분이다. 그에 의하면 9절은 전환적 역할을 하는 구절이다. 트렌트 버틀러,「여호수아」, WBC 6, 정일오 옮김(서울: 솔로몬, 2004), 431.

2. 이것에 대한 관찰은 D. M. Howard, *Joshua: The New American Commentary* 5 (Nashville: Broadma & Holman, 199), 407을 보라.

3. C. F. Keil. *The Book of Joshua* (Grand Rapids: Eerdmans, 1975), 230.

4. D. M. Howard, 앞의 책, 431.

5. 지금까지 학자들은 24장과 고대 근동 조약의 형식의 유사성을 찾으려고 노력해 왔다. G. E. Mendenhall, "Covenant Forms in Israelite Tradition," *BA* 17 (1954), 50~76; K. A. Kitchen, *Ancient Orientand Old Testament* (Chicago: Inter Varsity, 1966), 96~97.

원어 일람표(히브리어/헬라어)

358

탐무 תמו

P. 212
암 עם
고이 גוי

P. 215
케후 קחו
헤킨 הכין

P. 216
엠프로스텐 아우톤
ἔμπροσθεν αὐτῶν

P. 232
헤렘 חֶרֶם

P. 243
웨감 וגם

P. 253
케 כ

P. 263
아람 ערם

P. 265
그비라 כפירה
브에롯 בארות
기랏여아림 קרית יערים

P. 294
세라 סרח

P. 299, 303
야랴쉬 ירש

P. 300
세렌 סֶרֶן
튀라노스 τύραννος

P. 301
테이만 תימן
므아라 מערה

P. 303
라크 רַק

P. 304
나할라 נַחֲלָה

P. 308
에베드 아도나이 עבד יהוה

P. 309
코셈 קוסם

P. 311
켈렙 כלב

P. 323
야라쉬 ירש
라파 רפה

P. 324
카타브 כתב

P. 325
나할라 נַחֲלָה
고랄 גורל

P. 326
게불 גבול
게불라 גבולה

P. 327
라브 רב
헬렉 חלק

P. 333
짜아크 צעק
샤마 שמע

P. 337
다바르 דבר
하콜 바 הכל בא
보 בוא
싸가르 סגר

P. 341
타브니트 תבנית

P. 349
야웨 츠바옷 יהוה צְבָאוֹת
기볼 גִּבּוֹר
야웨 이쉬 밀하마 יהוה אִישׁ מִלְחָמָה

P. 350
하팔 חָפֵר
에마 אֵימָה

모그 מוּג
마사스 מָסַס
하작 חזק
카바드 כבד

P. 351
레하십 야도 베나할 페라트
לְהָשִׁיב יָדוֹ בִּנְהַר פְּרָת
레하십 야도 לְהָשִׁיב יָדוֹ

P. 353
베트 בַּיִת
베이트 아브 בֵּית־אָב

P. 354
미슈파하 מִשְׁפָּחַת
나할라 נַחֲלָה

P. 355
안쉐이 하아낙 אנשי הענק
브네이 하아낙 בני הענק
옐리데이 하아낙 ילדי הענק

P. 356
아노키 אנוכי

* ח, ס, צ, ו 는 원칙적으로 'ㅎ', 'ㅆ', 'ㅊ', '부'로 음역했으나, 필자가 'ㅋ', 'ㅅ', 'ㅉ', '우'를 선호한 경우 필자의 의견을 존중했습니다.
* יהוה 는 필자에 따라 '야웨'(혹은 '야훼')나 '아도나이'로 표기했습니다.